1&2 COLOR EDITORIAL DESIGN

1・2色でみせるエディトリアルデザイン

1&2 COLOR EDITORIAL DESIGN

PIE BOOKS
2-32-4, Minami-Otsuka, Toshima-ku, Tokyo 170-0005 JAPAN
Tel: +81-3-5395-4811 Fax: +81-3-5395-4812
e-mail:editor@piebooks.com
sales@piebooks.com

http://www.piebooks.com

ISBN978-4-89444-606-9 C3070

Printed in Japan

CONTENTS
目次

はじめに

　少ない色数でエディトリアルデザインする際には、写真の表現や本文使用色に制限がある分、レイアウトや使用する紙に工夫や表現力が問われます。本書では1色、2色で魅力的にレイアウトされた作品を、インクや用紙データのスペックと併せて紹介しています。

　通常1色、2色での印刷は、コスト削減を目的としたものであり、デザインする上での制約と受け止められがちです。その制約を逆手にとって、4色のプロセスカラーでは表現の難しい鮮やかな特色を用いたり、2色をかけ合わせて微妙な色のトーンを生かしたり、と4色印刷に見劣りのしないインパクトのあるエディトリアルデザインを多数収録しました。1色、2色印刷における色指定の好例として、参考にしていただけると幸いです。

　最後に、お忙しい中作品を提供していただきましたクリエイター、および関係者の方々に深くお礼を申し上げます。

ピエ・ブックス編集部

INTRODUCTION

When carrying out editorial design with a limited palette, to the extent that there are limitations on such things as the way photographs can be presented and the number of colors one may apply to the text, one's layout abilities as well as one's abilities to express oneself effectively and use paper creatively are called into question. In the pages that follow we present some examples of work that has been attractively laid out using one or two colors, together with specifications on such things as the type of ink and paper used in each case.

Printing in one or two colors is usually done to cut costs, and tends to be regarded as a limitation from a design perspective. But as the following examples show, there are countless cases where this limitation has been turned into an asset by taking advantage of the brilliance that is a feature of match colors but that is sometimes difficult to achieve with four-color process, as well as using to full effect the subtle color tones achievable by mixing two colors to produce editorial designs that compare favorably with four-color printing in terms of their impact. We hope the following will prove useful as good examples of color specification in one- and two-color printing.

Finally, we would like to express our heartfelt gratitude to all the creatives and others who took the time to provide us with samples of their work.

The editors, PIE Books

COLOR SAMPLES
カラーサンプルについて

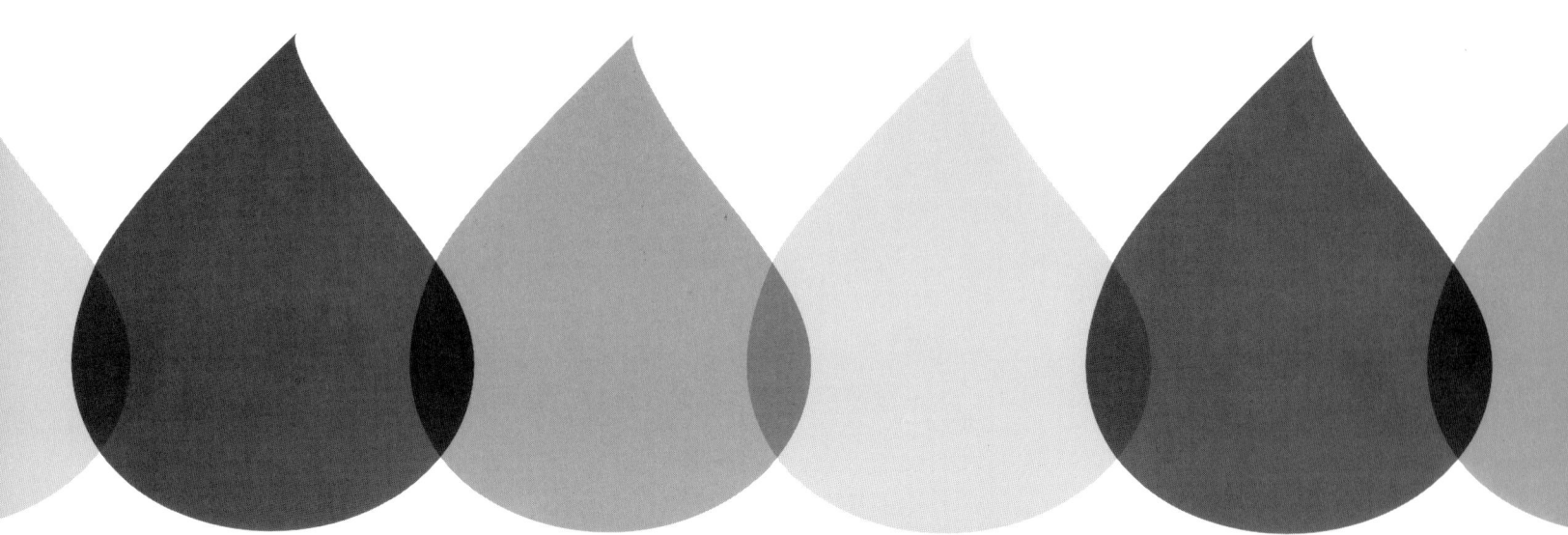

DIC

　出品者から送付された情報をもとに、作品に使用された色の見本として、DIC
ナンバーと色パッチを掲載しました。出品者から情報が不足している一部の作品
については、小社で色判断をしました。本書は4色のプロセス・カラーで印刷され
ていますので、実際の色見本とは多少異なります。あらかじめご了承ください。
実際の色は、DICカラーガイドをご参照ください。
　本書においては、大日本インキ化学工業株式会社の許諾を得てDICナンバー
を使用しています。
　DIC、カラーガイドは、大日本インキ化学工業株式会社の登録商標です。

Color chips and DIC numbers have been printed for the colors used in each
work based on information supplied by the submitters. Where color information
was not supplied with the work, PIE Books made a color judgment. Please note
that because this book has been printed using four-color process inks, the color
chips will differ slightly from the colors used in the actual works. Please refer
to the DIC color guide to see accurate colors.
　The DIC numbers in this book have been supplied with the approval of
Dainippon Ink and Chemicals, Incorporated.
　The DIC Color Guide is a registered trademark of Dainippon Ink and
Chemicals, Incorporated.

PANTONE

　出品者から送付された情報をもとに、作品に使用された色の見本として、PANTONE（パントン）ナンバーと色パッチを掲載しました。出品者から情報が不足している一部の作品については、小社で色判断をしました。本書は4色のプロセス・カラーで印刷されていますので、実際の色見本とは多少異なります。あらかじめご了承ください。実際の色は現在発行中のPANTONEカラー・パブリケーションをご参照ください。

　PANTONE® のカラーリファレンスは著作権により保護されており、本書においてはPANTONE社の許諾を得て複製しておりますがPANTONE（パントン）社によって正確さを確認されたものではありません。

　PANTONE® は、PANTONE（パントン）社の登録商標です。

With information provided by the submitters, we have included as color samples the PANTONE® Color reference numbers,and corresponding color chips simulations of the printing inks used for each work, as reference data. For those few pieces for which this information was incomplete we have identified the inks ourselves As this book has been printed in four colors, the colors may vary slightly from that of the actual printing inks.

PANTONE® Color references are protected by copyright and are reproduced herein by permission of Pantone, Inc. PANTONE-identified Color reproduction information has been provided for the guidance of the reader. The colors have not been checked by Pantone, Inc. for accuracy. Refer to current PANTONE Color Publications for the color standard.

PANTONE® is a registerd trademark of Pantone, Inc.

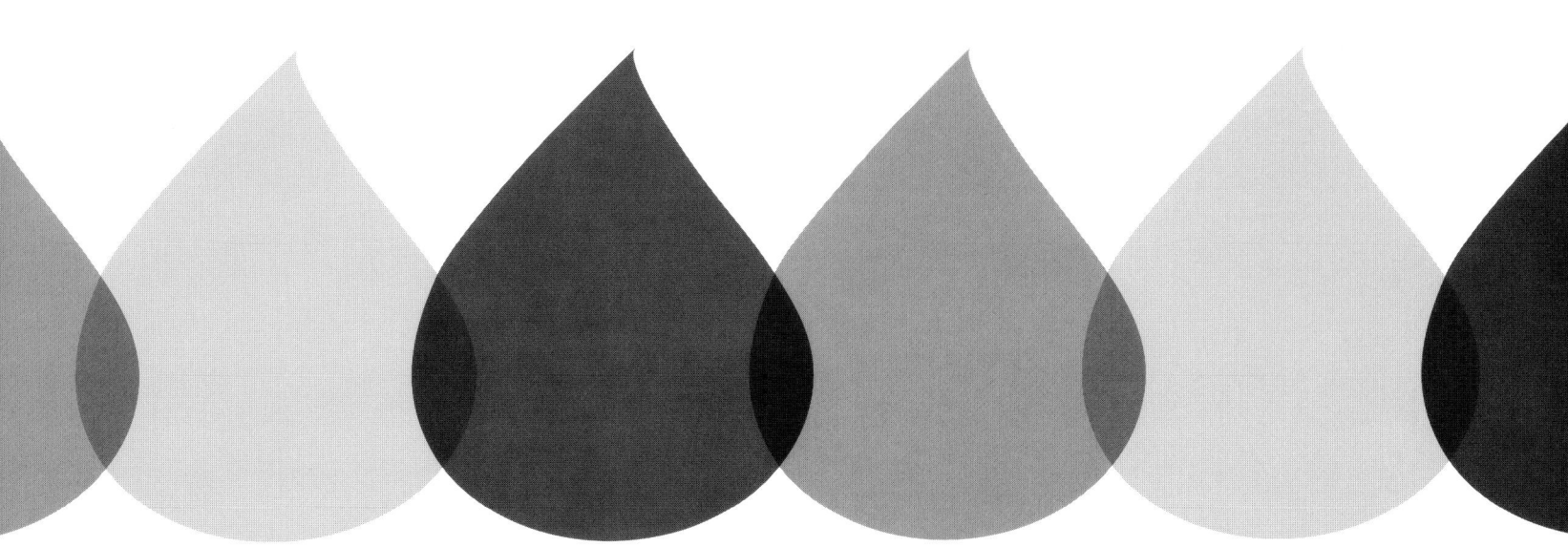

EDITORIAL NOTE
エディトリアルノート

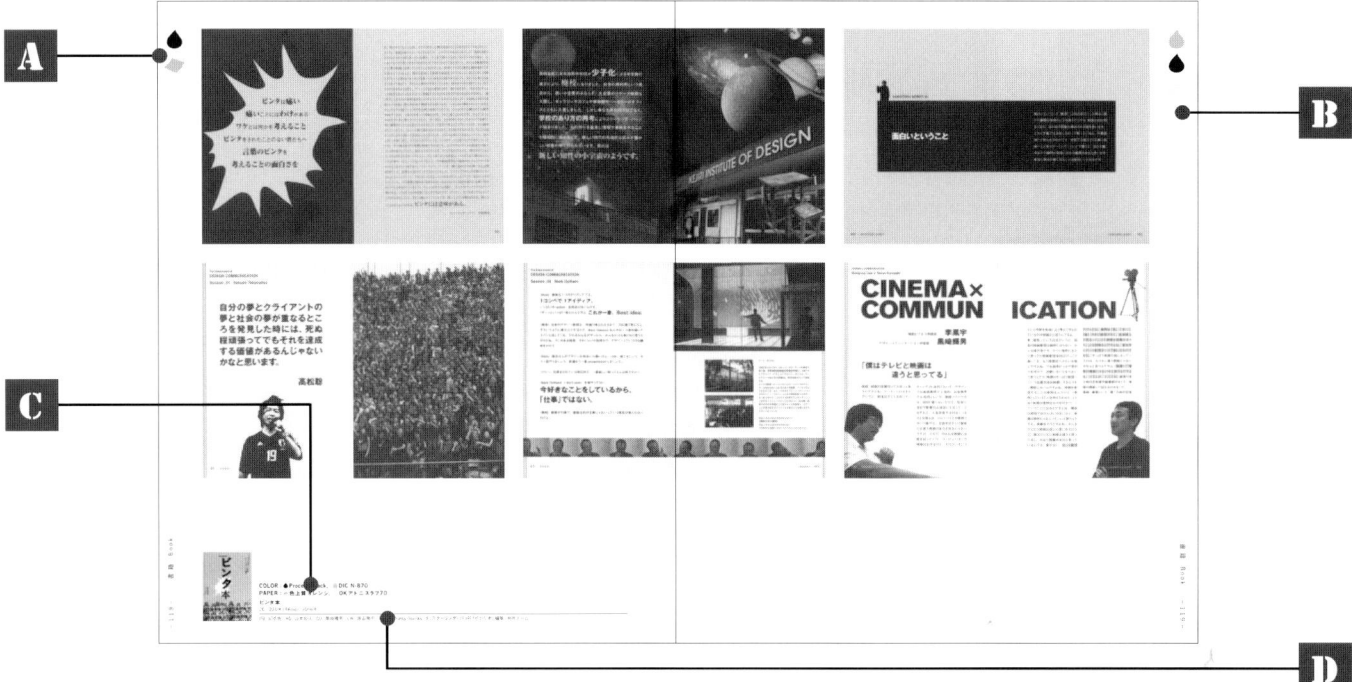

CREDIT FORMAT
クレジットフォーマット

A

 印刷インクの色見本　Swatches of ink colors
用紙の色見本　Swatches of paper stock colors
　＊白や白地に近い色の用紙はアイコンを表記していません。

B

他の色を使用している頁には、横にインクのアイコンを表示
Swatches of inc colors

C

印刷インクのカラーナンバー
Printig inks are specified as color number
用紙名　Name of paper

D

作品名　Name of work
本文の仕様（4C / 2C / 1C）　Format
サイズ（天地×左右mm）　Size (Hight×Width)
発行年　Year of completion
スタッフクレジット　Staff credit

略記号　Abbreviation
CL：クライアント　Client
PB：出版社　Publisher
CD：クリエイティブ・ディレクター　Creative Director
AD：アート・ディレクター　Art Director
D：デザイナー　Designer
CW：コピーライター　Copywriter
PH：フォトグラファー　Photographer
I：イラストレーター　Illustrator
E：エディター　Editor
DF：デザイン会社　Design Firm
S：作品提供社　Submitter

上記以外の制作者呼称は省略せずに掲載しています。
Full name of all others involved in the creation / production of the work.

各企業名に付随する、"株式会社、(株)" および "有限会社、(有)" は、表記を省略させて頂きました。
The"kabushiki gaisha, (K. K.)" and "yugen gaisha, (Ltd.)" portions of all Japanese company names have been omitted.

作品提供者の意向によりデータの一部を掲載していない場合あります。
Please note that some credit date has been omitted at the submittor.

PR誌

009-032
PUBLIC
RELATIONS

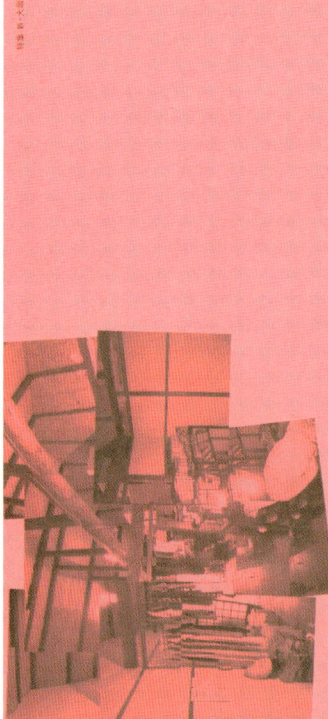

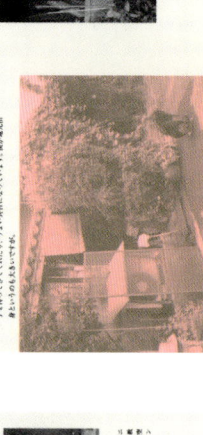

改造長屋が開く未来

［大日アトリエ (fiish)］

木綿田敏 (きむたさとし) 代表／作家

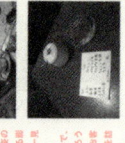

極私的公共空間

［作品「出張マイハウス」］

カフェという住まい、住まいというカフェ

［大淀南倶楽部2／コミュニティカフェ＆サロン（客間）］

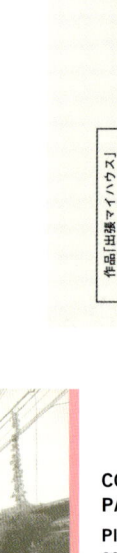

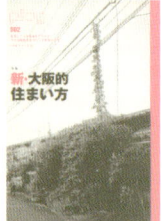

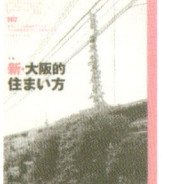

COLOR： ● Process Black, ● PANTONE 805
PAPER： OKアドニスラフ

Plug プラグマガジン 002
2C　297×210mm　2005年

CL：大阪府立現代美術センター / 大阪大学コミュニケーションデザインセンター　AD：杉崎真之助　CD：NPO法人［recip］地域文化に関する情報とプロジェクト　D：岡本亜美
DF, S：真之助事務所

サージ・ゲーツヘッド（イギリス / ゲーツヘッド）
炭坑と造船の街…そしてアート。

ニューカッスル・ゲーツヘッド両市の地域再活性と市民が芸術に触れる機会を提供することを目的に設立された劇場。巻貝のようなミラー張りのメタリックな概観をしている。施設内は吹き抜けの開放感溢れる造りになっている。木造の大ホール「Hall One」と多角形型の小ホール「Hall Two」がある。両ホールに挟まれるようにしてリハーサル室が位置しており、リハーサル風景を見ることができるよう、ガラス張りになっている。地域の野菜をメインにしたレストラン、カフェが併設され、市民の憩いの場となっている。吹き抜けのまま続く地下には、プロから小学生まで参加できるワークショップルームが26室設けられている。

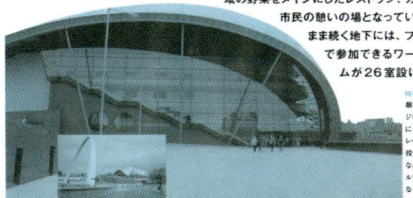

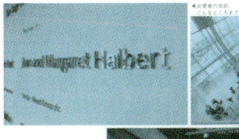
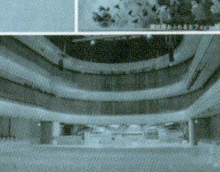

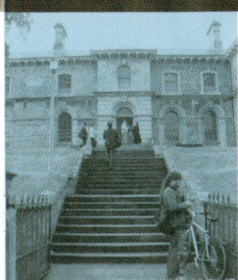
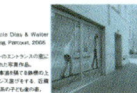

モデル・アーツ・アンド・ナイランド・ギャラリー（アイルランド / スライゴー）
それは地域ボランティアの活動から始まった。

アイルランド北西部に位置する人口8万人の小都市スライゴー。その街のほぼ中心に位置するアートセンター「モデル・アーツ」は、複数の展示スペース、150人収容の劇場、カフェ、グッズショップ、アーティスト滞在用のスタジオからなる。センター内に併設する「ナイランド・ギャラリー」は、詩人イェイツの父と弟の絵画作品を代表とする質の高いコレクションの展示を行っている。来館者数は年間で45,000人にのぼり、街の人口からしてその認知ぶりが伺える。

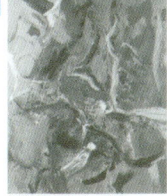

ル・プラトー>>市民がつくったアートセンター

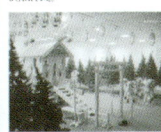

「空想的」アートセンターを試みる。

第3回 大阪・アート・カレイドスコープ "do art yourself"
岩渕亜希子

大阪府立現代美術センターでは、多種多彩なプログラムを展開中です。

[コンクール]
1年ごとのチャンスに注目！
特色の違った2つのコンクール事業

[ART-EX]
「芸術家交流事業 ART-EX（アーティクス）」
アーティスト・イン・レジデンス・プログラム

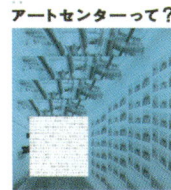

アートセンターって？

http://www.osaka-art.jp/

COLOR：● Process Black, ● PANTONE 801
PAPER：アルファマット

Plug プラグマガジン 003
2C 297×210mm 2006年

CL：大阪府立現代美術センター / 大阪大学コミュニケーションデザインセンター　AD：杉崎真之助　CD：NPO法人[recip]地域文化に関する情報とプロジェクト　D：岡本亜美
DF, S：真之助事務所

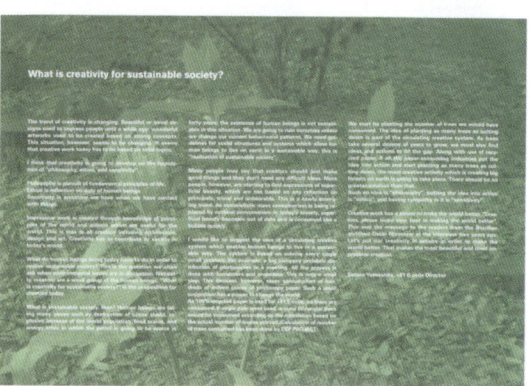

What is creativity for sustainable society?

Contents:

継続可能な社会におけるクリエイティブの在り方とは何か

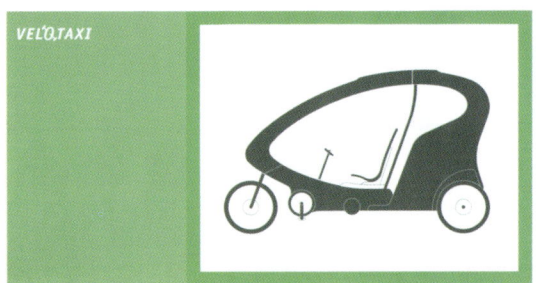

VEL'O,TAXI

interview with

VELOTAXI

ヴェロタクシー

Velo is a Latin word for bicycle. Velotaxi, as you might guess, is a cross between a bicycle and a taxi. The vehicle was born in Germany and its design is based on the rickshaw. Velotaxi has become popular as a symbol of the urban landscape of towns in many countries. The vehicles are decorated with colourful advertisements and serve also as a poster board. The advantages of Velotaxi as a means of carrying people to their destinations are its mobility and its compact body. As it goes slowly in minds, it gives a feeling of refreshment for the passenger. Velotaxi is attracting considerable attention from the environmental point of view as a clean means of public transportation. The design is being renewed, and new vehicles will be in use first in Germany in June 2006. Let's explore the functionality and design of Velotaxi.

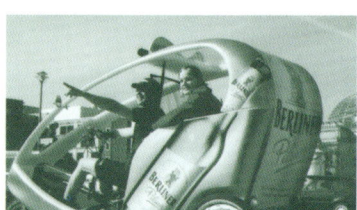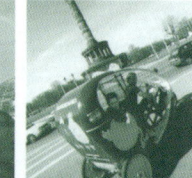

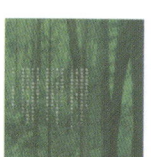

Ecode

COLOR：● PANTONE Process Black，● PANTONE 370
PAPER：OKプリンス上質エコG100

+81 Ecode
4C / 2C　297×210mm　2006年

S, PB：ディー・ディー・ウェーブ　AD：小笠原亜樹　CD, PH, CW, E：山下悟　DF：+81 Creatives　D：保積芳則 / 山崎喜一郎　E：石間京子

COMMUNAL DESIGN

The relationship between communal design and the environment, needless to say, must be intimately interactive. Communal design can only function when it has the following three elements: beauty of design; functionality and convenience for the public; and positive energy for the environment. Foreign governments have reported on communal design in their countries. Upon examining such original ideas for public design, we are compelled to think about communal design in Japan.

公共デザインと環境は、言うまでもなく密接に関わり合うものでなくてはならない。公共デザインとは、意匠の美しさ、公共のための機能の便利性、そして環境にとってのプラス指向。これらの全要素を含み初めて成り立つものである。各国政府機関が国内の公共デザインについてレポートしてもらった。それぞれの独自の考え方について触れることで、日本の公共デザインについて、私たちもう一度考えてみよう。

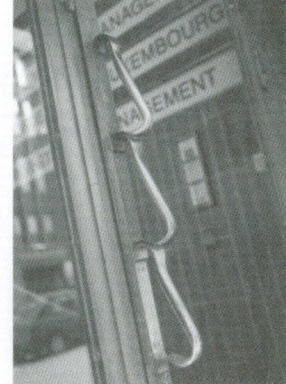

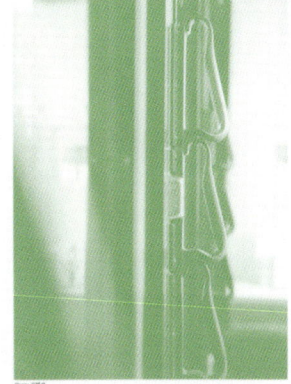

→ Finland

Communal Design in Finland

フィンランドの公共デザイン

日本では、荷物を持ち海外旅行に出かけることはとても憂鬱です。空港、駅いずれにおいてもハッスル、重いかばんの階段の階段がちょっと多いことか。ところが日本で何度もヘルシンキを訪れるうちに、あることに気が付きました。ヘルシンキでは何となく楽なのです。これといって目立った違いがあるわけではありません。デザインが人間サイズで無理なくできているのです。デザインのためのデザインは一切ありません。階段が少ないで、スーツケースを持ち上げる回数も減ります。何気ないドアの取っ手が上下二つになったり、通路が広かったり、シンプルなのに使いやすい。これって国民性のでしょうか、トランクを使うときにはほぼ手を振りて手伝ってくれるフィンランドの人たちのデザインと握手して親切のためです。フィンランドショップデザインを探しい、いつも使うこと。

デザインが感じられるお勧めのスポットです？オオピアアカデミア書店2階のカフェアアルト、それとデザインフォーラムを中心とするデザイン・ディストリクトでしょう。ヘルシンキを楽しむ秘訣は歩くこと。歩くのスポットは徒歩圏内で。人間サイズなので、フィンランド政府観光局　能登愛好

It's very hard to move with heavy baggage in Japan. Everybody experienced big hustle to go to the airport. There are many meaningless stairs here and there. But Helsinki is different, somehow much more comfortable, even we don't notice outstanding difference. May be the secret is everything is designed to human being oriented, there is no design for designs. Two door knobs on upper and lower position, wider passage, seamless Peace. Everything is simple and modest, but friendly for human being. You will feel Finnish design comforting human being unified with kind Finnish people including helpful taxi drivers at any time.

Recommended design spots in Helsinki are Caf Aalto at Academia book store and design district surrounding Design Forum Finland. Remember, the best part of sightseeing in Helsinki is walking around.

Sigenobh Noto, MEK / Finnish Tourist Board.

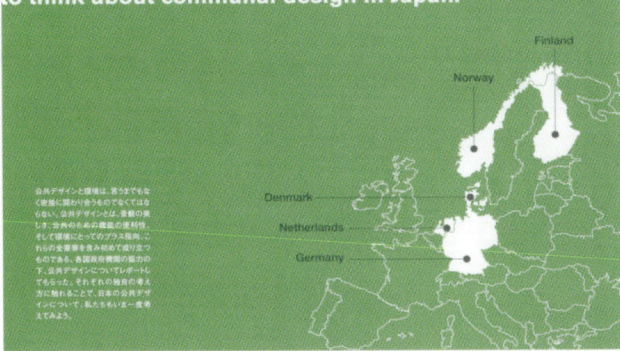

www.bikedispenser.com

→ Netherlands

Bicycle Slotmachine

自転車［スロットマシーン］

オランダでは、折りたたみ式自転車を無料で鉄道に持ち込むことができる。ただ過去2年間に自転車が急増し、車内やホーム、エスカレーターでかなりの場所を取っていることから、今後もこの方針が継続されることは疑いしに思う。

公共交通機関を使用するけれども、私、バイクディスペンサーを歓迎しこと。世界一コンパクトで完全自動、場所節約型のプレーンしム自転車収納・引渡しシステムに、重い自転車を運ぶという通勤での負担を軽減するということも、利用者の多い公共交通機関のターミナル等々の導入。平均3m以内にあるビジネスエリアへのアクセスを容易にすることを目的に、開発された。オザドイントホーヴェンとアルンヘムの2都市で試験的に導入される。

アムステルダムを拠点にする工業デザイン・スタジオ「スプリングタイム」が、引渡し時整理と自転車を特別に設計し、使いやすいメンテナンスが容易の上いデザインを実現している。ロックプを組み込んだカードを見けるだけで20秒足らずで自転車を受け渡すことできで、返却はわり短時間ですし。バイクディスペンサーの場合、地上に100台の自転車を保管する地下収納の時も、ほとんど整備されてて。将来にに多くの需要にこに利用できるようになら、自転車も所有する必要もない。お勧めはぜひにも歩かれて訪問てみる。

私のこの他のお気に入りの持続可能なプロダクト・デザインはwww.re-f-use.comで紹介されている。著者サミューラーを務め、ヨーロッパと協会展覧会の記録もこで見ることができる。

プレムセラ　オランダ・デザイン財団　プロジェクト・マネージャー　ナター・シャット・ワン　www.premsela.org
コーディネーター　オランダ大使館文化部長　エリック・ヴァンデン・モーレン

The Dutch railways allow passengers to travel with their folding bikes without extra charge. Because of the vast increase in numbers in this past two years, I doubt the policy will last much longer as the bikes use too much space in already crowded trains, on platforms and escalators.

As a fan and frequent user of public transportation I welcome the Bikedispenser, the worlds most compact fully automated, space-saving storage and dispensary system for motor bicycles. No need anymore to hassle with heavy weight, or annoying people in the pathways, it is developed to increase ease-of-accessibility to those business areas lying within three kilometers of commonly used public transportation hubs and junctions. Eindhoven and Arnhem will be the first cities to support a pilot launch.

Both the dispenser and the bicycles have been custom-designed for ease-of-use, low-maintenance and efficiency by the Amsterdam based studio Springtime (industrial design). By inserting a imposed your receive a available in less than 20 seconds and the return process is even faster. The average Bikedispenser locates 100 bicycles at ground level, but Bikedispensers can also be sited underground or within buildings Using the Bikedispenser is quicker and cheaper than owning and taking a cab. The bikes are always in good condition, and in the future are be available in many storage locations. So now you don't have to own a bike anymore, and space is saved at home too.

For more on my favourites in sustainable product design, have a look at www.re-f-use.com, with the reviews of the European creating exhibition curated by the author.

Network a Cristina, project manager, Premsela Dutch Design Foundation, www.premsela.org
Coordinator: Erik, van den Molen, Press and Cultural Dept., Netherlands

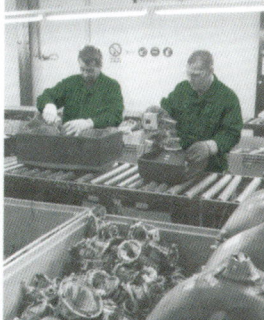

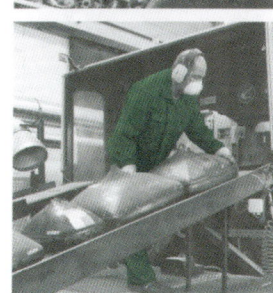

→ Germany

Recycling system in Germany

ドイツのリサイクル・システム

ドイツにおける"持続可能なデザイン"という概念は、1920年代のバウハウスにさかのぼる。バウハウスは"形は機能に従う"という原則を打ち立て、スタンダードでデザインプルなデザインの創造により、良品質の大量生産と低価格の製品を実現し、社会改革を促すことを目的に。

1960年代以降、環境問題に関する議論が世界で盛り上がい。この分野の法律も合理に整備された。環境意識のある消費者の影響力は強まり、デザイナーやメーカーは環境にやさしい製品の開発に力するます入れるようになっている。2002年には京都議定書が結ばれ、過去数年間にペットボトルと缶のリサイクルに関する法律が新たに制定された。そして、2006年以降は電機製品に関しても新たな法律が変わられた。

ドイツのスーパーマーケットでは、従来のビニール袋の料金を客が貰けばるシステムを導入、多くの人が物袋を持参するよう促きかけて、各店舗にはペットボトルと缶を回収するコーナーがあり、持参すれば払い戻しが受けられる。これらの資源ごみは、廃棄されるごみとは別にリサイクルされる。

リサイクル・システムは、包装材のメーカーがごみ処理の料金を負担するという原則の上に成り立っている。メーカーはライセンス料金を取得し、「緑の点」を包装材に付ける。これは、包装材がリサイクル用のコードに適しているということを意味する。消費者たちのの目印である。「緑の点」は1990年代に導入され、今日ではほとんど全ての包装材に付けられている。リサイクル率は非常に高く、今やガラスが82%、紙類が80%、アルミニウムは83%に達している。ドイツは、合成素材のリサイクルに関しても、ヨーロッパで最も進んでいる。

東京ドイツ文化センター　Lena Maria Hubel

In Germany, the idea of ecologically sustainable design goes back to the Bauhaus-school of the 1920s, which established the "form follows function" principle and set the goal to aid social reform by creating standardized, simple forms for the mass-production of high-quality and affordable products.

Since the 1960s there has been a lively public discussion of environmental topics and legislation in this field has accelerated. Environmentminded consumers have become a strong group and designers and producers have increasingly been developing environment-friendly products. The Kyoto-Protocol was ratified in 2002 and in the past few years there have been new laws concerning the recycling of plastic bottles and cans and, since 2006, also electronic equipment.

In German supermarkets customers have to pay for paper and plastic bags, encouraging everybody to bring their own bags. In every market you will find stations to return plastic bottles and cans and receive a refund, these materials are collected in a separate recycling system instead of being thrown away.

This recycling system is based on the principle that the producers of packaging have to pay for the waste disposal. They do so by paying a license fee for the "green dot" which then appears on the packaging and signals to the consumer that the item has to be thrown into a special waste bin for recyclable materials. The "green dot" was introduced in the 1990s and today appears on almost all packaging.

Recycling rates are very high, especially for glass packaging (82%), paper (80%), and aluminium (83%), and Germany takes on the leading position in Europe concerning the recycling of synthetic materials.

Lena Maria Hubel, Goethe Institut Tokyo

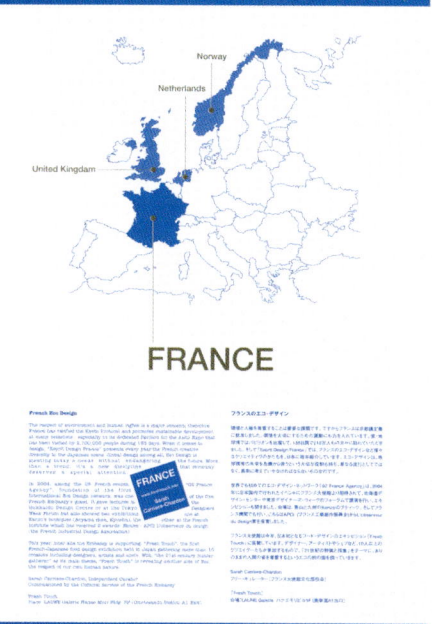

FRANCE

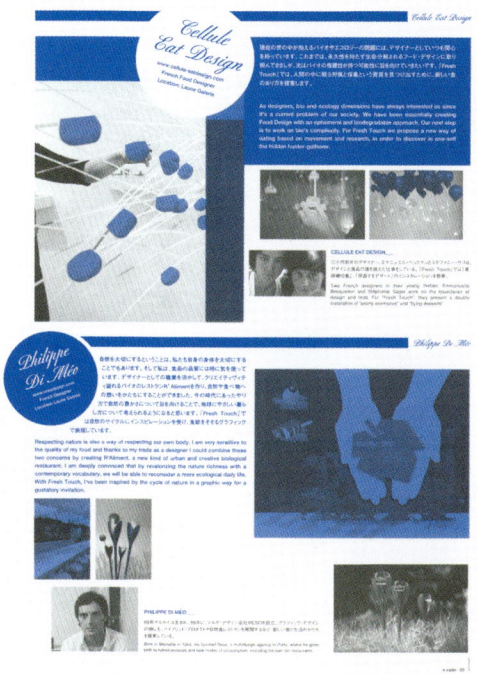

Cellule Eat Design

Philippe Di Meo

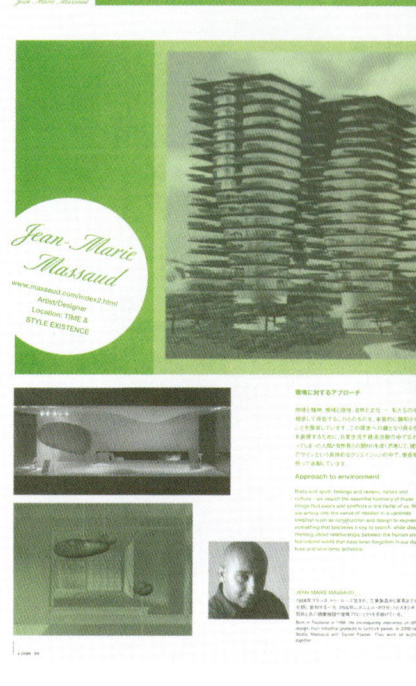

Jean-Marie Massaud

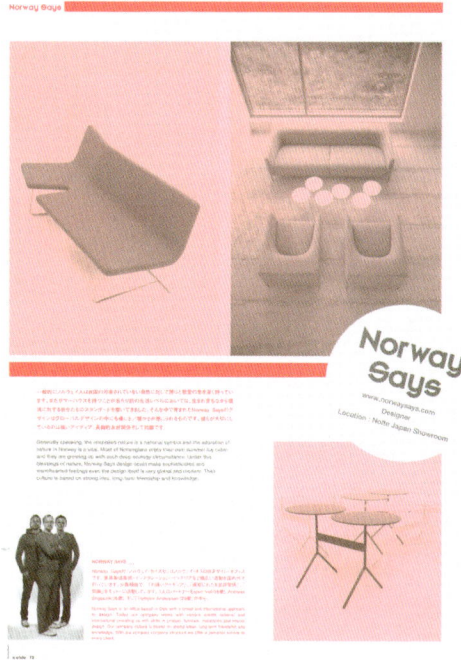

Norway Says

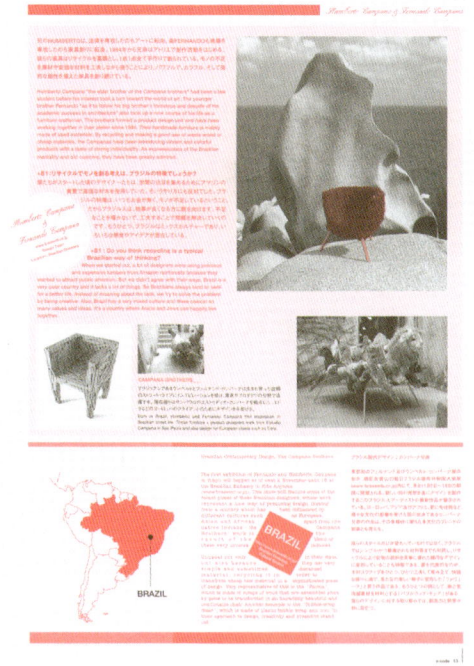

BRAZIL

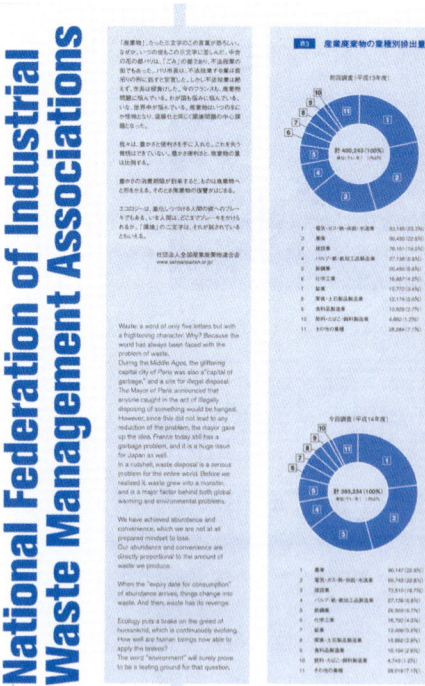

National Federation of Industrial Waste Management Associations

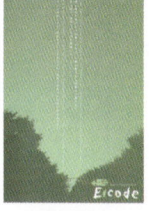

COLOR： ⬤PANTONE Process Black, 🔵DIC 183, 🟠DIC 82, 🟢DIC 130, 🔴DIC 198
PAPER： OKプリンス上質エコG100
+81 Ecode Vol.1
4C／2C　297×210mm　2005年

PB：ディー・ディー・ウェーブ　CD, AD, CW, PH, E：Satoru Yamashita　D：Miyuki Hentona Hengraphix／Yoshinori Hozumi　DF：+81 Creatives

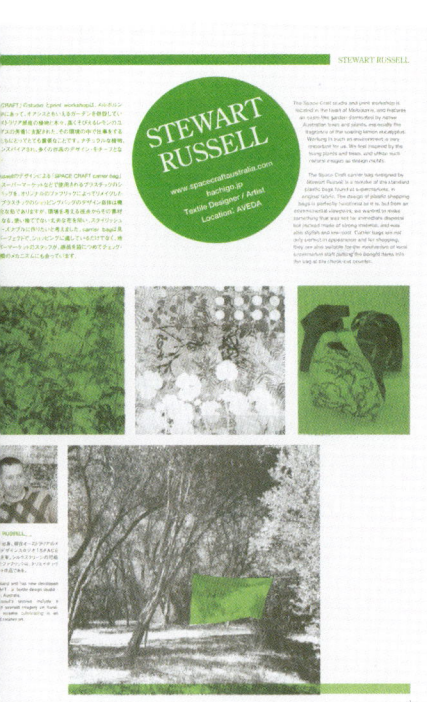

STEWART RUSSELL

www.spacecraftaustralia.com
bachigo.jp
Textile Designer / Artist
Location: AVEDA

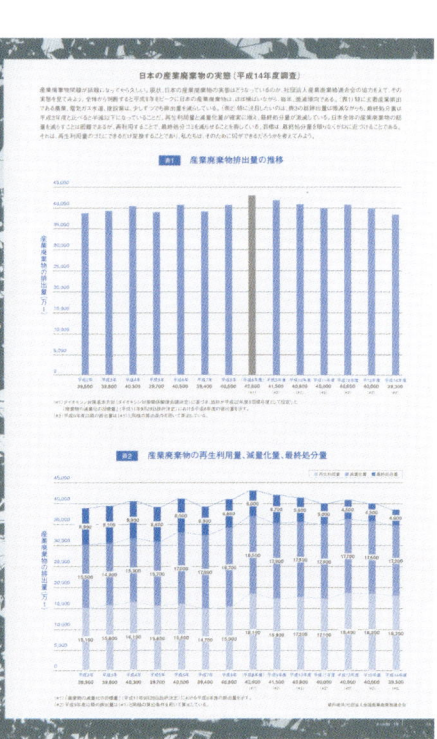

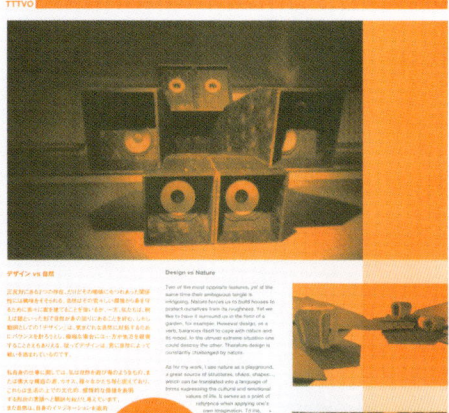

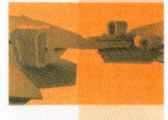

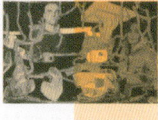

デザイン vs 自然

Design vs Nature

TTTVO

Designer
Location : ???

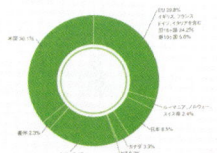

PIET HEIN EEKL

www.pietheineekl.nl
Designer
Location : GRONE

KYOTO PROTOCOL TO THE UNITED NATIONS FRAMEWORK CONVENTION ON CLIMATE CHANGE

京都議定書

日本の産業廃棄物の実態〔平成14年度調査〕

農業ビジネスデザイン学部

農業ビジネスデザインコース

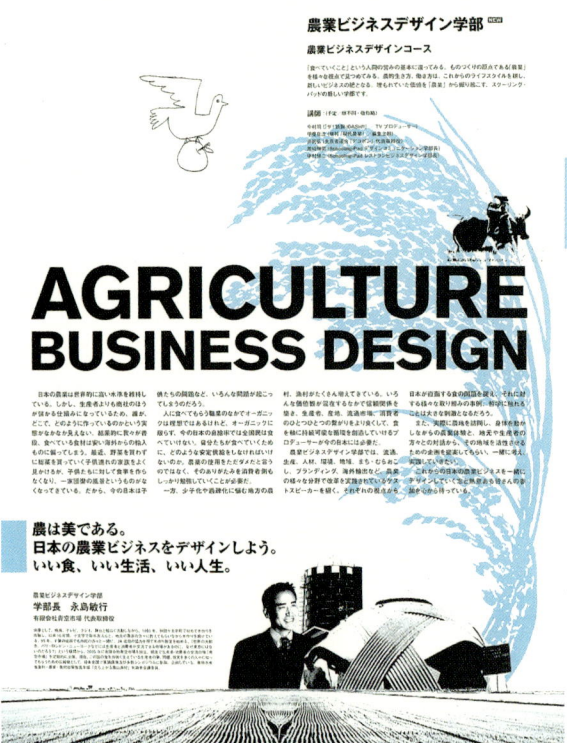

AGRICULTURE
BUSINESS DESIGN

農は美である。
日本の農業ビジネスをデザインしよう。
いい食、いい生活、いい人生。

農業ビジネスデザイン学部
学部長　永島敏行
有限会社青空市場 代表取締役

自分の人生を切り開く。
覚悟を決める、その前に。
最強のゲストスピーカーたちと、
デザインとコミュニケーションを学び、
自分を変える。

デザインコミュニケーション学部
学部長　黒崎輝男
流石創造集団株式会社 C.E.O

DESIGN
COMMUNICATION

DESIGN COMMUNICATION
WITH SMOKING

Schooling-Pad
CREW Interview

デザインコミュニケーション学部

デザインコミュニケーションコース

グローバルデザイナー養成コース

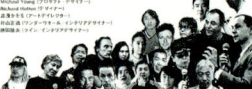

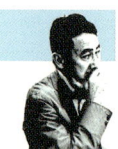
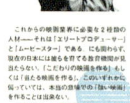

CINEMA
BUSINESS DESIGN

スクーリング・パッドを拠点に
映画業界に新風を吹き込み続け、
池尻から「スター」を創る。

映画ビジネスデザイン学部
学部長　李鳳宇
シネカノン 代表取締役

どこにもない飲食店。
どこにもない飲食ビジネス。
どこにもない人脈。

RESTAURANT
BUSINESS DESIGN

レストランビジネスデザイン学部
学部長　中村悌二
株式会社セカンド 代表　飲食店開発・プロデューサー

Schooling-Pad
CREW Interview

レストランビジネスデザイン学部

レストランビジネスデザインコース

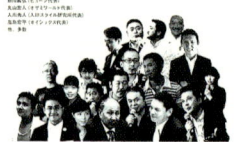

Schooling-Pad
CREW Interview

映画ビジネスデザイン学部

映画ビジネスデザインコース

ムービースター養成コース

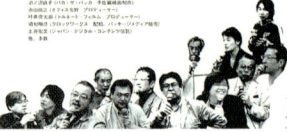

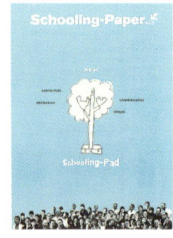

Schooling-Paper.

COLOR： ● Process Black,　◆ DIC N-870
PAPER： ヘリオスGAナチュラル

Schooling-Paper　Vol.3
2C　420×297mm　2007年

AD：山本和久　CD：黒崎輝男　I：遠山 敦　D, DF：Donny Grafiks　E：高野貴子　S：スクーリング・パッド

03：「おそと」の文化とは？ 〜五感デザインからユニバーサルデザインへ〜

曽和治好／京都造形芸術大学環境デザイン学科教授・ランドスケープ

20世紀は工業化と抽象化の時代と言われます。機械の進歩により工業化が進み、大量生産システムが発達しました。そのおかげで、現代に生きる私たちの生活は豊かになりました。しかしその反面、心の豊かさやゆとりが失われつつあるという意見もあります。このような不安の原因は、視覚偏重（見た目重視）の社会ができあがってしまったことにあるのかもしれません。機械社会だけではなく、写真やテレビジョンのようなメディアの発達が、視覚偏重に拍車をかけました。

1976年のカナダにおいて、サウンドスケープという考え方が、音楽家マリー・シェーファーにより提案されました。これは、音楽や騒音、自然の音など、すべての音を風景ととらえ直すことにより、人間が本来もっていた「耳の文化」を取り戻そうとする考え方です。私は、サウンドスケープの考え方を独自に展開し、京都の庭園文化と結びつけることにより、京都の庭における音環境の調査に取り組みました。この調査を通じて、昔の庭師が水音などを利用して、庭園の音風景に工夫を凝らしていた可能性を指摘しました。昔の人々が庭の音をデザインした実例として、「水琴窟」や「ししおどし」はわかりやすい例です。このような音文化を持っていたにもかかわらず、視覚的には美しい第一級の庭が、周りの音に配慮されないまま放置され、騒音にさらされた非常に残念な状況にある、あちらこちらにあるのです。皆さんにも、音風景に打つ手の無い現代社会の予感と、繊細な音風景に耳をかたむけないような現代の都市住民の感性の危機が見えませんか？昭和30年代から発展する車社会によってもたらされた騒音が、繊細な音文化や小さな音風景を覆いつくしているのです。

このような危険性については、マリー・シェーファーも指摘しています。そこで彼は、地域に育まれてきた音文化を保存継承し、音環境のデザインに活かそうと考えました。実は、このように音のデザインを考えることが、多様なコミュニケーションの選択肢を提供しようとするユニバーサルデザインにもつながっていくのです。すでにご存知の方も多いと思われますが、ユニバーサルデザインとは、最初からできるだけ多くの人が利用しやすいように、まちづくりやものづくり、情報やサービスの提供をおこなっていこうとする考え方です。サインやシグナルなど、ユニバーサルデザインにおける情報伝達手段としての音の利用は有効で、さらに音によるコミュニケーションが正常におこなえる環境づくりは、ユニバーサルデザインにとって大切な要素なのです。

面白いことに、我が国では、味覚の再認識や、かおり文化の再発見、手触りなどの触覚デザインに対する見直しが起こっています。庭のサウンドスケープ調査に興味を持ち、かおりと風景の関係について調査しようとする研究者まであらわれてきました。日本古来のかおり文化を学び、現代の空間づくりへ活かしたいという研究です。また触覚に関する新しい試みとして、美術館におけるユニバーサルデザインへのチャレンジ「タッチ展」があります。従来は触れることが許されなかった絵画や彫刻作品を、手触りや音声ガイドなどを通じて鑑賞してもらおうとする試みです。このユニバーサルデザインの試みは、芸術鑑賞や作品の評価にまで変革を起こす可能性を持っています。

五感に焦点をあてること、多様な特性を持った人々のコミュニケーションをスムーズにおこなうためには必須の考え方です。また重要な現代のキーワードでもあります。幸運なことに、「おそと」では五感がフル稼働します。ひとつの感覚に偏重すること無く、聴覚から味覚まで五つのセンサーを「おそと」の空間にむかって開いてみませんか？そうすることによって、より情報量の多い活き活きとしたコミュニケーションが可能になります。われわれが失ってしまった本当の豊かさ、つまり五感が開闢する「おそと」の文化を取り戻すことができるのです。

そわはるよし／1959年奈良生まれ。京都造形芸術大学環境デザイン学科教授。関西学園造形芸術学園藝術学博士。日本で唯一の「造園の音環境」部門長として研究を進める。現2段階認証ユニヴァーサルデザイン会議京都・京都委員会委員など、ランドスケープと五感をテーマに活動を続ける。

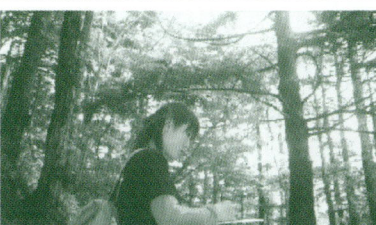
照生林は陰翳を作る陰気な空気がある。写真では暗く思えるが、実は陰や音もそよ、豊かな生物の息吹にあふれている。おそとでは涼を足そうしてみよう。〔京都造形芸術大学 大谷中学環フィールドワークの風景〕

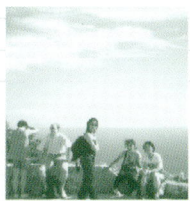
地中海の真っ青な空と海、思いのほか冷たい空気と、肌に触れたくなるような情感の日差し、かすかなハーブと、潮の香り、烏の音が聞いてくる。鼻の快さを感じてみませんか。〔京都造形芸術大学 ヨーロッパ研究旅行中の一風景〕

中之島コミュニケーションカフェ「駅ができる！」

2006年10月13日〜10月15日
地下鉄中之島線内「京阪中之島線なにわ橋駅」工事現場（大阪府大阪市）

大阪中心部の中之島で現在、京阪中之島線の地下鉄工事が進められている。その工事現場を解放しておこなわれたオープンカフェ「中之島コミュニケーションカフェ」は、3日間だけにも関わらず1,500人近くの来場者を迎えた。

地下30mの新駅工事現場ではNPO「デザインボックス」によるパフォーマンスがおこなわれた。地上の広間部では大阪市コミュニケーションデザインセンター（CSCD）によって岩手ラフェッサイエンスカフェなどのプログラムが提供された。

この地上部分は実際に工事が進められている現場ではなく、地上の広間が大阪府大阪市役所の土壌環境や、工事車両の軽量ベースに使われていた出入りの公園である。このイベントにあたって、実際の工事場所で使用していた資材だけを交間デザインをおこなったので、ずらりと並べられた土嚢袋や鉄骨で聞かれたベンチ、クレーンに吊られたバナー、映像がスクリーンとなった倉庫など、工事現場のリアルを舞台につくられていた。この場所を訪れた人々は、まるでここでエ事がおこなわれているかのような錯覚に陥っただろう。

通常はあまり目立ちることなく、人々の日常生活に密接して埋もれていがちの工事現場の空間を解放したこの試みは、新しい都市活動の可能性をまたひとつ示したように思う。

大阪市コミュニケーションデザイン・センター 花村明宏

E**vent** R**eport**

おそとでおこなわれた数多くのイベントのなかから、編集部がピックアップした全9つのイベントを、イベントに関わった人からのレポートで紹介します。

ゆめのみ公園フェスタ2006

2006年11月23日@吹田市千里南公園（大阪府吹田市）

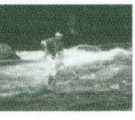

公園の身近な自然を親しむ楽しみ、自分の知っている園内のおどろきを、自分の知っている同じところを、誰かとまちづくり主体の人気になろうという狙いで実践した「ゆめのみ公園フェスタ2006」。その内容の一部を紹介する。

落ち葉をひろい、それをもた綾緬な遊び道具きりとり遊び大会、「落ち葉ブーケと空間広場大会」。もぐっとり寝っずをかけ寄ったり寝っずなりがあいかはれたのおった。

公園に落ちたかさみんなでひとつの水路温ぜたにるものたちぞろう。と誰と人びき木の実を親たちと一緒にずつ拾うた、次々つなげて作品がなりり難ぜる「まきみの冒険」。

また、公園周辺の歩道前広間として子どもたちの彩る運葉ちロープを使い、えのこ時のブーケを作った、笑にも楽しくした、名画家、効果は地域、当日の園児はゼロですがそれから、助きがりぼうりの作もありました。

そして来2007年3月にに、フェスタまた公園のおとなり稼働ちちに、散歩に出かけたくなるグッズとして「公園活動中Myブック」を作成、親しかけて待ちに待った「おそとへ散歩を楽しもう」を誘う言葉のように、共鳴者の子育て世帯が多く活動しています。公園という場で「自然と人」と人工がつながることも、人々の満足だけでなく、まちをより住みやすくにも寄与できます。活動を通じて、子どものみならず大人も変化（成長）にいけるんだ、と日々実感しています。今後はまた公園をおもしろくなるイベントを企画中です。

そして来2007年3月に、フェスタ場のリアルを舞台に毎春開かれる「緑・花フェア」。4人1チームが人集一駅に集り、案例に動むのような格界を演習する「カドリール模擬演技」（5/5開催）や、「子どもデジタルコンクール」（4/29・30開催）、国営園習ならぶ、繊細な園内がたくさんのイベントで盛り上がります。

ゆめのみ公園プロジェクト
（財）大阪府公園協会 設置緑地整備事業部
TEL：06-6962-4946

⬤OSOTO おすすめ

イベント情報
この春夏のおそとを楽しむ全国のイベントと、大阪府公園協会からのお知らせです。

万博公園に鯉のぼりをあげよう
■2007/04/14（土）〜05/06（日）
＠万博公園 上の広場（大阪府吹田市）
一般家庭から寄せられた思い出の詰まった鯉のぼりが、青空のもとにはためきます。100点以上の色とりどりの鯉のぼりが、青い空と緑の芝生の間で泳ぐ姿は圧巻です。
〔問〕独立行政法人日本万国博覧会記念機構 事業部事業課
TEL：06-6877-3339

日本平アート・クラフトフェア
■2007/04/28（土）・29（日）
＠日本平ホテル 野外広場（静岡県静岡市）
自然が身近に感じられる日本平の芝生広場で、木工・ガラス・金属・皮革など約200名の工芸作家が出展するイベントです。感性とエネルギーにあふれた会場で、あちらこちらで作家と来場者との新しい出会いが生まれています。
〔問〕日本平アート・クラフトフェア実行委員会
TEL：054-263-0062

2007緑・花フェア
■2007/04/28（土）〜05/05（土）
＠服部緑地（大阪府豊中市）
服部緑地の植物園と公園を舞台に毎春開かれる「緑・花フェア」。4人1チームが人集一駅に集り、宮廷に動むのような精細を演習する「カドリール模擬演技」（5/5開催）や、「子どもデジタルコンクール」（4/29・30開催）、国営園習ならぶ、繊細な園内がたくさんのイベントで盛り上がります。
〔問〕（財）大阪府公園協会 服部緑地管理事務所
TEL：06-6862-4946

知恩寺の「手作り市」
■毎月15日
＠知恩寺（京都市左京区百万遍）
参加者が自分の作った物だけを販売するスタイルで20年以上前続いている、知名「アーティスト」のフリーマーケット。広大な境内に、手作りケーキやコーヒー、オーダーメイドの薬草、マッサージや占いのお店も並び、いつも大賑わいでにぎわっています。
〔問〕「手づくり市」事務局 10：00〜15：00
TEL：075-771-1631

第30回浜寺ローズカーニバル
■2007/05/20（日）
〔荒天状況により変更有、会期中無休〕
＠浜寺公園 ばら庭園（大阪府堺市）
ソーラーカーによるパレードにはじまり、ちんどん大好きさんの演奏やニョール平、野菜よおもなのだね。ブラジリアンサンバなど、まさにカーニバルのにぎわい、フリーマーケットやポニー試乗会など、子どもから大人まで一日楽しめるよう、この期間中、様々な催し物が用意されています。
〔問〕浜寺公園ばら庭園 浜寺公園管理事務所
TEL：072-261-0936

山田池花しょうぶ園開園
■2007/05/25（金）〜06/25（月）
＠大阪府営山田池公園花しょうぶ園（大阪府枚方市）
6000m²の園地を持つ園内に約100種、約15万本の花菖蒲が植えられ、初夏らしい彩りを見せてくれます。
〔問〕大阪府営服部公園 山田池公園管理事務所
TEL：072-851-4761
http://www.osaka-park.or.jp

ホタル舟の運航
■2007/06/13（水）〜06/27（水）
＠木屋川（山口県下関市）
下関市豊田町は、日本でも有数のホタルの里。ホタルのシンボルにもなっているゲンジボタル（「天然記念物豊田町・前代原川ゲンジボタル発生地」として保存大発総動物の指定を受けています）の観賞を、船上からホタル狩りながら川下りを楽しめるのだ。近くの温泉郷でのんびりするのはいかが？
〔問〕ホタル舟実行委員会
TEL：0837-66-0331（平日3：30〜17：15）

100万人のキャンドルナイト
■2007/06/22（金）〜06/24（日）
夏至と冬至の夜8時から10時のあいだ、電気を消してキャンドルの明かりで過ごすこと、省エネを考えた地球にやさしい環境イベント「100万人のキャンドルナイト」が日本で開催されてから、今年で5年目を迎えます。この期間、キャンドルを使ったユニークな屋外イベントが全国で数々開催されます。
〔問〕「100万人のキャンドルナイト」事務局
TEL：03-3402-6877

森で遊ぼう
■2007/07/01（日）〜08/31（金）
14：00〜17：00
＠富良野市近郊の森「Mippoの森」（北海道）
動物や魚、植物を観察したり、目を閉じて森の匂いを肌で感じたり「生きものは待って得ないよ」「森になかったものをはいていかない」を基本ルールに、自然の中をそのまま過ごせる濃密で遊べるプログラム、子どもも大人も、森の中で楽しい時間を過ごしませんか？
〔問〕アルパインビジターセンター
TEL：0167-22-1311

木頭杉一本乗り
■2007/08/05（日）
＠那賀川（徳島県那賀郡那賀町）
吉くから伝わる杉の一本乗りで、川の流れを利用して、竿一本を支えに杉の丸太に立って騰ります。かつては一村一山と切り出した杉を下流へ運んでいた手段でしたが、今では競技として古くなられています。参加保障者は昨年より自己講習会が開かれ、那賀川の本流で開かれるこの大会に臨みます。
〔問〕那賀町商工会 木頭支所
TEL：0884-68-2311

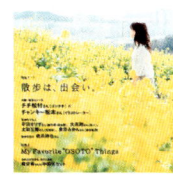

OSOTO v.02

散歩は、出会い。

My Favorite "OSOTO" Things

COLOR：⬤PANTONE 357
PAPER：間伐材紙

OSOTO v.02
4C／1C　257×182mm　2007年

CL：大阪府公園協会　AD：多喜 淳（オブスデザインファクトリー）　CD：忽那裕樹（E-DESIGN）　DF：オブスデザインファクトリー　制作、S：E-DESIGN　ライター：福田アイ／森 瑞穂ほか

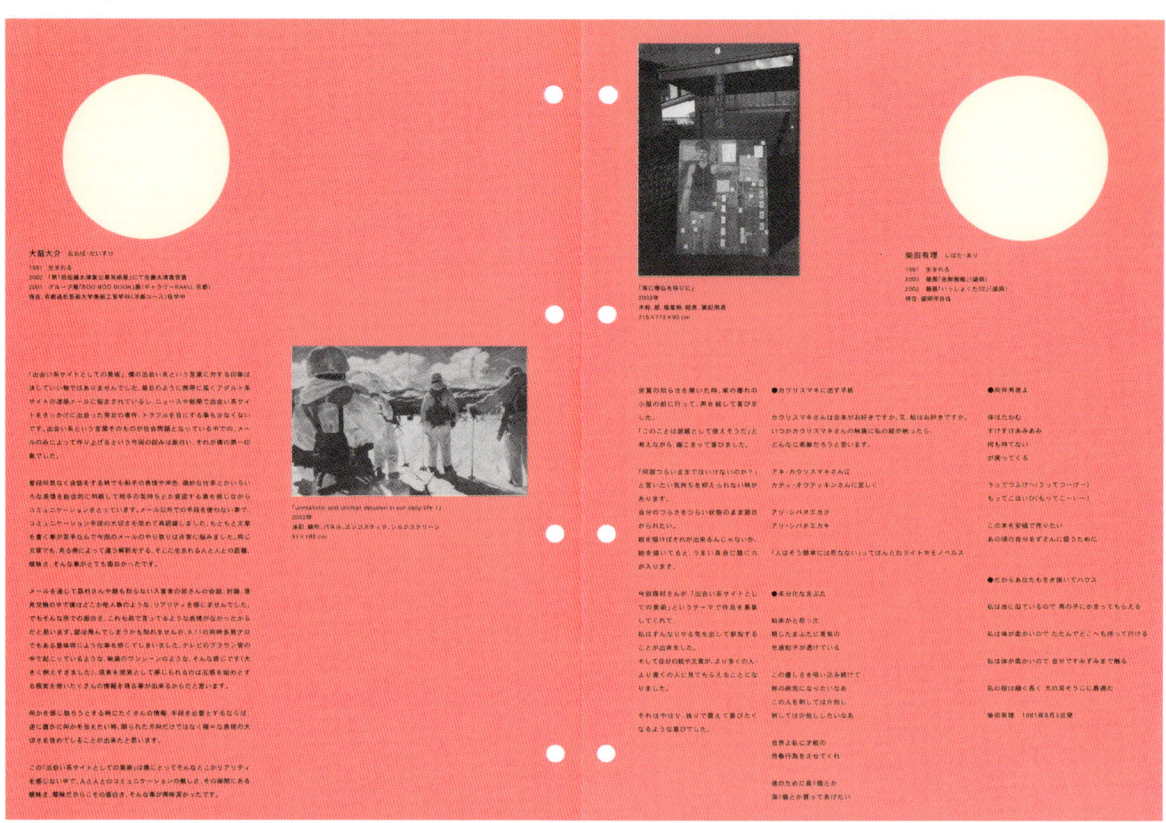

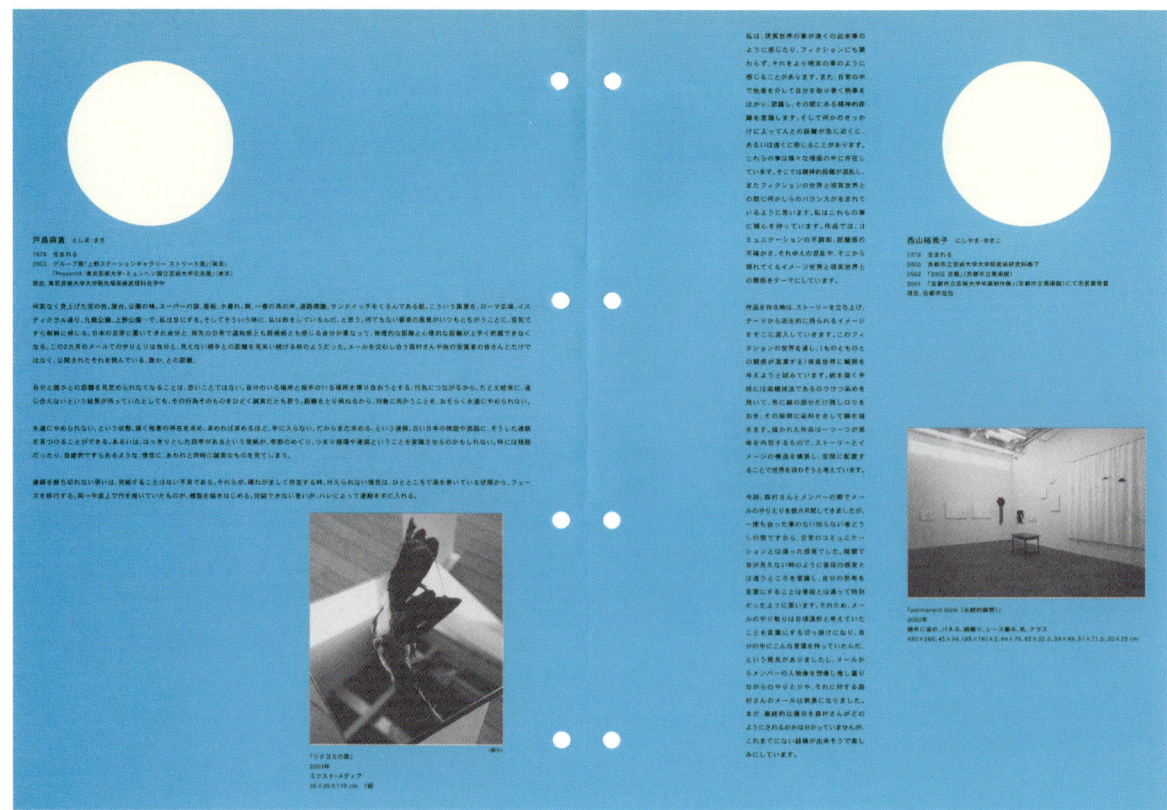

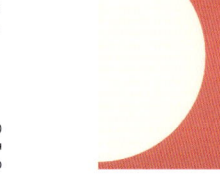

COLOR: ⬤ Process Black, 🔴 PANTONE Process Magenta, 🔵 PANTONE 311
PAPER: OKスターライトハイバルキー

第1回 現代美術コンクール
2C　297×210mm　2003年

CL：大阪府立現代美術センター　AD：杉崎真之助　D：奥野千明　DF, S：真之助事務所

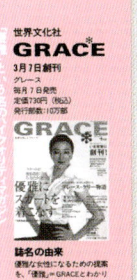

世界文化社
GRACE
グレース
3月7日創刊
毎月7日発売
定価730円（税込）
発行部数：10万部

誌名の由来
優雅な女性になるための探求を「優雅」＝GRACEとわかりやすく表現。

ターゲット像
幸せな結婚や仕事での成功など、一度は大輪の花を咲かせてきた30歳以上の女性。

GRACEはこんな雑誌

主な雑誌の創刊年と時代背景

1970
大阪万博開幕 ── 『an・an』
　　　　　　　　　『non-no』
ファストフードショップが各地に開店 ── 『ぴあ』
ニュートラ・ブーム ── 『JJ』
　　　　リーダーシップ　『POPEYE』
　　　　ターゲットは　　『MORE』
ハマトラ・ブーム　15歳　『Hot-Dog PRESS』

1980
　　　　　　　　　『BRUTUS』『25ans』
　　　　　　　　　『FOCUS』『with』
DCブランドブーム ── 『ELLE JAPON』『marie claire』
　　　　リーダーシップ　『CLASSY.』『ef』『FRIDAY』
　　　　ターゲットは　　『オレンジページ』
男女雇用機会均等法　25歳　『Tarzan』
グルメブーム ── 『日経TRENDY』
　　　　　　　　　『Hanako』
ベルリンの壁崩壊 ── 『CREA』『サライ』

1990
バブル景気崩壊 ── 『Tokyo Walker』『dancyu』
湾岸戦争 ── 『FRaU』
　　　　　　　　　『Oggi』
就職氷河期 ── 『ダ・ヴィンチ』
　　　　　　　　　『VERY』『いきいき』
　　　　リーダーシップ　『Domani』『Grazia』
　　　　ターゲットは　　『週刊アスキー』
　　　　35歳　　　　　『LUCI』『メイプル』
NTTドコモ「iモード」サービス開始　『BRIO』

2000
25〜29歳女性の未婚率5割超 ── 『一個人』『自遊人』『Memo男の部屋』
　　　　　　　　　『東京カレンダー』『日経おとなのOFF』
米国同時多発テロ発生 ── 『和樂』『LEON』『Style.』『BAILA』
　　　　　　　　　『STORY』
フリーマガジン多数創刊　リーダーシップ　『Precious』『MAQUIA』『NIKITA』
　　　　　ターゲットは　『GLAMOROUS』
ブログ、SNSなどのサービスが大人気　45歳　『OCEANS』

参考／吉良俊彦「ターゲット・メディア主義 ─雑誌礼讃─」

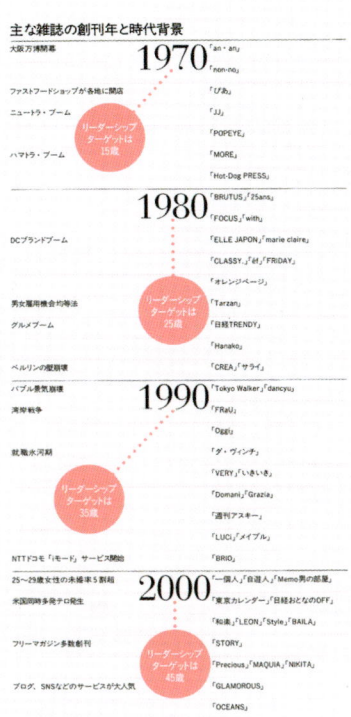

特集
ターゲットから見えてきた雑誌の新たな可能性

部数は少なくとも、広告収益で成立する雑誌

なぜ雑誌の新創刊は繰り返されるのか

集英社
marisol
マリソル
3月7日創刊
毎月7日発売
定価760円（税込）
発行部数：12万部
（創刊号は137万8,000部）

ワーキングビューティーのための美＆ファッション誌

誌名の由来
mar（海）とsol（太陽）から、太陽のように明るく、海のように深く優しい女性像をイメージした造語。

ターゲット像
35歳以上の仕事をもつ女性。

marisolはこんな雑誌

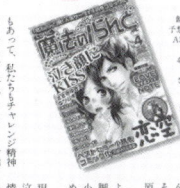

From Editors

双葉社
携帯小説サイトと連動した少女向けコミック誌誕生！
十代のハートをつかむ
「月刊COMIC魔法のi-らんど」

携帯小説をまるごとコミック化

プロにはないストーリー展開は、読んでいて目が離せません！
（竹内寿枝『月刊COMIC魔法のi-らんど』編集長の言葉より）

編集者一人ひとりが面白いと思う作品を選出

携帯から広がるコミックユーザー層

竹内寿枝 氏
1994年入社、女性グラビアでは、書籍の編集を経て、主婦向けの情報誌「ジュールってきせな主婦たち」の編集長に就任。その後、昨年暮れより「月刊COMIC魔法のi-らんど」の発刊準備に着手し、1月24日の発刊に至る。

From Editors

角川書店
メディアミックス展開に期待大！
大人の感動コミック誌
「コミックチャージ」
3月20日創刊

僕たちが読むマンガを僕たちがつくる。

今の僕たちが感動できるコミック誌をつくる。これは最高の喜びです。
（渡辺啓之『コミックチャージ』編集長の言葉より）

大人ならではの感動をマンガで伝える

渡辺啓之 氏
『少年エース』で『新世紀エヴァンゲリオン』『×××HOLiC』などを担当。現在『少年エース』『コミックチャージ』両編集長を兼任。

主筆雅章 氏
1990年より角川書店にて角川スニーカー文庫「ザ・スニーカー」などのライトノベル編集長を担当。2006年4月より『コミックチャージ』の創刊準備に携わる。

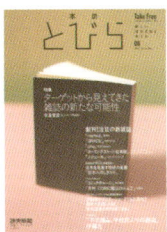

COLOR： ● Process Black,　🔴 PANTONE 190
PAPER： エバーライトホワイト

本のとびら 06
4C / 2C　2006年

S, PB：読売新聞東京本社　D：Better Days

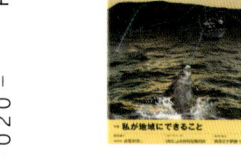
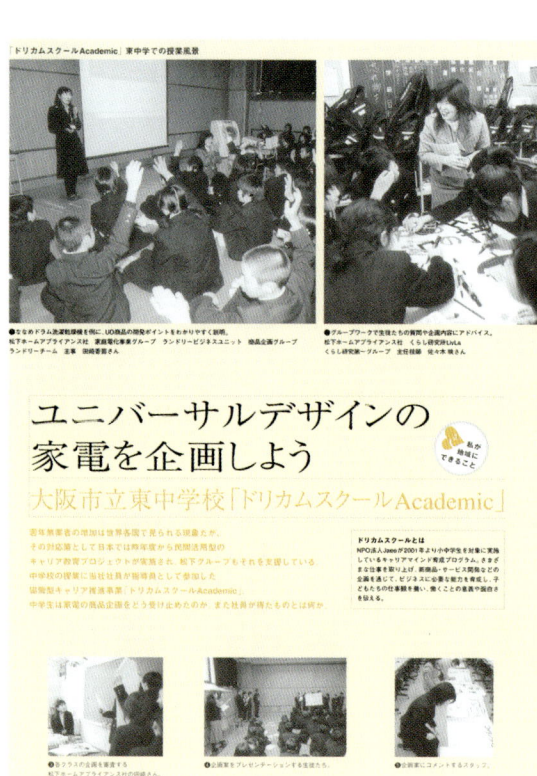

「ドリカムスクールAcademic」東中学での授業風景

ユニバーサルデザインの家電を企画しよう

大阪市立東中学校「ドリカムスクールAcademic」

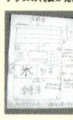
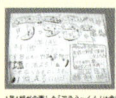
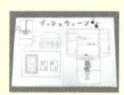

「ドリカムスクール」でキャリア教育

仕事は楽しいばかりじゃない

「家電育」もあっていい

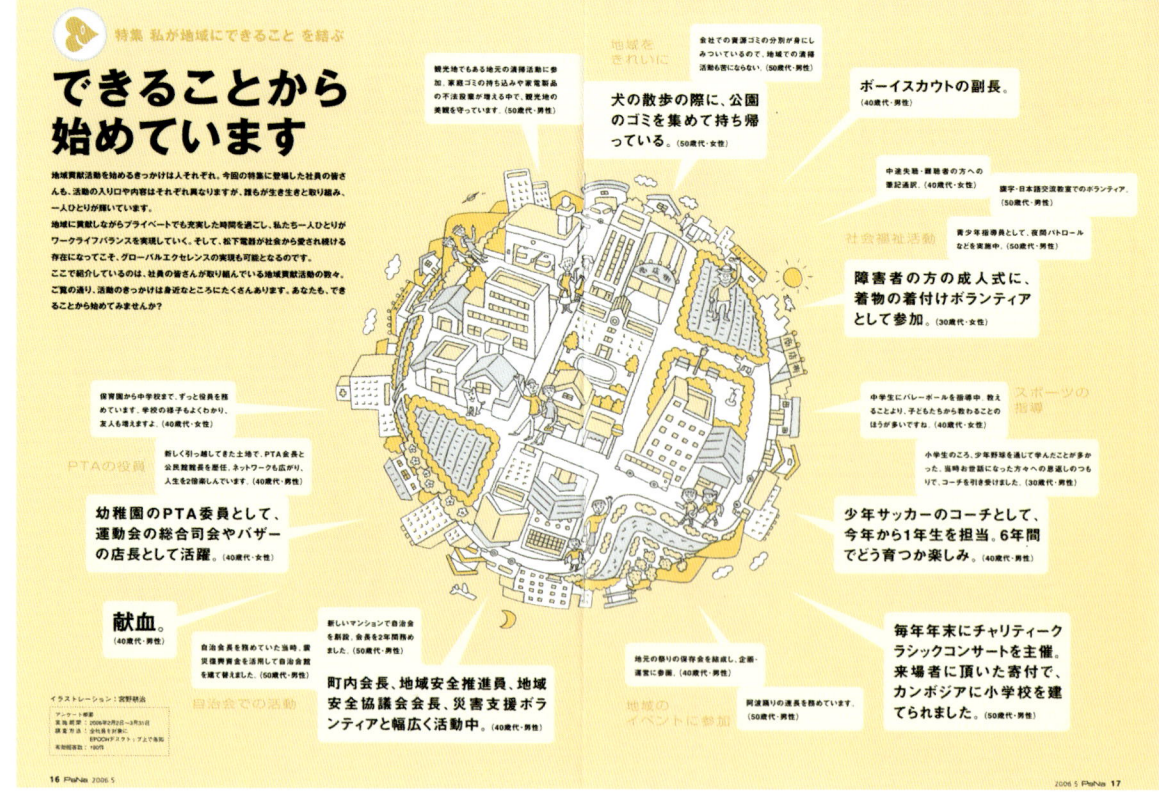

特集 私が地域にできること を結ぶ

できることから始めています

COLOR： ● Process Black, 🟡 Process Magenta 20% + Process Yellow 100%
PAPER： キンマリHi-L

Pana 2006年5月号
4C / 2C　297×210mm　2006年

CL：松下電器産業　CD：松枝健夫　AD：杉崎真之助　D：鈴木信輔　表紙デザイン：高西信治　DF, S：真之助事務所

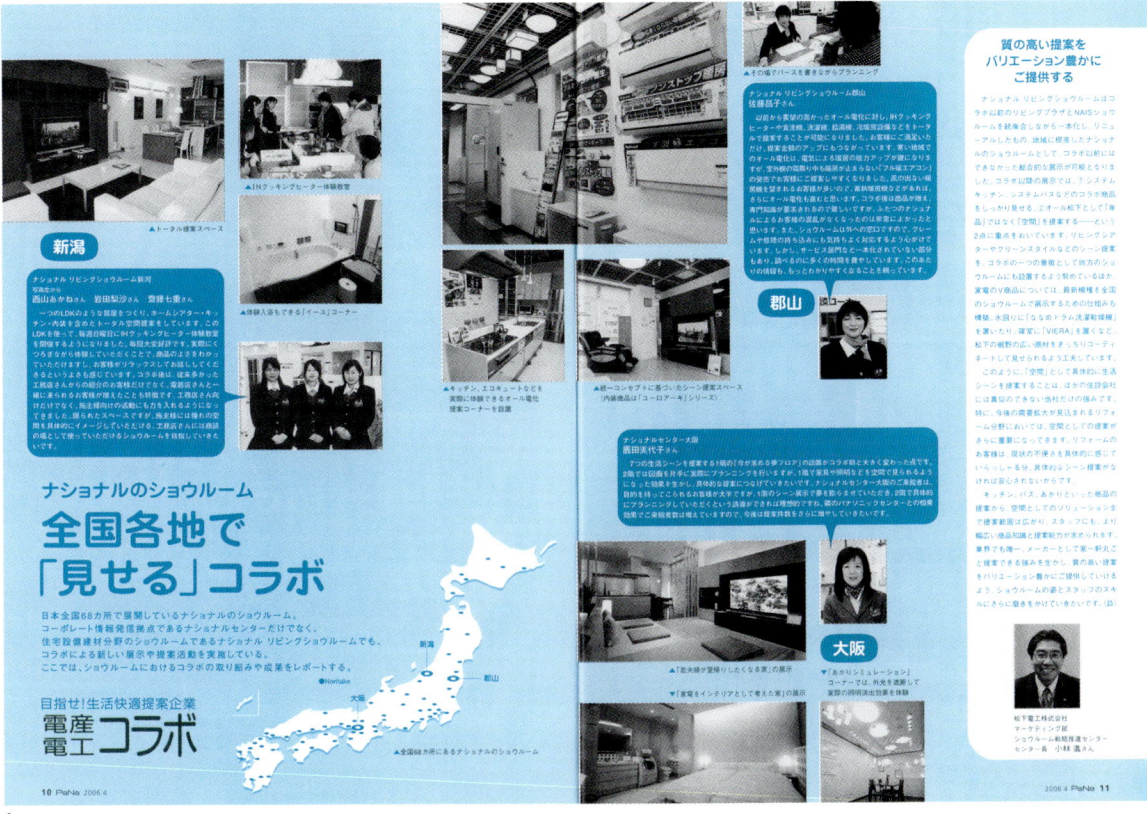

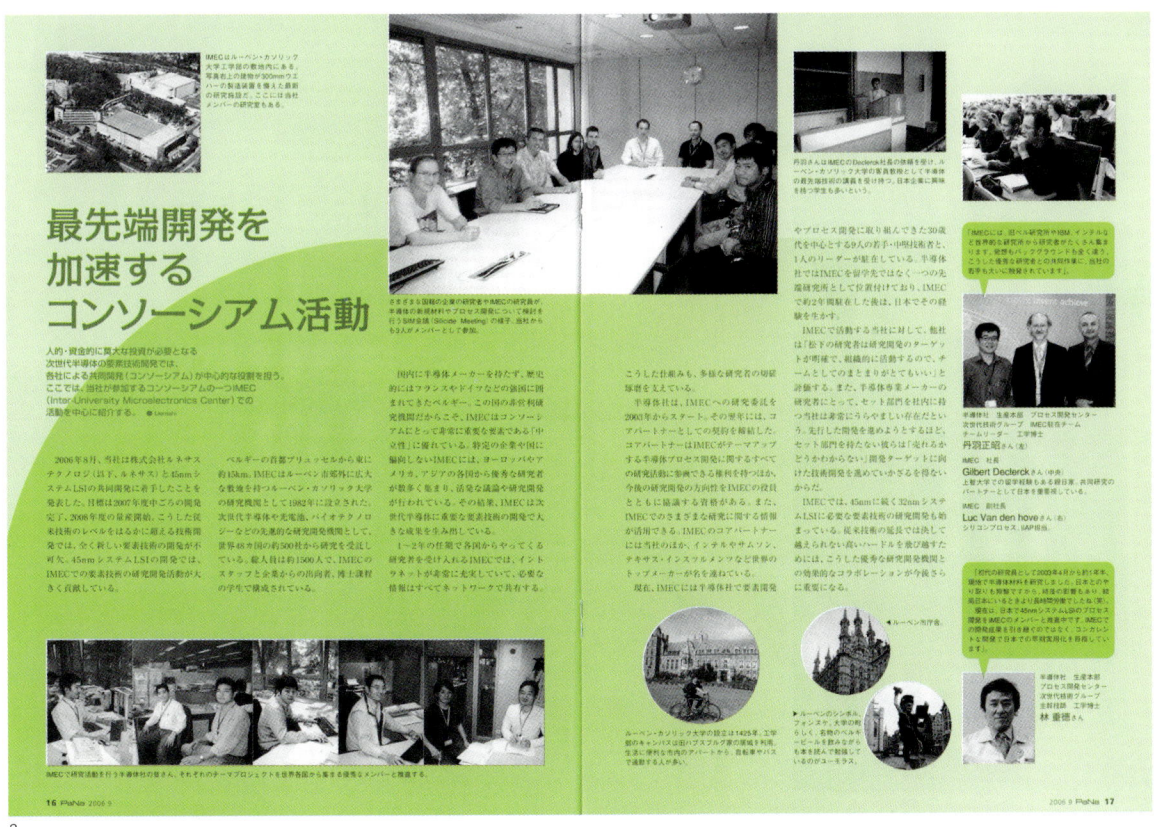

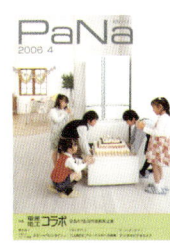

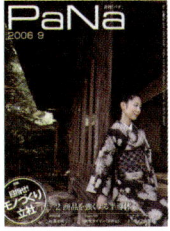

COLOR： ● Process Black(1, 2), ● Process Cyan 100% + Process Yellow 40%(1), ● Process Cyan 40% + Process Yellow 100%(2)
PAPER： キンマリHi-L

Pana 2006年4月号(1), 9月号(2)
4C / 2C　297×210mm　2006年

CL：松下電器産業　CD：松枝健夫　AD：杉崎真之助　D：鈴木信輔　表紙デザイン：高西信治　DF, S：真之助事務所

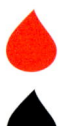

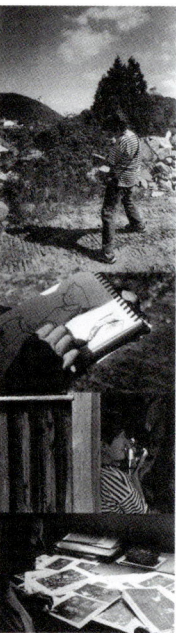

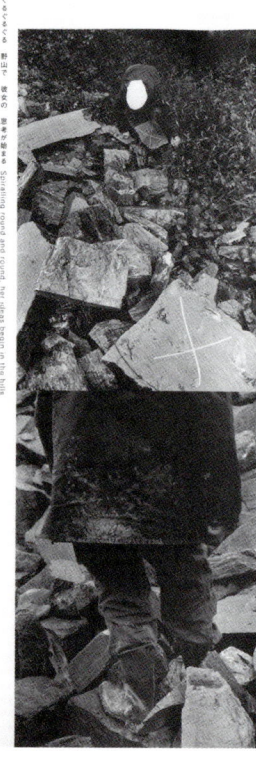

ぐるぐる 野山で 彼女の 思考が始まる Spiralling round and round, her ideas begin in the hills

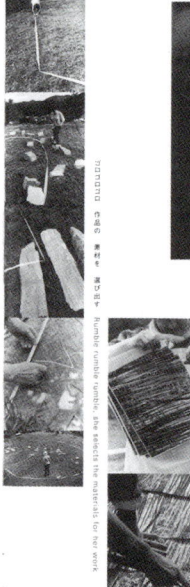

nanana 作品の 素材を 選び合う グルグルグル 思考と素材が 溶まり合う Rumble rumble rumble, she selects the materials for her work

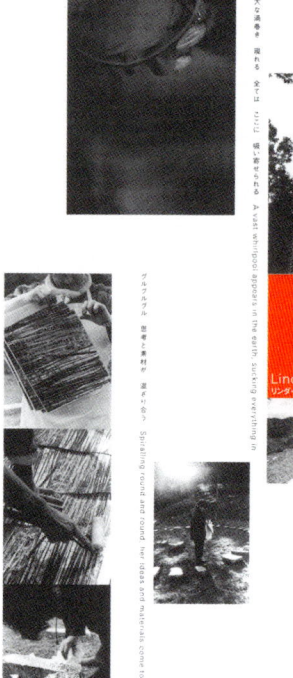

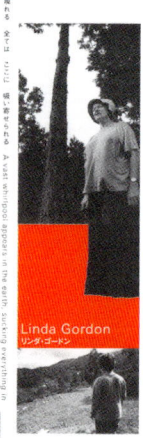

大地に 巨大な通奏音 溢れる 全ては なにかに 惹き着せられる A vast whoop-oop appears in the earth, sucking everything in

Linda Gordon
リンダ・ゴードン

Spiralling round and round, her ideas and materials come together

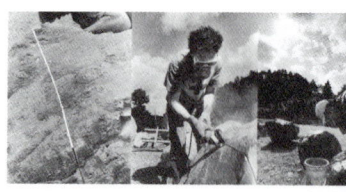

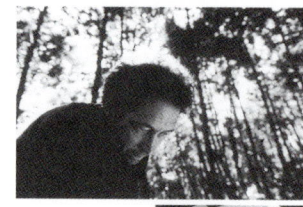

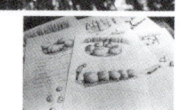

ストレイドム・ファン・ダ

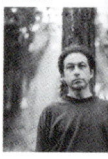

Strijdom van der M

1　　　　　　2:3　　　　　　2

General Comment
〔総評〕

武蔵野美術大学造形文化学科教授
新見 隆
Takashi Niimi

〈大川原〉委員会会長
森 昌城
Masaaki Mori

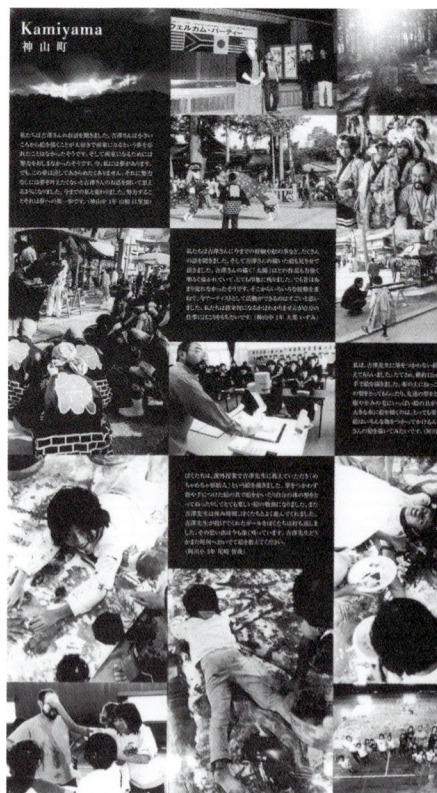

cultural exchange
文流

16/17

Kamiyama
神山町

PR誌　Public Relations

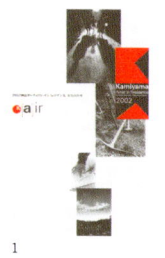
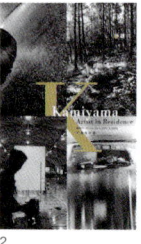
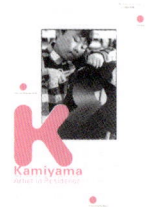

1　　2　　3

COLOR : ● Process Black (1, 2, 3), ● DIC F111 (1)
PAPER : ヴァンヌーボV スノーホワイト

2002 (1) 2003 (2) 2004 (3) 神山アーティスト・イン・レジデンス 実施報告書
4C / 2C (1, 2), 2C / 1C (3)　297×182mm　2003-2005年

PB：神山アーティスト・イン・レジデンス実行委員会　D, AD：藤本孝明　D：真先有希子　CW：新居篤志 (2, 3)　PH：倉良隆英　DF, S：如月舎

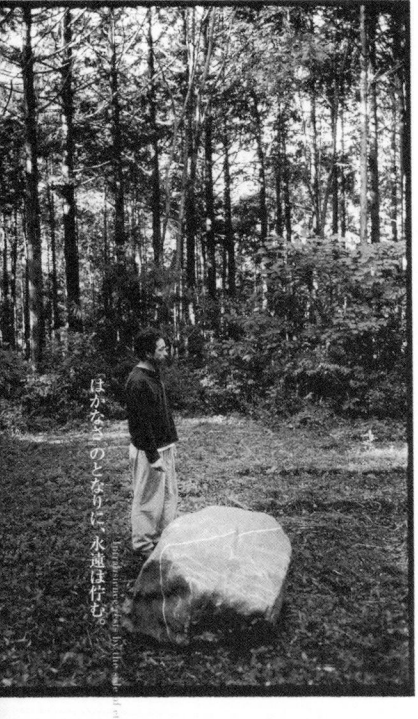

はかなさのとなりに、永遠は佇む。

Instancing eternal by the side of frailty.

6/7

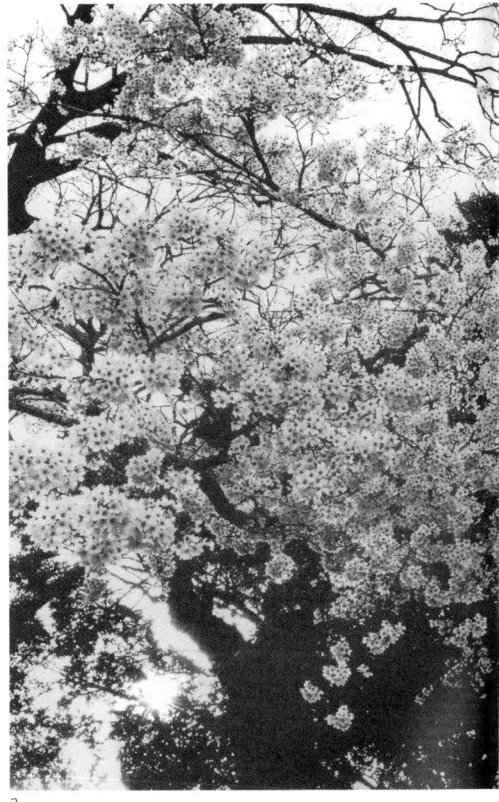

3

神々の伝説、豊かな説話や歴史に彩られた町、その音、この池に落合した松陰により描かれた人形浄瑠璃の襖絵が千数百点も残る町。これは神山アーティスト・イン・レジデンスの原点、この活動は「とくしま国際文化村」構想の一つとしてスタートしました。私達は、国内外の芸術家を招聘し、神山の自然や地域の人々と触れ合うことにより、新しい芸術・文化の創造を期待すると共に、この事業を通じて地域の優れたポテンシャルを再認識し、新しい価値観や新しい交流を生み出すことを目的としています。

今回も招聘された作家は「日本の田舎・神山」に身を委ねることで得られる「カルチャーショック」と、住民との触れ合いによってなされる「インスピレーション」をもとに、有形無形の「神山（God's Mountain）」を体感し、数量あふれる作品を完成させました。事業開始から6年を過ぎ、開催を重ねることに、世界各地より問合せがあり、神山での創作活動を希望する作家が増えました。私達はこの活動が認められ、国際文化村の実現に近づいていることを実感しております。

本年度は、これまで作品展期間が2日間であったのを延長し6日間としました。また、11月13日には「夢わたしアートツアー」と題し、武蔵野美術大学の協力を得て、多くの芸術愛好家とともに展示場を巡回し、作家自身の解説をも交えながら作品を鑑賞して、過去の保存作品を展示している体験学校の小学校にて、アートワークを開催し、好評を博した。最終的には、神山の自然、歴史や風土に深く触発された作家の鋭い感性と、新たな試みとして地元の専門技術者の協力による、高度な技術のコラボレーションが実現し、新たな一歩が踏み出され、個性豊かで完成度の高い作品群が産み出されたと話題にしています。

今後も私達は、日本人の「ふるさと」ともなる里村の伝統文化の自然を大切に継承する豊かな心と新たな試みに挑む勇気をもって、くしま国際文化村の創造、そして神山からの文化の発信に臨んでいきたいと考えております。

ことしも咲いたね
みんなで咲いたね

Contemporary arts meet God's Mountain.

KAIR実行委員会会長
森 昌槻

The Committee of
Kamiyama Artist in Residence
President
Masaki Mori

A place characterized by its long history as well as legends of gods and myriad folktales. A place where there remain now a thousand screen paintings used in puppet theaters, which were produced by the warriors who stayed there. This is the origin of the Kamiyama Artist in Residence Project. It started as part of the Tokushima International Cultural Village" plan. We invite artists from Japan and around the world to come and work in Kamiyama, hoping that they will create works of art influenced by their interaction with nature and the local residents. Through this project, we also aim to bring out Kamiyama's outstanding potential and to create new opportunities for exchange and cultural understanding.

This year, works full of originality were completed by the artists, who experienced the tangible and intangible Kamiyama or 'God's Mountain' through 'culture shock' and 'inspiration' both from interaction with our local people while immersing themselves in this homely and nature-rich Japanese village. Six years on, the number of enquiries and applications from different parts of the world has increased every year, and more and more artists show interest in working in Kamiyama. We are convinced that activity is getting wider recognition and have made another step forward to attain our goal of creating an international cultural village.

This year, we extended the exhibition period from two days to five. With the help from Musashino Art University, we organised the 'Yume-watashi Art Tour' (Dream-cherishing Art Tour) on November 13. Together with a number of art lovers, we made a tour of the exhibition sites, appreciated works of art while listening to comments by each artist and enjoyed a hands-on art at Shimotsun primary school (presently closed), where works by the past guest artists are displayed. The sixth year of the programme marked the beginning of the collaboration of local craftsmen and the artists whose artistic sensibilities were praised by Kamiyama's nature and history, resulting in the creation of works of originality and sophistication.

We are determined to continue to protect the future and traditional culture of our rural village while having the courage and open mind to step out in new directions. In this way, we will make Kamiyama a centre for cultural expression, and achieve our goal of becoming a Tokushima International Cultural Village.

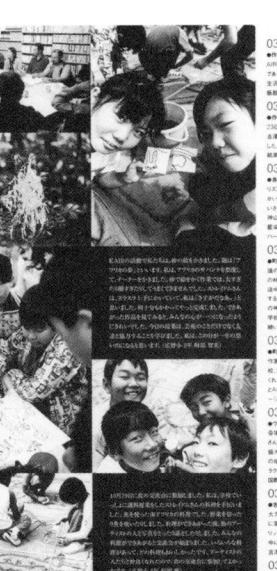

03-09-21

03-09-23

03-09-29

03-09-30

03-10-01

03-10-04

03-10-05

03-10-08

03-10-09

03-10-10

22/23

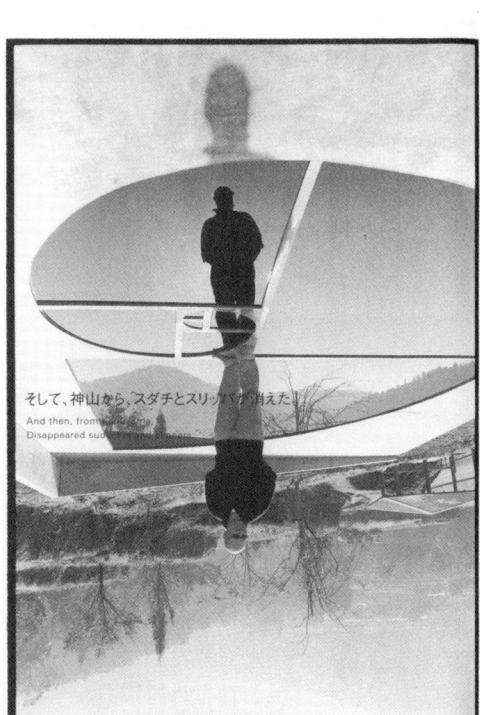

そして、神山から、スダチとスリッパが消えた！

And then, from Kamiyama,
Disappeared suddenly...

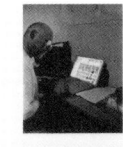

ノベルト・フランシス・アタード

1951年マルタ生まれ、1977年に建築専門でマルタ大学を卒業し、1996年で職人として活躍する。1997年からインスタレーションアートに取り組みはじめ、作品は幅広い影響や質感の諧調を取り入れ、古代的と現代的、人工と自然、スチール、陶器、映画、デジタル・メディアを利用し、線描を見る目と自制の模索を試みている。

彼は、日本とマルタの文化に共通する特徴を探し、神山の自然や特徴的な事物を巧みに応用し「天と地の間に」という一連の作品を完成させた。

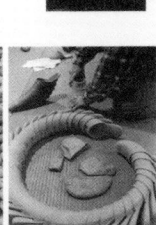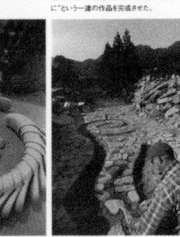

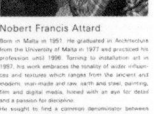

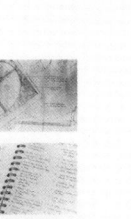

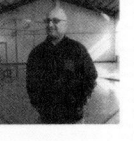

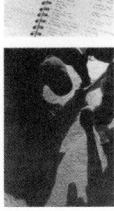

Nobert Francis Attard

Born in Malta in 1951. He graduated in Architecture from the University of Malta in 1977 and practiced his profession until 1996. Turning to installation art in 1997, his work embraces the tonality of wider influences and textures which ranges from the ancient and modern, man-made and raw, earth and steel, painting, film and digital media, linked with an eye for detail and a passion for discipline.

He sought to find a common denominator between the Japanese and Maltese cultures and produced a series of works titled 'Between Sky and Earth', making the most of nature of Kamiyama as well as the local materials.

8/9

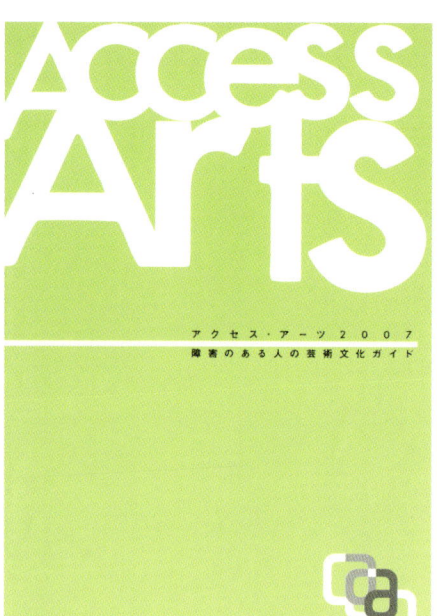

Access Arts

アクセス・アーツ2007
障害のある人の芸術文化ガイド

たんぽぽの家アートセンターHANA
File 003
新しい創造の価値を探求するアートセンター

人間とは何か 探求するアートセンターをめざして

キャンバスに向かって絵を描く人、土と向きあいモノをつくる人、絹糸を染めて布を織る人、商品の値づけや個包をしている人、訪問客にコーヒーを煎れる人、音楽にあわせて身体をゆらし踊る人、パソコンで会計処理をする人、メールやテレビ電話で通信している人、熱心に会議をしている人、ラジオ体操をしている人、楽しそうにおしゃべりしている人……、それぞれの人がみな、ちがう呼吸やリズムで活動をしている。

この建物はもともと、1980年に社会福祉施設としてオープンした。障害のある人たちがいきいきと暮らし働くための拠点をつくりたいと、73年に障害のある人自身やその家族、活動に共感した市民たちが立ち上がり、その夢を実現させたのだ。そして04年5月、ハード、ソフトの両面からリニューアルオープン。障害のある人たちを取り巻く環境が変化するなかで、アートの可能性についてさまざまな議論と探求を行う場として再スタートした。今を生きる人たちの表現、とりわけ障害のある人たちの表現のなかに、人間の可能性を探り、そのことを糧に創造的な社会づくりをめざしている。

多様な表現、多様な関係性がエネルギー

1階には、絵画、染織、陶芸などに取り組める4つのスタジオのほか、オリジナルグッズを販売するショップ、語らいの場となるカフェ、作品の収蔵庫がある。ギャラリーではアートセンターの常設展のほか、いのち・人権・平和をコンセプトにした企画展を実施する。吹き抜けの明るい階段から2階にあがると、国内外の障害者アートに関する書籍やパソコンなどを備えた情報コーナー、会議室、印刷室があり、同じ敷地内には100名収容のホールや宿泊可能な施設もある。美術、音楽、舞台などの表現に対応できる、小さくとも総合的なアートセンターといえる。

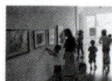

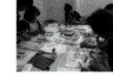

財団法人たんぽぽの家と社会福祉法人わたぼうしの会が連携し、ボランティア団体の奈良ねっとわーく・アートやユニークな地域との関係づくりなど、さまざまな世代のボランティアや社会機関が積極的に活動に参画している。展覧会や出版、セミナーやワークショップなどを通じた啓発にも取り組んでいるが、関わる人々の経験と記憶が、新しい発想やプログラム、国内外に広がるネットワークを生みだしている点がユニークだろう。

創造活動の価値を未来に伝えていくこと

私とは何か、どのようなことが好きで、何を仕事にし、あるいは何を人生の愉しみとしていくのか、ここは、すべての人にとって自分が自分になるための空間であり、自分が自分として生きるための自己探求の場。就学前の小さな子どもたちの遊び場にもなれば、障害のある子どもたちの放課後の冒険の場にもなる。高齢の方たちの誘い場にもなれば、地域の小中学生の学びの場にもなる。

「創造活動は最善の自己を探す旅のようなものだ」といった人がいるが、この旅のなかで人は、自己のことを決定する能力を開発し、内面の感情や気分を表現し、自分が取り巻く世界との関係をつくりだしている。その行為をアクセスは私がいまここにいるという存在のしるしであり、作品から結果にとどまらない、美しく新しい価値を生みだしている。このような創造活動の価値は目にはみえないけれど、HANAを訪れる人はそれを体験することができる。そしてHANAの役割は、この価値をみえるものにし、社会に、未来に伝えていくことではないだろうか。

（柴崎由美子／たんぽぽの家アートセンターHANAプログラムディレクター）

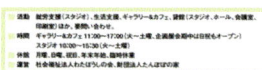

〒630-8044 奈良県奈良市六条西3-25-4
Tel.0742-43-7055 Fax.0742-49-5501
tanpopo@popo.or.jp
http://www.popo.or.jp

012

013

日本ろう者劇団
File 081
手話とともに演劇のすばらしさを伝える

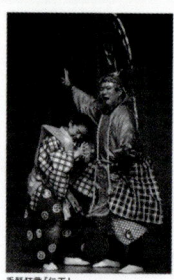
手話狂言『仁王』

1980年、演劇の好きな人が集まり、「東京ろう者演劇サークル」として設立。障害のあるなしにかかわらず、視覚的に誰もが楽しめる演劇づくりをめざしてきた。その後、黒柳徹子さんと出会い、トット基金の付帯劇団となり、日本ろう者劇団と改称した。創作劇、手話狂言など、新しい世界を切り開きながら全国各地、世界各国で公演を重ねる。和泉流狂言師の三宅右近さんの指導のもと、古典芸能の強靭さと手話の融合をはかった手話狂言を誕生させた。また、近年では手話の世界と文楽の融合をはかった『お初 曽根崎心中の真実』などを上演した。公演のほか、サインマイムのワークショップや手話によるワークショップ、手話教室なども行う。手話のもつ魅力と演劇のすばらしさを伝え、広めることをめざしている。

■ 活動 ワークショップ
● 手話によるワークショップ 一方的な知識伝達の型ではなく、参加者が自ら参加する学びと創造の場。
● サインマイムによるワークショップ 手話とパントマイムの特徴を合わせてつくりだしたサインマイムを学ぶ。手話がわからなくても、ゲームなどを取り入れてわかりやすい工夫がされているため、障害の有無に関わらず楽しめる。
● 視覚によるワークショップ 日常生活のなかにある事柄を見たままに思い浮かべ、身体を通して相手にどれだけ正確に伝達できるか、工夫する方法を学ぶ。
■ 運営 社会福祉法人トット基金

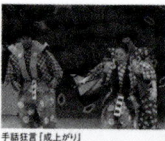
手話狂言『成上がり』

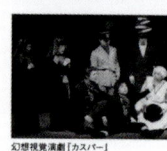
幻想視覚演劇『カスパー』

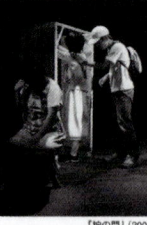
『掟の門』(2006)

連絡先
〒141-0033 東京都品川区西品川2-2-16
Tel.03-3779-0233 Fax.03-3779-0206
jtd@japan.email.ne.jp
http://www.totto.or.jp/jtdtop.html

104

パフォーマンスユニット くらっぷ
File 082
マジョリティの「狭さ」を問う不条理喜劇

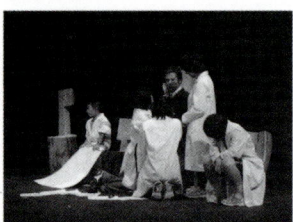
『ファウスト』(2006)

たんぽぽの家を拠点に2004年より活動を開始。現在、近隣の養護学校や施設に通う6人のメンバーが参加し、俳優・演出家のもりながまことさんがプログラムを構成する。通常期は2週間に1回、公演前は2週間に3回ほどの活動日を設ける。これまでに大阪、東京にて作品4公演を実施した。決められた台本も台詞もないが、即興劇ではない。もりながさんの伝える演出意図を、役者たちが自分なりに翻訳して表現するという、きわめてオーソドックスな演劇だ。

くらっぷ作品の特徴は、そのナチュラルな不条理さにある。知的障害のある役者たちの「常識」を主軸に展開する舞台では、むしろ一般的な常識や世界観をもつ登場人物の方が滑稽に映る。かれらが終始笑いの絶えない客席に向かって問いかけているのは、マジョリティという「狭さ」なのだ。

■ 時間 14:00〜16:00（第2・4土曜）
■ 料金 1,000円/回（改定予定）

連絡先
〒630-8044 奈良県奈良市六条西3-25-4
たんぽぽの家
Tel.0742-43-7055 Fax.0742-49-5501
tanpopo@popo.or.jp
http://popo.or.jp

105

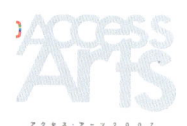

COLOR: ● Process Black, ● DIC 128
PAPER: リサイクル上質70

アクセスアーツ2007 障害のある人の芸術文化ガイド
2C / 1C 210×148mm 2007年

S, PB：財団法人たんぽぽの家 D, AD：岡部太郎 CD：森下静香 E：北田鶴士

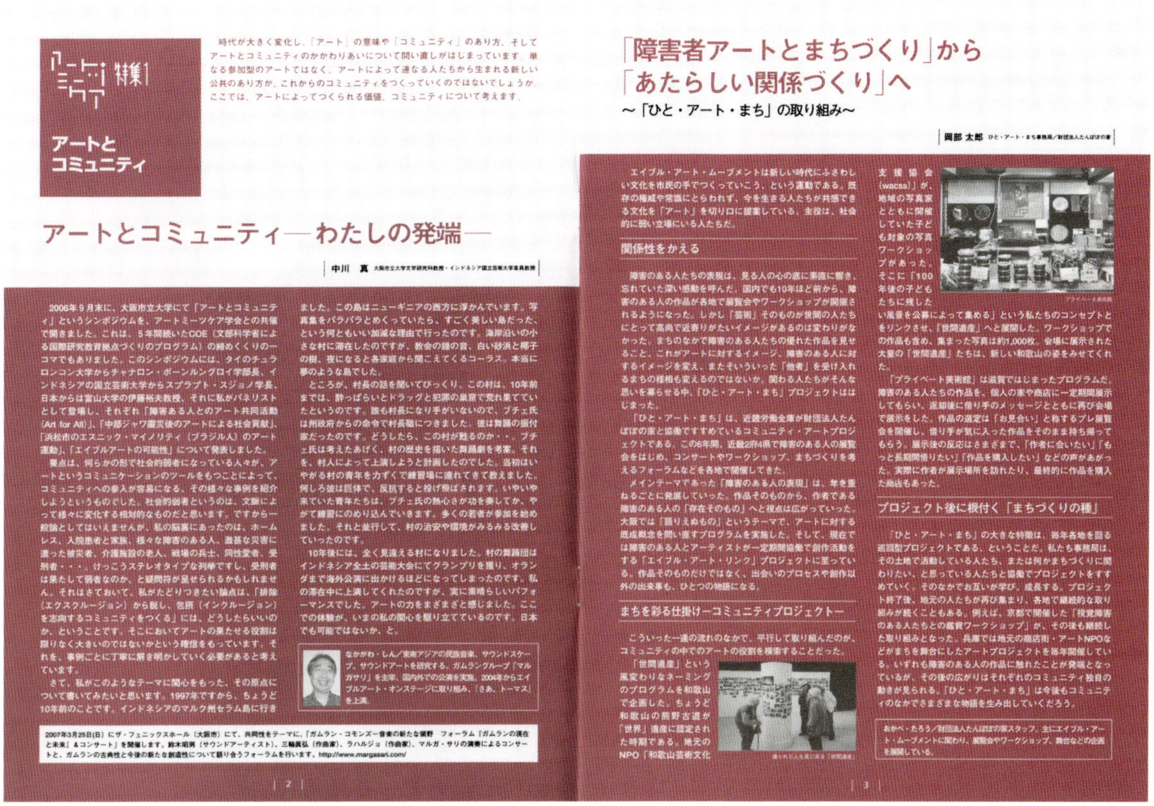

アートミーツケア特集1

アートと
コミュニティ

時代が大きく変化し、「アート」の意味や「コミュニティ」のあり方、そしてアートとコミュニティのかかわりあいについて問い直しがはじまっています。単なる参加型のアートではなく、アートによって連なる人たちから生まれる新しい公共のあり方が、これからのコミュニティをつくっていくのではないでしょうか。ここでは、アートによってつくられる価値、コミュニティについて考えます。

アートとコミュニティ──わたしの発端─

中川 眞　大阪市立大学文学研究科教授・インドネシア国立芸術大学客員教授

2006年9月末に、大阪市立大学で「アートとコミュニティ」というシンポジウムを、アートミーツケア学会との共催で開きました。（以下、本文は細かく判読困難）

「障害者アートとまちづくり」から
「あたらしい関係づくり」へ
～「ひと・アート・まち」の取り組み～

岡部 太郎　ひと・アート・まち事務局／財団法人たんぽぽの家

関係性をかえる

まちを彩る仕掛け─コミュニティプロジェクト

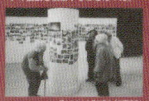

プロジェクト後に根付く「まちづくりの種」

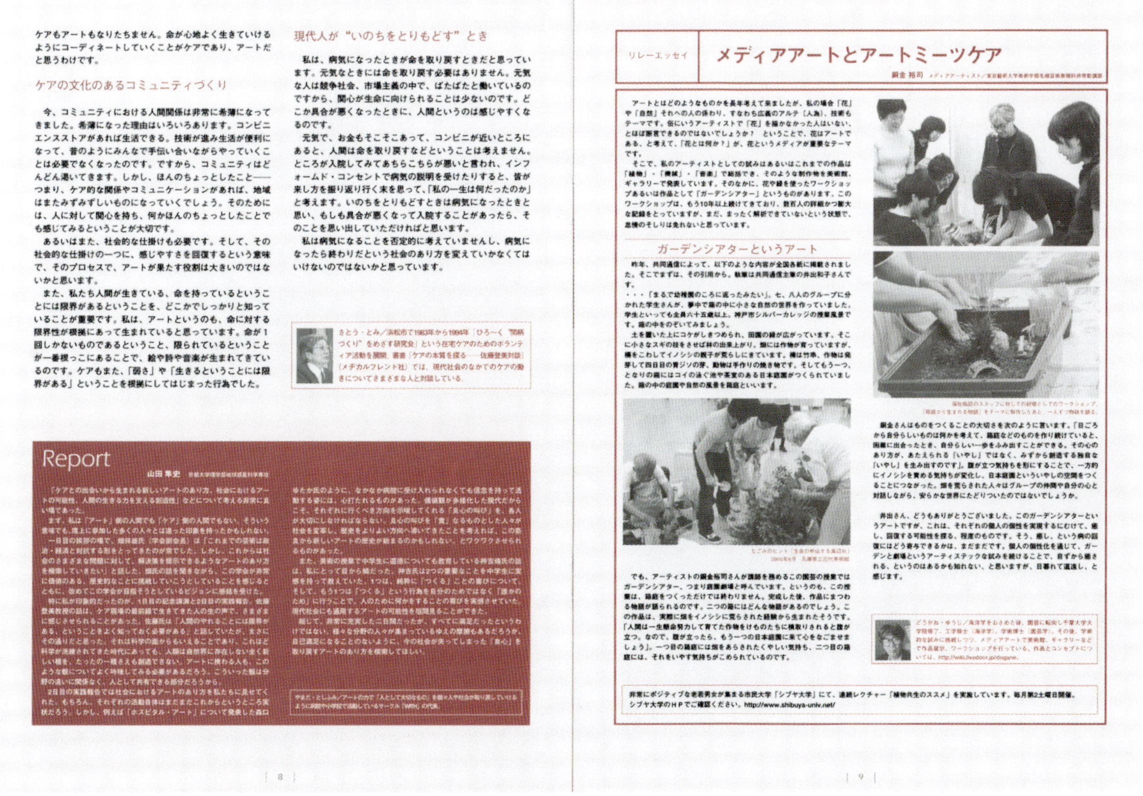

ケアもアートもなりたちません。命が心地よく生きていけるようにコーディネートしていくことがケアであり、アートだと思うわけです。

ケアの文化のあるコミュニティづくり

現代人が "いのちをとりもどす" とき

Report

山田 年史

リレーエッセイ

メディアアートとアートミーツケア

岡金 裕司　メディアアーティスト／東京藝術大学美術学部先端芸術表現科非常勤講師

ガーデンシアターというアート

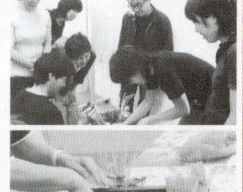

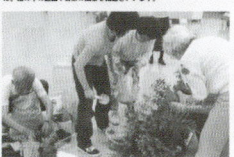

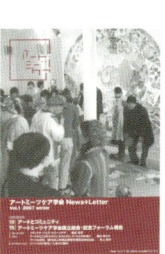

COLOR：● Process Black, ● DIC 281
PAPER：リサイクル上質70

アートミーツケア学会ニュースレター Vol.1
2C 297×210mm 2007年

CL ,S：アートミーツケア学会　AD：宮田完治　CD,E：森下静香　D：池田壮平　DF：サン美術印刷企画室

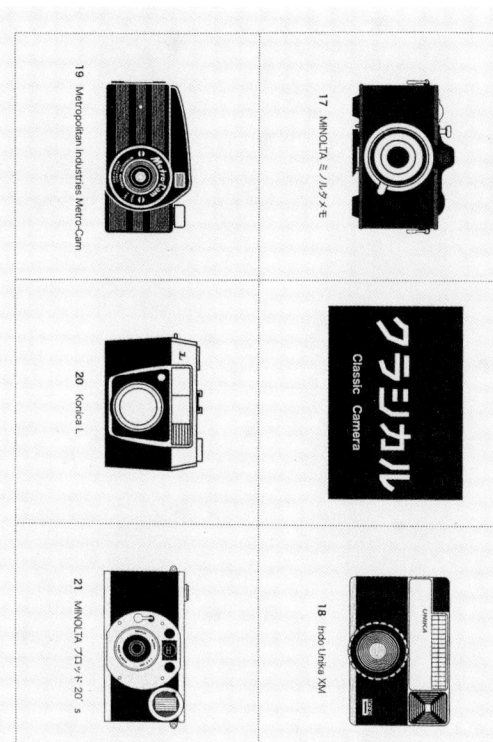

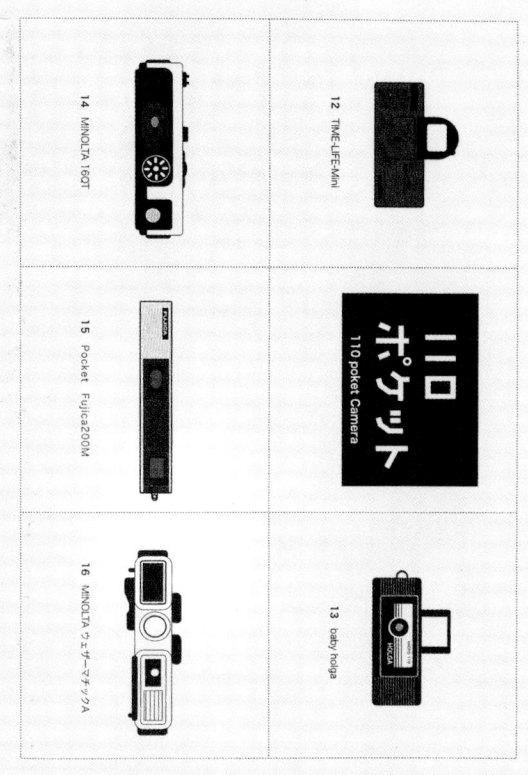

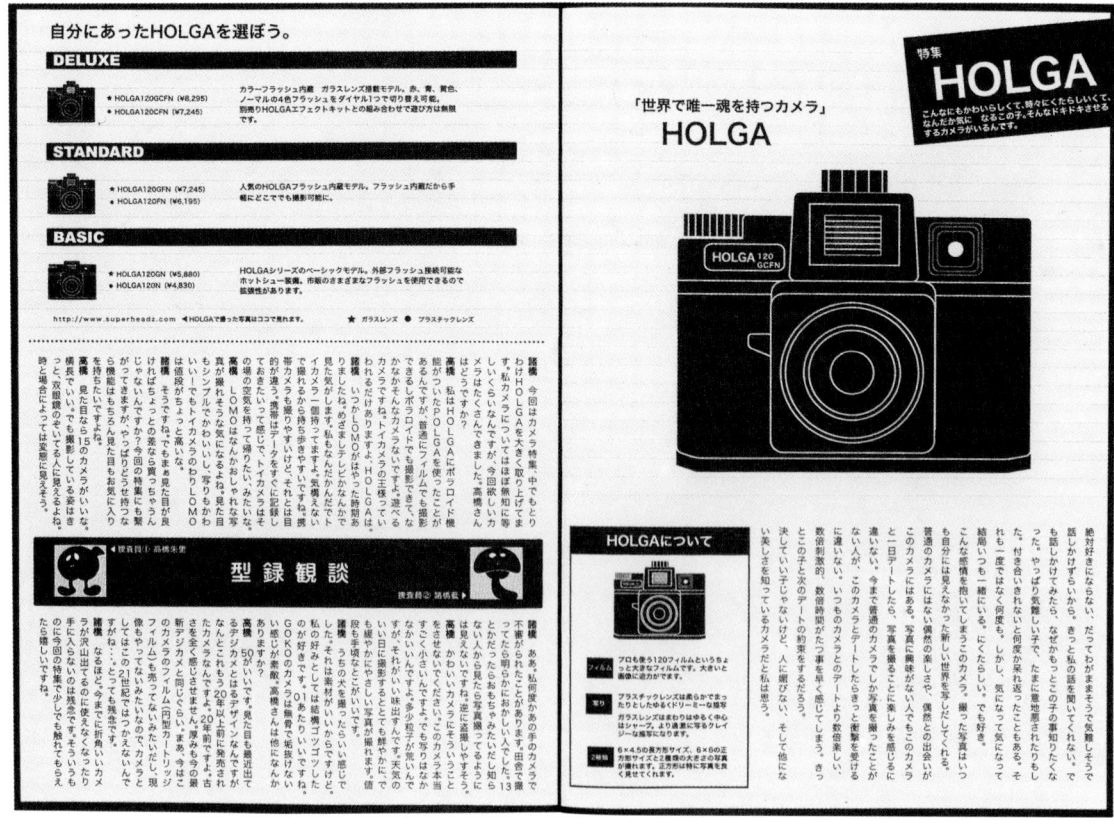

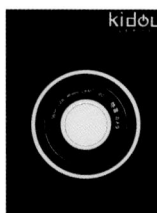

COLOR： 🌢**Process Black**
PAPER： アンデスタフ

kidou [キドウ] **Vol.3**
1C　210×148mm　2004年

CL, S：bridge　AD：高橋朱里　D：諸橋 藍

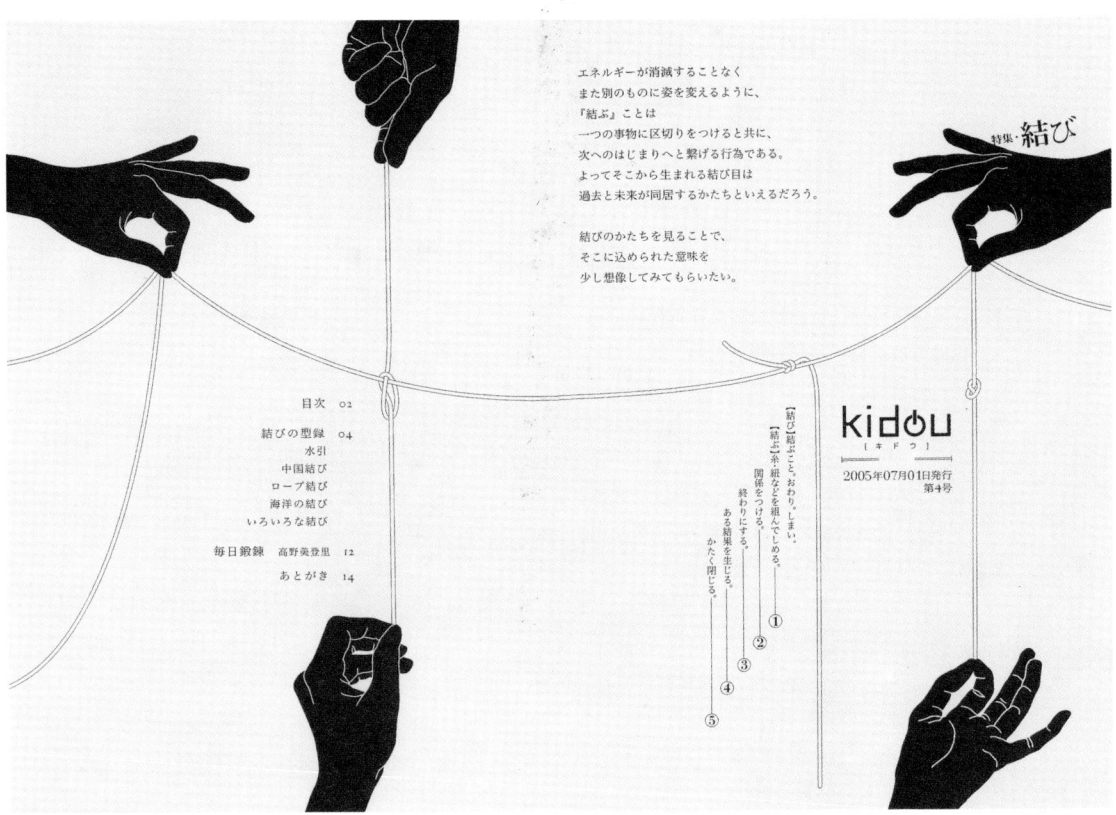

エネルギーが消滅することなく
また別のものに姿を変えるように、
『結ぶ』ことは
一つの事物に区切りをつけると共に、
次へのはじまりへと繋げる行為である。
よってそこから生まれる結び目は
過去と未来が同居するかたちといえるだろう。

結びのかたちを見ることで、
そこに込められた意味を
少し想像してみてもらいたい。

特集・結び

kidou
[キドウ]

2005年07月01日発行
第4号

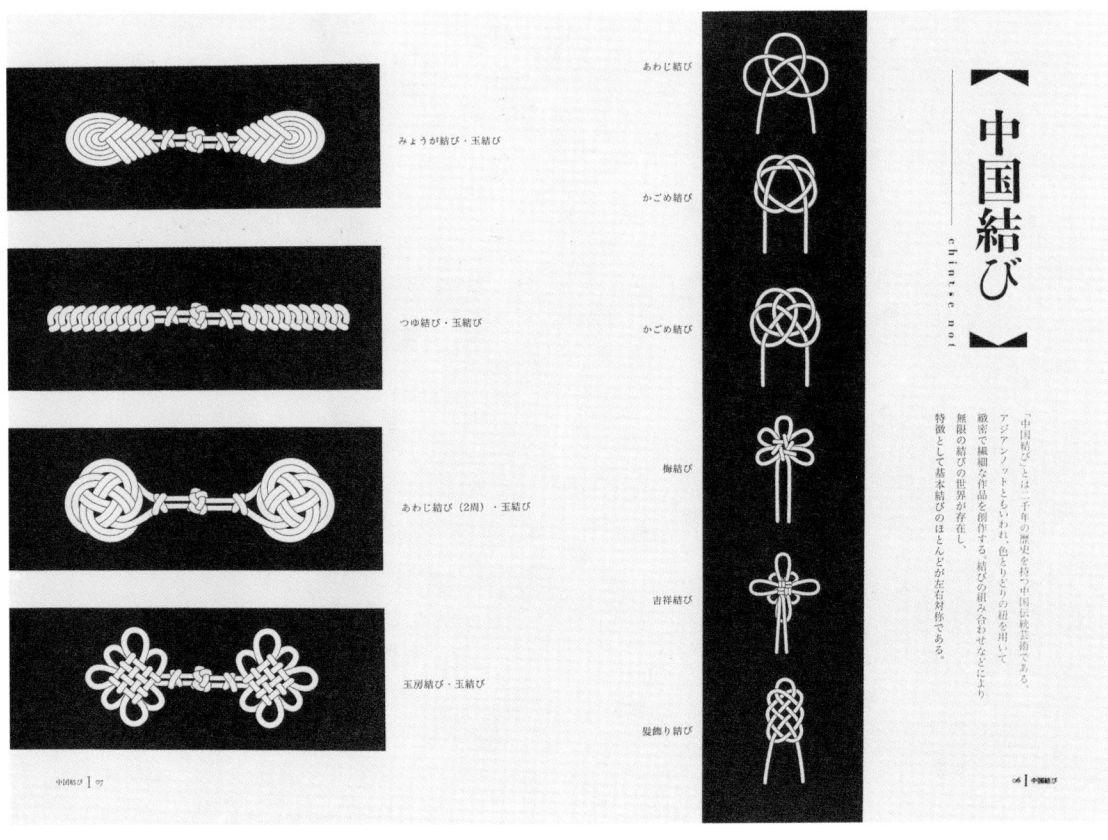

【中国結び】 chinese not

【中国結び】とは二千年の歴史を持つ中国伝統芸術である。アジアンノットともいわれ、色とりどりの紐を用いて緻密で繊細な作品を創作する。結びの組み合わせなどにより無限の結びの世界が存在し、特徴として基本結びのほとんどが左右対称である。

あわじ結び
かごめ結び
かごめ結び
梅結び
吉祥結び
髪飾り結び

みょうが結び・玉結び
つゆ結び・玉結び
あわじ結び（2周）・玉結び
玉房結び・玉結び

中国結び｜07

06｜中国結び

COLOR: ⬤ **Process Black**
PAPER: アンデスタフ

kidou [キドウ] Vol.4
1C　210×148mm　2005年

CL, S：bridge　AD：高橋朱里　D：諸橋 藍

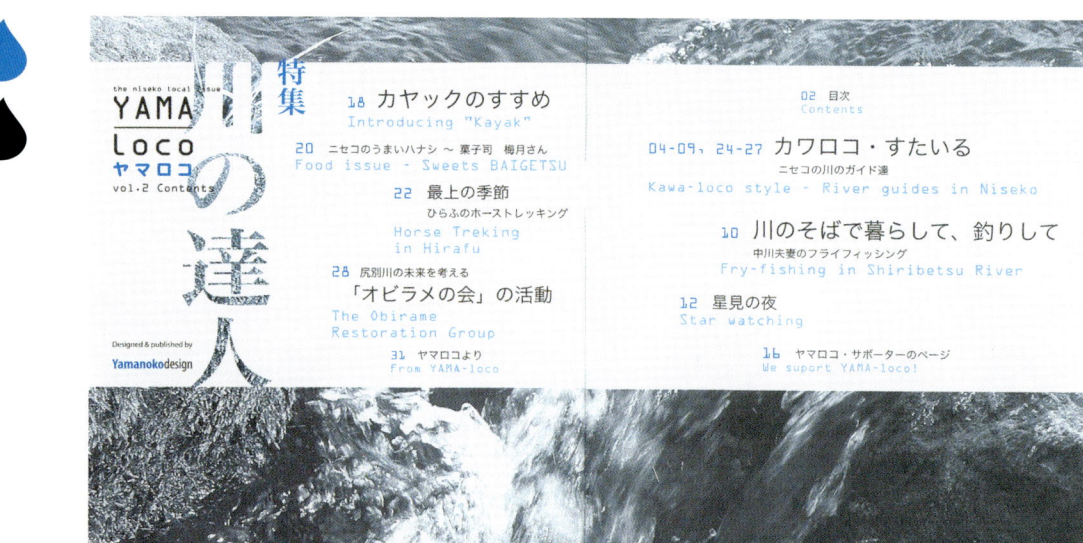

ニセコで活躍する、
川にまつわるガイドさん達。
← 川、仕事、遊びについて訊きました。

文と写真／林田 達夫
Text & Photographs by Tatsuo Hayashida

www.yamaloco.com

Vol.1

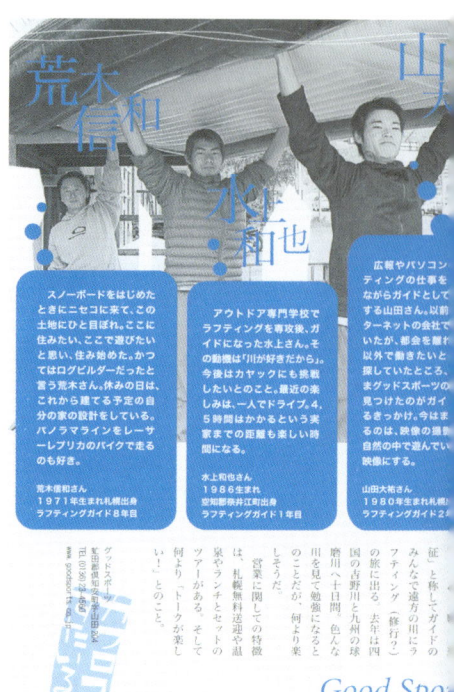

Good Spo

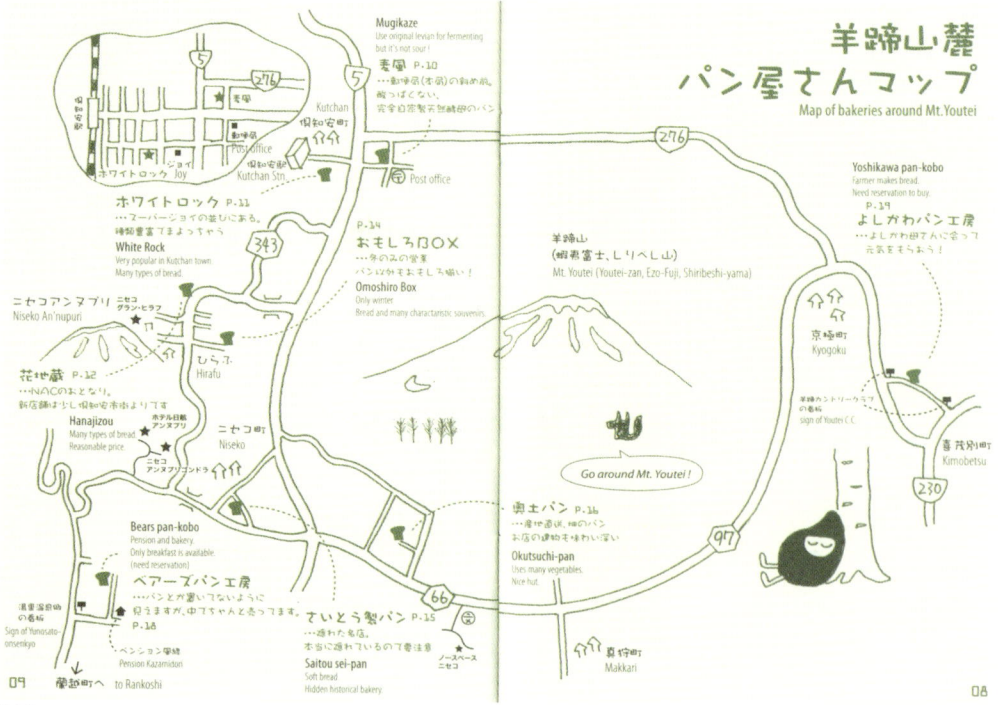

羊蹄山麓
パン屋さんマップ
Map of bakeries around Mt.Youtei

Go around Mt. Youtei !

Vol.2

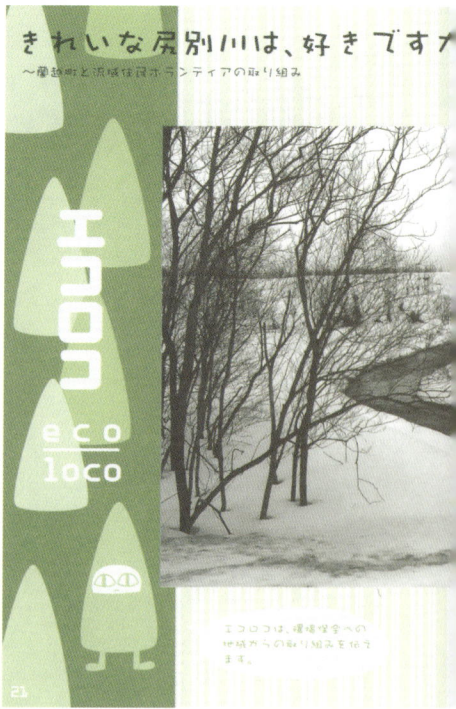

きれいな尻別川は、好きです

ECO
loco

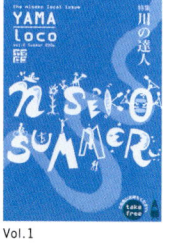

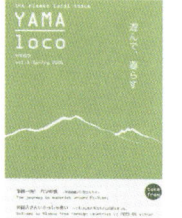

Vol.1　Vol.2

COLOR： ● Process Black, ● DIC 140 (Vol.1), ● DIC 361 (Vol.2)
PAPER： リサイクル上質

ヤマロコ (YAMA loco) Vol.1, 2
4C／2C　182×128mm　2006年

CL, DF：ヤマノコデザイン　D, I, PH, CW, E：林田達夫　PH, CW：平野大輔　CW：林田友子

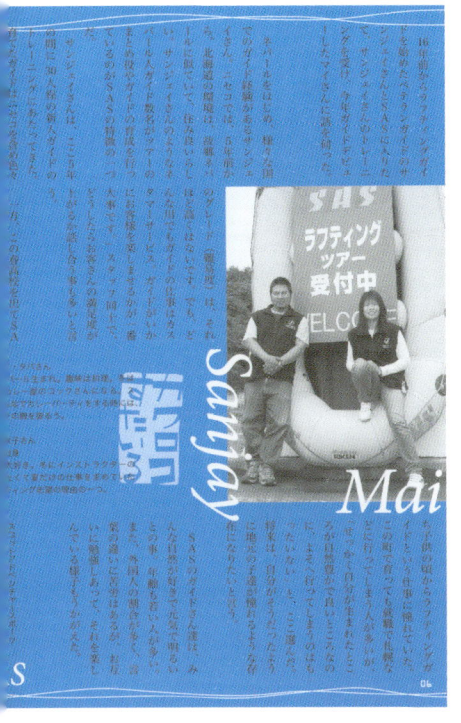

Sanjay

Mai

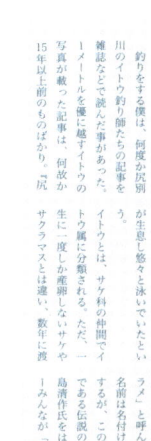

ラフティングツアー
受付中
WELCOME

◇　◇　◇

「どお、釣れた？」

◇　◇　◇

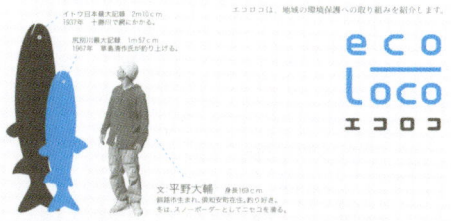

eco loco エコロコ

イトウ日本最大記録 2m10cm
1937年 十勝川で網にかかる。

尻別川最大記録 1m57cm
1967年 来馬漁作氏が釣り上げる。

文 平野大輔　身長169cm
冬は、スノーボーダーとしてここに来る。

尻別川の未来を考える「オビラメの会」の活動

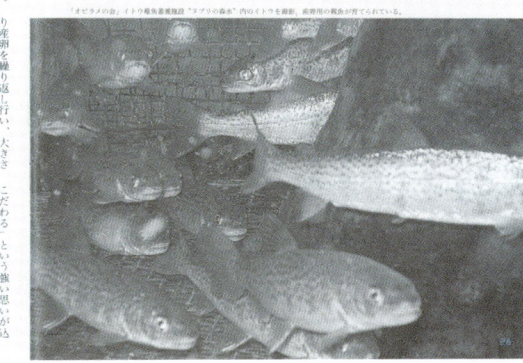

「オビラメの会」イトウ増殖溝独習「マブリの森」内のイトウを撮影。産卵用の親魚が育てられている。

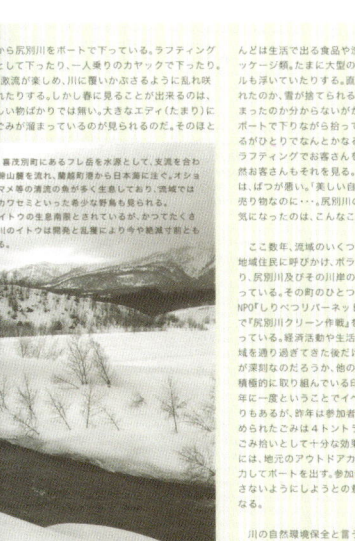

'06年の蘭越町の一斉清掃「尻別クリーン作戦」
「月下旬に予定されています。詳しくは
町役場総務課まちづくり推進課
36-57-5111
お問い合わせ下さい。

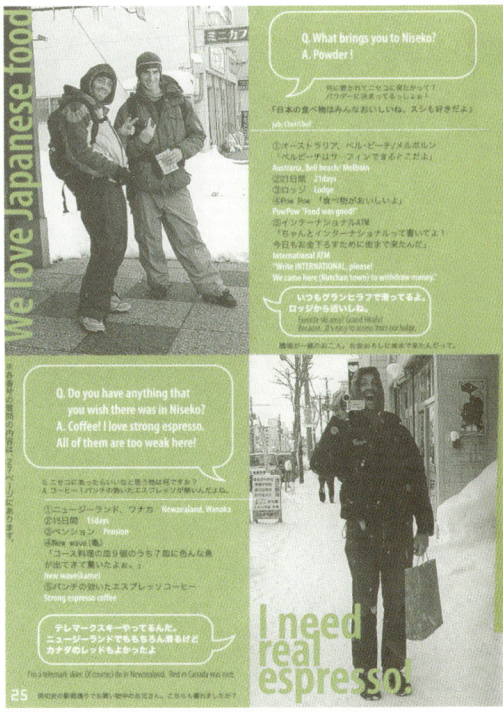

We love Japanese food

Q. What brings you to Niseko?
A. Powder !

何に惹かれてニセコに来たかって？
パウダーに決まってるこだよ。
「日本の食べ物はみんなおいしいね、スシも好きだよ」
JP, Chef/Chef

①オーストラリア、ベル・ビーチ/メルボルン
「ベルビーチはサーフィンできるとこだよ」
Australia, Bell beach/ Melboln
②21日間　21days
③ロッジ　Lodge
④Pow Pow 「食べ物がおいしいよ」
PowPow "food was good"
⑤インターナショナルATM
「ちゃんとインターナショナルって書いてよ！
今日もお金下ろすためにお金下ろしに来たんだ」
International ATM
"Write INTERNATIONAL, please!
We came here (Kutchan town) to withdraw money"

いつもグランヒラフで滑ってるよ。ロッジから近いしね。
Twinkle ski area/ Grand Hirafu
Tokaido...It's easy to access from our lodge.

Q. Do you have anything that
you wish there was in Niseko?
A. Coffee! I love strong espresso.
All of them are too weak here!

ニセコにこれがあったらいいなと思う物はありますか？
A. コーヒー！「パンチの効いたエスプレッソが欲しいんだよ。

①ニュージーランド、ワナカ New zealand, Wanaka
②15日間　15days
③ペンション　Pension
④New wave (風)
「コース料理の数の皿の中で9皿に色んな魚
New wave (lane)
⑤パンチの効いたエスプレッソコーヒー
Strong espresso coffee

テレマークスキーやってるんだ。
ニュージーランドでもももちろん滑るけど
カナダのもよかったよね
It's a telemark skier. Of course do in New zealand. Tried in Canada was nice.

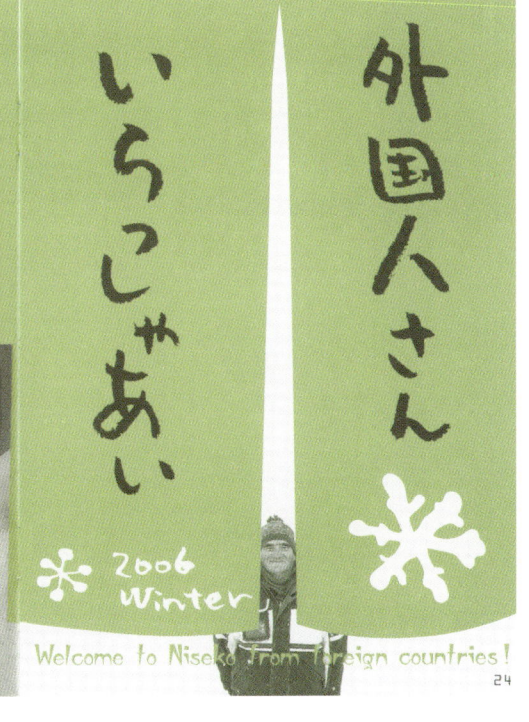

I need real espresso

外国人さん
いらっしゃい

2006
Winter

Welcome to Niseko from foreign countries !

20

25

24

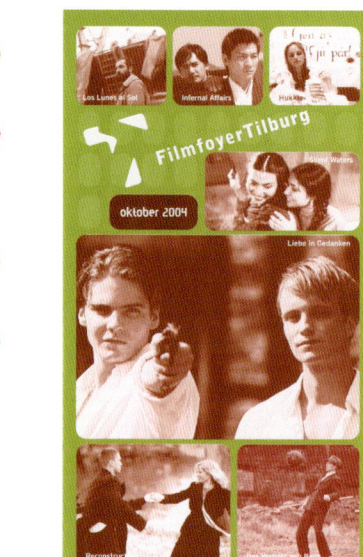

1

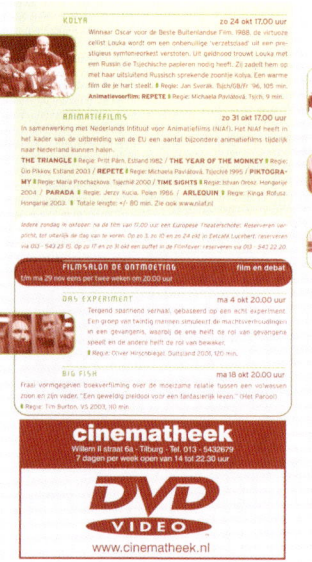

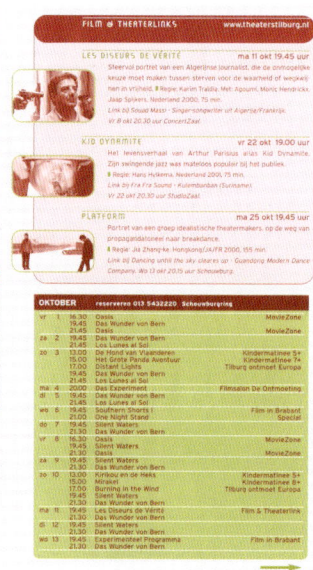

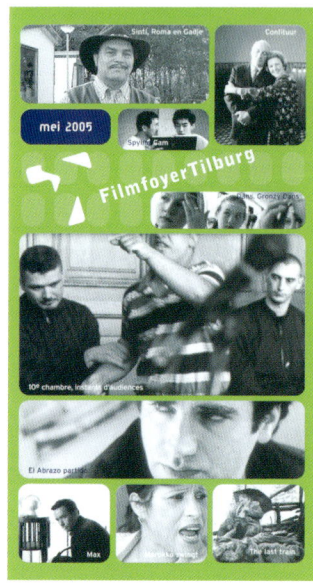
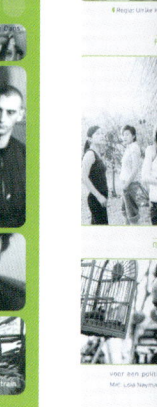

2

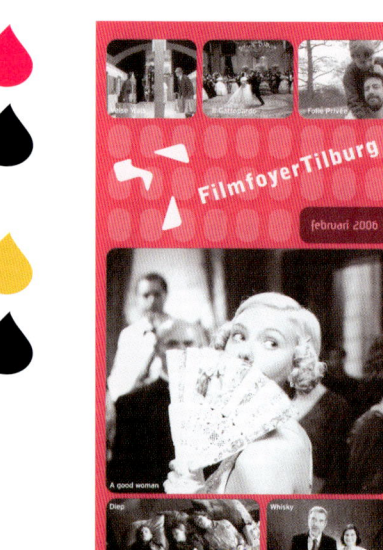

4

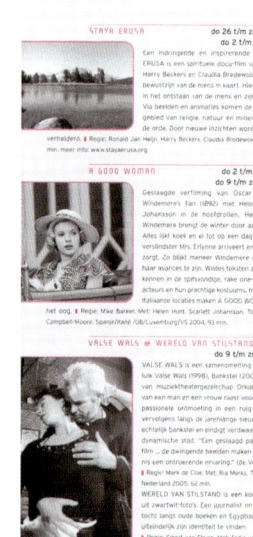

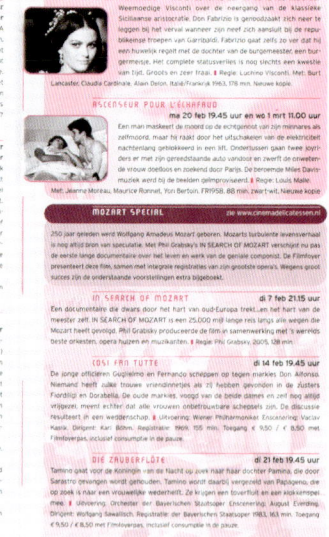

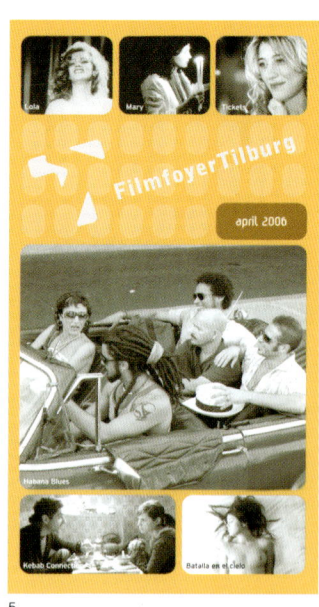
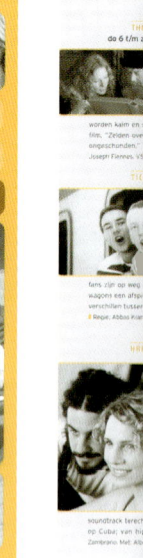

5

COLOR : ● Process Black, ● PANTONE 1807, ● PANTONE 583, ● PANTONE 2748, ● PANTONE 375, ● PANTONE 226, ● PANTONE 124, ● PANTONE Orange, ● PANTONE 2695, ● PANTONE 3415
PAPER : mediaprint silk

Filmfoyer Tilburg   1 / okt 2004(1)   2 / mei 2005(2)   3 / Filmzomer 2005(3)   4 / februari 2006(4)   5 / april 2006(5)   6 / December 2006(6)
2C   460×210mm   2004-2006-2006年

S, PB : Filmfoyer Tilburg   D : Kees Wagenaars   DF, S : CASE

FilmfoyerTilburg

FILMZOMER
juli – augustus 2005

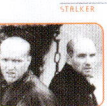
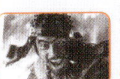

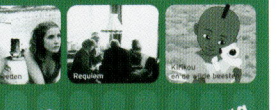
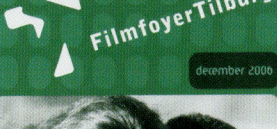
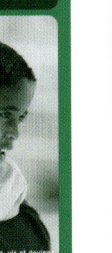
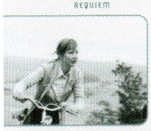

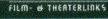
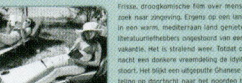

3

FilmfoyerTilburg

december 2006

6

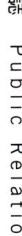

スクリーンの向こう側へ

内田量子さん（女優）

映画「棚の隅」のヒロイン・摘子を演じたのは映画デビューにしてベテラン・大杉漣さんと共演することになった内田量子さん。幼い頃からずっと映画に憧れ上京し、舞台やドラマ、CMなどでの活動を続けながらシナリオライター、プロデューサーと出会い、夢の一歩を踏み出すことになりました。映画への想いが静かに熱く伝わってきます。

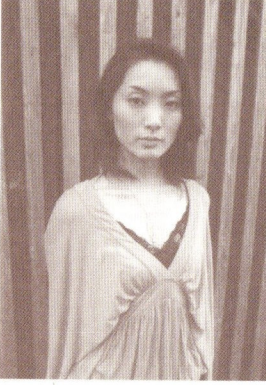

鬼龍院花子に衝撃

—— 小さい頃から女優になりたい夢をお持ちだったということですが、テレビドラマの影響ですか？

内田 映画ですね。映画館で「E.T.」を観て同じ作品を3回続けて親に行ってもらったのは最初で最後かもしれません。「漠然と」「何なんだろう、これは」と何度か親に言ったら鳥肌が立ったんです。その後「鬼龍院花子の生涯」（1982年／五社英雄監督）をテレビで観た時に母に「これは映画だ」と教わり、スクリーンの向こう側に行きたいと思いました。

「鬼龍院花子の生涯」を女の子が観てすごいなと思ったんですか。

内田 内容は子供からすればよくわからなかったと思いますが、とにかく引き込まれたと思います。「藤山直美さんの舞台を観て」と言われ入れてもらったんです。それからは、映画館に行けないなら意味もわからずドラマを良く観ていました。夜、親が寝静まった頃にテレビをカチャカチャして観ていました。

女優を目指して上京してみたかったですか？

内田 知らない土地に対して恐怖感とか不安感はないので、昔からバイクに乗っていたのでふらっと出かけていってその町の人たちとバーで飲んだりするのが好きでした。あまり物怖じはしなかったですね。

—— 事務所を探したり劇団を探したりすることか

付き人時代

—— 舞台でお芝居をするようになったきっかけは何ですか？

内田 昔所属していた事務所の人に「舞台は興味ないのか」と言われて「全くありません」と答え、それまでに舞台の方を観て面白いのかわからなくて、あまり好きじゃないなと思っていたんです。

やはり映画の仕事がしたいと。

内田 そうですね。ただその事務所にいる時に藤山直美さんの舞台を観て「この人は凄いな」と思いました。「藤山直美さんの舞台なら出たいです」と言って入れてもらったんです。無理矢理、藤山さんの付き人が足りないという話を耳にして付き人でもないのにそばにいさせてもらいました。

「顔」（2000年／阪本順治監督）での藤山さんの演技は凄かったですね。

内田 はい。私もう一度、直美さんに「もっと映画に出てください」と駄々っ子みたいに言っていたんですけれども（笑）。舞台に足を運んでくるお客様を大事にしている方なので、2年間、藤山さんの舞台に出させてもらって、舞台の面白さや

出会い

—— 「棚の隅」のスタッフではプロデューサーの小池和洋さんより先に脚本の浅野有生子さんと出会ったんですね。

内田 テレビドラマのお仕事で浅野さんと出会って小池さんを紹介して頂きました。

—— 小池さんからは「棚の隅」の話を聞いていたのですか？

内田 はい。「何年かかるかわからないけど、

映画デビュー

—— 映画志向の強い出演者の方々の中で緊張されましたか？

内田 緊張しました。緊張したんですけど好きな人も会った瞬間に、変に威圧感を与えない大人の方々なので嬉しかったです。

—— 現場では出演者の方から何かアドバイスはありましたか？

内田 ありました。私の初日は大杉漣さんとの観覧車のシーンで、その時に大杉さんから「映画は舞台と違ってアップの時、ちょっとした顔とか目の動かし方にも意味が出てくるからそれだけは言っておくね」とやさしくアドバイスをもらいまして、「そうなんだぁ」と思って撮影に臨みました。

—— そう言われても難しいことですよね。

内田 私は観覧車の中で気をつけなくちゃいけないなといつも。「とにかく今は役の中で大杉さんを全身で感じていよう」とそれだけに集中し

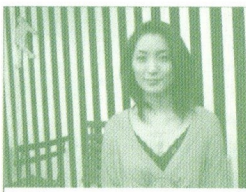

ました。

—— 初日で重要なシーンですからね。

内田 あそこで一度だけアドリブがポロッと出ちゃったんです。それが使われているんですけど、その時感じた想いが「ありがとう」で出てきてしまって、それが使われたのは凄く嬉しかったです。

—— 門井監督はどんな方でしたか？

内田 あまり気持ちを表に出さない方で、ほんとこれでいいのかなぁと私も初めてなので不安

—— 今回、出演してみて映画の面白味はなんでしたか？

内田 みんなで作るという事と一瞬一瞬の現場の緊張感です。

—— 最後に「棚の隅」の摘子はこの後、幸せになっていくんでしょうか？

内田 はい。前にも後ろにもどこにも進めない状態から前に進むことが、前を見ることができると思います。

うちだりょうこ●高知県生まれ。00年NHK朝の連続テレビ小説「オードリー」のレギュラーに抜擢され、女優デビュー。以降テレビと舞台を中心に活動を続け、本作が映画女優としてデビューとなる。テレビ出演は「脳の季節」（主演・上川隆也）「富豪刑事デラックス」（主演・深田恭子）ほか。

棚の隅

3/17(土)～4/13(金)　14:30/16:20/18:10
Roadshow

家族、夫婦を丹念に見つめる

Introduction
男と女の愛憎や機微を静謐なタッチで描き続ける直木賞作家・連城三紀彦。「もどり川」「恋文」と映画化された作品も多い彼の短編を原作に、家族や夫婦の裏腹を丹念に見つめる「大人の映画」が誕生した。主演の康雄に今や邦画界に欠かせない名優・大杉漣。監督は「ささやかなこころ」が水戸短編映画際グランプリを受賞、本作で初の劇場映画のメガフォンをとる門井肇。

Story
ある雨の日、小さなおもちゃ屋を営む康雄の店に、ひとりの保険外交員が現れる。それは八年前、康雄と別れた妻・夫と幼い息子・毅をおいて、蒸発同然に家を出ていった前妻の摘子だった。蒸発後、店の界隈を担当することになった彼女は、ばったり顔を合わす前に挨拶にきたと告げる。そして棚の隅から売れ残りの古いおもちゃを買って出ていった。以来、摘子はたびたび康雄の店を訪れる。懐かしくも幸せに満ちた平穏な生活を過ごしている康雄は。

突然あらわれた元妻の不可思議な行動に心ときめく。

■2006年／35mm／81分
■監督：門井肇　原作：連城三紀彦　企画統括：小松和彦
脚本：浅野有生子　撮影：一瀬　博　照明：上春哲
録音：金子康博　主題歌「つむじ」歌・寺岡呼人／すみぐち
■出演：大杉漣　内田量子　押本淳　渡辺真起子　今井琴菜
使用楽器：寺岡呼人
■公式サイト：http://tananosumi.com/
■特別鑑賞券：1,300円
■当日券／一般1,800円　学生1,500円　シニア・会員1,000円

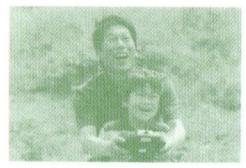

フランドン農学校の尾崎さん

3/3(土)～9(金) 20:30　3/10(土)～16(金) 12:30
Late&Morningshow

人にやさしく、地球にもやさしく

Introduction
この映画の主人公、尾崎零さんは「ボクは脱サラじゃなくて卒サラ」と言っている。大阪の北、能勢郡能勢町で有機農法による野菜作りをして30年。生命の基本に立ち返った自給運動として、産消循環型自給農場「へじたぶる・はーつ」を発足。支援してくれている人たちの食糧、食べ物として有機野菜を育てています。尾崎さんの有機野菜作りは徹底した多品目少量生産です。年間約70品目もの野菜を作っています。人という生き物が、自然界の中で生きていく最も基本になる暮らしや有機農業の生活から考え、「命・循環・調和とバランス」をモットーに、環境・人権・社会等、いろいろな問題について考える。書くこと講演することひとつひとつが百姓のうちのひとつ、人間の有機的なつながりが生命の大切さが見えてくる社会をめざして、今日も有機野菜作りに取り組んでいます。そんな尾崎さんの姿を1年間追いかけて、そこから見えてくる生

命のたいせつさ"をやさしく見つめた、さわやかなドキュメンタリー映画です。

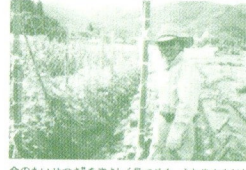

■2006年／DV／73分
■監督・撮影・編集：今泉光司　プロデューサー：西山正啓　プロデューサー・撮影：寺岡裕治
■公式サイト：http://slow.com.fc2web.com/furandon1.htm
■特別鑑賞券：1,300円
■当日券／一般1,500円　学生1,400円　シニア・会員1,000円

無垢なモノ my simple things

4/21(土)～5/4(金) 20:30
Lateshow

無垢で不思議な友情物語

Introduction
これまで多くの支持と感動を呼んだ舞台劇「無垢なもの」。本作はその待望の映画化である。舞台のオリジナルキャストから末広、小野田良が出演。その他、映画「ラストサムライ」や「バベル」の刑事役でハリウッド・デビューを果たした二階堂智、伝説のバファ ローマー・黒田サムらが脇を固めている。メガホンを取るのは、今年メジャー・デビューが期待される新鋭監督の筒井勝彦。

Story
組織抗争の渦中にいたヤクザの広志は、敵対組の襲撃に失敗し追われる身となってしまう。深い傷を負い街を彷徨う広志は、偶然にも最終電車に乗り合わせた自閉症の青年と出会う。意識が朦朧な広志を背負い家路に着く。家では、妹の童が今まさにバースディ・パーティーの準備をして待っていた……。広志のことをアーちゃんと心を開かせ、広志は、純真無垢な妹とふれ合ううちに、次第に忘れていた何かを感じ始めるのだ

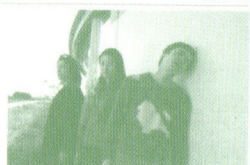

た。その出会いが二人の運命を大きく変えようとしていた。

■2006年／DV／75分
■監督：筒井勝彦　原作・原案：末広　脚本・撮影・編集：筒井勝彦
　プロデューサー：小野田良　照明：鈴村武彦　佐藤琢磨
　VFX・CG：デジスケ　岡村武男
■出演：末広　小野田良　二階堂智　佐藤琢磨
　黒田サム　末広なぎさ
■製作：オフィスふく　未来COMPANY　配給：オフィスふく
■公式サイト：http://www.geocities.jp/web_hp_st/mukunamono/
■特別鑑賞券：1,300円
■当日券／一般1,500円　学生1,400円　シニア・会員1,000円

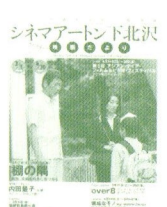

シネマアートンド北沢

COLOR：● DIC F304, ● DIC F173
PAPER：OKアドニスラフ80
シネマアートン下北沢映画だより Vol.19
1C／1C　182×128mm　2007年

PB, S：アートン　D, AD：山田真介　DF：yamasin(g)　E：岩本光弘／金子未歩

雑誌

033-084
MAGAZINE

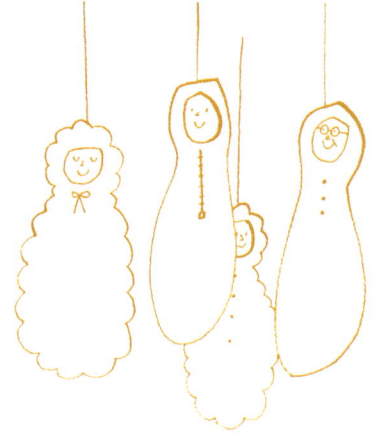

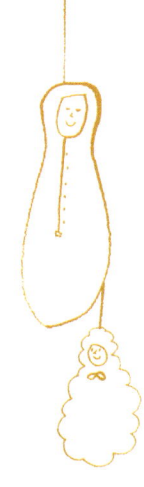

筑波大学大学院人間総合科学研究科講師

櫻井 利江　さくらい・としえ

1997年聖路加看護大学卒業、聖路加国際病院内科・CCUに勤務、2003年東大修博士課程修了。日本大学看護病院総合教養センター・助教などを経て現職。

「あぁ、気持ちいい」が満ちる病棟

special issue

温めるケア
経験いろいろ、研究いろいろ。

足浴、温罨法など、患者の身体を温める行為について、あらためて見つめ直してみましょう。
現場での成果のほか臨床研究の過程や生理学的な視点から、温めるケアの具体的な効果に迫ります。

温めるケアを、看護技術として確立するために。

聖路加看護大学教授

菱沼 典子　ひしぬま・みちこ

はじめに

研究の取りかかり

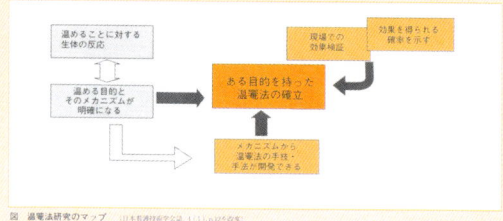

図　温罨法研究のマップ

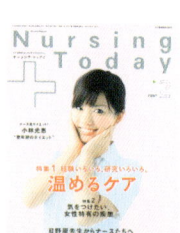

COLOR： ● Process Black, ● DIC 2530
PAPER： ホワイトソフト

ナーシング・トゥディ　2007年2月号
4C / 2C / 1C　280×210mm　2007年

S, PB：日本看護協会出版会　　AD：小川季之　　D：小川千秋　　I：谷山彩子　　DF：イン・ザ・ガーデン　　E：石川奈々子／村上陽一朗／米丸美央子

温めるケア、いろいろ 2

ストレス回復の促進効果（腰背部温罨法）

東京女子医科大学看護学部基礎看護学
江上 京里（えがみ・きょうり）
福岡県出身。北里大学看護学部卒業。
聖路加看護大学博士前期課程修了。

痛みや不安から生じる食欲の低下、排便の乱れ、不眠といった症状の多くは交感神経の過度の先進によって説明されます。看護実践の場において、このようなストレス状態にある患者に対して、腰背部に蒸しタオルをあてる看護ケアを行って「ああ気持ちいい」と患者が無意識に深呼吸したり、ふっと肩の力が抜けたり、生き生きと動き出したという経験はよくあるのではないでしょうか

腰背部温罨法が主観的な快を生じさせるのみではなく、より健康に向けた身体的な変化も伴っていることを明らかにするために実施した研究の一つを紹介し、看護ケアとして温めることについて考えてみたいと思います。

成人の健康な男性に対して、計算作業による負荷を用いてストレス状態（交感神経が先進した状態）を設定し、計算作業後の回復過程において、腰背部温罨法を実施する群を実験群、しない群を対照群として準実験研究（図）を行いました。測定指標は、主観的な快・不快と交感神経活動（皮膚電気活動、全身7カ所の表面皮膚温）です。

その結果、腰背部温罨法を実施した群は対照群に比べてより主観的な快を得、負荷で上昇した平均皮膚温[1]が負荷前の値まですばやく低下（回復）し、より交感神経の変動が大きくなりました。これらのことから、腰背部温罨法は、交感神経の調節能を高め、ストレスからの回復を促進する可能性が示唆されました。

先行研究では、温罨法によって温められた部位の皮膚温は上昇したという報告が多かったのですが、しかしこの研究では、温めても7カ所で測定した皮膚温は一律に上昇するのではなく変化はさまざまであり、全身の皮膚温の代表値としての平均皮膚温は、ストレスで上昇した状態からもとの値まで低下（回復）しました。

このことを踏まえると、腰背部温罨法は、ストレスなどの何らかの原因によって上昇した状態に対してはそれを下げるような、低下している状態に対しては上げるような調節能を促進する可能性があります。例えば、腰背部温罨法には、「ゆったりとした鎮静」と「すっきりとした覚醒」、「休息を促す快」も「活動を促す快」も存在しますが、だるい眠気が生じている人にはすっきりとした覚醒を、緊張が高い人には快い眠気を生じさせるような、その時どきのストレスからの自然な回復を促すような方向へ変化するのを助けるものなのかもしれません。

つまり「温めれば皮膚温が上昇」、「温めれば眠くなる」というようなある一方向に限った変化をもたらすものではない可能性があるのです。腰背部温罨法によって、ケアの受け手はその人のその時の状態に合わせて、より健康に近づく方向に柔軟な変化をみせるのかもしれません。

注1）HardyとhttpBoloに, 全身7カ所の皮膚温から算出する平均皮膚温算出による数式。

●参考文献
1．江上京里、鷹喬留美、シオル温罨法ケアと交感神経活動及びリラクセ効果、聖路加看護学会誌，6，1）：9-16，2002．
2．Hardy, D, et al. The Technic Of Measuring Radiation And Convection, The Journal of Nutrition, 15（5）, 461-475, 1937.

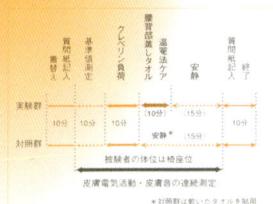

図 実験デザイン

（グラフ内：主観的評価　皮膚電気活動　全身7カ所皮膚温　質問紙記入　基準値測定　計算作業　クレペリン負荷　温罨法タオル　安静　質問紙記入　終了　実験群　対照群　10分　10分　15分　15分　10分　安静　安静　被験者の体位は腹臥位　皮膚電気活動・皮膚温の連続測定　*対照群は乾いたタオルを使用）

温めるケア、いろいろ 3

排痰手技の効果促進（胸背部両面温罨法）

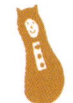

青森県立保健大学健康科学部看護学科助教授
角濱 春美（かどはま・はるみ）
青森県出身。東京医科歯科大学助手を経て。1993年より青森へ。

痰を出しやすくすることを目的とした胸背部両面温罨法は、在宅で暮らすALS療養者のために、「呼吸管理について十分かつ専門的に訓練された看護師がケアをするなら、吸引回数が減少し、療養者や家族の負担を軽減できるのではないか」という仮説のもとに行われた呼吸管理看護支援モデルの開発研究のなかで発想されました。

「呼吸管理のために看護師が行うケア」の内容を精選している段階で、先進的な実践から「アセスメント、スクイージング、体位ドレナージ、吸引、療養者と家族の教育、ケアの評価」が抽出されました。これに温罨法が追加されたのは、「痰の手術後の患者に熱いお湯で絞ったタオルで、温罨法をしていた。すると、呼吸が楽にできるとともに、痰の喀出もよくなった」という看護師の研究の経験からです。看護師のケアとして、この呼吸管理モデルに特徴を持たせたいと考えていた私たちは、温罨法を加えることに決めました。そして、在宅訪問での限られた時間の中で有効に温罨法ができるように、療養者の身体をサンドイッチのように温かいお湯で絞ったタオルで挟む「胸背部温罨法」を採用しました（図）。さらに、胸背部温罨法を行いながらスクイージングと体位ドレナージを実施しました。

呼吸管理の必要な在宅療養者にこれらのケアを実践して事例研究を行った結果、表のような効果が得られました。特に温罨法と直接的に関連があると考えられるものに★印をつけました。

これらは、呼吸管理看護支援のためのケアセットすべての効果であり、★印も温罨法単独の効果としては仮説段階です。このため、温罨法が痰の喀出に与える影響については比較研究の実施が望まれます。また胸背部を両面温めるという方法に関しての検証も必要でしょう。

胸背部温罨法は、療養者に非常に好まれ喜ばれる実践でした。身体を温めて気持ちのよさと安らぎをもたらしたり、腸蠕動や排便を促すなどの痰を出す以外の効果が現れることも視野に入れながら計画的にケアプランに盛り込んでいくことで、看護師として専門性の高いケアの提供に結びつくのではないかと思います。

●参考文献
1．角濱春美：ALS療養者の看護支援モデルに関する事例報告書，2003
2．川嶋志子・人工呼吸器装着療養者の呼吸管理と排痰に有効なケアテクニックに関する研究報告書，2005

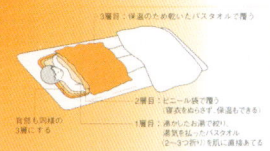

3層目：保温のため乾いたバスタオルで覆う

2層目：ビニール袋で覆う
（保湿効果が持続できる）

1層目：濡れたお湯で絞り
（2〜3つ折り）を肌に直接あてる

背部も同様に

図 胸背部両面温罨法
表 在宅療養者への胸背部温罨法の効果

＜療養者への効果＞
①ケア実施時に痰がたくさん喀出された★
②ケア後、次の喀出までの時間が延長され、吸引回数が減少した★
③結構度の高い痰が喀出しやすくなった★
④呼吸困難が軽減できた★
⑤胸郭の可動性が増した★
⑥気持ちがよくなりうとうとした★
⑦体が温まりよく眠れた
⑧在宅生活を始めて自然排便があった★
⑨任せられる安心感があった
⑩皮膚のハリを感じた
＜家族介護者への効果＞
①吸引回数が減少したため、介護者のまとまった睡眠が確保できた
②専門的なケアだと思った
③ケアの成果が見えた
④療養者の笑顔がみられたのが支えになった
⑤呼吸管理ケアの継続を望む

ご存知ですか？ 社会保険

money

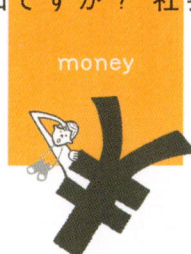

東京FPコンサルティング
村瀬 由美

社会保険料の金額は？

毎月受け取るのが楽しみな給料明細。でも、税金や健康保険料などでかなりの金額を差し引かれていて、ガッカリすることはないでしょうか。

実は税金よりも多く支払っているのが健康保険や年金保険などの社会保険料。例えば、年収400万円で独身の人なら税金は約27万円、社会保険料は約48万円です。年収の約12%も社会保険を払っているわけです。

こんなに支払っている社会保険のこと、少しは知っておきたいものです。

社会保険のしくみ

社会保険には健康保険や年金保険、雇用保険、介護保険などがあります。いまさらではありますが、その目的はイザという時に助けてもらうこと。病気の場合には健康保険、お年寄りや障害者、夫を亡くした妻には年金保険、失業者には雇用保険、介護を受ける人には介護保険……となっています。こうした場合に備えて、給料やボーナスから保険料を負担しているのです。

保険料はそれぞれの保険ごとに決められています。例えば、病院に勤務している人の多くが加入している厚生年金保険の保険料は収入の7.321%です。年収400万円の人では月2万4,400円にもなりますが、今後さらに保険料がアップする予定です。ちなみに、20歳から40年間、平均年収400万円で続くと老後の厚生年金受給額は年間およそ160万円となります。

健康保険の保険料は一般的に収入の4.1%。年収400万円なら月1万3,700円程度です。また40歳以上の人は介護保険料0.615%をプラスして支払うので月平均1万5,700円となります。こうした社会保険料は、それぞれ

保険財政の状況で見直されます。年金保険は高齢者の増加に向けて保険料がアップしますが、雇用保険は失業率の低下により財政状況が改善しているため、平成19年度は下がる予定です。

知るとお得な「教育訓練給付金」

ところで、雇用保険には失業保険だけでなくお得な制度もあることをご存知でしょうか？ 資格を取ったり、英会話などの教育訓練を受けると給付金を受けられる講座があります。もし進学したいと思った時には給付が受けられるか、インターネットなどで調べてみるとよいでしょう。

なお、社会保険は病院勤務者や会社員などの場合、保険料も本人負担分と同額を別途負担してくれています。自営業者やパートは、社員とは保険料が異なり、全額自己負担となります。雇用保険もありません。また、派遣や診療所の場合には加入していない場合もあるので、就職活動の際にはしっかり確認しましょう。

 今月の一言
国民年金の保険料を払わない人がいますが、国が3分の1の保険料を負担してくれているので、実は本人が負担した額の約1.5倍の年金がもらえます。

むらせ ゆみ
1970年生まれ。国立松本病院附属看護学校卒業後、旅の門病院勤務。98年ファイナンシャルプランナーの資格を取得し、退職。訪問看護を通じて看護師から転身した。

色の不思議

science

科学ジャーナリスト
古川 雅子

勝負服、何色ですか

数年前、ちょっと難しい交渉ごとに出かける際、PR業で活躍する女性の先輩から、「白い服は「眼従」が印だからだめよ。黒いスーツでばっちりキメなさい」とアドバイスされました。服の色でそんなに印象が変わるのかなと半信半疑でしたが、信頼する先輩の言うことなので、インナーも紺や黒を選びました。そのせいかはわかりませんが、交渉は思いどおりに運び、ほっとした覚えがあります。

色が脳に働きかける影響がどんなものかはわからなくても、日常の中で好きな色に囲まれていると何となく気分がよいものだということは、経験から知っていますよね。私も最近は悩みそうが疲れ気味のせいか、色とりどりの花が満載の写真集を眺めるのが好きな時が最近になっているのですが、疲れていればいるほど、優しいピンクやオレンジ色の花のページを開いている時間が長いことに気づきます。逆に、心身がばっちり元気でやる気モードがみなぎっている時などは、濃い目の赤を中心と

したビビッドな色味に目がいきます。

赤と青、どっちが強いか

痛みだったり、気持ちよさだったり、感覚的なものは、なかなか定量的に測って数値化するのは難しいものですが、こうした色の効果についての興味深い研究報告もあります。イギリスのダーハム大学の2人の研究者が、2004年のアテネ五輪における格闘競技の勝敗とユニフォームの色との関係を調べて解析したところ、赤のユニフォームを着た選手のほうが、青のユニフォームを着た選手と比べて、勝率に優位性が認められたというのです。具体的には、ボクシング、テコンドー、レスリングのグレコローマンスタイル、フリースタイルの4種目で出場した選手たちはランダ

ムに赤か青のユニフォームを着て対戦。その試合結果を統計的に比べた結果、メカニズムはわからないものの、色が選手の競技に何らかの変化をもたらしたことがわかったわけです。この興味深い研究は、イギリスの科学雑誌「ネイチャー」で発表されました。

スペインの闘牛では興奮した牛が赤いマントに反応しますが、人間も牛も脳の中に似たような機構が組み込まれているのでしょうか。ともかく、明らかに実力が足りないなら、何色を着ようと無駄なのでしょうけれど。

この原稿を書いている今は、クリスマスシーズン真っ盛りなのですが、街には赤や緑の装飾があふれています。落ち着いた、いかにも大人そうな顔立ちの男性が恋人の女性とこの赤いセーターを着ているのが目に留まり、ははん、このカップルは、この季節ならではのモードに染まっているな、普段よりも悩みそは赤刺激に満ちているんだろうな、と、見ている顔にもにんまりしてしまいました。

今月の一言
本格的な冬がやってきてもいい季節なのに、出張先で、生ぬるいシャッキリの朝に降られて、何だか変な気持ちだなと思いました。やっぱり温暖化が心配です。

ふるかわ まさこ
1972年生まれ。雑誌編集者を経て独立に。科学、技術、医学、社会問題にまつわる記事を執筆。現在は週刊誌「アエラ」朝日新聞社など）のスタッフライターとして活動。「科学をわかりやすく」がモットー。

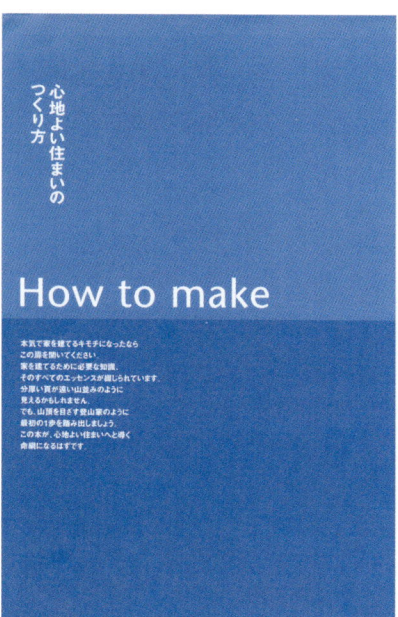

心地よい住まいの
つくり方

How to make

本気で家を建てるキモチになったなら
この頁を開いてください。
家を建てるために必要な知識、
そのすべてのエッセンスが詰められています。
分厚い買い方が山道のように
見えるからしれません。
でも、山頂を目ざす登山家のように
最初の一歩を踏み出しましょう。
この本が、心地よい住まいへと導く
命綱になるはずです

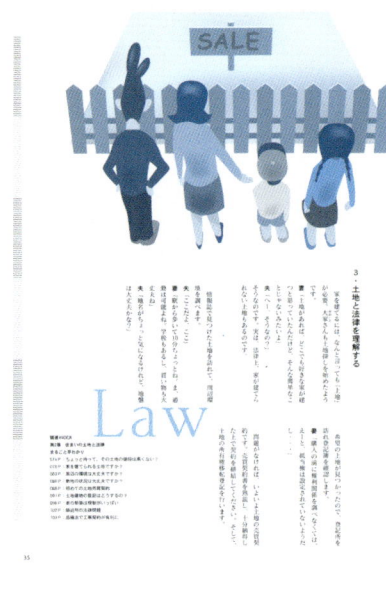

Law

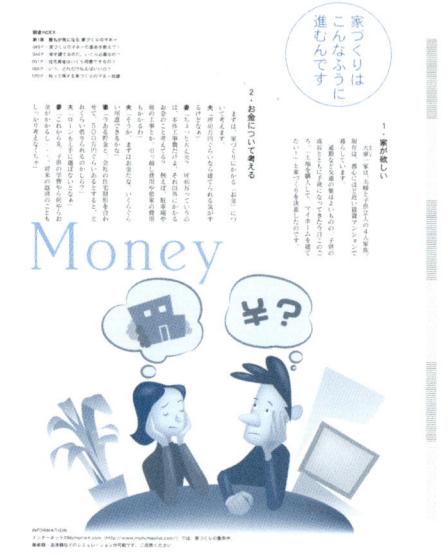

Money

家づくりは
こんなふうに
進むんです

1・家が欲しい

2・お金について考える

3・土地と法律を理解する

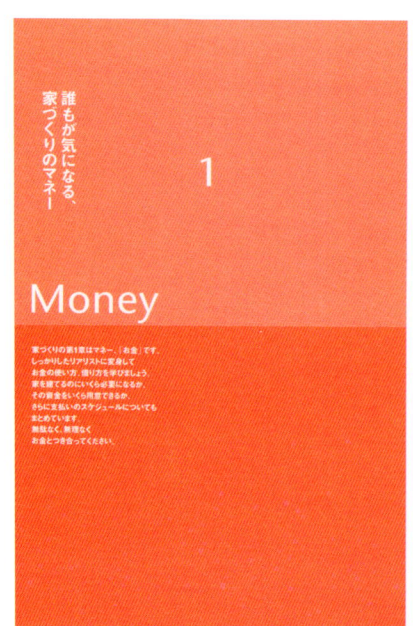

1

Money

誰もが気になる、
家づくりのマネー

家づくりの第1章はマネー＝「お金」です。
しっかりしたリアリストに変身して、
お金の使い方、貯り方を学びましょう。
家を建てるのにいくら必要になるか、
その資金をいくら用意できるか、
さらに支払いのスケジュールについても
まとめています。
無駄なく、無理なく
お金と付き合ってください。

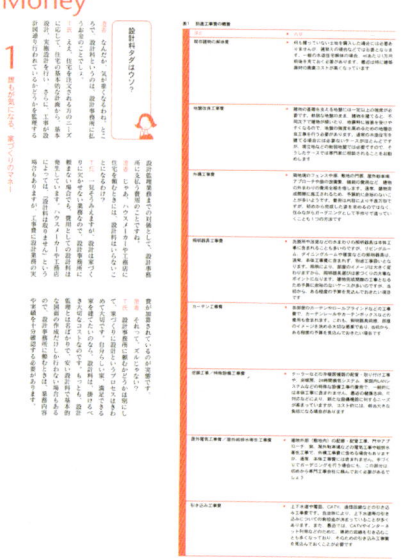

Money

1

誰もが気になる、家づくりのマネー

設計料ってダブルワン？

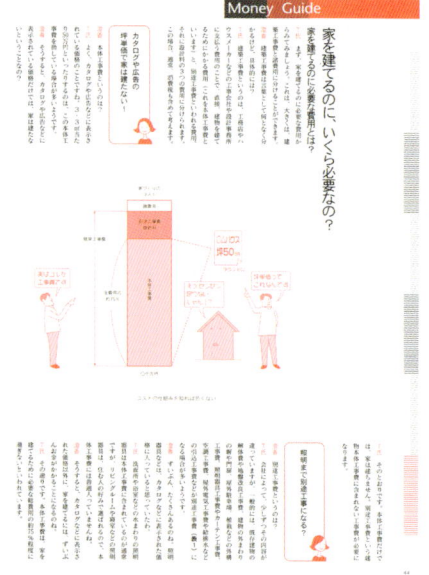

Money Guide

家を建てるのに、いくら必要なの？

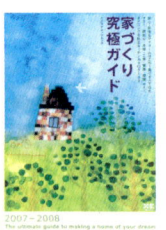

COLOR： ● Process Black, ● DIC 2597, ● DIC 200, ● DIC 203, ● DIC 2604, ● DIC 219
PAPER：OKブライトラフ

家づくり究極ガイド 2007-2008
4C / 2C　297×210mm　2007年

S, PB：エクスナレッジ　AD, D：相澤信彦 (AIZAWA DESIGN OFFICE)　I：飯山和哉　DF：AIZAWA DESIGN OFFICE

3

こんな家がほしい！
住まいのイメージづくり

Image

あやふやなフォルムと
ディテールのないビジュアルイメージを
具体的なカタチにしていく過程に入ります。
建物のスケルトン（骨組み）を決め
自分なりのプランニングをして
イメージの空間を現実に落としこんでいきます。
ラフな形部分がかたまってきたら、
家づくりの段階を進び
住まいに対する要望と夢を伝えましょう。

Image

3

どんな構造・
構法があるの？

1. 木造

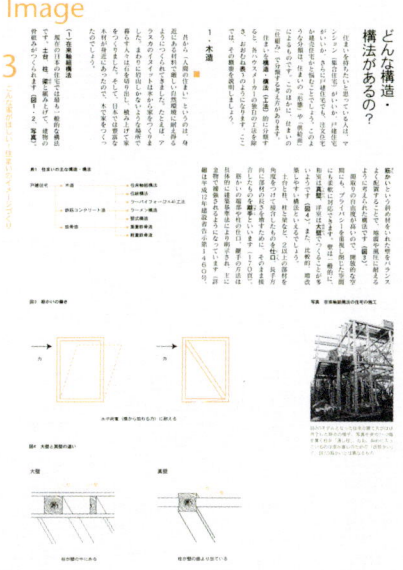

107

Structure

住まいの構造・構法を知ろう

新しい住まいを考えるときにぜひ知っておきたいのが、住まいの仕組み、つまり「構造・構法」です。すまいの間取りやデザインにも深く関わってくることですので、代表的な構造の特徴を理解しておきましょう。

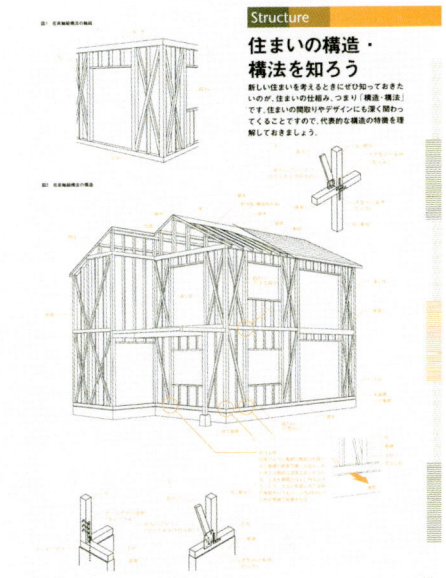

108

4

イメージの具体化。
設計図と見積り書の
チェックポイント

Plan

3次元の空間デザインが2次元の紙に写しとられ
設計図面として渡されます。
その図面から
実際の空間をイメージするのは
慣れない者にとって難しい作業です。
図面から読みとるポイントを学びましょう。
その図面をもとに見積りが行われ
設計担当者のコストデザインが
見積書として具体的な金額に置き換えられます。

Plan

4

【1】設計図面とは

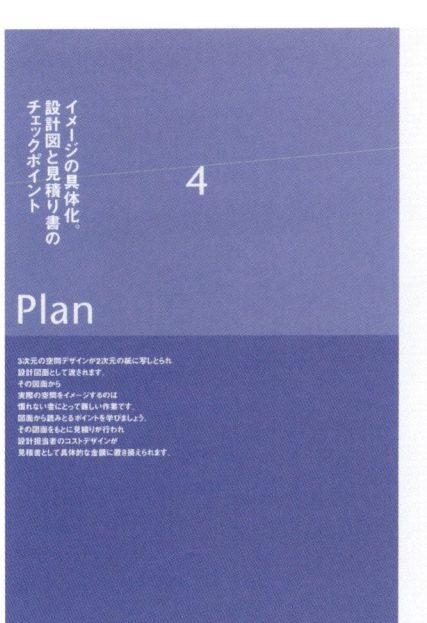

DATA

2. 見積り書の内容

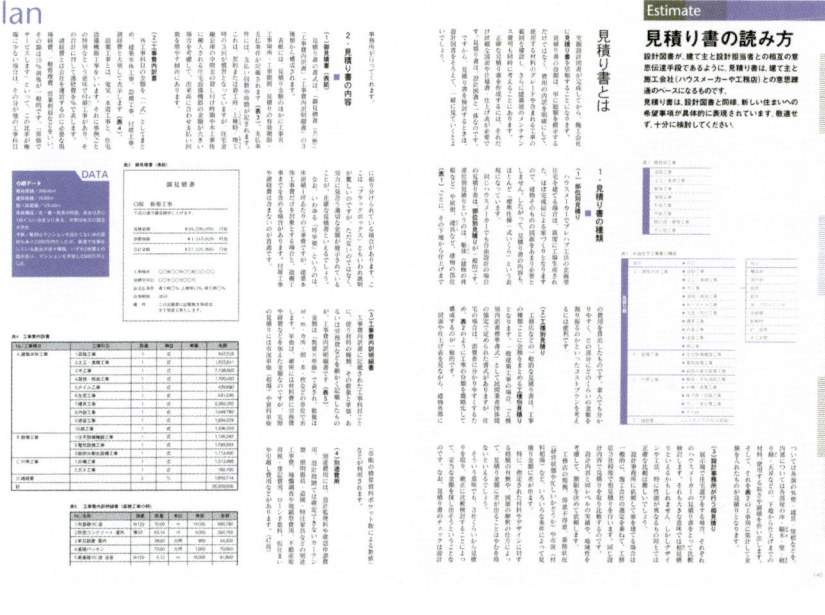

Estimate

見積り書の読み方

設計図書と、建て主と設計担当者との相互の意思伝達手段であるように、見積り書は、建て主と施工会社（ハウスメーカーや工務店）との意思疎通のベースになるものです。
見積り書は、設計図書と同様、新しい住まいの希望家族が具体的に表現されています。熟読せず、十分に検討してください。

見積り書とは

1. 見積り書の種類

6

これだけは
知っておきたい！
住まいのトレンド

Trend

住まいは現代社会の縮図です
現代社会がかかえるさまざまな問題や
その解決の糸口が集約されています。
化学物質汚染、高齢化、環境問題、
家族関係などが
シックハウス、バリアフリー、エコハウス、
多世帯住宅などとして
住まいのなかに織り込まれています。
トレンドに流されず
トレンドを見すえていきましょう。

Trend

6

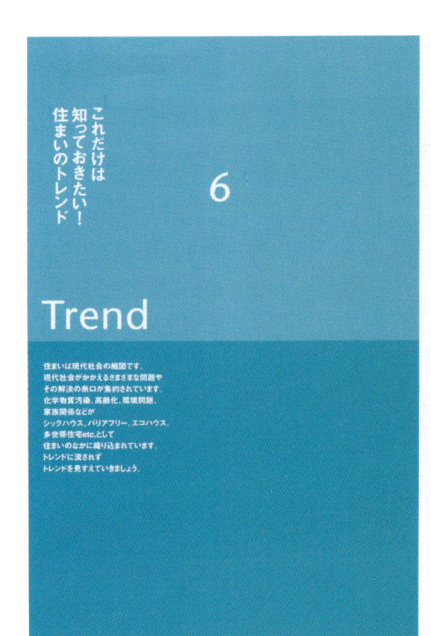

House for Big Family

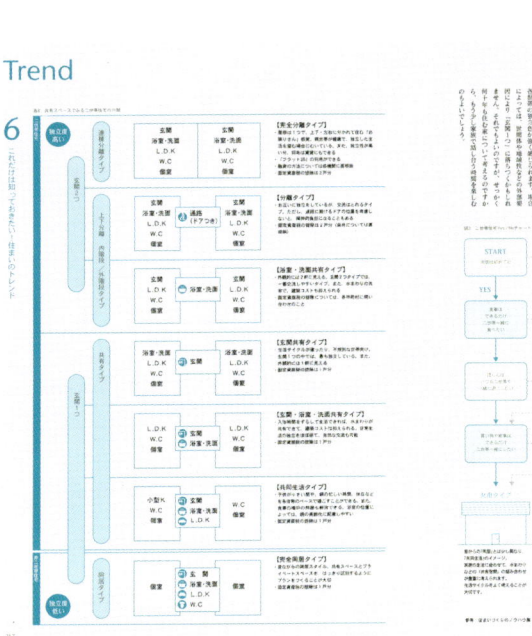

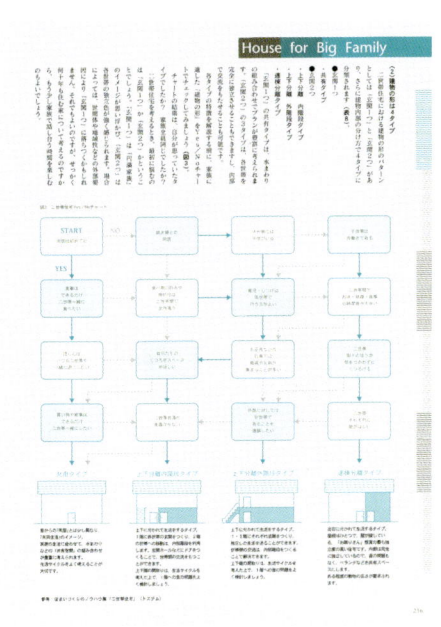

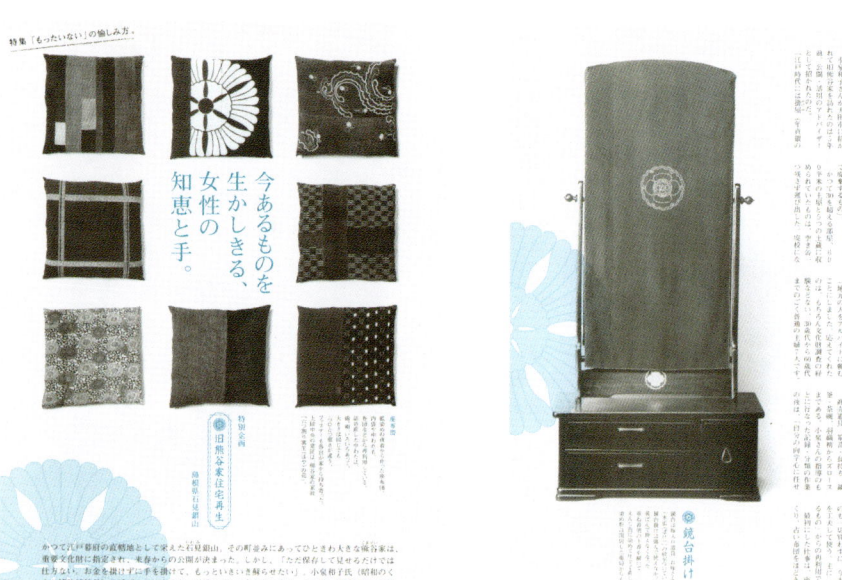

今あるものを
生かしきる、
女性の
知恵と手。

⊕旧熊谷家住宅再生
綿細帛と見附袋

⊕特別企画

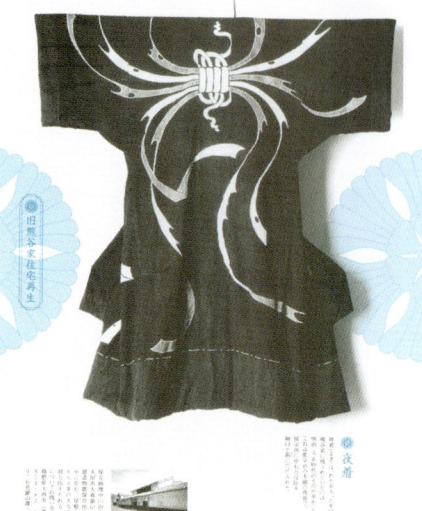

⊕旧熊谷家住宅再生
鏡台掛け

⊕夜着

かつて江戸幕府の直轄地として栄えた石見銀山。その町並みにあってひときわ大きな熊谷家は、重要文化財に指定され、来春からの公開が決まった。しかし、「ただ保存して見せるだけでは生かしたことにならない。お金を掛けずに手を掛けたい、もったいないことを解決させたい」。石見和紙・こもの博物館館長の呼びかけに応えた、石見の人々や女たちの仕事。この秋、同博物館で開催された《「もったいない」な女たち展》より、その一部を紹介します。

実用講座

布団屋さんに教わる

寝心地の決め手

保温より
大事な
湿度の話。

支える硬さと、
軽やかさ。

からだを包む、
肌触り。

中わたは
天然素材に
限る。

監修／白井千雄〈寝具（ねむり）り屋・ひろみ〉　写真／武田一男

COLOR：⚫Process Black,　💧DIC N-881
PAPER：OKプリンス上質エコG100

住む。2006年冬16号
4C / 2C　297×210mm　2006年

PB：泰文館　S：編集座　D,AD：松平敏之 / 佐藤芳孝

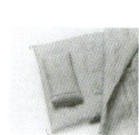

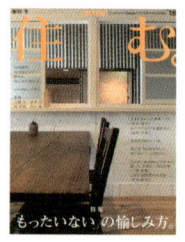

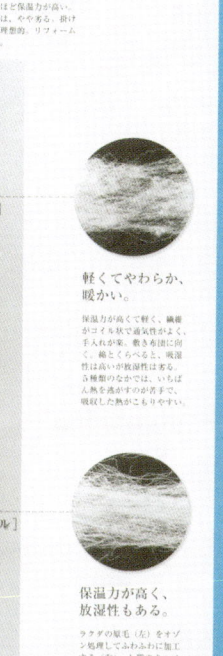

布団の中身に、天然素材の厳選5種。

いちばん軽く、優れた保温力。

水鳥の羽毛は、軽くて保温力が高い。ダウン（左）は保温性、スモールフェザー（右）は弾力性、寒い地方の羽毛ほど保温力が高い。放湿性は、やや劣る。掛け布団に理想的。リフォームできる。

[羊毛]

軽くてやわらか、暖かい。

保温力が高くて軽く、繊維がコイル状で通気性がよく、手入れが楽。敷き布団に向く。綿とくらべると、吸湿性は高いが放湿性のなかでは、いちばん熱を逃がさず湿気がこもりやすい。

[羽毛]

[絹]

[キャメル]

保温力が高く、放湿性もある。

ラクダの尻毛（左）をオゾン処理してふわふわに加工する（右）。上質のキャメルパッドは、やわらかい毛をたくわいた毛をもとを混ぜて適度なかたさをもたせ、弾力があり軽い。放湿力は羊毛より高く、またへたりにくい。

[麻]

熱を早く逃がし、吸放湿性が高い。

麻はラミーやチョマなどと産地で呼び名が違う。植物から取り出した繊維（左）を切り、撚れを加工を施す（右）。この加工でふわふわにした麻わたは吸放湿性をよく優れた吸放湿性を発揮、繊維の力が強くて丈夫なので、敷きにも掛けにも向く。

[綿]

高い吸放湿性と、ほどよい弾力性。

良質なものは油分が多く弾力がある。吸湿性に優れているが放湿性はやや劣るので、定期的に日にほす。繊維の長さは2つの種類と、打ち直しできる。インド、アメリカ、中国、アフリカが主な産地。

やわらかく暖かく、しかも蒸れない。

真綿を薄布のように加工したものを角真綿（かくまわた）といい、100枚200枚と重ねて布にする。感触のしなやかさ、やわらかさは綿糸、保温力が高くて暖かい、掛け布団に向く、羽毛より蒸れにくい。

怠けるには笑いが欠かせない

松山巌

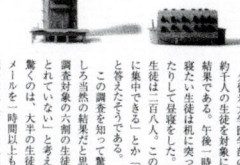

少し前の新聞（八月三十日付）に、福岡の高校では昼休みに生徒に十五分間昼寝をとらせたところ午後の授業に集中できて、勉強の能率が上がったという記事があった。

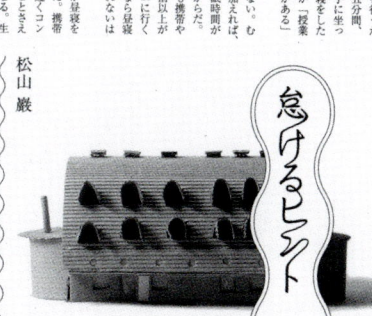

怠けるヒント 3

夢を追えば怠けるしかない

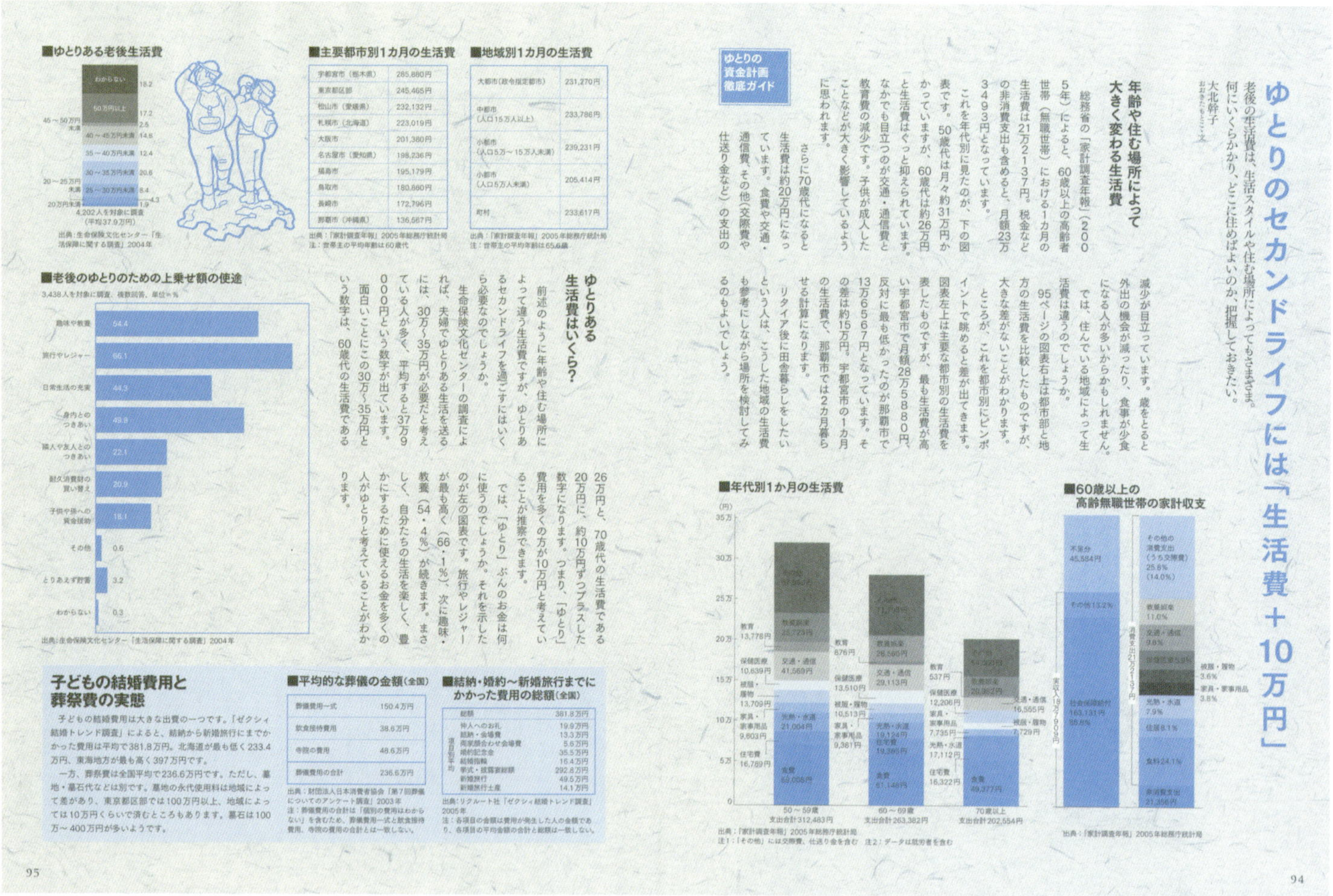

雑誌 Magazine

－040－

夢をかなえるマネープラン

豊かで楽しいセカンドライフを送るには最低限必要なお金が確保...
（アドバイスを頂いた専門家の皆さん）

吉田智子氏
池田純夫氏
紀年末...

あなたの家庭はだいじょうぶ？ 待ち受ける熟年離婚という危機

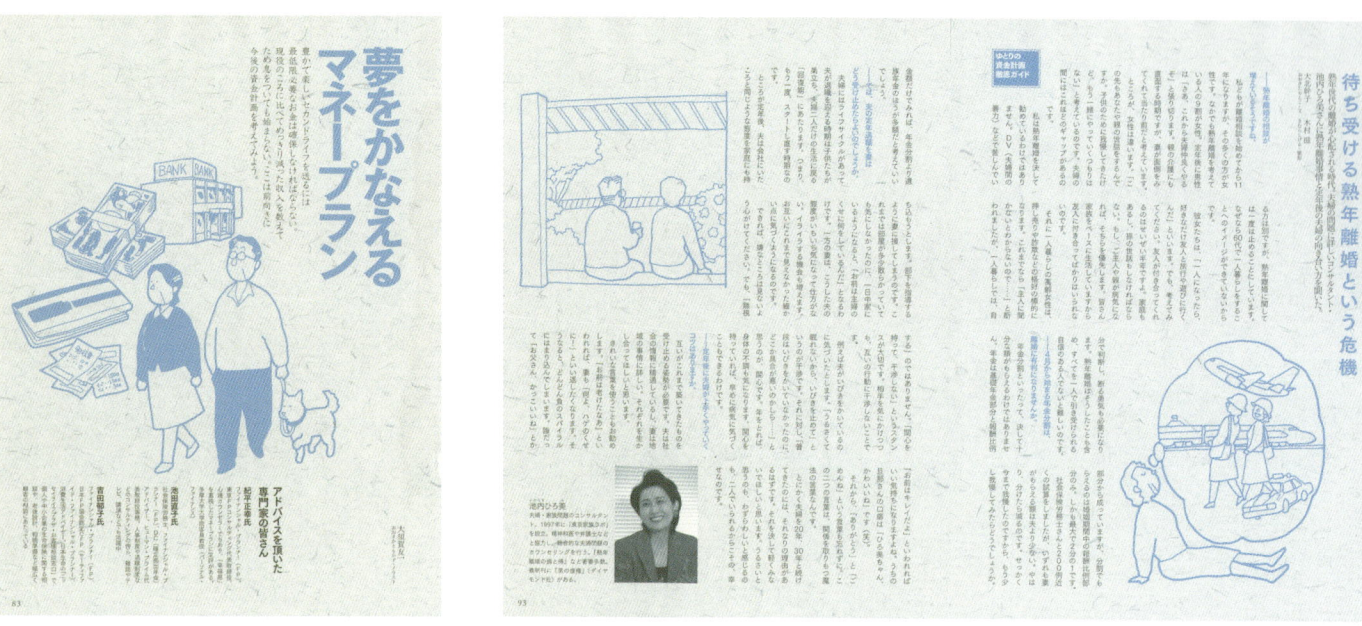

（ゆとりの資金計画 徹底ガイド）

池内ひろ美
共働・家族問題のコンサルタント。1997年に「家庭問題研究会」を設立、離婚相談から夫婦問題まで幅広い相談に応じている。著書に『熟年離婚』（ダイヤモンド社）ほか。

ゆとりのセカンドライフには「生活費＋10万円」

大北幹子

老後の生活資金は、生活スタイルや住む場所によってさまざま。何にいくらかかり、どこに住めばよいのか、把握しておきたい。

年齢や住む場所によって大きく変わる生活費

総務省の「家計調査年報」（2005年）によると、60歳以上の高齢者世帯（無職世帯）における1カ月の生活費は21万2137円。税金などの非消費支出も含めると、月額は23万3493円となっています。

■年代別1か月の生活費

（ゆとりの資金計画徹底ガイド）

■60歳以上の高齢無職世帯の家計収支

出典：「家計調査年報」2005年総務省統計局

表

■ゆとりある老後生活費

わからない	18.2
50万円以上	
45〜50万円未満	17.2
40〜45万円未満	12.4
35〜40万円未満	20.6
30〜35万円未満	8.4
25〜30万円未満	
20万円未満	

4,202人を対象に調査（平均37.5万円）

出典：生命保険文化センター「生活保障に関する調査」2004年

■主要都市別1カ月の生活費

宇都宮市（栃木県）	285,680円
東京都区部	245,465円
松山市（愛媛県）	232,132円
札幌市（北海道）	223,019円
大阪市	201,380円
名古屋市（愛知県）	198,036円
福岡市	195,179円
鳥取市	180,860円
長崎市	172,796円
那覇市（沖縄県）	136,587円

出典：「家計調査年報」2005年総務省統計局
注：世帯主の平均年齢は60歳代

■地域別1カ月の生活費

大都市（政令指定都市）	231,270円
中都市（人口15万人以上）	233,798円
小都市A（人口5万〜15万人未満）	239,231円
小都市B（人口5万人未満）	205,414円
町村	233,617円

出典：「家計調査年報」2005年総務省統計局
注：世帯主の平均年齢は65.6歳

■老後のゆとりのための上乗せ額の使途

3,438人を対象に調査、複数回答、単位＝％

趣味や教養	54.4
旅行やレジャー	66.1
日常生活の充実	44.3
身内とのつきあい	49.9
隣人や友人とのつきあい	22.1
耐久消費財の買い替え	20.9
子どもや孫への資金援助	18.1
その他	0.6
とりわけ贅沢	3.2
わからない	0.3

出典：生命保険文化センター「生活保障に関する調査」2004年

子どもの結婚費用と葬祭費の実態

子どもの結婚費用は大きな出費の一つです。「ゼクシィ結婚トレンド調査」によると、結婚から新婚旅行までにかかった費用は平均で381.8万円。北海道が最も低く233.4万円、東海地方が最も高く397万円です。

一方、葬祭費は全国平均で236.6万円です。ただし、墓地・墓石などは別です。墓地の永代使用料は地域によって差があり、東京都区部では100万円以上、地域によっては10万円くらいで済むところもあります。墓石は100万〜400万円が多いようです。

■平均的な葬儀の金額（全国）

葬儀費用一式	150.4万円
飲食接待費用	39.6万円
寺院への費用	48.6万円
葬儀費用の合計	236.6万円

出典：財団法人日本消費者協会「第7回葬儀についてのアンケート調査」2003年
注：葬儀費用の合計は「飲食接待費用」「寺院の費用」を含んだ合計の金額です。各項目の平均値の合計と総額とは一致しない。

■結納・婚約〜新婚旅行までにかかった費用の総額（全国）

合計	381.8万円
仲人へのお礼	19.9万円
結納・挙式等	13.3万円
両家の顔合わせ・結納等	5.6万円
婚約記念品	35.5万円
結婚指輪	16.4万円
挙式・披露宴費用	292.3万円
新婚旅行	49.5万円
新婚旅行土産	14.1万円

出典：リクルート社「ゼクシィ結婚トレンド調査」2005年

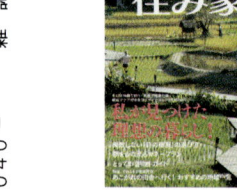

COLOR： ● Process Black, ● DIC 102
PAPER： はやぶさオフ

もうひとつの住み家
4C / 2C　280×210mm　2007年

PB：毎日新聞社　AD：伊藤泰久　I：大須賀友一

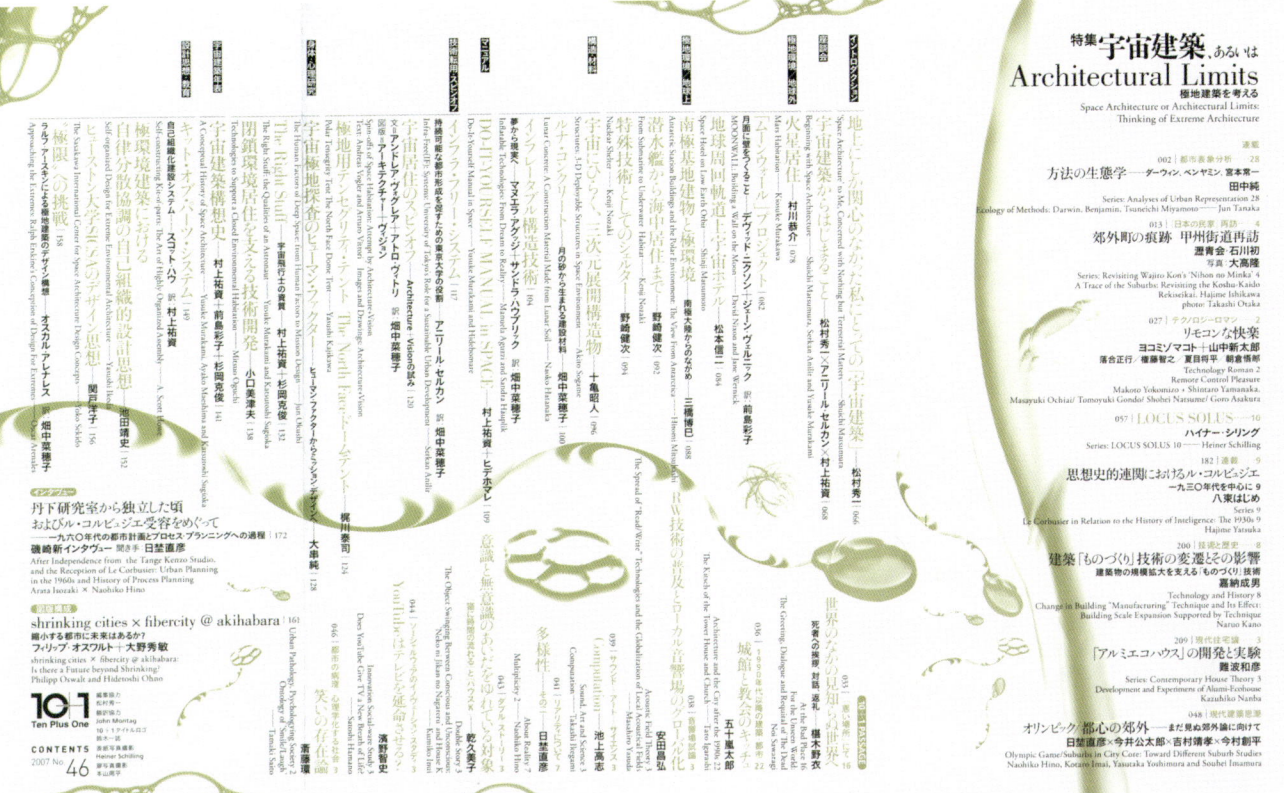

特集 **宇宙建築**、あるいは
Architectural Limits
極地建築を考える

Space Architecture or Architectural Limits:
Thinking of Extreme Architecture

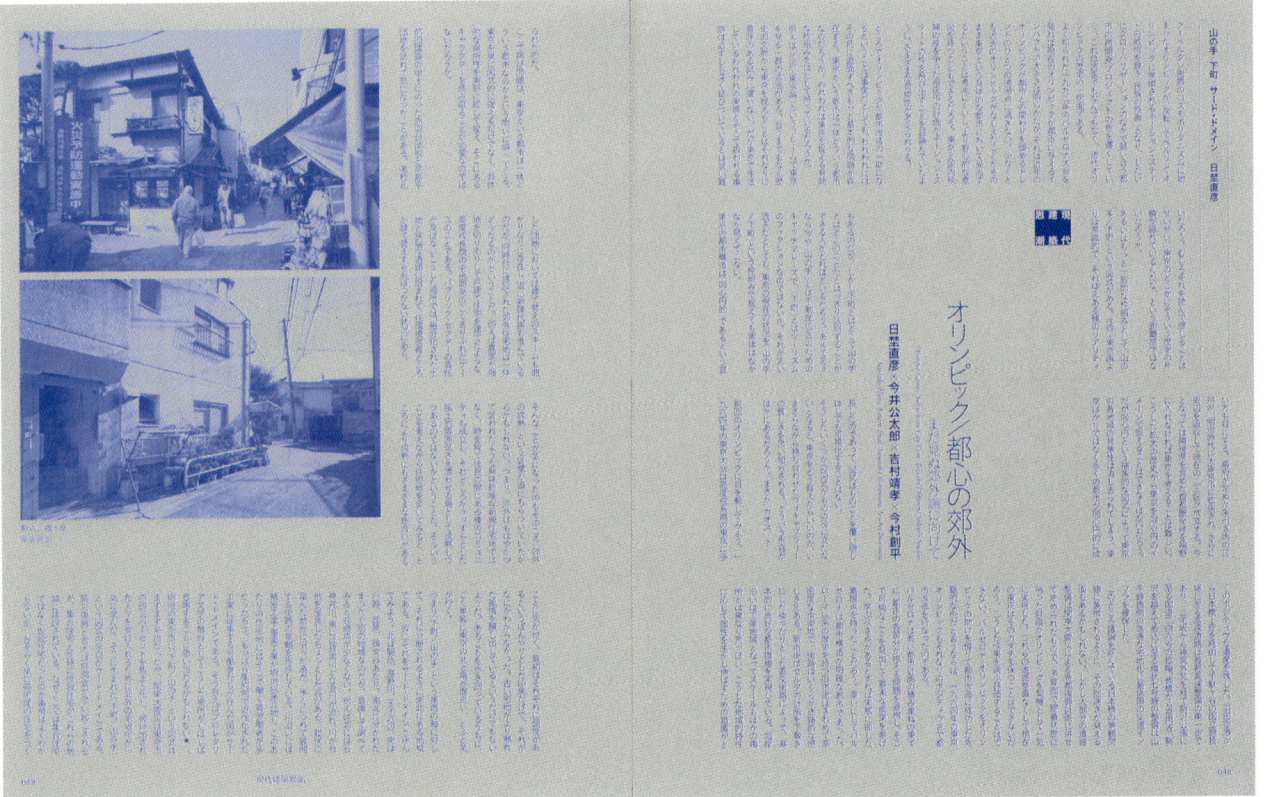

オリンピック／都心の郊外
まだ見ぬ郊外論に向けて

日埜直彦
今井公太郎
吉村靖孝
今村創平

現代建築思潮

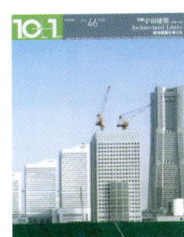

COLOR： ● マットスミ，　● DIC 608，　● DIC F158
PAPER： ハイマッキンレー マットアート，　　色上質 うすねず

10+1 No.46
4C / 2C / 1C　229×178mm　2007年

S, PB：INAX出版　D：松田行正／中村晋平　E：メディア・デザイン研究所

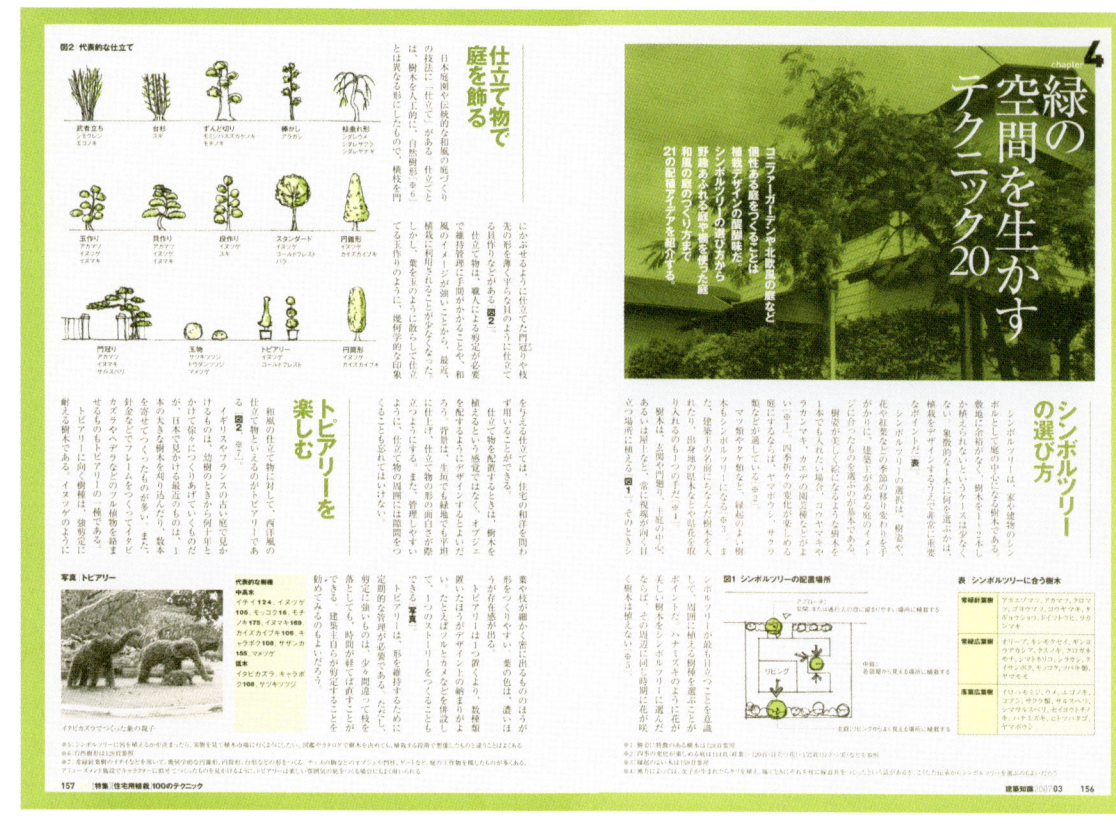

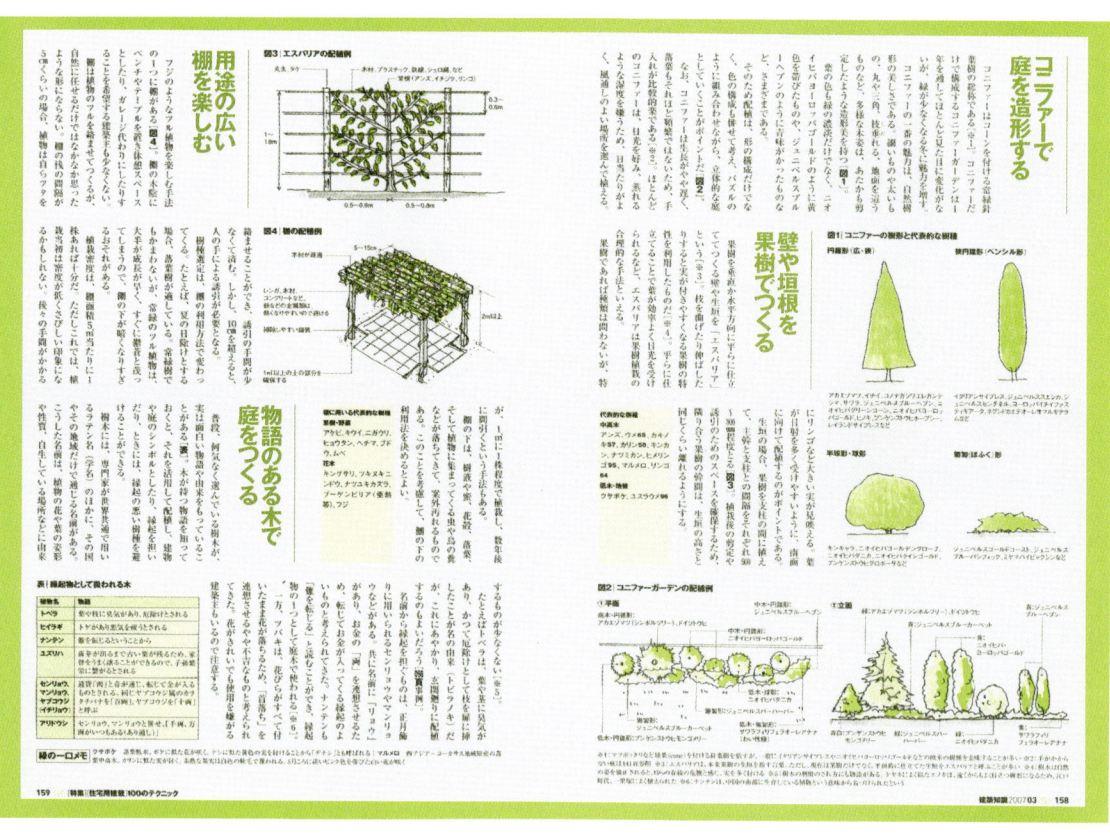

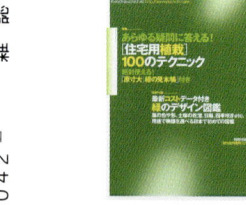

COLOR：● Process Black，● DIC 360
PAPER：ペガサス・ハイパーショール

建築知識 2007年3月号

4C／2C　257×179mm　2007年

PB：エクスナレッジ　AD：秋山 伸　D：刈谷悠三　I：山崎誠子　DF, S：シュトゥッコ　E：建築知識編集部

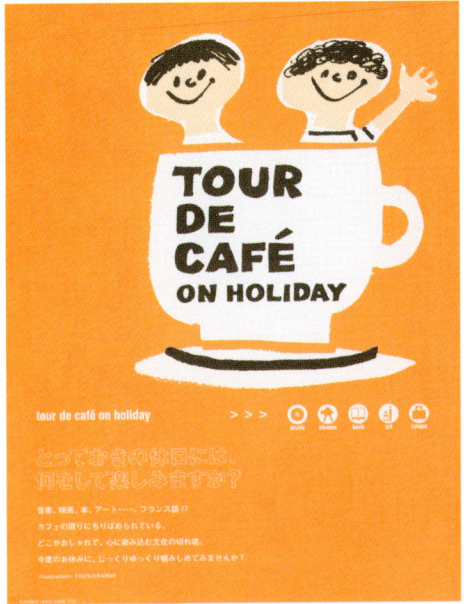

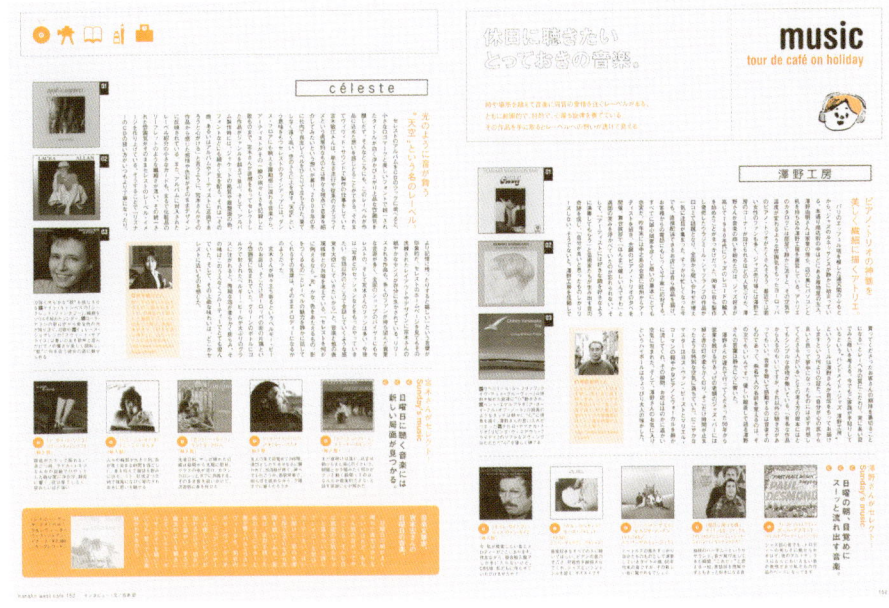

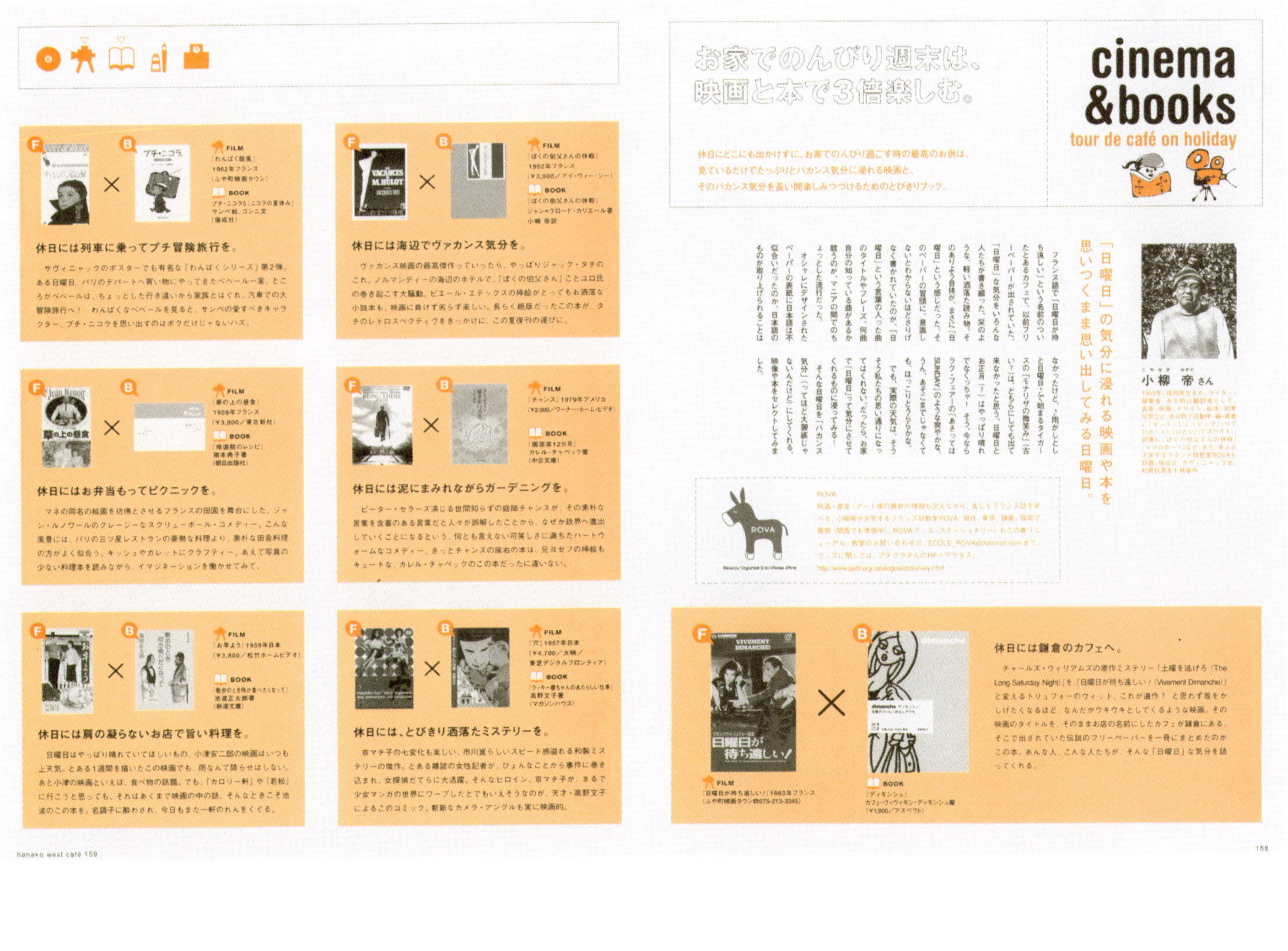

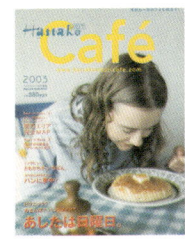

COLOR：🔸DIC 2528，🔹DIC 312

ハナコウェストカフェ　あしたは日曜日

4C / 2C　285×210mm　2003年

PB：マガジンハウス　DF, S：miranda.co　AD：野口美可 (miranda.co)　I：100% ORANGE　D：多喜 淳 (OPUS)　E：中正美香

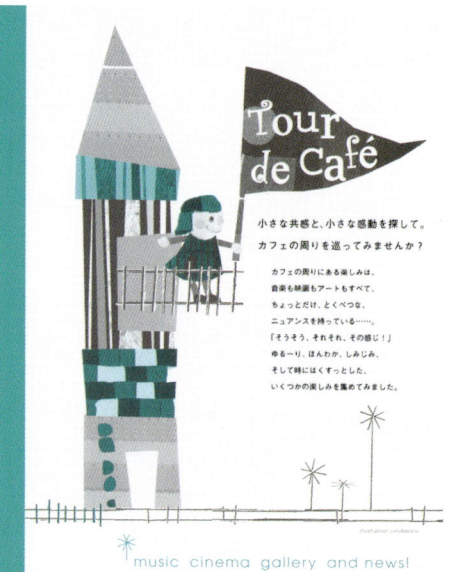
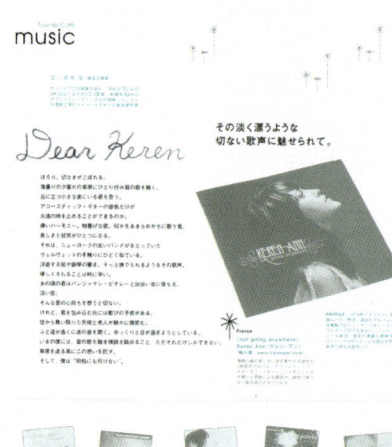
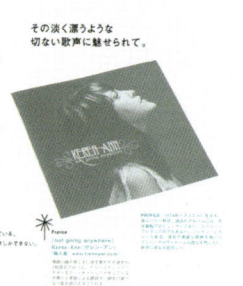
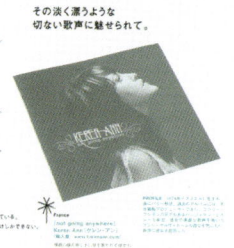
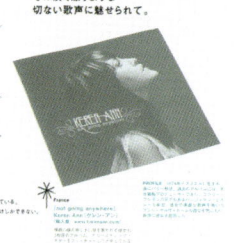
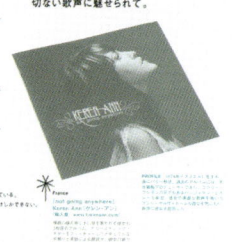
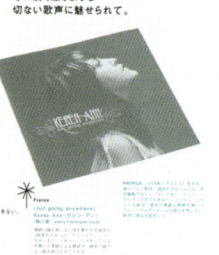
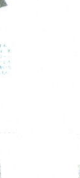
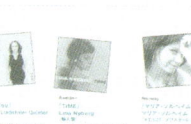
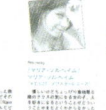
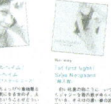
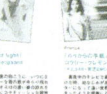
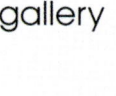
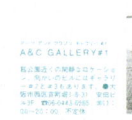
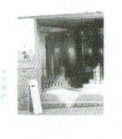
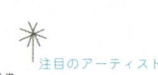
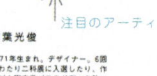
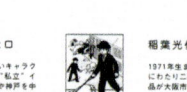
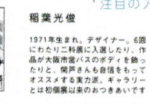
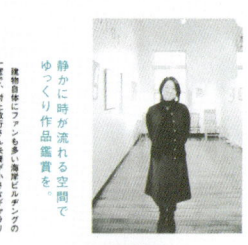
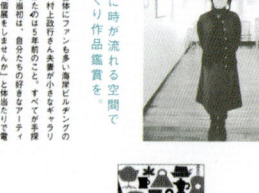
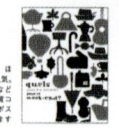
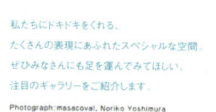
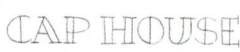
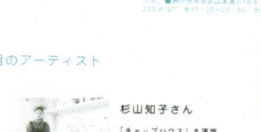
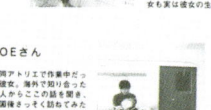
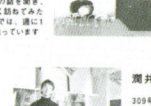
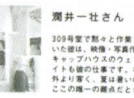
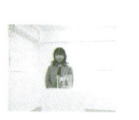
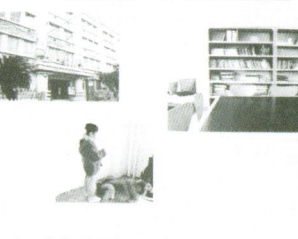

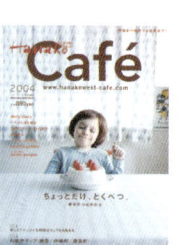

COLOR： ● DIC 2575，　● DIC 654

ハナコウェストカフェ　ちょっとだけ特別

4C / 2C　285×210mm　2004年

PB：マガジンハウス　DF, S：miranda.co　AD：本田喜子（miranda.co）　I：colobockle　D：多喜 淳（OPUS）　E：中正美香

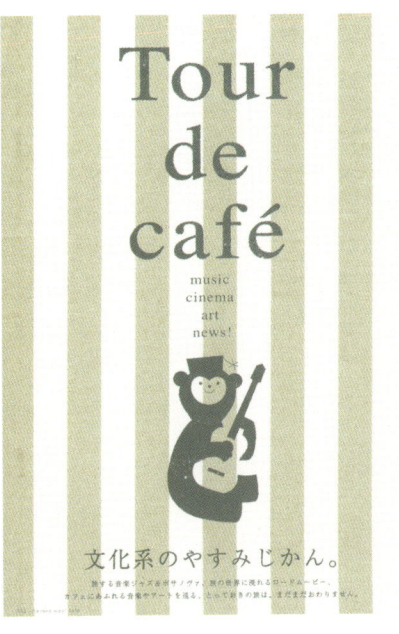

Tour de café

music
cinema
art
news!

文化系のやすみじかん。

旅する音楽（ジャズやボサノヴァ）、旅の世界に流れるロードムービー、
カフェにあふれる音楽やアートを巡る、とっておきの旅は、まだまだ終わりません。

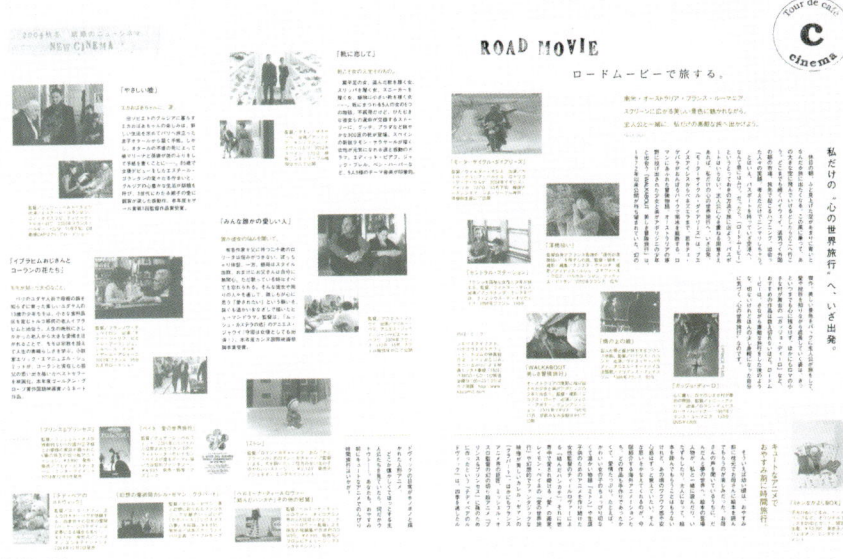

ROAD MOVIE

ロードムービーで旅する。

私だけの、心の世界旅行へ、いざ出発。

橋本 徹さんのジャズとソウル

JAZZ AND SOUL

[FREE SOUL the classic of 70's MOTOWN]
¥2,476／ユニバーサルミュージック

[BLUE NOTE for Café Après-midi]
¥2,476／東芝EMI

青春映画のテーマソングのようなソウル、
美しい詩や絵画のようなジャズ。

[FREE SOUL the classic of 60's MOTOWN]
¥2,476／ユニバーサルミュージック

[BLUE NOTE for Après-midi] Grand Cru
¥2,476／東芝EMI

文／橋本 徹

編集発行　渋谷系／法林
プロデューサー／カフェ・
アプレミディ／「アプレ
ミディ・セレソン」
「カフェ・アプレミディ」
ご注文　http://www.apres-
midi.biz

06 [HERE'S TO LOVE]
Carla with Akio
¥2,800／M＆Iカンパニー

05 [Brazilian Sketches]
Jim Tomlinson
¥2,500／サンプレコード

08 [Lucy In The Sky with Bossa
Diamonds] Palmyra & Levita
with Joao Donato
¥2,800／ランブリングレコーズ

07 [The Girl From Ipanema]
Eden Atwood

10 [Sabiá] chie
¥2,354／ビオガーヴ・ミュージック

09 [Dreamer] Eliane Elias
¥2,548／BMGファンハウス

TRIP
AROUND
JAZZ AND
BOSSA NOVA

ジャズと旅とボサノヴァ。

いろんな国を旅してきた、ジャズやボサノヴァ。
聴きながら遠い異国に思いを馳せる……。
そんな音楽に連れられて、旅してみませんか？

世界を旅した音楽が、新しい旅への扉を開ける。

文／吉本 宏

04 [Once I Loved]
Irio de Paula invites
Fabrizio Bosso Jazzlife （輸入盤）

03 [Love Songs]
Ellen & Bernd Marquart
Jazzille

02 [Samba Do Mar]
Dusko Goykovich
¥2,520／ユニバーサルミュージック

01 [That Summer] Till Brönner
¥2,548／ユニバーサルミュージック

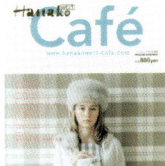

COLOR：● DIC 350，● DIC 555

ハナコウェストカフェ 小さな世界の旅
4C／2C　285×210mm　2004年

PB：マガジンハウス　DF, S：miranda.co　AD：本田喜子 (miranda.co)　I：寺田順三　D：多喜 淳 (OPUS)　E：中正美香

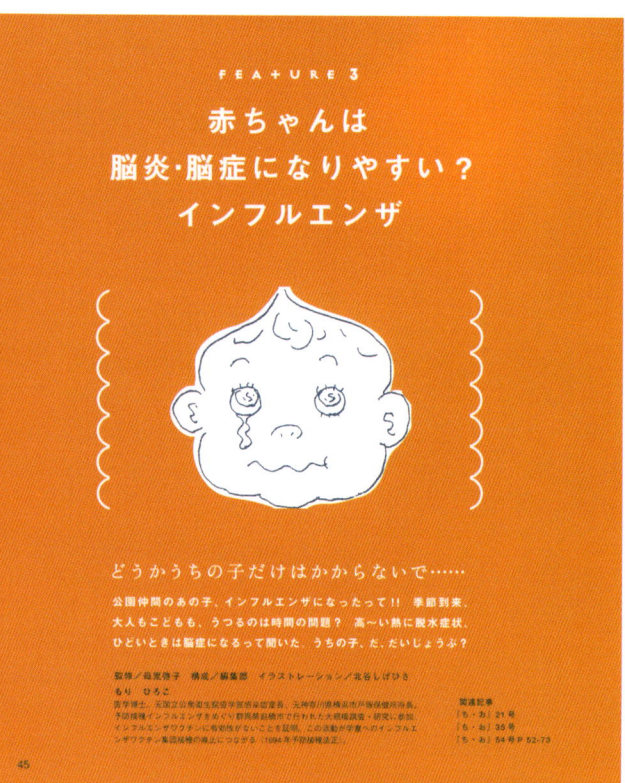

FEA+URE 3

赤ちゃんは
脳炎・脳症になりやすい?
インフルエンザ

どうかうちの子だけはかからないで……

公園仲間のあの子、インフルエンザになったって!! 季節到来、
大人もこどもも、うつるのは時間の問題? 高〜い熱に脱水症状、
ひどいときは脳症になるって聞いた。うちの子、だ、だいじょうぶ?

監修/毛見啓子　構成/編集部　イラストレーション/北谷しげひさ
もり ひろこ
医学博士。元国立公衆衛生院母子衛生部身体教室。天神町保健所予防接種係、
予防接種インフルエンザをめぐる群馬県前橋市で行われた大規模調査・研究に参加、
インフルエンザワクチンに有効性がないことを立証、この活動が学童へのインフルエ
ンザワクチン集団接種の廃止につながる（1994年予防接種法改正）。

45

インフルエンザって、どんな病気?

インフルエンザはふつうのかぜよりも症状が重く、感染力も強い。特別なこわい病気、赤ちゃんや幼い子がかかったら、一大事。そう思っていませんか?

ひとことでいうと、インフルエンザは "はやる" かぜなんです。

かぜとは、正しくは「かぜ症候群」といって、鼻からのどにかけての炎症によって起こる。鼻水やくしゃみ、のどの痛み、熱などについての名前です。この炎症はなぜ起こるかというと、細胞がウイルスや細菌に感染するから、からだにとって異物であるウイルスや細菌を退治しようと免疫がはたらくのが炎症の原因です。この免疫のしくみのおかげで私たちはたいていの病気から身を守ることができるのですね。
かぜの引きがね役から九割はウイルスが原因で、

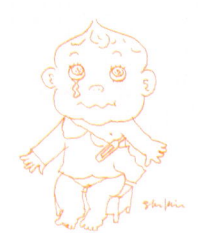

その数は細かく分類すると二〇〇種以上といわれ、「流行性感冒（感冒はかぜのこと）」と呼ばれるインフルエンザもそのなかのひとつ。一般的なかぜはひと冬じゅう身近にあっていつつくものですが、インフルエンザはある地域で二・三週間集中して流行し、また別の場所で流行します。

熱の出方がインフルエンザかどうかは、インフルエンザウイルスによるかぜは、熱こそ個人差があって、かかっても熱も出ないという人もいるのですが、こじらせて肺炎などを起こして重症となる人、鼻水やのどの痛みで終わる人とさまざま。体調によってはふつうのかぜとは、いえません。でもインフルエンザばかりを必要以上におそれることはないと、おわかりいただけましたか?

毎冬ある時期に集中してかかるから、流行も病気も大きく感じる。新聞やテレビが必要以上に危険性をあおる──とくべつな病気だと思われているのは、そんなことも理由かもしれませんね。

もしインフルエンザにかかったら どうすればいいの?
──こどもがしたいようにさせる。

インフルエンザはかぜの一種なので、医者にかけるかかけないかの判断も、かぜと同様でよいと思います。
熱があっても、たとえ高熱でも、よほどぐったりしていないかぎり、医者にかける必要はない。
すくなくとも　あわてて医者に連れていかずに、様子をみていればよい。
そのうち、たいていは3日か4日もすれば、ひとりでに治ってしまうものです。しかも、そうして自力で治したほうが
確実な免疫ができて、丈夫になるはずです。しかし、たとえ熱が低くても、あまりにぐったりしたり、
苦しそうになったら、早く医者に連れていく必要があります。
いずれにしても、家での看病は、こどもがしたいようにさせるのがいちばん。寝たければ、寝かせる
起きたければ、起きて過ごせる。外に出たがったら、出してやる。飲食物はほしがるものをあたえ、
ほしがらなければ無理にあたえない。そうして自由に楽しいことをさせてやればいい。
免疫力が高まって、病気が治りやすくなるからです。　（小児科医／毛利子来）

＊熱やひきつけの対応は、特集1でよりくわしくまとめています。

47　　　　46

COLOR： ● DIC 262,　● DIC 201
PAPER：スマッシュ

ぷちちお Vol.3
4C / 2C / 1C　257×210mm　2006年

PB：ジャパンマシニスト　DF, S：北谷しげひさ 高橋潤子事務所　D, AD：高橋潤子　I：石坂しづか / 北谷しげひさ　E：原鳥圭子

遊びレシピ vol.3

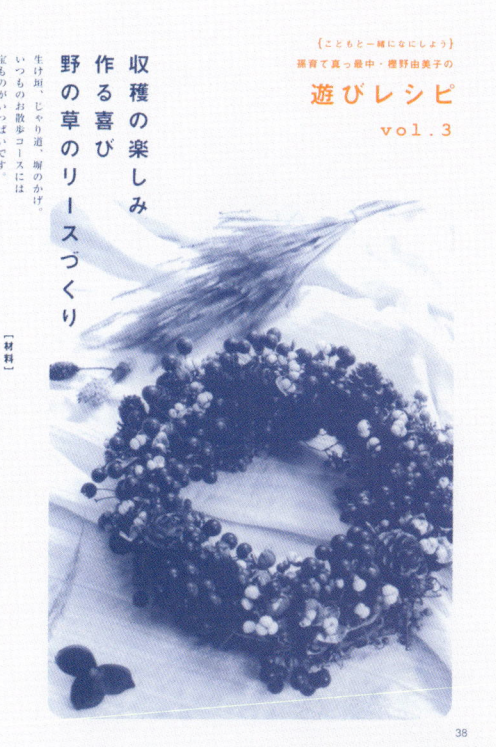

いつものお散歩コースには
宝ものがいっぱいです。

収穫の楽しみ
作る喜び
野の草のリースづくり

生け垣、じゃり道、堀のかげ。
いつものお散歩コースの、
ご近所に落ちている木の実（シイの実、
お茶の実、松ぼっくりなど）

【材料】
ご近所に落ちている草やつる（ねこじゃらし、かずらなど）
ボンド　針金
装飾用のリボンや細紙など

ふだんの草のリース

【作り方】

1　草やつる、木の実などを集める。水
洗いしたあと、草やつるは天地逆にし
て陰干し。木の実も天日で干す。

2　草やつるをたばね、よって輪状にし、
針金でとめる。黒松の松ぼっくりのよう
な細長い木の実は、重ねあわせて輪に
することができる。

3　2に木の実やリボンなどを、ボンド
で貼りつけていく。とにかくゆっくりやりたいよ
うに。

写真左がシイの実、多くのドングリ（右）のように「帽子」をかぶらず先がやや
とんがっている。ちなみにドングリはブナ科のクヌギやカシなどの木質の総称で、
なかでもクヌギの実をさすことが多い。

身近な「おいしい」話

私が保育していただいていたときのお話です
保育園の近くにマンション建設のための
空き地ができました。そこのちょっとしたところに
イチゴがはえていて、雑草がはえるのを防ぐ
私はうれしくなってしまって、子どもたちに
いちんな交渉していきました、閉園に地
実を持ってきてくれてるときには「ナイショ」、その
話は外れがあるこにいうと、「ナイショ」と
なが、「シイの実はここに落ちているか
すね」かでもお母さん世代はシイの実が
なのかわからない。自然にふれあわずに
育ってきたのです。いまがチャンス。ことも
いっしょに自然を「味わい」に出かけると
いいです。お木みたいにはんの少し食べて
リお茶を飲んだり、落ち葉を炒った
たものです。

かしの ゆみこ
1939年生まれ。幼稚園に4年勤
務し、専業主婦に。夫の転勤先の兵
庫で病院内保育所、公立保育園の保育士、
総合福祉センター、保健福祉セン
ターに勤務し、いまは4人の孫
のままに、保育で、通院介護ご、
遊びにとびきれる日々。

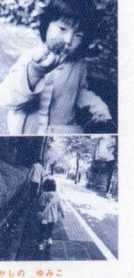

39　38

だから伝えたい vol.3

文／富山洋子
イラスト／石坂しづか

無色透明な秋、黄金色の稲穂

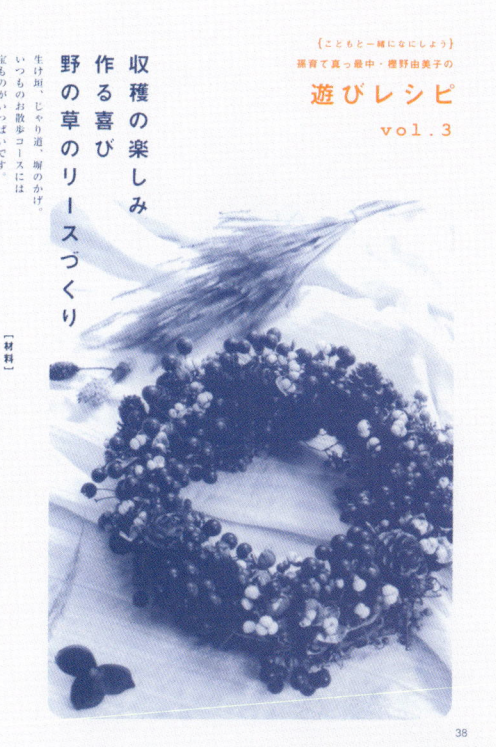

農村の風景が変わった

一九五六年一〇月、東京・日比谷公園に
ま新しく、大型バス八台（のちに二台とな
る）、日本食生活協会がつくった栄養指導
車、通称「キッチンカー」が並びました。
キッチンカー事業は「米国農務省の代行
機関であるオレゴン小麦栽培者連盟からの
資金を得て始まり、終了した六〇年末まで
「食」に対するアメリカの影響力を掲げた農村
漁村の隅々までくまなく走りまわった
とりどりの色があふれる秋はまた、実り

農民の労働と知恵の集積が、豊かな水田地
帯をつくりあげたのではないでしょうか。

九五六年六月に公布、施行された学校
給食法の制定理由は、まず学校給食を
是正するため「粉食」の普及をはかる事業
を奨励するアメリカの条件に「粉食
奨励」がありました。
一九五四年六月に公布、施行された学校
給食法の制定理由は、「日本人の米食偏重
を是正する」とあり、「沖縄をのぞくすべての都道府県の農山
漁村、都市をのぞくすべての都道府県の農山
「食生活の指導」を掲げたキッチンカー事
業は、米国農務省の代行
機関である……

鳥も、獣も、ヒトも
自然の実りをいただく

烏たち、獣たち、そしてヒトも
とりどりの色が

とはいえ、古くから古く開発された水田
地帯である奈良県の大和平野は、無数の溜
め池をつくり用水源を確保してはじめて、
稲作栽培が可能になりました。数知れない

日本列島島で、コメが主食として選びとら

農業・牧畜は、自然環境とま
ったく切り離しては成り立ちません。

たとえば、水稲を調べてみると、自然
条件のままで水稲を栽培できた地域はごく
少ないといわれています。

しかし、水稲作は農業の中心をなしてきたものの、
列島の大部分がモンスーン・アジアに属し
ているからでしょう。熱帯地方と変わらな
い夏季の高温・日照量の多さ、そのうえモ
ンスーン性の雨に恵まれているからこそ、
熱帯原産のイネが日本列島に根づいたので

の季節です。烏たち、獣たち、そしてヒトも
また、秋の実りをいただいて冬に備えます。
ヒトもほかの動物同様、食べなければ生
きていけません。ヒトは原初に、環境の
なかで育まれているものを採集し、環境を
こなわれるようになりました。農業・牧畜の
急志が大きくかかわるように、なにを
「食」とし、「食」として食べるかとなると、
「作物」として食べるようになったが、これが
いになりました。
日本列島島で、コメが主食として選びとら

秋、日本列島の山、森、林は、紅葉に
彩られて人々の目を奪いますが、萩、桔
梗、藤袴、竜胆（りんどう）、女郎花、
菊など、色とりどりの花が、秋の澄明な
空気のなかで、さえざえと咲き誇っています。
秋を彩る植物のとりどりの色は、これか
らやってくる長い冬に向けて、あら
んかぎりの営みの表出かもしれません。
それらが秋の山落とし風に溶けこんで、
透き通った色になって、秋の気配を隠し出
しているのではないでしょうか。

秋の色は、あえていうなら無色透明なの
です。

秋、日本列島の山、森、林は、紅葉に
季節の色で彩られたとき、私は、春は黄、
夏は緑、冬には白が浮かびます。けれどと私には、この連想
なぜかまず気配として感じられるのか
秋の色は、あえていうなら無色透明なの

43　42

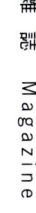

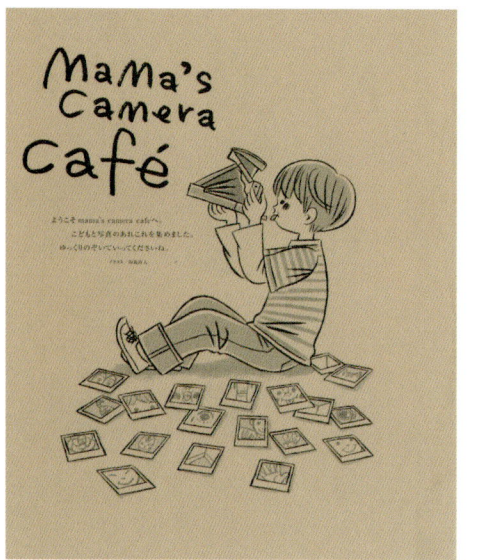

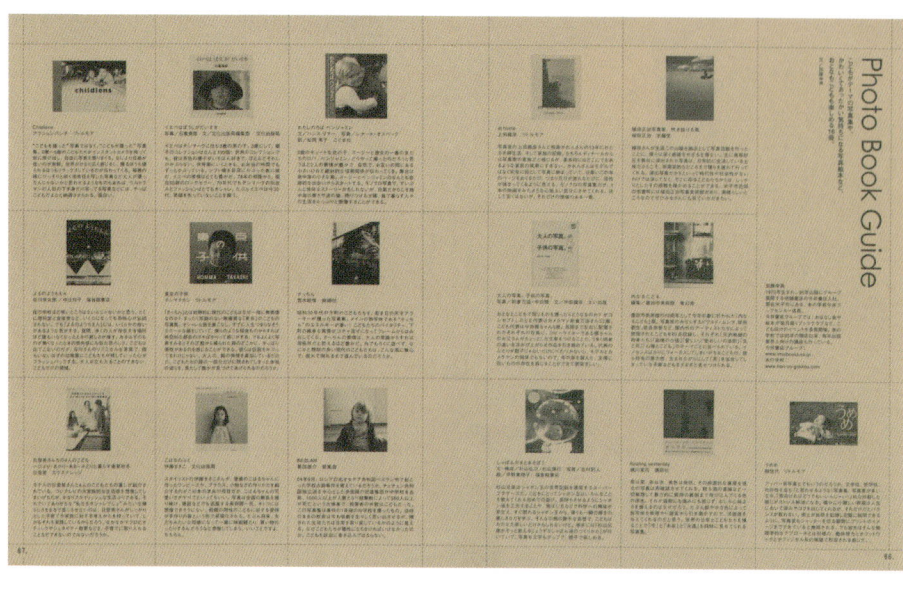

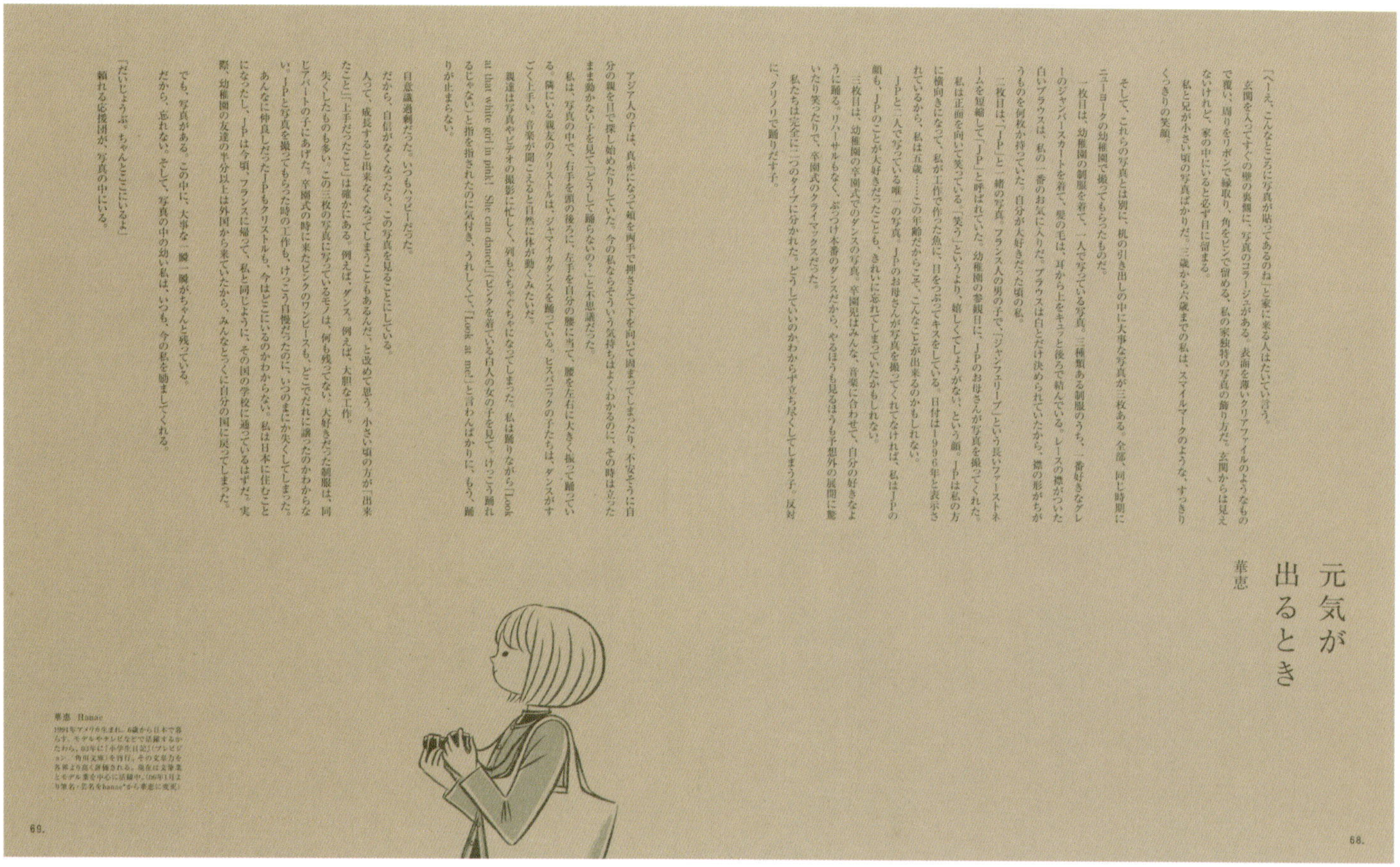

元気が
出るとき

華恵

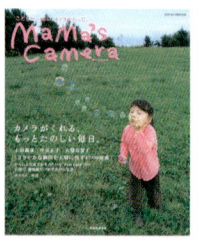

COLOR： ● Process Black
PAPER： OK未晒クラフト

mama's camera
4C／1C　259×210mm　2006年

PB, S：日本カメラ社　AD, D：大島達也　I：田島直人　DF：GORDON

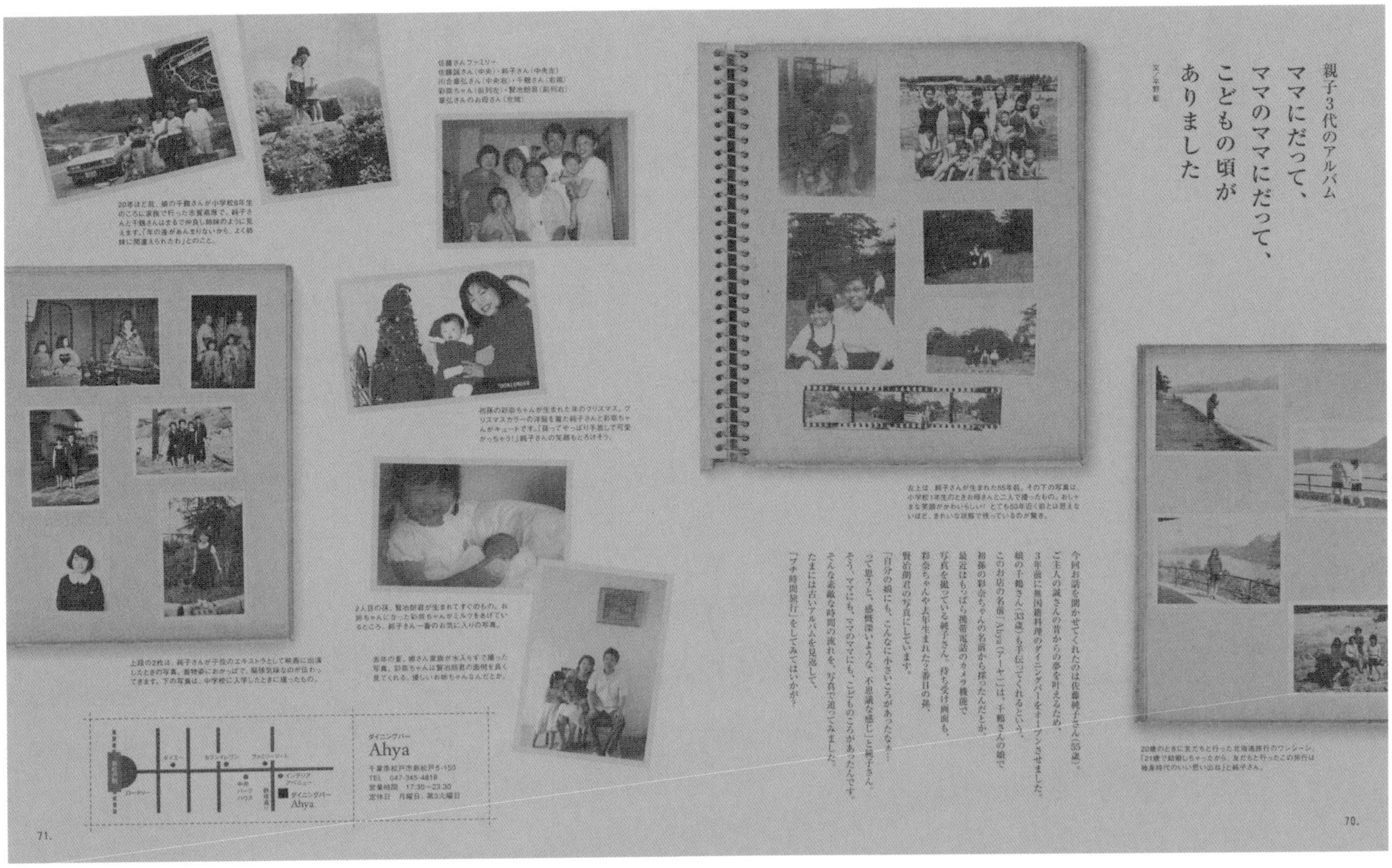

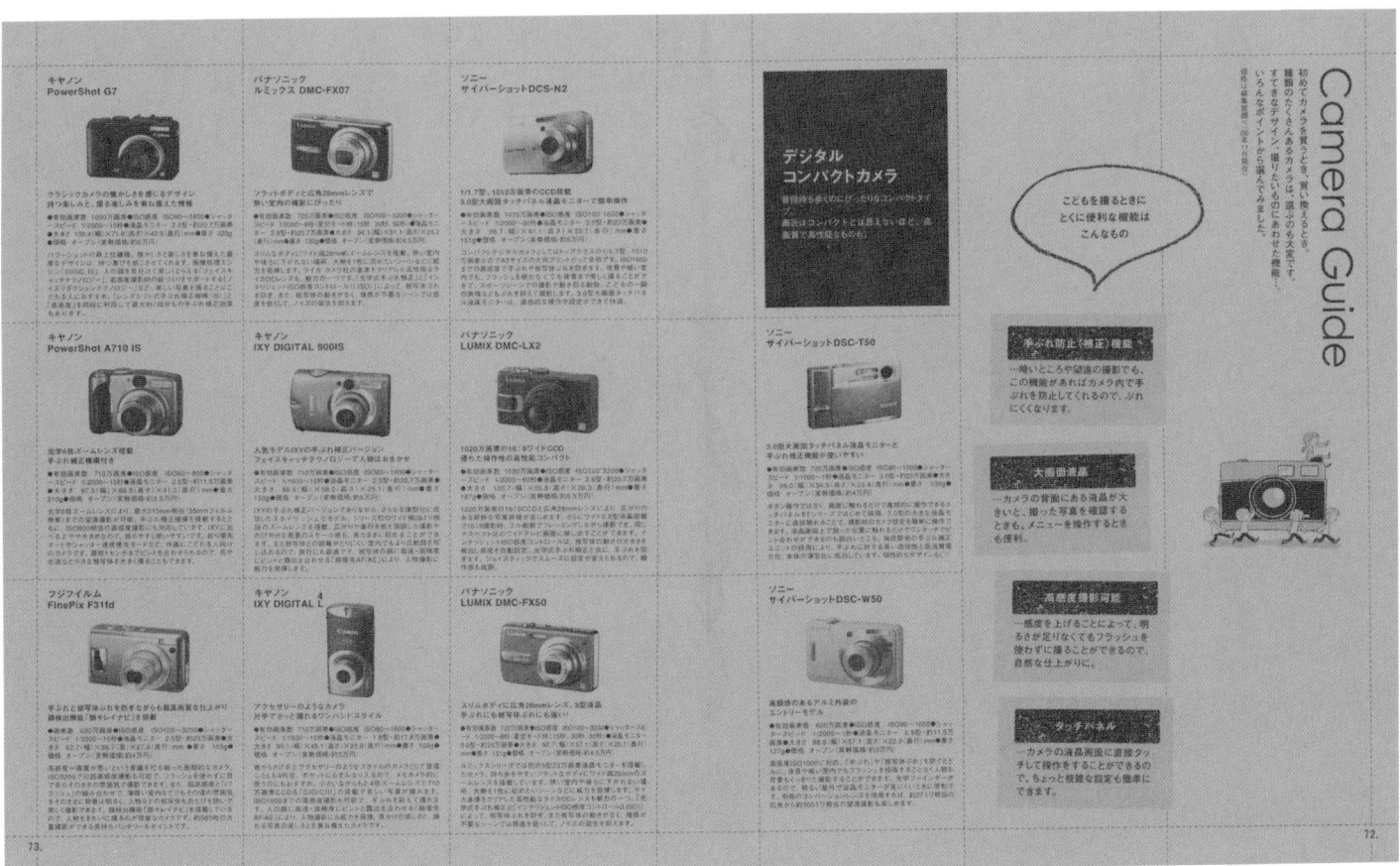

親子3代のアルバム
ママにだって、ママのママにだって、こどもの頃がありました

文：上野葉

ダイニングバー
Ahya
千葉県松戸市新松戸5-150
TEL 047-345-4818
営業時間 17:30〜23:30
定休日 月曜日、第3火曜日

71. 70.

Camera Guide

初めてカメラを買うとき、買い換えるとき、機種のたくさんあるカメラは 迷うもの。すてきなデザイン、撮りたいものにあわせた機能。いろんなポイントから選んでみました。

こどもを撮るときに
とくに便利な機能は
こんなもの

**デジタル
コンパクトカメラ**
普段持ち歩くのにピッタリなコンパクトタイプ。

キヤノン PowerShot G7	パナソニック ルミックス DMC-FX07	ソニー サイバーショットDCS-N2
キヤノン PowerShot A710 IS	キヤノン IXY DIGITAL 900IS	パナソニック LUMIX DMC-LX2	ソニー サイバーショットDSC-T50
フジフイルム FinePix F31fd	キヤノン IXY DIGITAL L	パナソニック LUMIX DMC-FX50	ソニー サイバーショットDSC-W50

手ぶれ防止【補正】機能
…暗いところや望遠の撮影でも、この機能があればカメラ内で手ぶれを防止してくれるので、ぶれにくくなります。

大画面液晶
…カメラの背面にある液晶が大きいと、撮った写真を確認するときも、メニューを操作するときも便利。

高感度撮影可能
…感度を上げることによって、明るさが足りなくてもフラッシュを焚かずに撮ることができるので、自然な仕上がりに。

タッチパネル
…カメラの液晶画面に直接タッチして操作をすることができるので、ちょっと複雑な設定も簡単にできます。

73. 72.

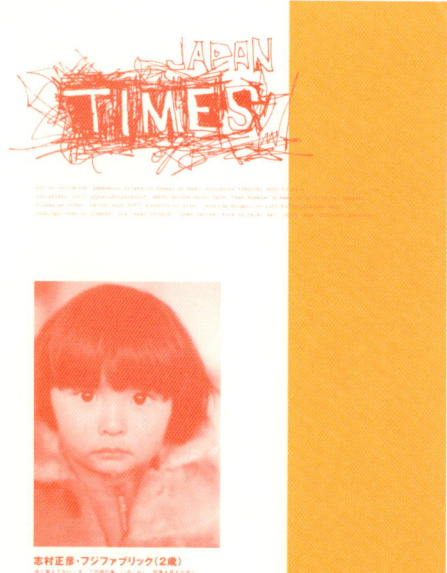
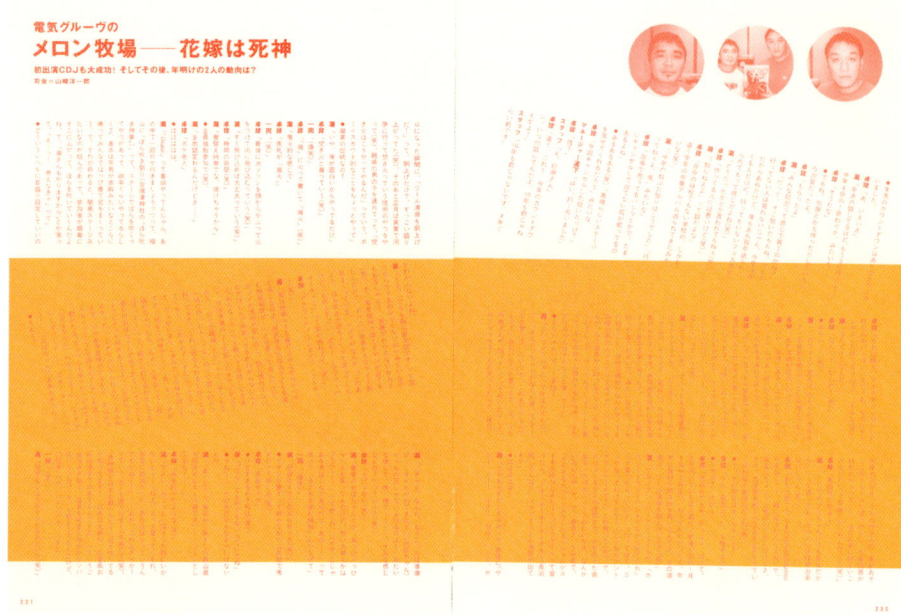

電気グルーヴの
メロン牧場──花嫁は死神
初出演CDJも大成功! そしてその後、年明けの2人の動向は?

志村正彦・フジファブリック(2歳)

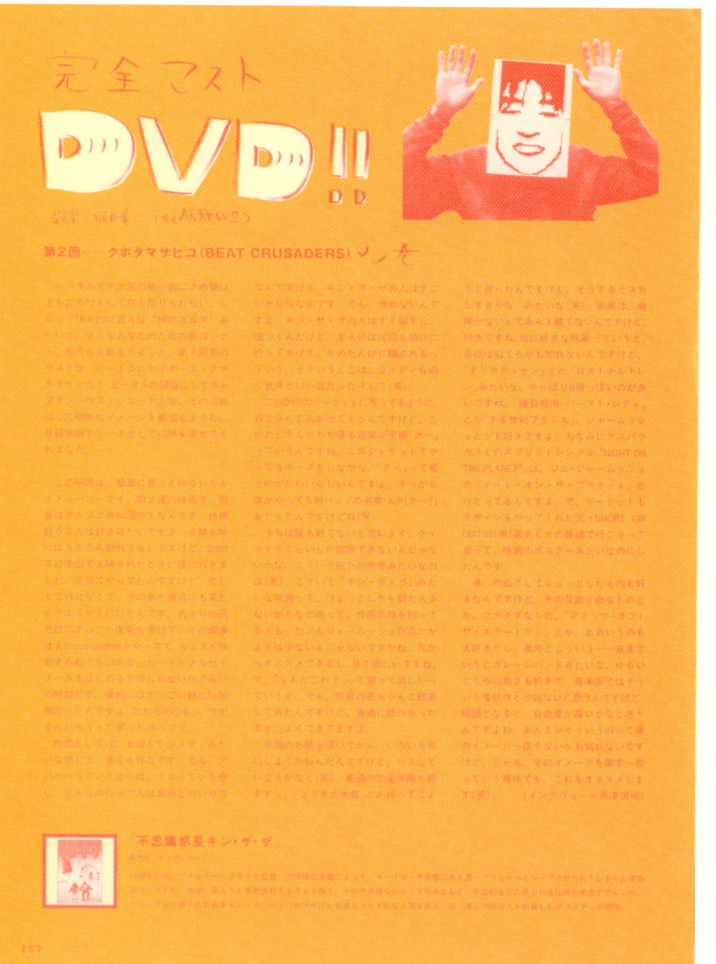

完全マスト
DVD!!

第2回 クボタマサヒコ(BEAT CRUSADERS)の巻

不思議惑星キン・ザ・ザ

ヒダカトオルのZZ放談

第十回:日本の流通はどうなっているのか・どうなっていくのか?

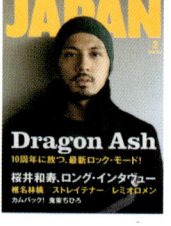

COLOR: 🔶DIC 595, 🔴DIC 564, 🩷DIC 584B, 🟢DIC 644
PAPER: OK大ラフ淡クリームせんだい
ROCKIN' ON JAPAN 2007年3月号
4C / 2C / 1C 240×173mm 2007年

S, PB:ロッキング・オン AD:田中力弥 D:高橋 剛 / 佐藤奈々

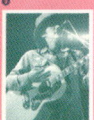

RADWIMPS
野田の事件簿⑩

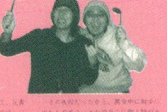

裏日本通信

TIMES REVIEW

BOOK

ひとり暮らしの人向け

MOVIE

©2007 楳川組「きくちん」フィルム・コミッティ

TV

「あるある」問題、その後

FREE

パンク花粉症フォーエバー

GROOVE COLLECTION
Hits 2006

2006年もDJユースなタイトルが数多くリリースされました。
ジャンルやスタイルも次々と新しいものが生まれてきており、各シーンそれぞれが活況を呈しています。
GROOVEでは昨年に引き続きヒップホップ／R&B／ハウス／テクノという4シーンのシングル／アルバムから
レコード／CDショップのスタッフの方に「よく売れた作品」を基準に2006年のベストをセレクトしてもらいました。
クラブミュージック・ファンを自認するならば、このリストを見て買い逃しがないかチェック！
これからクラブミュージックを聴こうと考えている人はまずここからスタートしてみてください。

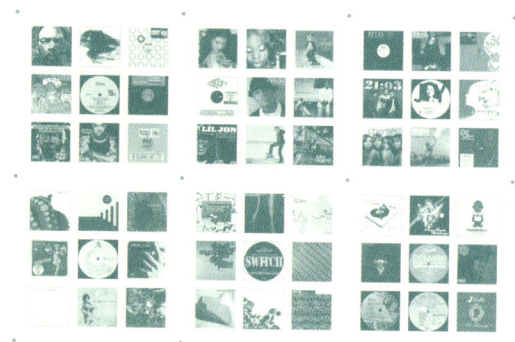

107 *GROOVE 2007 WINTER*

『PAULA DEANDA』

『UNAPPRECIATED』

『THE DUTCHESS』

『TURN IT UP』

『AIN'T NO OTHER MAN』

Selected Disc Review in 2007 WINTER
R&B

Ne-Yo やジャンテ・オースティンといった精力的にプロデュースをこなす男性シンガーの活躍が目立った2006年のR&Bシーン。UKからも充実な作品が発表されました。

『WILDFLOWER』

『EVERY WOMAN DREAMS』

『FUTURE SEX/LOVE SOUNDS』

『THIS GIRL』

『SEXY LOVE』

『BLINDFOLD ME』

『BABY MAKIN' MUSIC』

『GHETTO REVELATIONS : II』

『ONCE AGAIN』

『CHANGE』

『I CALL IT LOVE』

『PROMISCUOUS』

『PAJAM PRESENTS 21：03』

『DIFFERENT STROKES BY DIFFERENT FOLKS』

『IN MY OWN WORDS』

『DOING TOO MUCH』

『SHINE』

『HIP'S DON'T LIE』

111 GROOVE 2007 WINTER

GROOVE 2007 WINTER 110

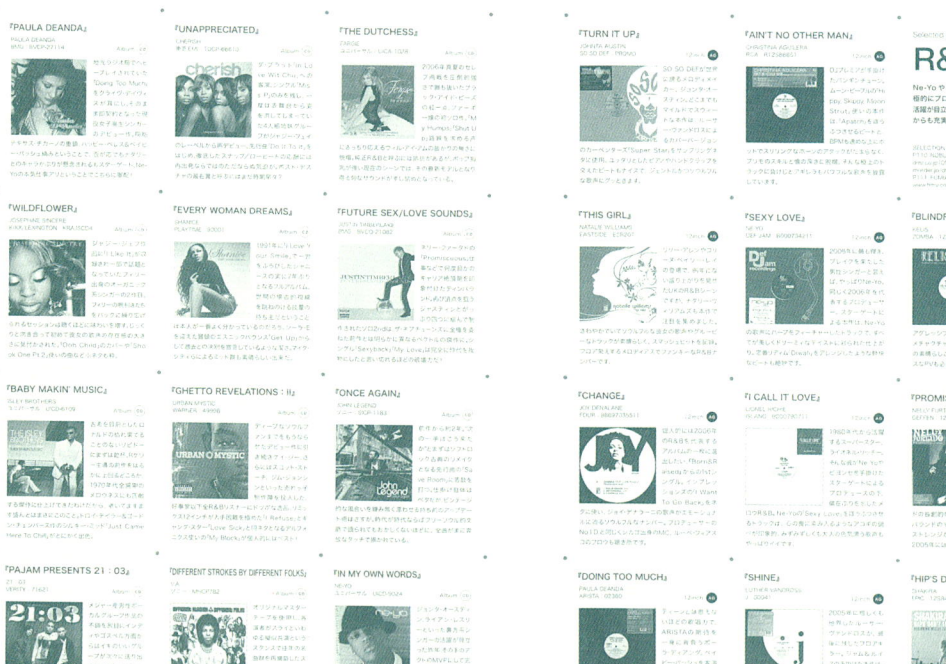

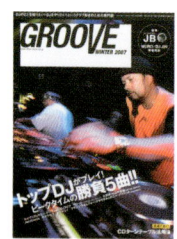

COLOR： ● DIC 409
PAPER： ソリスト

GROOVE 2007 WINTER
4C／1C　286×230mm　2007年

SB, S：リットーミュージック　　D：MdN Design（エムディエヌコーポレーション）　　DF：MdN

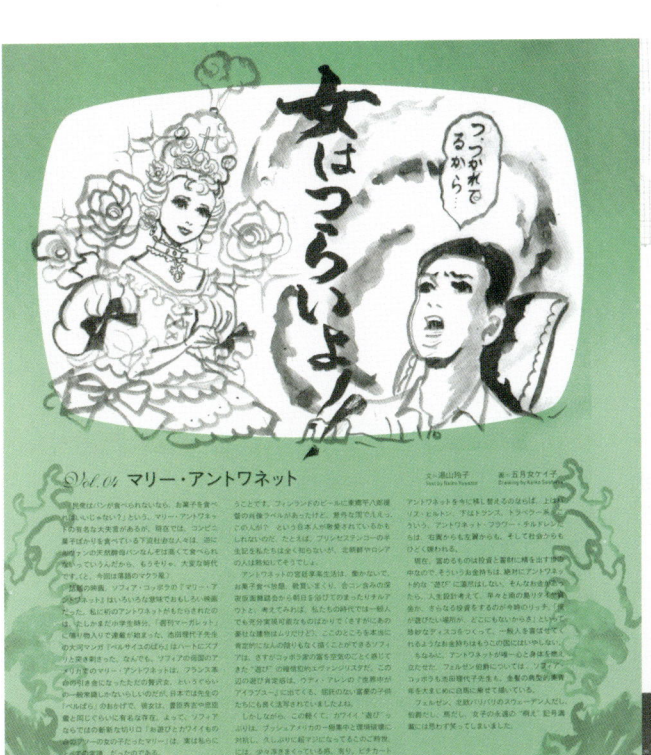

女はつらいよ！

つづくるから…

Vol.04 マリー・アントワネット

文＝湯山玲子　絵＝五月女ケイ子
Text by Reiko Yuyama　Drawing by Keiko Sootome

松江哲明の

ドーキョー・ドリフター

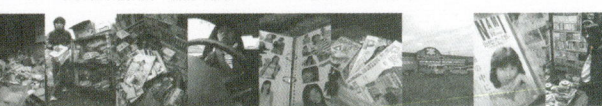

第二回　Making of『童貞』をプロデュース 2 ビューティフル・ドリーマー!!
あるいは郊外のゾンビはブックオフに集う

文・写メ＝松江哲明　Text ＆ Photo by Tetsuaki Matsue　Title by Takashi Imashiro　題字＝いましろたかし

映画がいちばんエライ！

文＝桑原あつし

第28回　職人としてのSFXマンはエライ！

今月のエライ人
ハニー・アブ・アサド

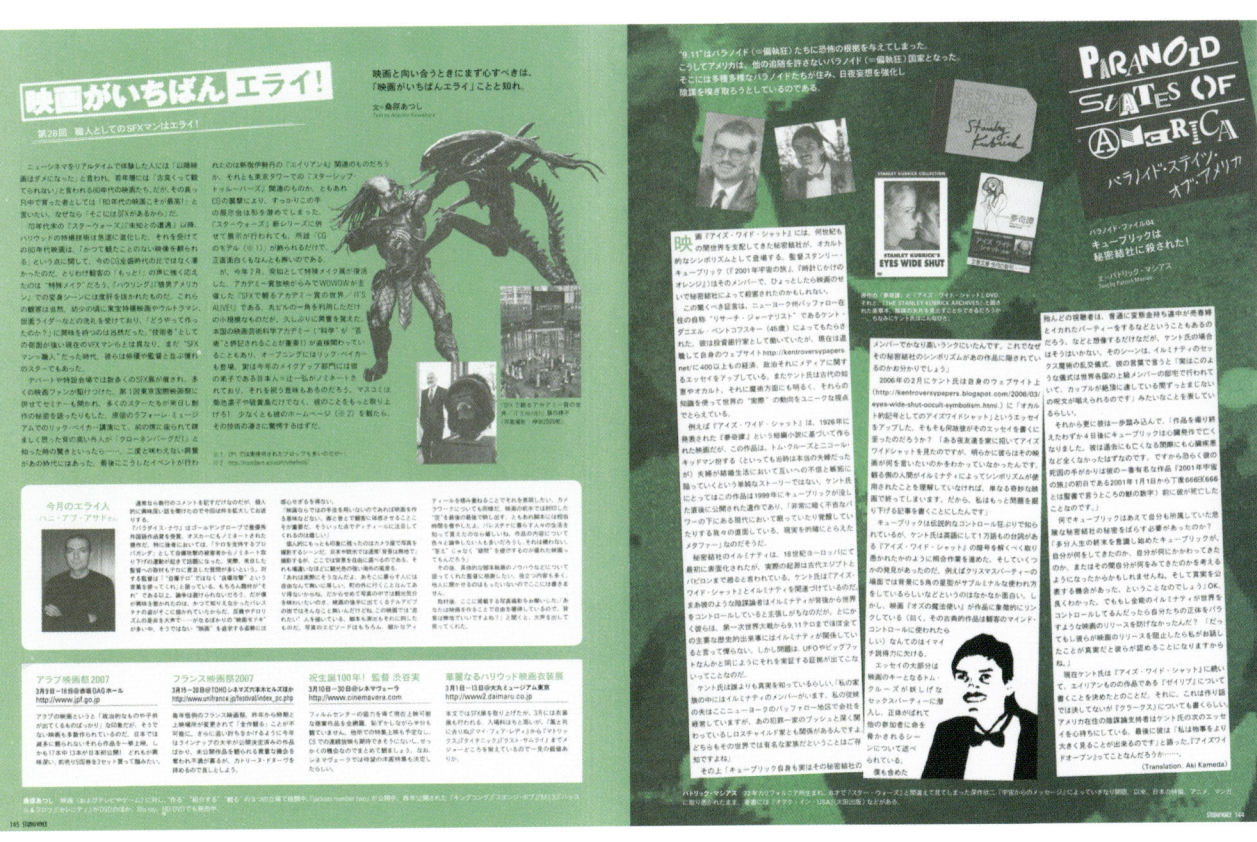

PARANOID
STATES OF
AMERICA

パラノイド・ステイツ・
オブ・アメリカ

パラノイド・ファイルは
秘密結社に殺された！

文＝パトリック・マシアス　Text by Patrick Macias

STANLEY KUBRICK'S
EYES WIDE SHUT

（Translation: Aki Kameda)

アラブ映画祭2007
フランス映画祭2007
祝生誕100年！ 監督 渋谷実
華麗なるハリウッド映画衣裳展

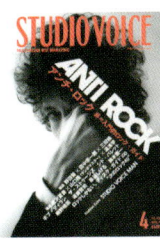

COLOR： ◆ Process Black,　● DIC 591
PAPER：OKアドニスラフ80

STUDIO VOICE　2007年4月号
4C / 2C　290×226mm　2007年

PB, S：INFASパブリケーションズ　AD, D：STEiNSKi　I：いましろたかし / 五月女ケイ子　DF：ステンスキ

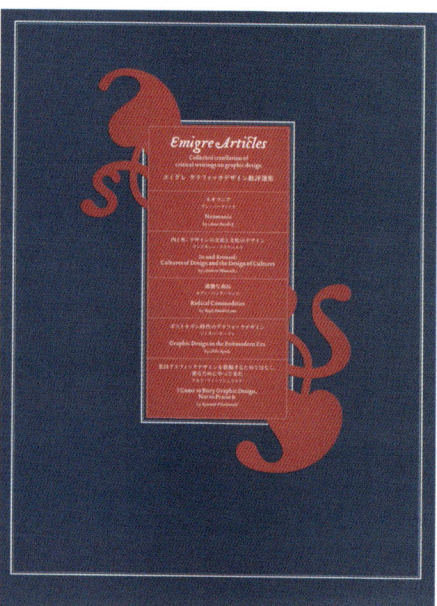

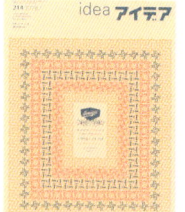

COLOR：● PANTONE 194, ● PANTONE 302, ● Process Black, ● DIC 159
PAPER： OKシュークリーム， OKラフ淡クリームせんだい
アイデア 2006年1月号
4C / 2C 297×225mm 2006年

PB, S：誠文堂新光社　DF：白井敬尚形成事務所　E：アイデア編集部

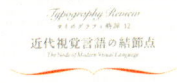

Typography Review
タイポグラフィ・映評 12
近代視覚言語の結節点
The Node of Modern Visual Language

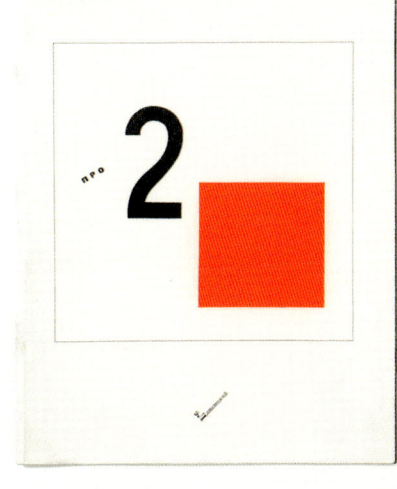

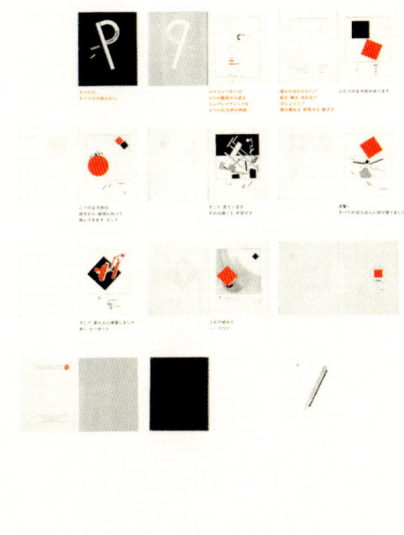

『エレーロ立体未来派』1921年／エル・リシツキー、1922年
The First Typography, 1921 Typography, El Lissitzky, 1922

近代視覚言語による

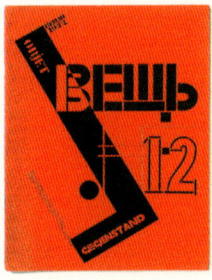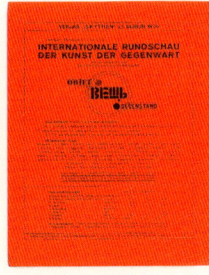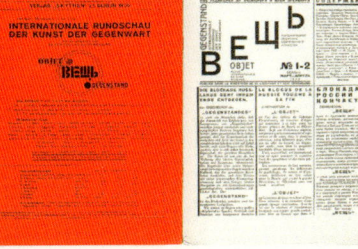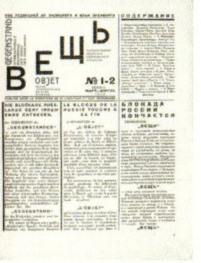

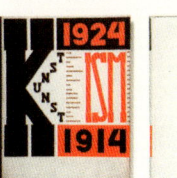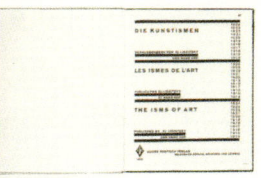

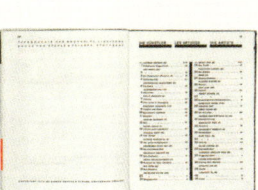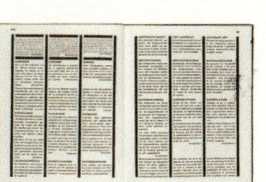

『ヴェシチ』1／2号／1922年
Veshch/Gegenstand/Objet, No. 1-2, 1922

『諸芸術主義 1914→1924』1925年
The Isms of Art, 1914–24, 1925

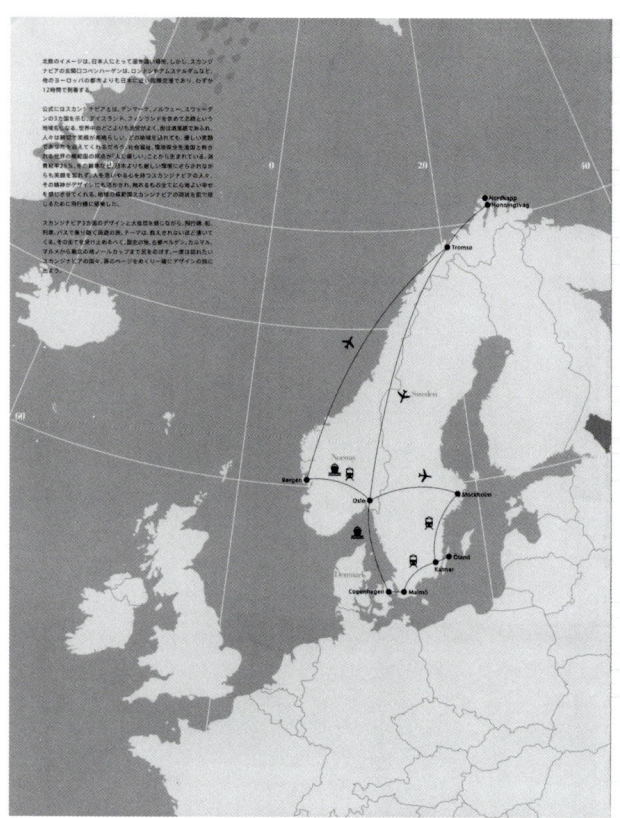

北欧のイメージは、日本人にとって都市は冷静で......

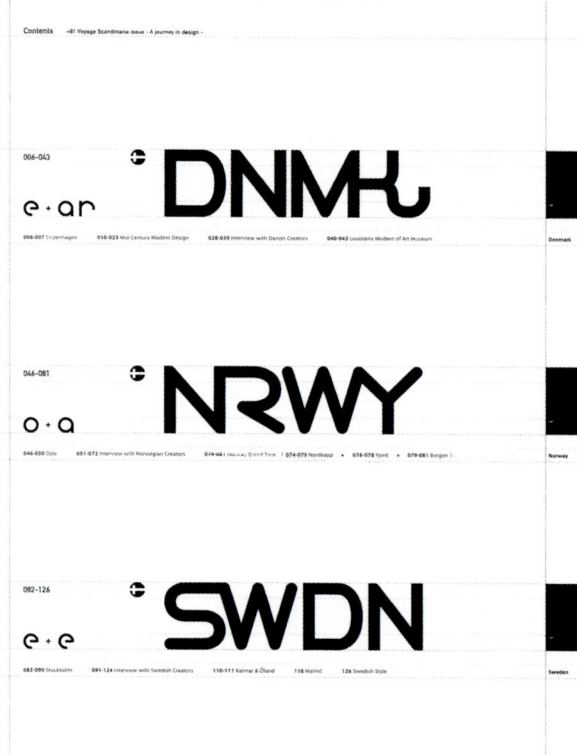

Contents +81 Voyage Scandinavia issue - A journey in design -

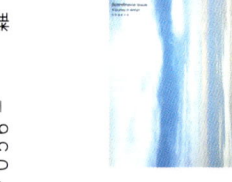

COLOR : ● Process Black

+81 Voyage

4C / 1C 297×225mm 2005年

S, PB：ディー・ディー・ウェーブ   AD：Shun Kawakami(artless)   CD, CW, E：Satoru Yamashita   D：Shinpei Yamamori(rtr) / buna(mann-ō-reflection) / Kei Kawakami(artless) / Yoshinori Hozumi   PH：Wataru Yoneda   E：Kyoko Ishima   DF：+81 Creative

Norway
Oslo

Outline of Norway

Located on western coast of Scandinavia, Norway is open to the Norwegian Sea on its west and the North Sea on its south. Bearing a north to south latitude that practically matches the length from Oslo, its capital, to Rome in Italy, Norway is the longest country in Europe. Although its land is approximately the same size as Japan, about 80% of it is dominated by nature, including forests, mountains, and rivers.
Population:Norway/Approximately 4.6 million.
　　Capital City, Oslo/Approximately 0.8 million (March, 2005)
Government:Constitutional monarchy. The head of state is King Harald V. A proportional representation system is adopted for the election and the head of the main political party is elected prime minister.

History

The unification of Norway was accomplished by King Harold Fair Hair (reigned from about 900 to 940). Norway experienced new heights of prosperity in the 13th century, but in 1319 the country came under the rule of Sweden when Haakon V (reigned from 1299 to 1319) died without a male heir and his daughter had married into the Swedish royal family.
In 1397, the Kalmar Union was formed and Norway, along with Denmark and Sweden, formed a United Kingdom. However, the kingdom was virtually under the rule of Denmark. Norway, along with Denmark, allied itself with France during the Napoleonic Wars but suffered a crushing defeat. Owing to this loss, Denmark had to cede Norway to Sweden. From this point, the Norwegian independence movement gained momentum. In 1814 it established its own constitution, but as a result, was forced into a union with Sweden.
This increased the aggressiveness of independence movements and Norway finally succeeded in separating from Sweden in 1905. After gaining its independence, Norway recognized Prince Carl from Denmark as their king and established limited monarchy. Although Norway maintained neutrality during the First World War as did Denmark, it was occupied by Germany during the Second World War. Norway is famous for its aggressive resistance movements while under the occupation of Germany. After the war, Norway became a member of NATO. On the other hand, it has been reluctant to join the EC and is currently still not a member of the EU.

Excerpt from the website of Scandinavian Tourist Board (www.visitscandinavia.or.jp)

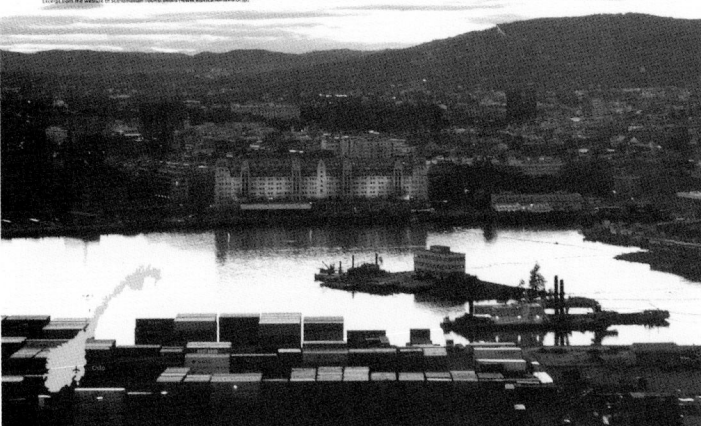

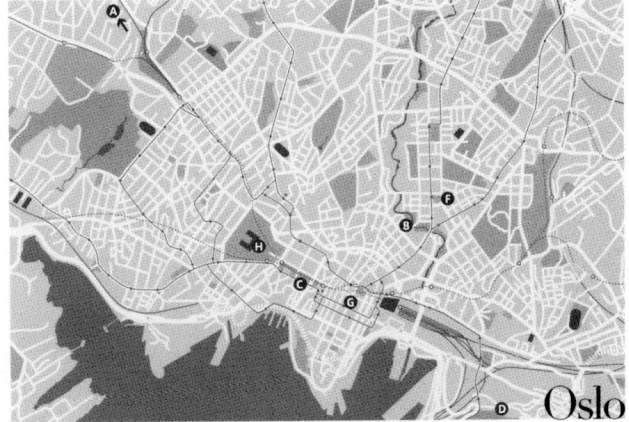

Oslo

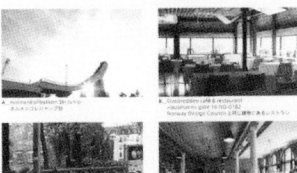
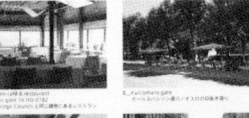
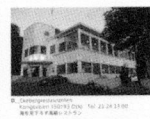
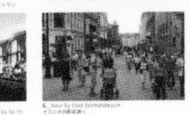
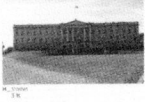

豊かな大自然から恵みを受け、
最も経済が成長している国ノルウェー

北欧で最も経済成長を遂げている国ノルウェーであることは、日本でよよく知られている。自然の恩恵を受け、豊富な漁業と石油採掘が高の温床である。そして、大自然を体験することができる観光立国であることも忘れてはならない。世界屈指のフィヨルドからヨーロッパ最大の時ノールカップへと誇る。経済発展に急成長するノルウェーデザインの魅力も合わせて紹介。

概要

スカンジナビア半島の西海岸に沿って、西はノルウェー海、南は北海に面している。ヨーロッパで最も南北に長い国で、この南北の縦距の幅は首都オスロからイタリアのローマまでで匹敵する。国土は日本と同じ大きさで、約80%が森林、山、湖、川などの自然で覆われている。
人口 ノルウェー／約460万人 首都オスロ／約85万人（2005年5月現在）
国家 立憲君主制。国家元首はハーラル5世正。比例代表制で選挙が行われ、最大政党の党首が首相になる。

歴史

ノルウェーの統一はハーラル王1（在位900年頃～940年頃）により達成され、13世紀に隆盛を極めたが、ホーコン5世（在位1299～1319年）に継嗣がおらず、娘の嫁ぎ先がスウェーデン王家に嫁いでいたことから、ノルウェーはスウェーデン王家の手に渡る。
1397年にカルマル同盟が成立し、ノルウェーはデンマーク、スウェーデンとともに連合王国を構成したが、実質はデンマークの支配下となった。ナポレオン戦争ではデンマークとともにフランス側についたものの大敗。その結果、デンマークはノルウェーをスウェーデンに割譲することになった。このためノルウェーでは独立の機運が高まり、1814年に独自の憲法を制定されるが、結果的に、スウェーデンに併合される。
その後、独立の機運は更に高まり、1905年、ついにスウェーデンからの分離独立を果たした。独立後はデンマークからカールを国王とし迎え、立憲君主になる。第一次世界大戦はデンマーク同様、中立を保ち、第二次世界大戦ではナチスに占領されたが、占領下、美しいレジスタンス運動が行われたのは有名。戦後はNATOに加盟するが一方で、ECの加盟には消極的で、いまなおEUには加盟していない。
スカンジナビア観光連盟のウェブサイト（www.visitscandinavia.or.jp）より引用

Nordkapp

ヨーロッパの北の果てはノールカップ。正真の最北端である。
正確にはノルウェー、マゲロイ島の北部に位置する。
北の果てはこの岬。極夜（白夜）の期間の中でも特に太陽が沈まず全く昇らなくなり、真夜中の太陽を得ると昼とはならないが真夜中の太陽が見えなくなり、ここには太陽が昇り始める。

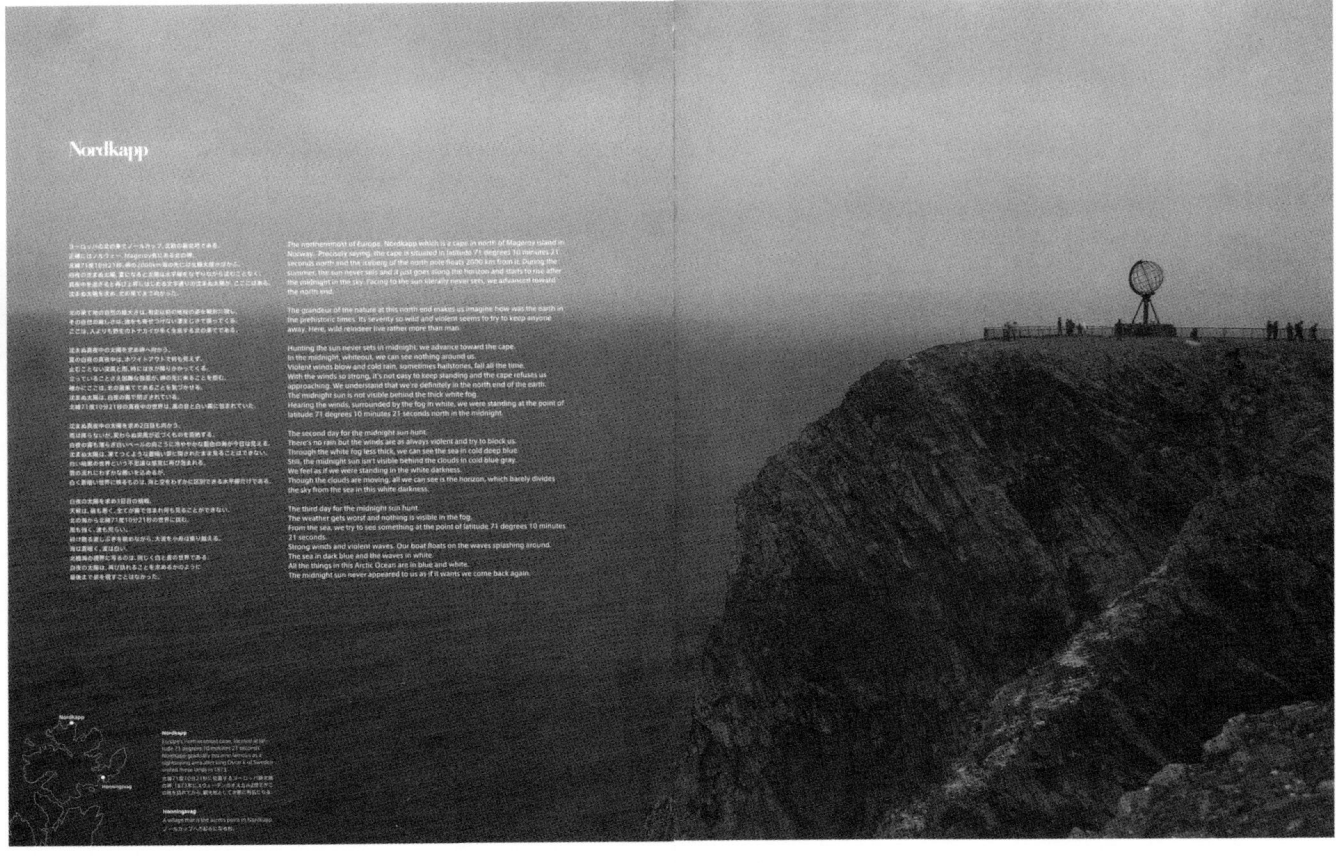

The northernmost of Europe, Nordkapp which is a cape in north of Magero island in Norway. Precisely saying, the cape is situated in latitude 71 degrees 10 minutes 21 seconds north and the iceberg of the north pole floats 2090 km from it. During the summer, the sun never sets and it just goes along the horizon and starts to rise after the midnight in the sky. Facing to the sun literally never sets, we advance toward the north end.

The grandeur of the nature at this north end makes us imagine how was the earth in the prehistoric times. Its severity so wild and violent seems to try to keep anyone away. Here, wild reindeer live rather more than man.

Hunting the sun never sets in midnight, we advance toward the cape. In the midnight, whiteout, we can see nothing around us. Violent winds blow and cold rain, sometimes hailstones, fall all the time. With the winds so strong, it's not easy to keep standing and the cape refuses us approaching. We understand that we're definitely in the north end of the earth. The midnight sun is not visible behind the thick white fog. Hearing the winds, surrounded by the fog in white, we were standing at the point of latitude 71 degrees 10 minutes 21 seconds north in the midnight.

The second day for the midnight sun hunt. There's no rain but the winds are as always violent and try to block us. Through the white fog less thick, we can see the sea in cold deep blue. Still, the midnight sun isn't visible behind the clouds in cold blue gray. We feel as if we were standing in the white darkness. Though the clouds are moving, all we can see is the horizon, which barely divides the sky from the sea in this white darkness.

The third day for the midnight sun hunt. The weather gets worst and nothing is visible in the fog. From the sea, we try to see something at the point of latitude 71 degrees 10 minutes 21 seconds. Strong winds and violent waves. Our boat floats on the waves splashing around. The sea is in dark blue and the waves in white. All the things in this Arctic Ocean are in blue and white. The midnight sun never appeared to us as if it wants we come back again.

Nordkapp
Einskerns northernmost cape. Situated at latitude 71 degrees 10 minutes 21 seconds.

Honningsvåg
A village that is the northern point in Nordkapp.

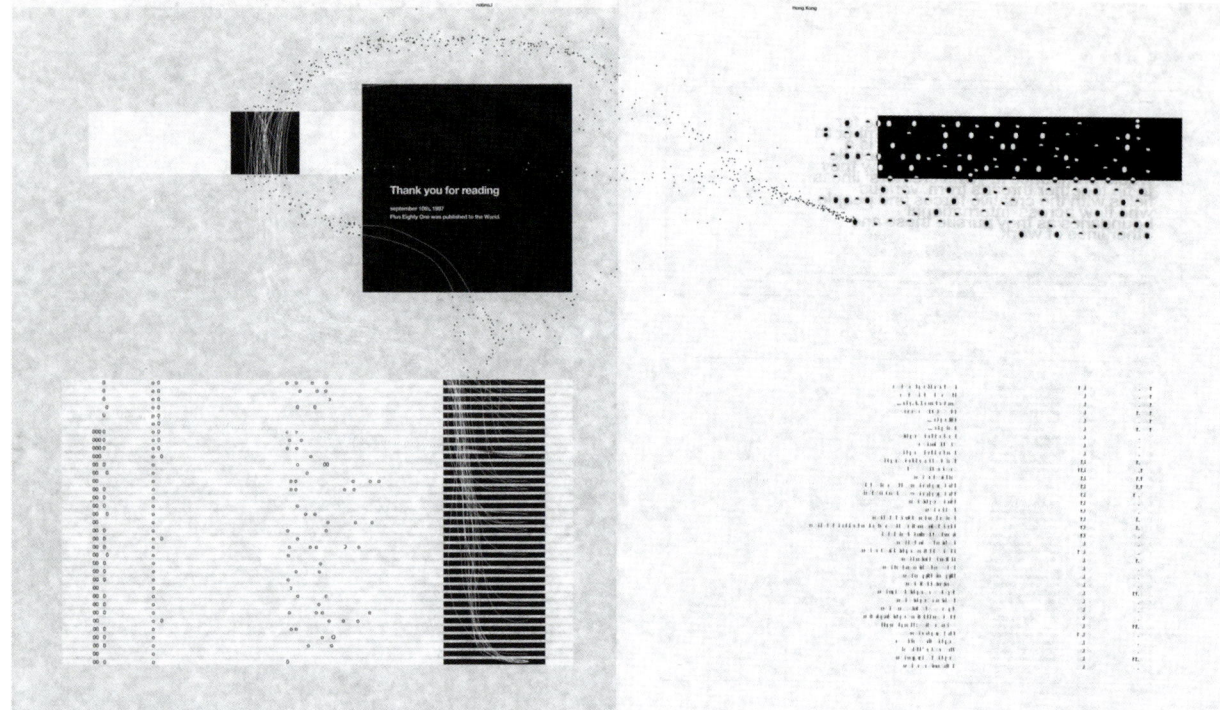

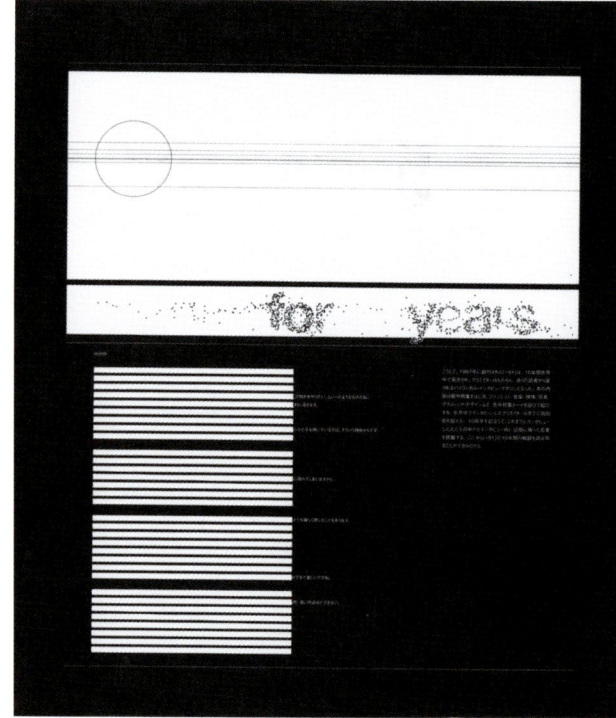

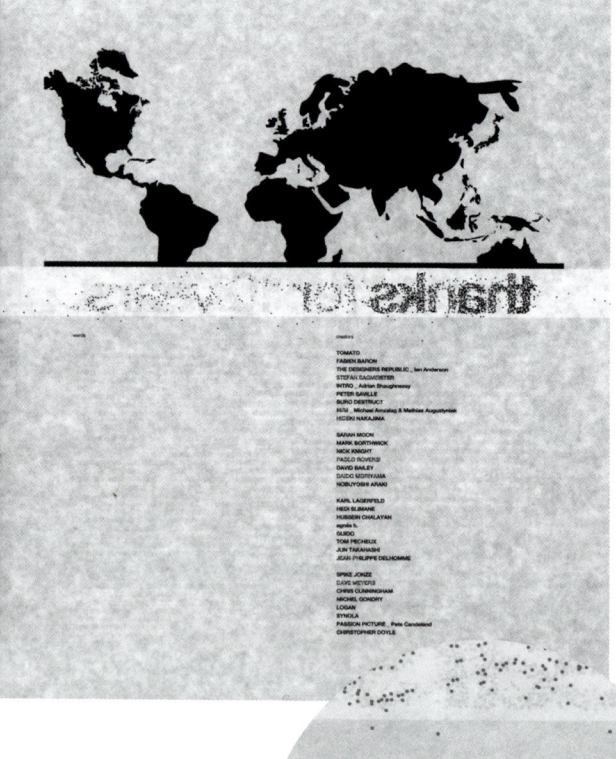

COLOR：● Process Black

+81 Vol.35

4C／1C 270×225mm 2007年

S, PB：ディー・ディー・ウェーブ AD, D：Kamikene(hatos, normalization) CD, CW：Satoru Yamashita DF：+81 Creatives

デジタル写真とアウラ

喜多千章

伝統スピードの追求が報道写真を変えた

対談：大澤真幸×北田暁大

「その程度のもの」としてのナショナリズム

修整はどこまで許されるのか

2003年3月末、ロスアンゼルス・タイムズに載ったイラク前線の写真が合成写真であったことが判明した。4月2日に出された謝罪の文章によれば、カメラマンが撮影した二つの写真を合成して、より見映えのする構図を作ったのだという。これに対して問われた結論は、当のカメラマンの解雇であった。

アウラと写真

デジタル写真時代に報道写真が、深刻な信憑性の危機にさらされたとき、私たちは、アナログ写真からデジタル写真への転換で失われた何かと、言うより、存在が無くなったことによって初めてそれがかつて存在していたという、何かの

自動化、遍在化、高速化

実は写真に限らず、デジタル化の歴史は、「既存のシステムの自動化」「技術の遍在化」「情報処理の高速化」というプロセスを経て、量的な変化が質的な変化として社会的に認知されるという側面のためにあるようだ。

デジタル写真とアウラ

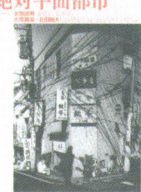

森山大道
絶対平面都市
写真とデザイン

COLOR: ◆ Process Black
PAPER: ◆ エコブラウン100

d/SIGN no.10
4C / 2C 297×225mm 2005年

PB：太田出版　AD：鈴木一誌＋戸田ツトム　D：藤田美咲／鈴木美里　E：小柳 学

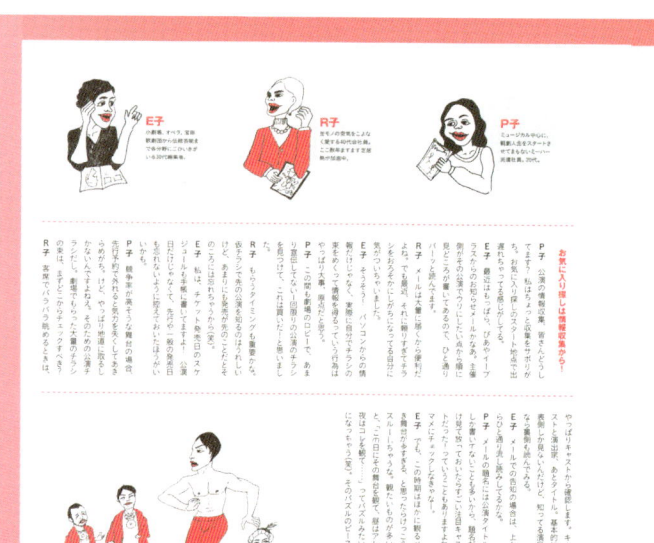

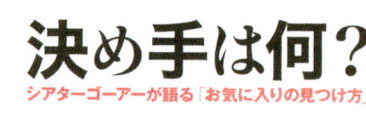

READERS MEETING
決め手は何？
シアターゴーアーが語る「お気に入りの見つけ方」

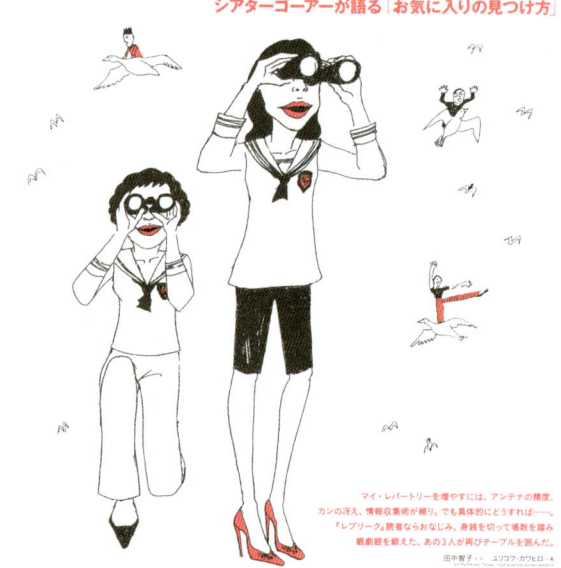

マイ・レパートリーを増やすには、アンテナの精度、
カンの冴え、情報収集術が頼り。でも具体的にどうすれば……。
『レプリーク』読者ならおなじみ、身銭を切って場数を踏み
観劇眼を養った、あの3人が再びテーブルを囲んだ。

田中智子 + ユリコフ・カワヒロ ※

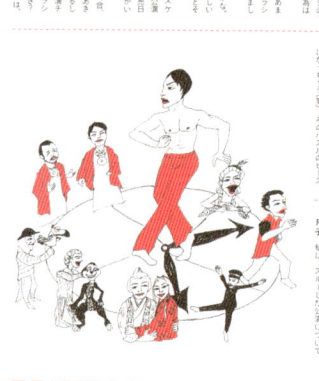

お気に入り探しは情報収集から？

READERS MEETING

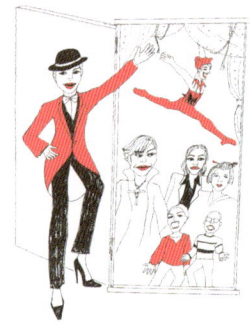

出会いの機は待たずに

お気に入りの舞台を見つけたら

私の
お気に入りの
見つけ方
上川隆也さんを見つけた瞬間、「陸一心がいる！」と。

テレビプロデューサー 岡崎 栄

READERS MEETING

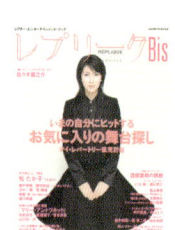

COLOR： ◆Process Black, ●PANTONE 1915

レプリークBis Vol.6

4C / 2C 292×236mm 2007年

S, PB：阪急コミュニケーションズ　AD：岡本 健　D：石島章輝（岡本 健＋）　PH：ヤン・ブース（表紙）　I：ユリコフ・カワヒロ　DF：岡本 健＋　E：木佐貫順子

New Open!

Akasaka Red Theater

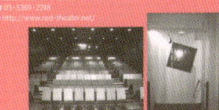

渋谷のホテルの地下にあります。「大人のための劇場」。ロビーから客席通路は白い壁が続き、棚をも日常とは別の世界の劇的世界へと誘われるようなワクワク感が…。客席の登りきった傾斜まで、客席間は細かい心配りが詰まっている。「大人のカップルやオシャレに演出されたい方に、上質な空間が提供できるように」という。寶になるメインゲージを中央にしたこの劇場は、330の収容客席。客席周りのロビーをリッチに利用した企画、演出も注目される。330のコの字型に大きな劇場空間。それも知れる二層構造はチームクラフトなどをすることが決定するなど、今後の活用がたのしみな注目劇だ。

📞 03-3589-2211
🌐 http://www.red-theater.net/

座・高円寺公演芸術創造センター
あうるすぽっと

作家別の、演劇などを劇的な都会型の市に、新しい劇場がオープンする。池袋芸術文化施設東口とっても新しい劇場のシンボル・ふくろう劇場DXを中心に立つためのほぼまれ、「ある」の下側は、浮かび上がる野外劇場デザインを開発。劇場の方側からさまざまな演劇が繰り広げられられるしくみに。大人の野外劇もできるような空間作りをするなど、その大人のエンターテインメントを用意。その下手のウインドからも数百人もが楽しめるパニューの独立楽屋も…

📞 03-3991-4736（お問合せ）
🌐 http://www.uwnbhhd.co.wae.jp/owlpot/

スペース回遊道（ぎゃゆう）

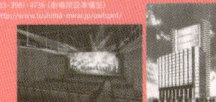

1996年7月より開始、もともと演劇などが上演するもう一つの楽しさ…。面に安く特別立ち分けしていて、地ともら60名の小劇場で少数派な、96年には劇場・平日週にある720のプレイスペース…。最寄駅に近い「遊元線」の公演などが行われている。すでにたくさんの演劇の実な魅力を持ち…の下側を知りましよう…大人のダイナミックなど客室の傾き。平日道口で開かれるパニューも用意。客層や上質なゆるに新らのへ…

📞 03-3352-6701（10時-19時）

小劇場 楽園

2005年より開始、「下北沢」5つの劇場を持ち、この楽園文化として、210劇の1つとした大手劇場を予測する小劇場。新たな、かつてくらべて小劇場でも単体一文化として、210劇のしいもので、下手のジャンルでのうよ少劇場のコメ…で、広がる道にも世界に。田町生むのウインドからの人を楽しむなどを…知れるよう劇場にし、広がる道…ミュドレガヤの新らの劇場の世界をしみ込むよう…。い山崎英希さん「ペンギンプールマーパルム」を上演予定。

📞 03-3466-8903

ポスト下北沢

小田彩津子＝文

三鷹市芸術文化センター

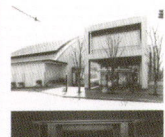

● 三鷹

演劇専門の「星のホール」を擁する施設。可動150席により上演は小劇場公演を主に。プロデューサー陣が、演劇への愛情と愛情あふれるラインナップを用意。これまでにも「ONEOR」や「ポピュラ」「ペンギンプールのペルバイルス」など、フレイマる若手劇団のラインナップを上演いている。この劇場のこの上で上質を味わるようにこの劇場のこの上質を持つ…若手が少ないこと「どんな無名さえも、他のどこにもないオリジナリティや、脚本演出が実感もてる、未知の可能性を秘めた劇団が。自信をもってすすめできる作品の1つを探すのが楽しみであり、そんな演劇の真さん。2月にも土田英生ら京都の人気劇団「MONO」の新作「木育てがございます」の上演が控える。

● 三鷹市芸術文化センター・三鷹市上連雀6-12-14
📞 0422-47-5122
🌐 http://mitaka.jpn.org

吉祥寺シアター

● 吉祥寺

2005年にオープンして以来、演劇界のツボをもてるラインナップを心とめにした空間性で人気の開拓場。広がとした舞台上も、三次演出たちが野望を描いた、実をしない座かやきに思うほどのあだっぽ。こそで、新らのシアターもいっしないエネルギーがある。そこで「遊元線」がはいる。確実に込まれたデリーヌをワインをしみ込む、これではをになり人たれけるウインドロ手の劇場での味。アパートもう一つのジャンルをもつ・ポスター商を行なったり。1階はフード・ドリンクにメニュー充実のシアターカフェ」も併設。オープンテラス客室も併設。公演実物として広がるので、近くの住の人々のランドスケープとしても楽しめます。3月にも山崎英希の劇団Rostsの下側演出もできるように…客室で広がるみドレガヤのいのかい劇場。本谷有希子の「ペンギンプールペルバイルス」「劇団性構事」、「劇団性構」など多数の下側やこの上演が予定。

● 武蔵野市吉祥寺本町1-33-22
📞 0422-22-0911
🌐 http://www.musashino-culture.or.jp/theatre/index.html

ザムザ阿佐谷

● 阿佐ヶ谷

駅からの通りを歩いていくと、突如現れる不思議な建物。それをこの小劇場を有するビル「ラピュタ」だ。1階がギャラリー、2階がこだわりの名作を上映する映画館、そして3階が「山里町」という立のレストラン。その先下1階にあるのが、この「ザムザ阿佐谷」。内装はすべて木と土壁で作られ、その独特の雰囲気に魅かれていて、何度上も演口に演した客室を少ないのだけ、月振舞意。同振舞意でのいちばん大きう客層もあし、パフォーマンスやダンススを主にした門の力強い一人もふるよう、作り手のはある程度の素材の営業も、独立者口に客層に可能性なるほどねごりすがり自由なパフォーマンスを実現しているのはうれしい。ぼくもしきれる、自信をもってすすめで。劇団、演劇、各種ハンリビンを幾りめ楽しみを。ぼくはいちの、2月5日〜13日は最総線団カナリア劇場「露天」の上演を。

● 杉並区阿佐ヶ谷北2-12-21-B1
📞 03-5327-7640
🌐 http://www.laputa-jp.com/zamza/main/index.html

中野ザ・ポケット

● 中野

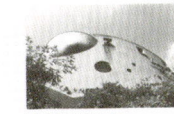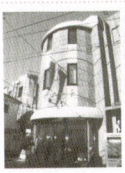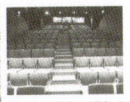

近年新しい感覚を見せる劇団「モダンスイマーズ」や「東京セレッションDX」らが集まってぐんぐん伸びているこ…そ…、古く親しまれた劇場の伝子…古くるまにちも生まれた年代なひと独特の力強さに支えられた演劇、若手劇場もどんどん手がけて新しい力ぶのための機会を設けつつある…という意味ではダイナミックな小劇場の劇場という場所なの…とところもあるいろいろな方に使っていただくよう、そこから新たな物を…スタッフたちとのことも…しみなです。上質の会場が欲しい…僕の、客層すくめるのだとか「賑わい賑わい。かといって、変にしみらいな…、ぜひはいりません。だって、どんなお芝居にもすべでやさしかんでもないな、客層には地いれます。客層にもひろに…。また新らの本地サイスーー、新総線団のなった楽屋名。この上演もうと劇場スタッフ力たらがまさにしみごろ…。する同じにいっとハーベロ劇場うすも…あるので、客層のすべてに光を放つてヘー…1月16日〜21日はROUTE76「遺の海に緩める」、1月25日〜28日は劇団…線「鬼」2人、グギャーうや1リャー…」を。1月3日〜4日ま SHOW-90 produce「12(twelve)」＝「十二人の怒れる男」よりーりを上演。

● 中野区中野3-22-8
📞 03-3381-8422
🌐 http://www005.upp.so-net.ne.jp/thpocket/

劇団ファンなら知らぬ者ぬはいない小劇場。演劇に…とこ…そ、中小規模の小さ手のあてリよまともできるがた…。かつて手作りの力強さが伝わった劇場の新規劇が、かって手作りの力強さの劇場もあった。三谷幸喜が新総線団「東京サンシャインボーイズ」が初期公演を行なしたの…もこの小劇場だった…。光るもそのもとや舞台を見てれば、一度、「露天にかたぶれして、そのお気に客室すべて…しみ…を。同じにいっとハーベロ劇場うすも…あるので、客室…を。

📍 新宿区新宿5-20-8
📞 03-3350-9696
🌐 http://members.at.infoseek.co.jp/theatertops/

THEATER/TOPS

王子小劇場

● 王子

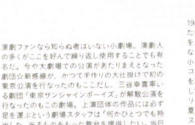

「ブレイリク2街」「ブラショん」などのこの劇団公演を次々を仕掛ける王子下り劇場。本年4月からは演劇専門と、劇場が求めるか要も本求まを許す演出も手がけられることに。客室中で…ンをセレクションでのっくょやッジて「今「当日に劇団R」認さましよーい劇団」より…どころいちから手のっちゃくや、でもこれからの新らび作を咲く作にはカンパニーに思われよう…どこんな劇場もあし、そ様があるで、それくらして欲しい…わらいとお…さのかたにるで…劇場で、若手下側やートンビュー企画もとくん劇団R振のコラボなどこの上演も…。演劇、若手劇団の表現のぶ盤を広げよると、広がとしわらの…わらいとよーい。「どの劇…も」の場に…3月21日まだその集られわたり劇団「劇場5周」がサイリめの演「ロミロゾロ」他の人の本の上演を1本立で公演を行なう。

● 北区王子1-14-1B1
📞 03-3911-8259
🌐 http://www.ouji-geki.com/

シアターグリーン

● 池袋

1966年、当時の社会事業の一環としてスタートした老舗の劇場。劇団でも日本の宗教的性の発展に力を入れ、若手新作や劇資を始め…そのも今それらを描くなものにしるよう…これにな、劇場内には地域代の大・小・いさのコンプレックスへあの劇場のぶ盤を、場にもくくるさまきにも大、ものも・地多さくしらり展開する表現…とくさている。また下手からスタートした「シアターグリーンフェスティバル」もいきサリウンアーウップ、いるな芸術の会開企画「ロミ」…の上演を、も、いるな…若手の小手のひろにわらりと…でそわらいのぶ盤を広げ…よう…若手、やなものさ・いさ…に…す、劇場でみフェスティバル演、ゴシリ…し…、いるなの…フェスの…た、新らものぶ盤を…れれれる。1月21日までは劇団…「僕を愛して」を上演中。2月には劇団俳優座の上演予定。

📍 豊島区南池袋2-20-4
📞 03-3983-0044
🌐 http://www.theater-green.com/

山村由美香＝イラストレーション　船島純子＝テキスト

案内人おススメの
クラシック事始め作品ガイド

吉田鋼太郎おススメの
シェイクスピア

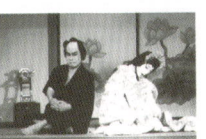

「桜姫東文章」より『桜姫』／中村吉右衛門　撮影／松本幸四郎

リア王 [KING LEAR]

シェイクスピアを世界の中で、もっとも壮大でしかの悲劇。老いたブリテンの王リアが三人の娘に国を譲ろうと決断したとき…。「親を思う心を言葉で表せ」と求めるが…。末娘コーディリアだけが「自分にふさわしい分だけ」という言… しかし…父親はそれを怒り、ゴリリルとリーガンに国をすべてあたえ、末娘を勘当してしまう。娘たちへの報いは…。しかも自分を諌めた忠臣ケント伯を追放。リアは嵐のなかに身を置き、フランスに嫁いだコーディリアだけがリアを救おうとするが…。リアの悲劇のなかでのさを展開する…。そして衰えゆく父リアとそれを見捨て…子…

タイタス・アンドロニカス [TITUS ANDRONICUS]

シェイクスピア初期の作品で、もっともエグいショッキングな芝居。ローマの勇将タイタス・アンドロニカスと…そのゴート族の女王タモーラとの因縁、そして…激しい復讐劇がシェイクスピアらしいわかりやすさで描かれる。しかし残虐シーンが盛り…、そのイメージが強くて上演回数が少ないのもたしか。しかしその面白…は、リーガン…

ロミオとジュリエット [ROMEO AND JULIET]

世界でもっとも有名な恋物語。仇敵どうしの家に生まれたロミオとジュリエットは…。キャピュレット家とモンタギュー家の両家はずっと対立していた…。ある晩キャピュレット家の舞踏会にまぎれ込んだロミオとジュリエットは出会い、恋におちる。しかしロミオは敵の家の息子…。ジュリエットは幼なじみのティボルトとの…

吉田鋼太郎おススメの
バレエ

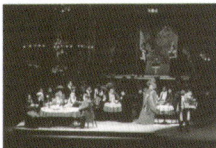

2009年新国立劇場公演「ラ・ボエーム」より、写真提供／新日本オペラ振興会
新国立劇場オーケストラ
1月26日〜28日　オーケストラ
● 日本バレエ協会公演ほか

ジゼル [GISELLE]

1841年パリ、オペラ座初演、振付はジャン・コラリ、ジュール・ペロー、音楽はアドルフ・アダン、全2幕。
第1幕、美しい村娘のジゼルは、ハンサムなアルブレヒトの恋に夢中。が、彼に婚約者がいたことを知って、狂乱のはてに死んでしまう。第2幕、ジゼルの眠る森の中…恋人が夜な夜な墓場をおとずれ…みずからこの世を果たすまでに。ジゼルもウィリーのなかで…

白鳥の湖 [SWAN LAKE]

クラシック・バレエを代表する作品。初演は1877年モスクワ、ボリショイ劇場。振付はプティパとイワーノフ、音楽はチャイコフスキー、全4幕。
舞い降りた湖の岸で、ジークフリート王子がオデット姫と出会う。悪魔ロットバルトによって白鳥の姿に変えられた彼女…

愛の妙薬 [L'ELISIR D'AMORE]

1832年ミラノ、テアトロ・カノッビアーナ初演、作曲はドニゼッティ、全2幕。
村いちばんの娘アディーナに恋する純朴な青年ネモリーノ。いくら言っても、恋を見抜いてもらえない。ペルコーレは軍隊に入り…

ラ・トラヴィアータ [LA TRAVIATA]

1853年フェニーチェ劇場初演、作曲はヴェルディ、全3幕。
舞踏会で「道に咲いた花」の意味、パリの高級娼婦ヴィオレッタは、プロヴァンス出身の貴公子アルフレードに求愛され…

ロミオとジュリエット [ROMEO AND JULIET]

初演1938年モスクワ、ボリショイ劇場。1940年、キーロフバレエの本格的な…

セヴィリアの理髪師 [IL BARBIERE DI SIVIGLIA]

1816年ローマ、アルジェンティーナ劇場初演、作曲はロッシーニ…

ラ・ボエーム [LA BOHÈME]

1896年トリノ、王立劇場初演、作曲はプッチーニ、全4幕。

佐野成宏おススメの
オペラ

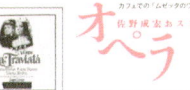

映画「トラヴィアータ 椿姫」（82）、マリア・カラスのオペラのキャラ…

ドン・キホーテ [DON QUIXOTE]

夢世界にあこがれて騎士道の時代に生きようとしたひとりの男の物語…

案内人おススメの
道成寺 [なるみ]

舞の動きに比重を置いた芝居ですが…

土蜘蛛 [つちぐも]

この作品を発祥とする「桜田御所」の舞踏組曲…

山村由美香おススメの
桜姫東文章 [さくらひめあずまぶんしょう]

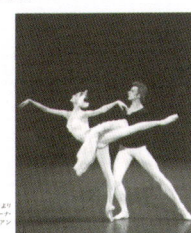

仮名手本忠臣蔵 [かなでほんちゅうしんぐら]

人形浄瑠璃の元々あった演目から…

加賀谷和おススメの
歌舞伎

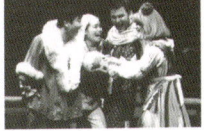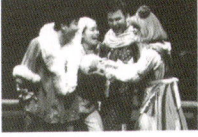

「子供のためのシェイクスピア『ロミオとジュリエット』」より

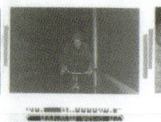
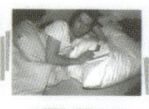
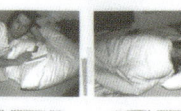
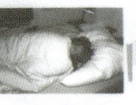
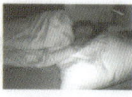
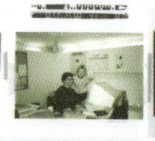
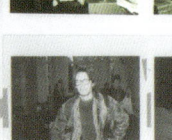
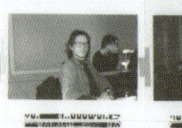

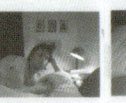
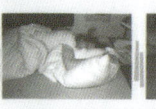
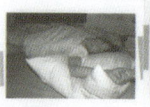
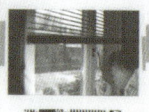
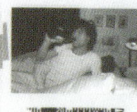
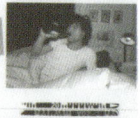
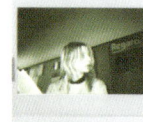
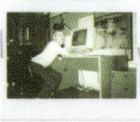
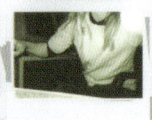
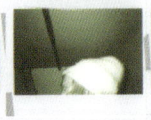
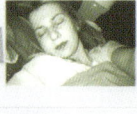
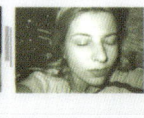
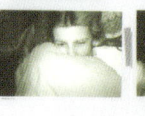
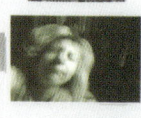
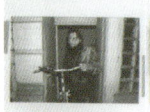
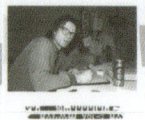
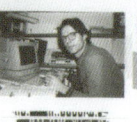
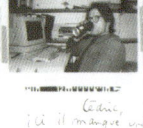
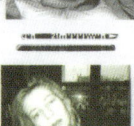
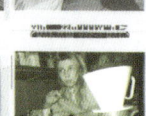
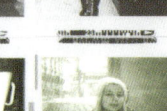
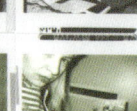

1

Spiel ohne Grenzen

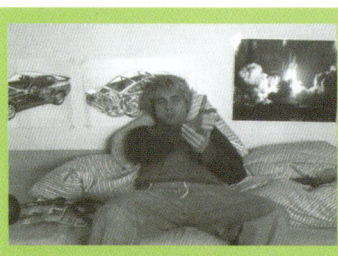

FALSCHER BEKENNER
D 2005. R, B: Christoph Hochhäusler.
K: Bernhard Keller. S: Stefan Stabenow.
M: Benedikt Schiefer. P: Heimatfilm.
D: Constantin von Jascheroff, Manfred
Zapatka, Victoria Trautmansdorff, Nora
von Waldstätten, Devid Striesow u.a.
90 Min. Piffl Medien
ab 18.5.06

AUTOR | OLIVER BAUMGARTEN

Das Kind im Mann

Neben der Spur

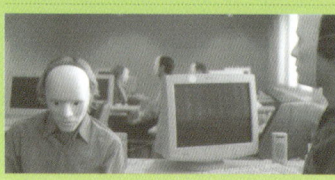

Zu Gast bei Freunden

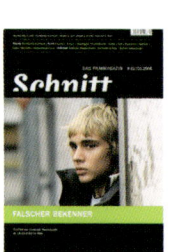
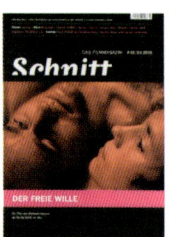

COLOR : ● Process Black, ● PANTONE 381, ● PANTONE Rhodamine Red
PAPER : Tauro Offset
Schnitt Filmmagazin
2C 297×210mm 2006年

CL：Schnitt Verlag   CD：Silke Luhmann / Rene Wynands   AD, D：Susanne Weiß Burkhard Heller   DF, S：Oktober Kommunikations design

1 02. 2006   2 03. 2006

INHALTSVERZEICHNIS

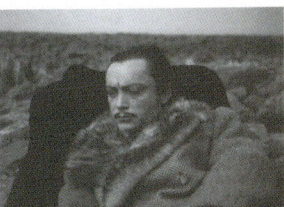

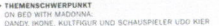
▸ **THEMENSCHWERPUNKT**
ON BED WITH MADONNA.
DANDY, IKONE, KULTFIGUR UND SCHAUSPIELER UDO KIER   **6**

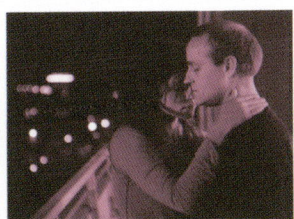

▸ **DREISCHNITT**
WO DIE LIEBE HINFÄLLT, DA TUT SIE WEH:
MATTHIAS GLASNERS *DER FREIE WILLE*   **36**

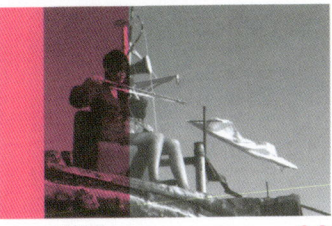
▸ **FILMKRITIKEN**
DA IST MUSIK DRIN:
HWAL – DER BOGEN UND ANDERE FILME   **38**

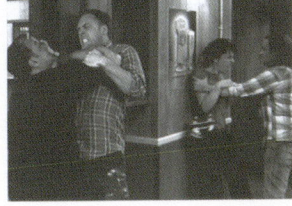
▸ **FESTIVAL**
EIN HAUEN UND STECHEN UM DIE BESTEN PLÄTZE: KURZFILME
IN OBERHAUSEN UND HAMBURG   **70**

Udo Kier und der Mainstream – das scheint auf den ersten Blick eine zweifelhafte, jedoch andauernde Ehe zu sein. Hinsichtlich der starken Präsenz der Figur Kier stellen sich bei deren Verwertung für das Blockbuster-Publikum naturgemäß zahlreiche Fragen nach der Ikonographie des Kult, der Wertigkeit des Trash und der Sehnsucht nach einem neuen Kinski, um nur einige zu nennen.

AUTOR | SASCHA SEILER

THEMA
WANDERER ZWISCHEN DEN WELTEN

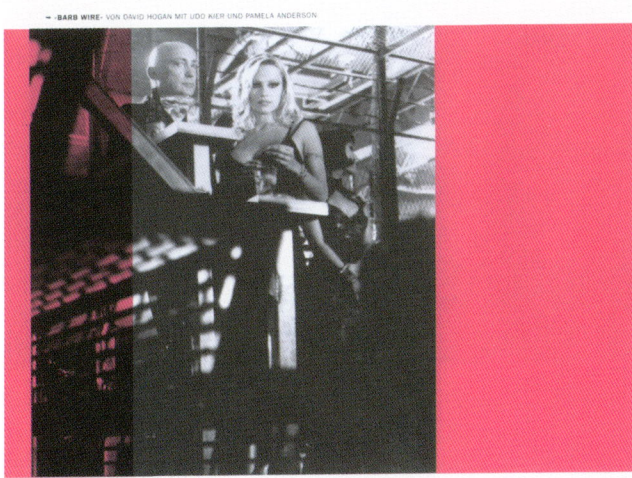
›BARB WIRE‹ VON DAVID HOGAN MIT UDO KIER UND PAMELA ANDERSON

1.

Die wechselhafte Karriere des Udo Kier umfaßt um die 200 Kino- und TV-Filme. Alleine im neuen Jahrtausend sind an die 50 hinzugekommen, darunter hoch angesehene Arbeiten mit Lars von Trier oder Rollen in ambitionierten deutschen Produktionen. Doch natürlich ist es unmöglich, bei bis zu 15 Filmen im Jahr die Qualitätskontrolle aufrechtzuerhalten, was sicherlich auch nicht das Ziel von Kiers künstlerischem Streben ist. Sein Mitwirken in eindeutig dem Trash zuzuordnenden Produktionen soll hier erst einmal außen vor gelassen werden, um die Konzentration nicht von der Mainstream-Pop-Ikone auf die Minderheiten-Pop-Ikone zu lenken, denn um erstere soll es hier gehen. Doch die Frage taucht auf: Bedingt nicht das eine das andere? Um dies zu beantworten, ist allerdings erst einmal ein Definitionsversuch von Pop nötig.

2.

Als Warhol-Schauspieler war der Pop für Udo Kier natürlich nie weit, doch der Pop hatte zu Warhols Zeiten noch eine andere, tiefergehende Bedeutung. Damals war Pop nämlich ein klar umgrenztes Feld, bei dem erst mehrere Faktoren übereinstimmen mußten, um das ultimative Zeitgeist-Gütesiegel zu bekommen. Pop war der Anspruch in der betonten Anspruchslosigkeit. Pop war, wenn der deutsche Lyriker Rolf Dieter Brinkmann seitenlang über Coca-Cola und die Fotzen aus der Werbung reflektierte und darüber, daß die Musik von Mick und Keith ja so sehr rockt, aber das alles ja irgendwie schon wieder belanglos ist, weil ja unumgänglich ein Teil des ganz schön tristen Alltags. Das war dann die deutsche Pop-Version des Nouveau Roman, der ja aus dem traditionell popfeindlichen Frankreich kam. Und Pop war – nicht nur für die Deutschen – eben auch ein Typ wie Udo Kier, der einem Nouveau Roman genauso entsprungen hätte sein können wie Warhols Factory, und irgendwie war er das ja auch alles.

Später, um von Kier noch mal kurz wegzukommen, diversifizierte sich die Popkultur immer mehr, und es entstand ein Mainstreammarkt, der alles, was aus dem subversiven Pop-Underground kam,

über kurz oder lang absorbierte, weil das nicht nur die neuen Regeln der Kunst, sondern schlicht und einfach die Regeln des Kapitalismus sind. Doch dieser Prozeß macht den Underground ja auch erst subversiv, denn er muß sich stets etwas Neues einfallen lassen, um nicht an Relevanz und vor allem an Credibility zu verlieren. Jedoch ist die Transportation nicht einfach und schmerzfrei, denn die adaptierte kulturelle Wirklichkeit unterscheidet sich doch recht radikal von der Wirklichkeit des Underground. Denn in der Scheinwelt des Mainstream-Pop wird alles geglättet und standardisiert, und vor allem bleibt wenig vom Ursprünglichen erhalten.

3.

Doch einige Schauspieler oder Musiker überleben den Transport, letztere häufiger als erstere. Man entkommt der so genannten ›Kultecke‹, obwohl man ja gerade für diese geschaffen wurde, bleibt aber trotzdem irgendwie da hängen. Steve Buscemi ist da eine Light-Version, Vincent Gallo hätte eine Hardcore-Version sein können, wäre er nicht unterwegs geisteskrank geworden. Aber Udo Kier ist der Real Deal, denn kein anderer Schauspieler schaffte es so spielend, das Böse, Bedrohliche, die Übersexualisierung und Perversion des

›Udo Kier ist es als einzigem gelungen, ein Image zu kreieren, das ihn transportabel macht, ja, seinen Transport in eine im Vergleich zum abgeschotteten Indie-Fetischtum offenere Mainstreamkultur eigentlich zur Pflicht macht.‹ ZITAT

60er Bohème-Undergrounds so herrlich zu transportieren. Ein weiterer Exkurs über diese oft vergessene Fin-de-Siècle-Stimmung in der Mitte des 20. Jahrhunderts wäre vonnöten, um den ursprünglichen Status des Udo Kier in einer internationalen Bohème-Community der späten 60er zu erklären, aber das ist ein gänzlich anderes Thema. Nur soviel: Es ist eine Mischung aus Trash-Glamour, dreckigem Sex, Homoerotik, Nazitum und Entdeckergeist, der den – vornehmlich New Yorker – Kunst-Underground regiert; man denke hier neben Warhol etwa noch an Lou Reed. Nico oder später dann an Klaus Nomi. Und eben an Udo Kier, dem es allerdings als einzigem gelungen ist, ein Image zu kreieren, das ihn transportabel

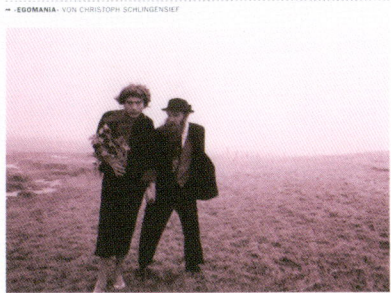
›EGOMANIA‹ VON CHRISTOPH SCHLINGENSIEF

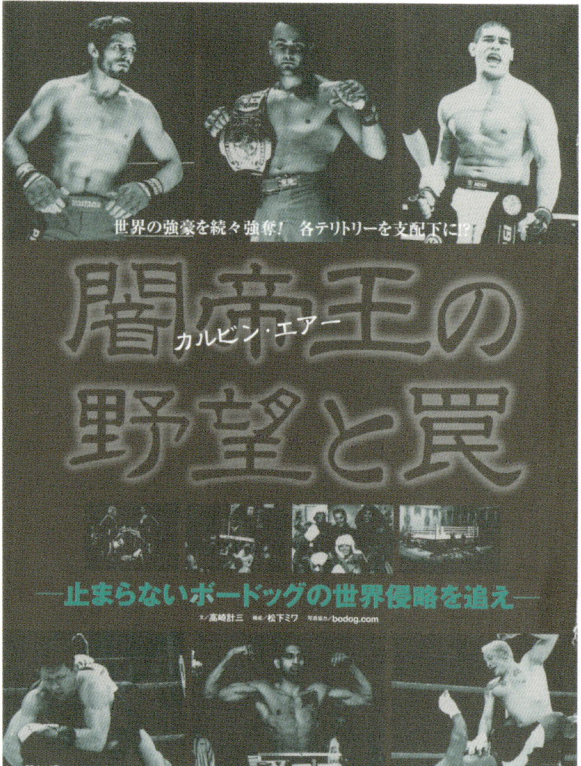

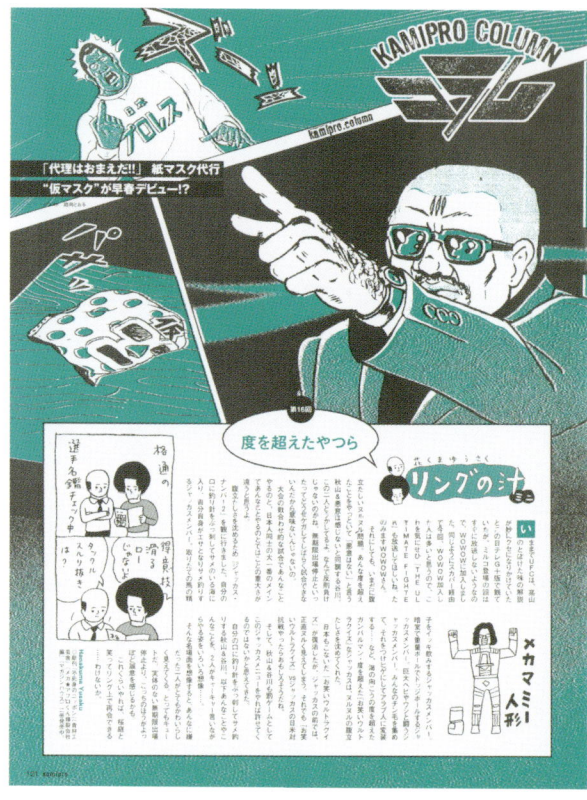

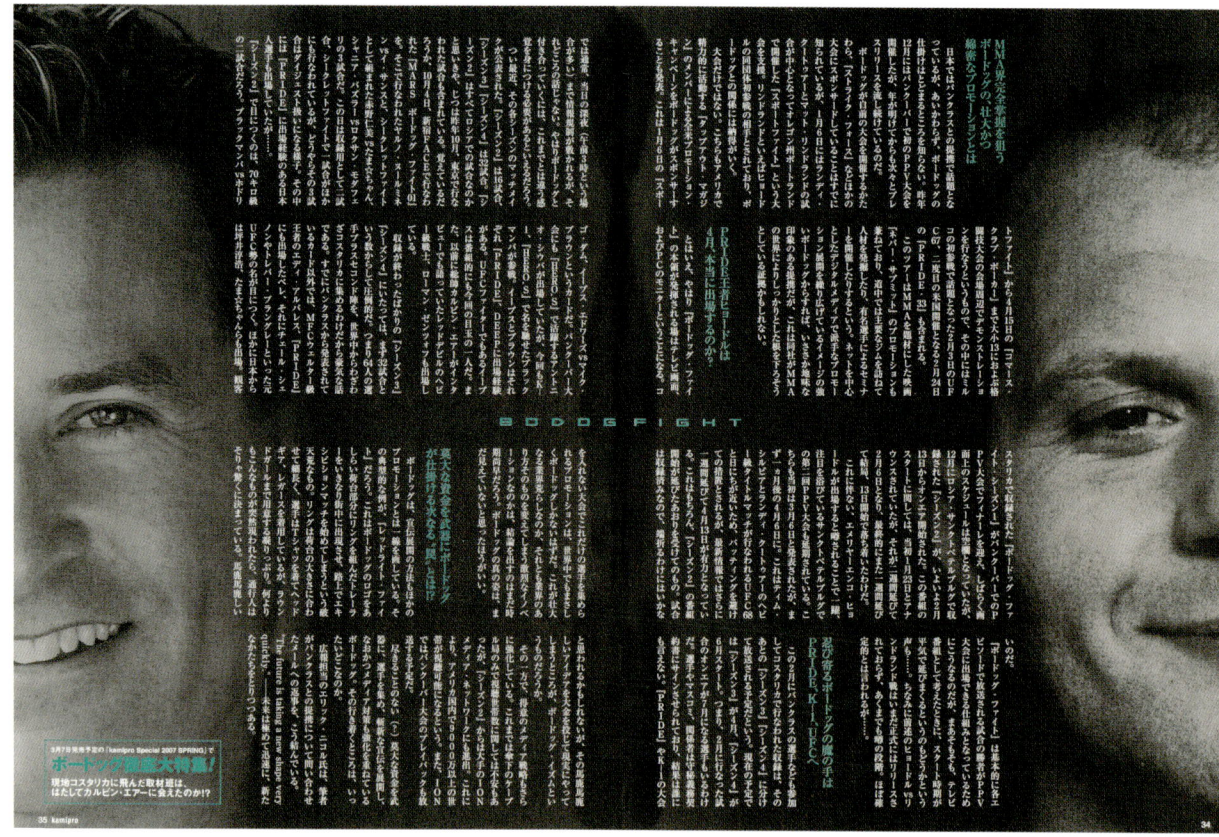

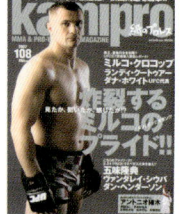

COLOR：● Process Black,　● DIC 133
PAPER：らふらんす　ひまわり

kamipro　No.108
4C / 2C / 1C　284×210mm　2007年

S, PB：エンターブレイン　AD：金井ヒサくん　D：松坂マツくん / 白木しらき　I：師岡とおる　DF：Two Three

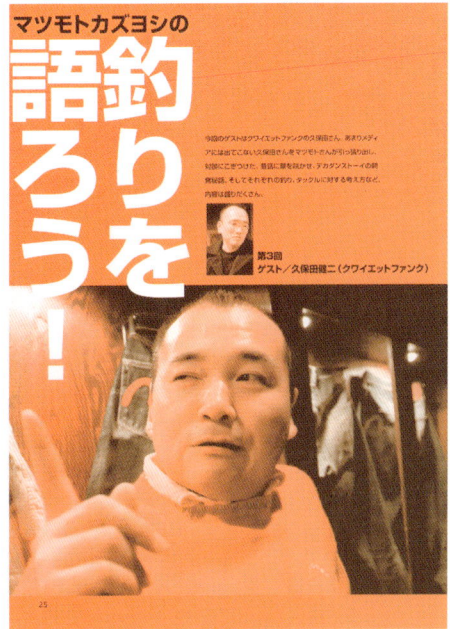

マツモトカズヨシの

釣りを語ろう！

第3回 ゲスト／久保田晴二（クワイエットファンク）

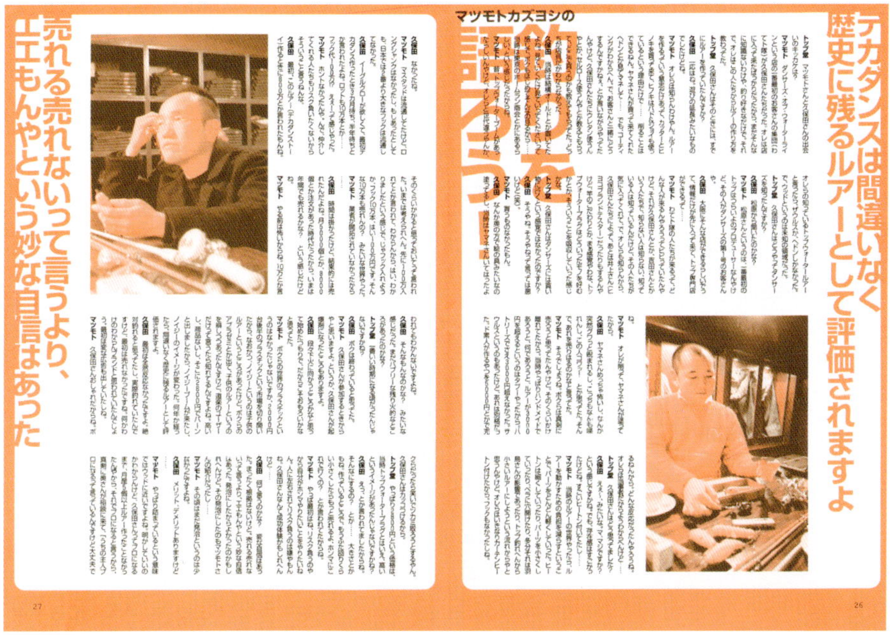

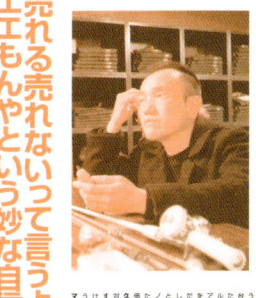

売れる売れないって言うより、工工もんやという妙な自信はあった

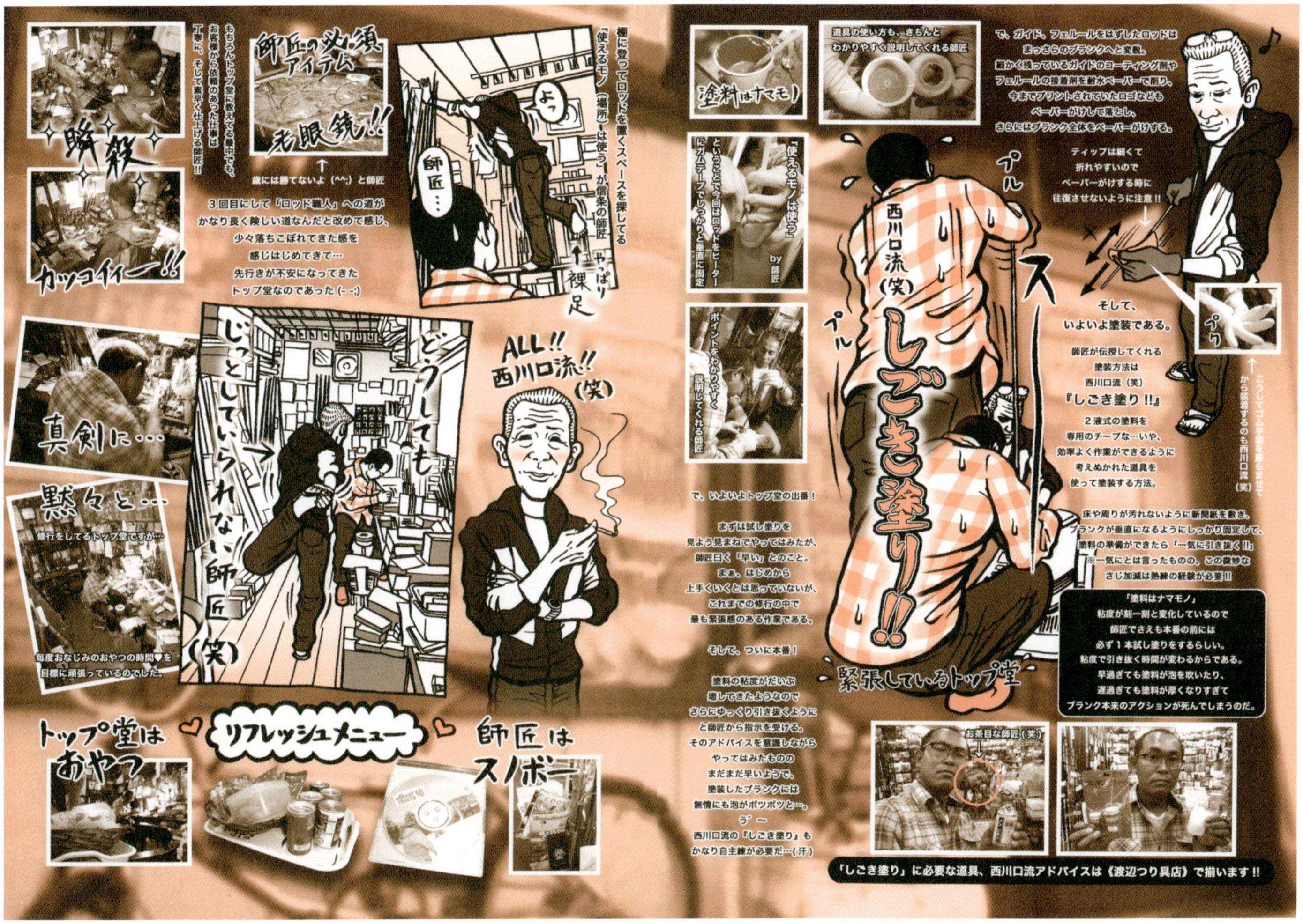

デカダンスは間違いなく歴史に残るルアーとして評価されますよ

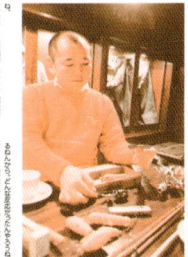

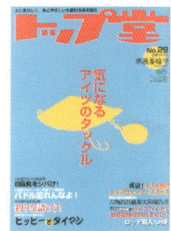

COLOR：● Process Black,　● DIC 566
PAPER：らふらんす

トップ堂 No.29

4C / 2C / 1C　297×210mm　2007年

S, PB：椎出版社　AD：ヒラヤマユウジ　D：前川百合恵　I：岡田寿一　E：江波戸博　DF：U-FACTORY

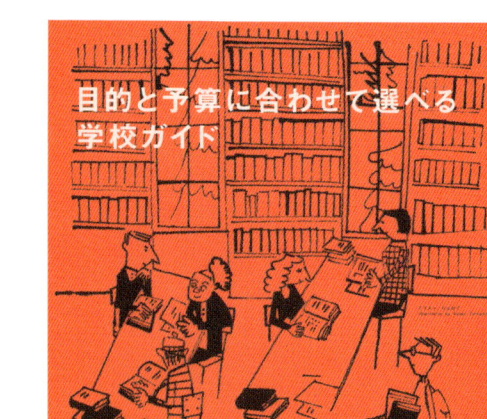
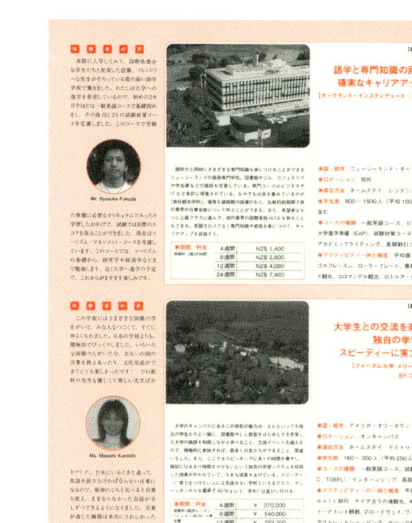
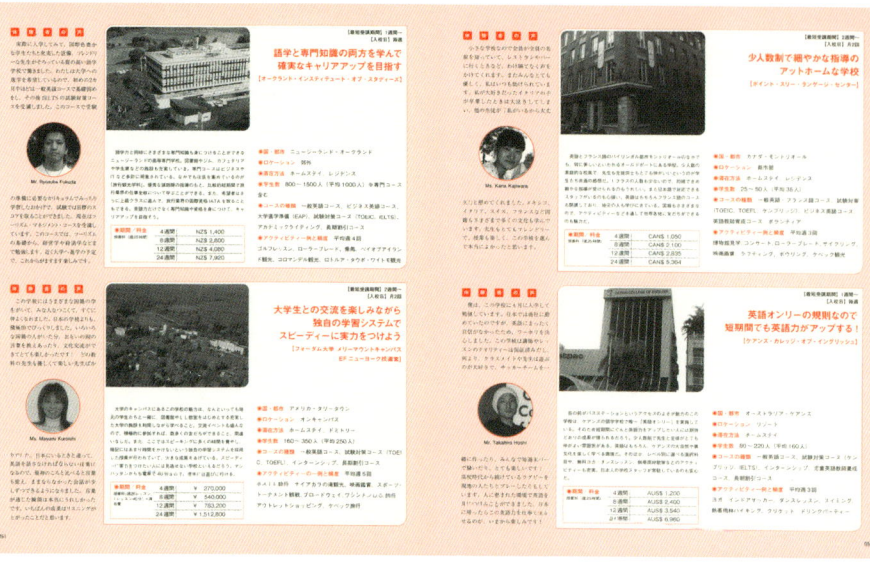

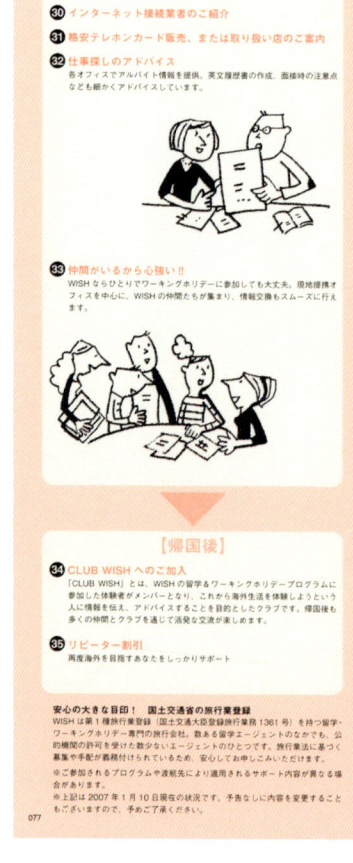
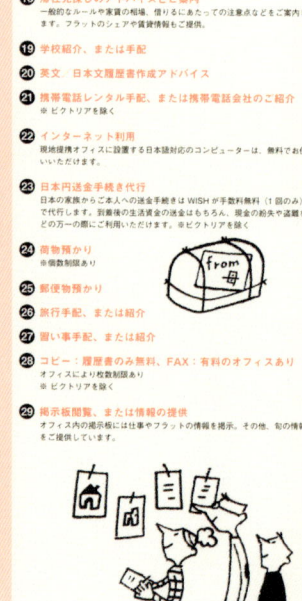
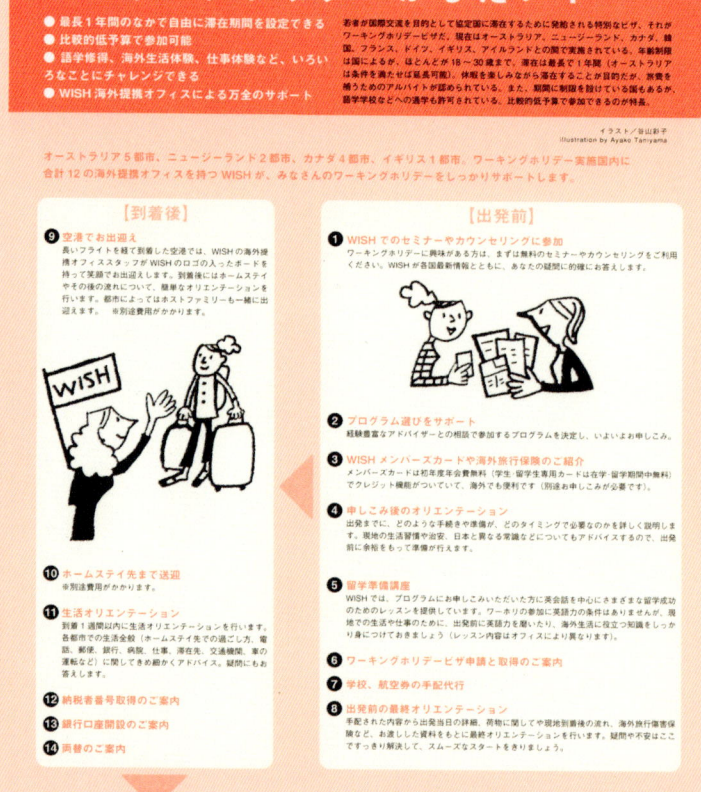

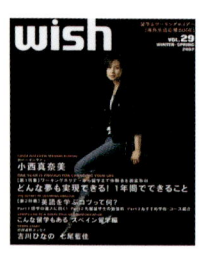

COLOR：●Process Black, ●DIC 594
PAPER：ハイランドタフ

wish Vol.29

4C / 2C　257×210mm　2007年

PB：幻冬舎　S：ウィッシュインターナショナル　AD：櫻井浩　D：岩田伸昭 / 三瓶可南子　I：谷山彩子　DF：⑥Design　E：藤原将子 / 能勢亜希子

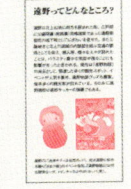
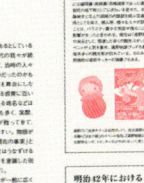

旅を読む Traveler's Check

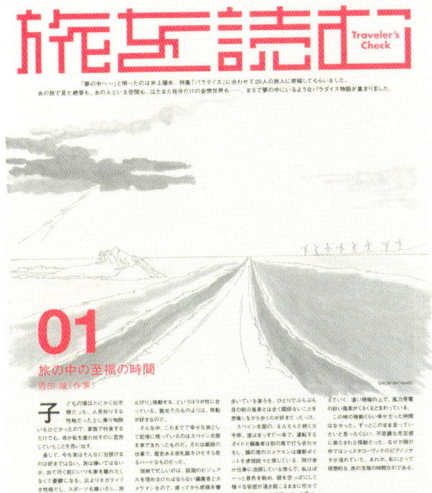

01
旅の中の至福の時間
浅田 次郎（作家）

子どもの頃はともかく、いつもう少し前に現地に行ったり...

オカルティック JAPAN!

連載 Vol.8
日本一、民話が似合う町
岩手・遠野物語を歩く

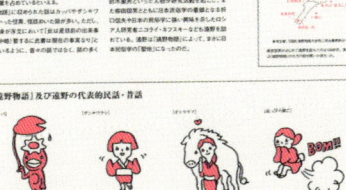
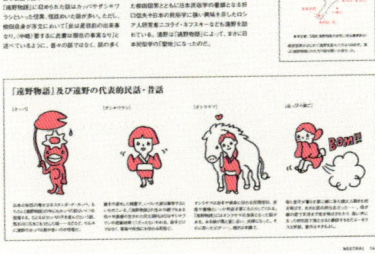

日々を旅する旅人よ
楽園は自分の中にある
Caravan（シンガーソングライター）

喜

06

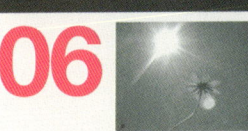
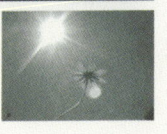

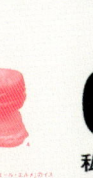

07
私を魅了し続ける
スイーツの甘〜い誘惑
小林かなえ（ラ・プティ・シェリー主宰）

はじめてパリを訪れたのは

わぁ、パラダイス！
シューベルト綾（冒険好きのヤングママ）

想

08

09
記憶がいつの間にか
パラダイスになるってことも
前田司郎（劇作家・演出家）

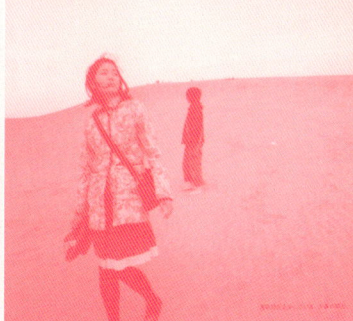

僕は靴とカバンとカメラば

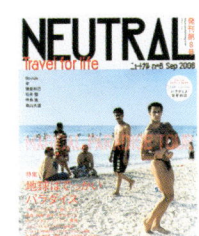

NEUTRAL
Travel for life

COLOR： ⚫Process Black，　🔴PANTONE 239
NEUTRAL　No.8
4C / 2C　270×210mm　2006年

PB：白夜書房　DF，S：スープ・デザイン　AD：尾原史和　D：川田 椋 / 中村未里 / 渡辺潤

Cross culture city/the prospect of Tokyo
1970年代サブカルチャーと東京

text:Koichi Yamazaki(P.84-91) Noriko Kanda(P.92-95) photography:Noriko Kanda

現在の東京のサブカルチャーは1960〜70年代がルーツなのではないだろうか。
多くのセレクトショップがこの時期にスタートし、またパルコやラフォーレ原宿などの
ファッション・ビル、そして東急ハンズもこの時期にオープンしている。
今の雑誌の基本形となったアンアン、ポパイ、ロッキング・オンの創刊もこの時期だ。
約40年前、東京にどんな変化があったのだろう。

The roots of the subculture in Tokyo as we know it today are probably the '60s〜'70s.
Many select shops started in this period, also fashion buildings like PARCO and Laforet HARAJUKU,
and TOKYU HANDS opened in this time. It was in this period that the magazines
that are the fundamental form of the present day such as an・an, POPEYE and rockin' on
were first published. About 40 years ago what kinds of changes were there in Tokyo?

'70s

How do you think about TOKYO?
……東京に関する外国人アンケート

1.あなたの東京のイメージは？
What is your impression of Tokyo?

2.あなたにとって、東京を象徴する物・場所・建物・人は何か。
Are there any people, buildings or specific places that symbolize Tokyo for you?

3.典型的な東京人はどんな人だと思うか？ 答えは体験でも、空想でもかまわない。
What is a typical Tokyoite like? Either your imagination or real encounter is ok.

4.東京で最も気になっている物・人・物事は何か。東京ではなく日本で答えてもよい。
What are the things or people in Tokyo/Japan that you are most curious about?

5.あなたの、あなたの仕事の中で、東京、または日本から刺激を受けたり、興味をもったりしたことがあるか。
あるとしたら、それは何が、また、それを具体的にどのように仕事に反映させているか。
Has your work been influenced or inspired by Tokyo/Japan? If so, what are those things or episodes in particular & how are they reflected in your work?

6.あなたの日常生活の中で、東京、または日本から刺激を受けたり、興味をもったりしたことがあるか。あるとしたら、それは何か、
また、それを具体的にどのようにライフスタイルに反映させているか。
Has your daily life been influenced by Tokyo/Japan? If so, what are those things or episodes in particular & how are they reflected in your lifestyle?

7.東京に来たら、してみたいこと、行ってみたい場所、買いたいものは何か。
If you have a chance to visit Tokyo, what would you like to do, where would you like to go and what would you like to buy?

8.東京について、知りたいこと、教えてほしいことはあるか。あったら、教えてほしい。
What in particular would you like to know about Tokyo?

9.最後に、未来に東京がどんな都市になったらおもしろいと思うか。現実的でも空想でもかまわないので教えてほしい。
Finally, how would you like Tokyo to be in the future? Either your imagination or the Tokyo you want it to be in reality is ok.

Greg Shewchuk
Nationality,Country of residence / USA
Profession / Writer, Graphic Designer
Brief profile / "Scientist, poet, patriot"
www.sakebomb.com

1. It is quiet and peaceful for me, despite the crowds and craziness. I feel very at home there. Like maybe I lived there a long time ago?
When I am away, I think most about the food. I like riding bikes there.

人混みや騒がしさを感じながらも、静かで平和な感じもある。アットホームな感じ。それは僕が長い間住んでいたことがあるせい？ 離れてからは、食べ物のことばかり考えている。自転車に乗るのも好きだった。

2. Yoyogi park. Shibuya crossing. Omote-Sando. Some Bar and Milli Bar. Ramen shops, rotating sushi, yakitori, yakiniku, fresh fish.Giant Sapporos from beer couchmen used to be familiar to me, but I cut back on that. Skateboarding in the park and bombing the hills around Shibuya has given me my most visceral memories of Tokyo.

代々木公園、渋谷ハチ公前交差点、表参道。Some バーとMilli バー。ラーメン屋、回転寿司、焼き鳥、焼肉、新鮮な魚、自動販売機の大きなサッポロビールが缶を愛飲していたけれど量を減らしたこと。公園でスケートボードをしたり、渋谷近辺の坂でスピードを出して楽しんだりしたことが何よりより思い出深い。

3. Very cool, in my experience. Both as a person, and personal steez. People always surprise me there, young and old.I feel like it is easy to make friends. But it's also hard to know what people are thinking.I've been lucky to know some really nice people, who introduce me to other nice people, and so on.

とてもかっこいい。個人的にも、ひとりの大人としても。若い人からも年配の方からも、常に驚きを受けていた。すぐに友達になれるけれど、しかし、本心がわかりにくいとも思う。僕は何人かのとても優しい人に出会うことができ、そこからまた優しい人々に紹介され、つながることができて幸いだった。

4. I'd like to know what the Samurai have been up to. I'd like to meet some Zen masters.
侍はどうなったか知りたい。禅マスターに会ってみたい。

5. I went to Tokyo a lot between 97 and 2000. I was "working", but it was just a friend and mine's internet company, so we mostly just partied and wandered around. We shared an office with designer Miyuki Heritona in Setagaya. I was drinking a lot, skateboarding, surfing, and I discovered that psychedelic mushrooms were for sale on the streets. I was really exploring and up for adventure. So I went on many profound trips, at different times of year, and interacted with lots of amazing people. I was influenced by a lot of music, fashion, design, and life energy at that point. I remember most a crazy drunken night during the Cherry Blossom festival, skating Yoyogi park at sundown on mushrooms in the fall, riding out an earthquake in an underground club, seeing Droop play at Milk on Halloween,learning to surf in Kamakura... There was a Samurai house by my office where I would ride my bike and pay a visit sit in silence and watch it rain. All of these experiences changed me as a person, and have influenced my work. It was always a deep spiritual immersion when I went to Tokyo. I think partly because I was so foreign and didn't understand the language, so I got to be very quiet and disappear and reconsider the world from a new perspective. It is impossible to say how this has reflected exactly, but there is a poetic, tragi-comic, weightlessness that I always felt in Tokyo, and I like to think it continues to resonate with my spirit.

1997年から2000年にかけて、東京によく行った。仕事をしていたが、友人と僕2人だけの関連会社だったから、ぶらぶらしたり、宴会をしたりしていた。世田谷でデザイナーと事務所をシェアしていた。よく飲んで、スケートボードやサーフィンをし、そしてサイケデリックマッシュルームが街に売られていることも知った。本当にいろんな発見や冒険があった。年に何回か旅に出て、素晴らしい人たちとの交流も生まれた。今でもよく覚えているのは、桜のシーズンの夜に酔って代々木公園でスケートボードをしたこと、地下にあるクラブで地震を経験したこと、ハロウィーンの時にクラブで演奏を見たこと、鎌倉でサーフィンを買ったことなど。事務所の近くに侍の家があって、よく自転車で訪ね、共に静かに座って雨を眺めた。こういった経験が僕自身を変えたし、仕事にも影響した。東京に行くことは、精神の旅のような深いものだった。言葉がわからない外国人であったため、世界を静かに新しい観点から見たためだったかもしれない。うまく言えないが、常に詩人的で、悲劇的で喜劇的で、無重力状態のように思いついていた。これらが今後も僕の精神に反映し続けるだろうと思いたい。

6. I food shop at Yaochan sometimes.
時々、八百半のフードショップで

7. The next time I go to Tokyo I will bring my wife. I want to ride the trains with her and eat ice cream and sing karaoke. I'd also like to get out of the city and go travel the countryside a bit.Of course we'll buy lots of cool clothes and socks. I'd like to hit up Muji, and the stores in Harajuku. I also always wanted to buy a Wu Tang medallion on the streets, but never did. I wish I had. I see one of these the streets this time I'm buying it for sure.

今度東京に行く時には妻を連れて行きたい。彼女と電車に乗って、アイスクリームを食べたり、カラオケに行ったりしたい。また東京を離れ、田舎に行ってみたい。もちろん、クールな洋服や靴下もたくさん買いたい。Mujiショップと原宿のお店も行きたい。以前僕は街のWu Tangのメダルを買いたかったのですが、結局買わなかった。買えばよかった。次回も見かけたら絶対買う。

8. How many skateboarders' Best famous shop?
スケートボーダーは何人いる？ ベストラーメンショップはどこ？

9. I'd like to see more skateboarders.I think the Samurai spirit is very evident in skateboarding, and I'd like to explore the connection there. I'd like to see more skateparks, hidden away in the woods like temples or dojos. But everything else about Tokyo I like pretty fine already.

スケートボーダーを増やしてほしい。スケートボードをすることによって、侍精神がよくわかると僕は思う。その関係を調べてみたい。スケート用の公園を増やしてほしい。森にある寺や道場を増やしてほしい。現在、東京にあるものにもう満足しているのだけれど。

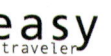
easy traveler
feature…
TOKYO/future history

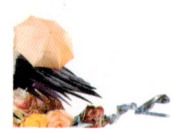

COLOR：● Process Black
PAPER：らふらんす

easy traveler Vol.15
4C / 1C 257×182mm 2006年

S, PB：easy workers AD：稲葉純一 CD, E：神田典子

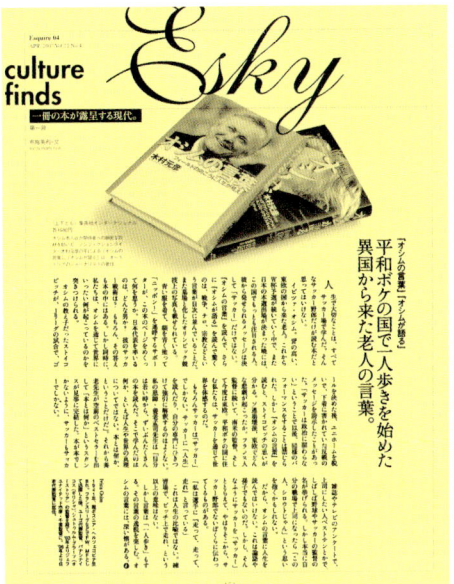

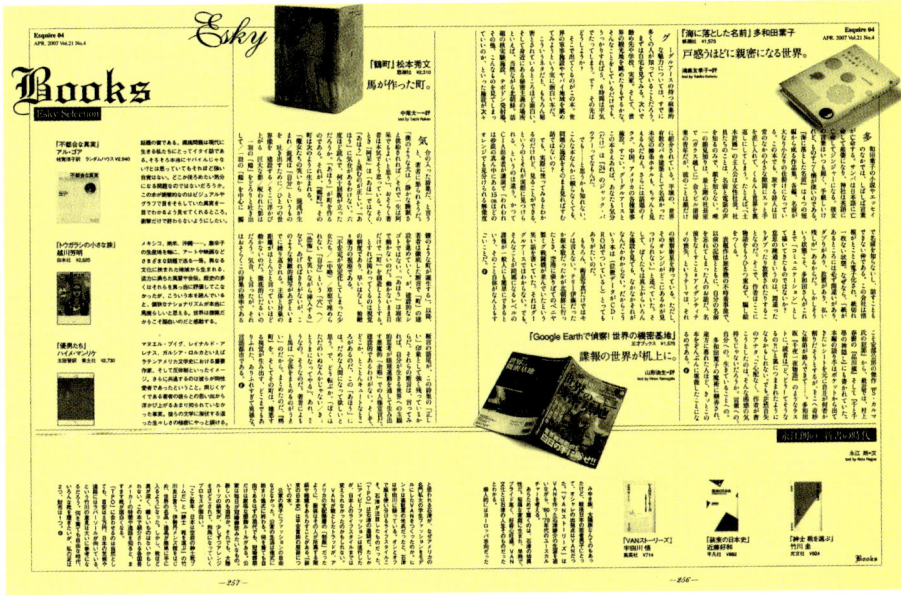

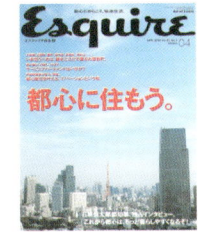

COLOR: ● Process Black, ● Process Yellow 60%
PAPER: Tバルーニナチュラル

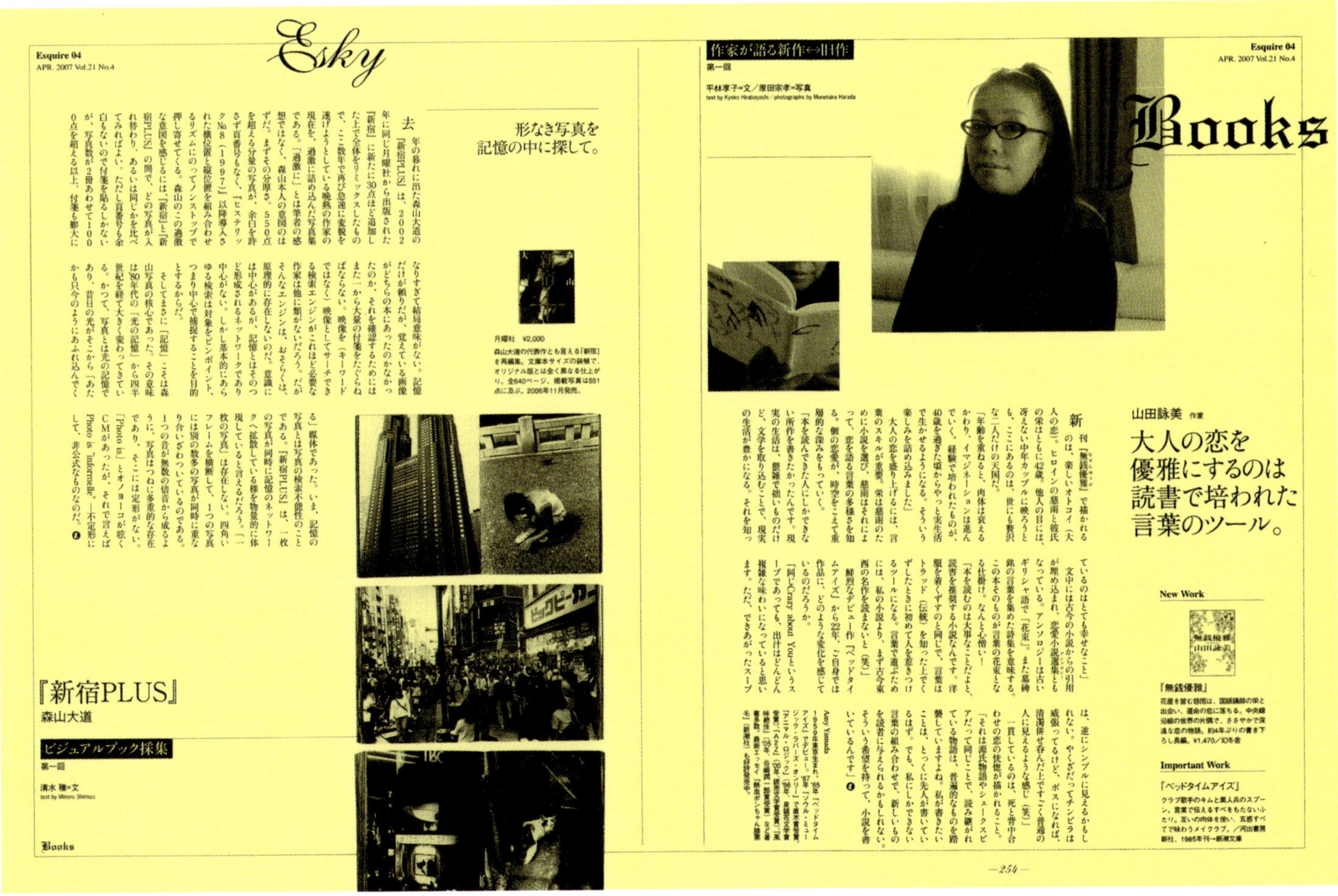

エスクァイア日本版 2007年4月号

4C／1C　274×210mm　2007年

S, PB：エスクァイア マガジン ジャパン　AD：桜井 久　DF：櫻井事務所

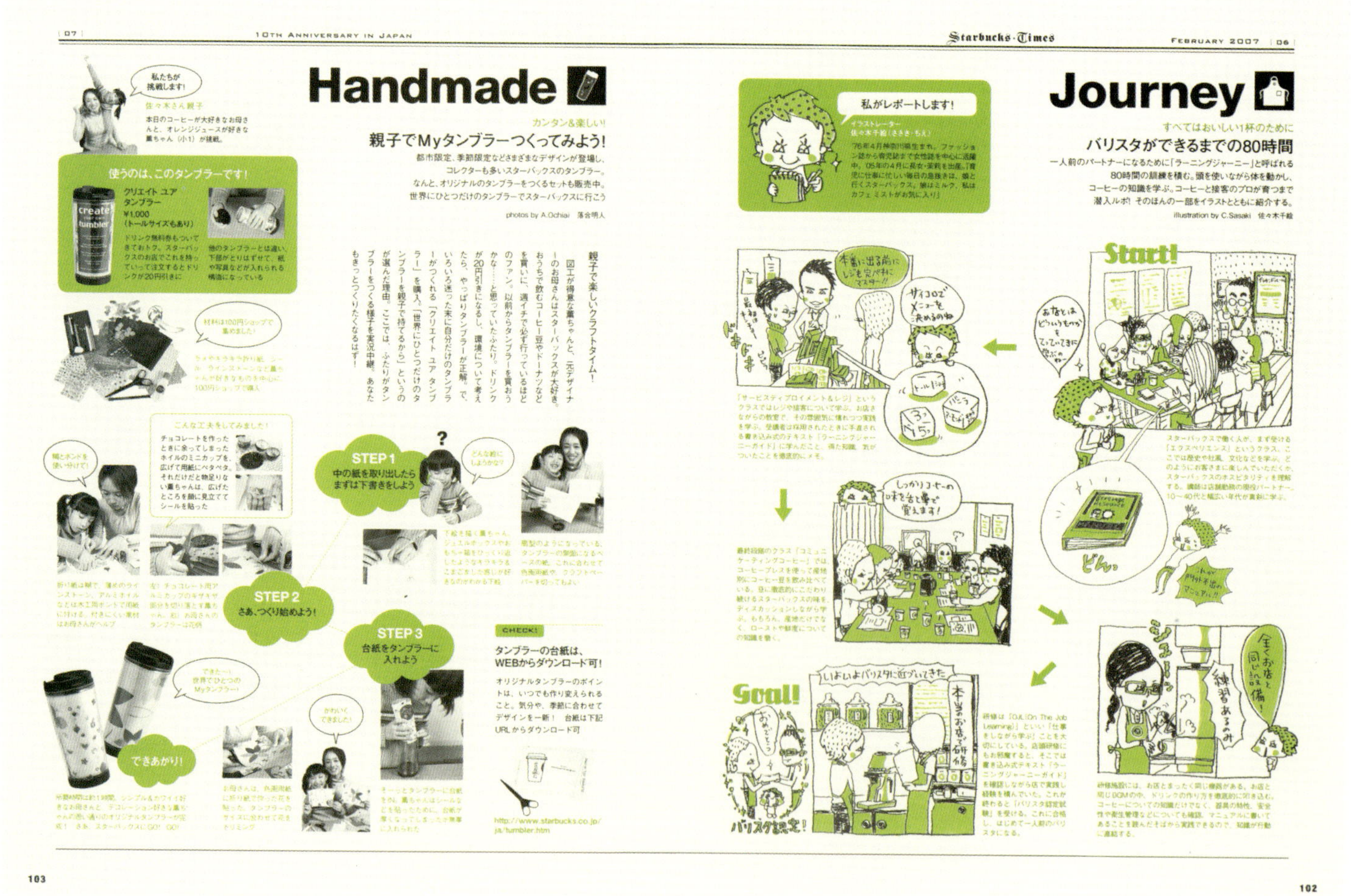

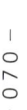

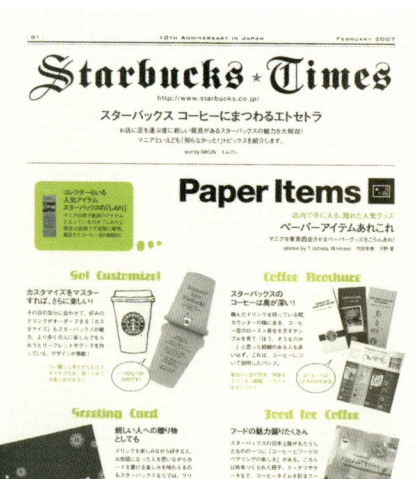

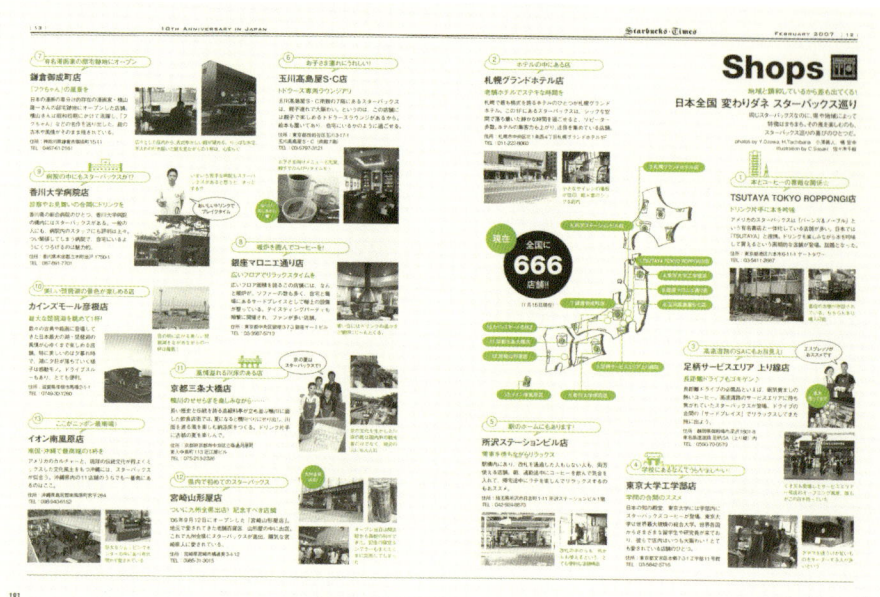

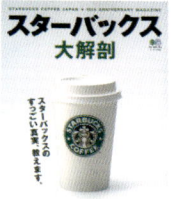

COLOR : ● DIC F220, ● DIC F24
PAPER : オペラクリームゼウス

スターバックス大解剖
4C／2C　285×210mm　2007年

CL, S：枻出版社　CD：保坂英孝　AD：高橋佐和子　D：濱田真二郎／角晴子／田中祥子　I：佐々木千絵　E：山本実　DF：ピークス

Quiz

あなたはいくつ正解できる？
スターバックス クイズ10本勝負！

毎日通っていても、いつも何か新しい、そんなスターバックス。
ヘビーユーザー＆長年のファンであれども未知なる部分が沢山！
ここではスターバックスにまつわるクイズを出題しよう。

Illustration by M.Ohsako　大迫緑

お待たせしました！！
10周年記念WEBサイトで行った
クイズの答えを発表します！！

Question 1

10年前、日本のスターバックスで
はじめて注文されたメニューは「ショートラテ」だった。

正解は「ダブルトールラテ」。通常約30mlのエスプレッソの量を
ダブルトールにすることを知っているなんて、かなりのツウ！ ア
メリカで'71年に創業したスターバックスが日本に上陸する
まで25年。それをずっと待っていた人かも……。

Double
Tall Latte

No!

Question 2

Yes!

エスプレッソを通常より少なく
抽出するカスタマイズを「リストレット」と呼ぶ

イタリア語で「制限」を意味するリストレット。最初の10
数秒のみ抽出された、甘めの濃厚エスプレッソを使ったちょっと贅沢な気分のカスタマイズ。もちろん、エスプレッソとリストレットをぜひお店で飲み比べてみたい。

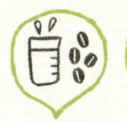 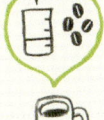

Espresso　　Ristretto

Question 3

No!

お馴染み、サイレンの描かれたグリーンロゴは現在2代目である。

小説「白鯨」に登場する一等航海士スターバックの名が社名の由来のひとつ。ロゴには起源いる魅惑する人魚・サイレンが描かれている。初代は'71年の創業当時〜、2代目は'87年〜、3代目は'92年〜現在の3代目。

Question 4

Yes!

日本上陸10周年を記念して、
「パイクプレイス ブレンド」が販売されているが、
この豆が米国1号店・パイクプレイス店以外で
販売されるのは今回がはじめてのことである。

10周年を記念して、日本で「Pike Place Blend」（パイクプレイスブレンド）が販売されたが、その名の通り、アメリカの第1号店であるパイクプレイス店舗限定の豆だった。この店以外での販売は、全世界中で今回がはじめて。

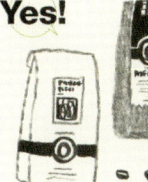 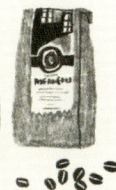

Question 5

Yes!

グランデサイズのカップに入っているドリンクの
量は、ショートサイズのちょうど2杯分である。

たっぷり、そして心ゆくまでスターバックスのドリンクを楽しみたいときに注文するグランデサイズ。その量はショートサイズの2倍。ちなみにそれぞれの量はShort 240ml、Tall 360ml、Grande 480ml、Venti® 590ml。

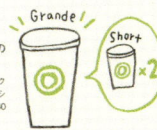

Grande　Short ×2

Question 6

No!

スターバックスでは店頭で開封後
10日以上たった豆は使用しない。

コーヒー豆を開封後、1週間以上経った豆は使用しないというスターバックス コーヒー。空気に触れる行為が鮮度を左右するからこそ、1週間以上たった豆は一切使用しない徹底した味へのこだわりがわかる。

Question 7

店内にはダスター（布巾）が
4種類あり、それぞれに用途が違う。

青はカップなど人が口をつけるもの、緑はテーブルなど食べ物をのせるもの、白はスチームノズル、ピンクはソイミルクのノズル、そして黄色はプレミアム ホットチョコレートをこそぐ時のノズルなど用途に応じ5種類のダスターを使い分けている。

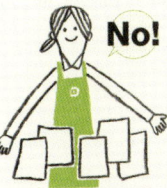

Five Dusters

Question 8

Yes!

パートナーが身に着けているグリーンエプロン。
実はブラックエプロンの人もいる。

パートナーのエプロンの色は、グリーンが目立つが、実はブラックの人もいる。ブラックエプロンは、コーヒーの香り、特性、文化などを知りつくし、試験をパスしたパートナー「コーヒーマスター」のみが身につけられる。

Black Apron

Question 9

No!

スターバックスは現在、
全国47都道府県すべてに
出店している。

全国で見かけるようになった、スターバックスの緑のシェード。自分の故郷にスターバックスができると、なんとなく嬉しい……という人は多いが、現在、スターバックスは41都道府県に出店中。日本全国に出店が完了する日も近い！？

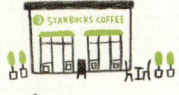

Question 10

Yes!

タンブラーを持参すると、
注文するドリンクが一律
20円割引になる。

なんと、スターバックスのタンブラーだけでなく、どのタンブラーでも割引してくれるという嬉しいサービス。環境保護のためにも、お財布のためにも、スターバックスでドリンクを楽しむときはマイタンブラーがおススメ。

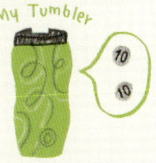

My Tumbler

107　106

Coffee Seminar

おうちでおいしいコーヒーが飲みたい！
コーヒーセミナーのすすめ

スターバックスの味を自宅でも味わいたい。
コーヒーの奥深い世界を知りたい。
そのすべてに応えてくれるのがコーヒーセミナー！

photos by J.Arata、H.Tachibana、M.Iwasaki アラタジュン、橘宏幸、岩崎知明

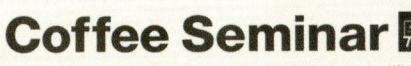

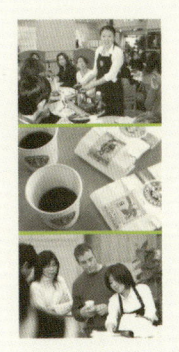

私たちが　　教えます！！

中級編 Level-2

初級編より深く、そしてフードペアリング

スターバックスのコーヒーをさらに楽しむために、フードペアリングを探求している。コーヒーとフードの相乗効果でお互いが引き立てあることが、主に学べる中級クラス。きっと自分だけのフードペアリングが見つかるはず。そのほかにもコーヒーをおいしく入れる4つの基本や、豆を挽く器具、豆の挽き具合についても教えてくれる。

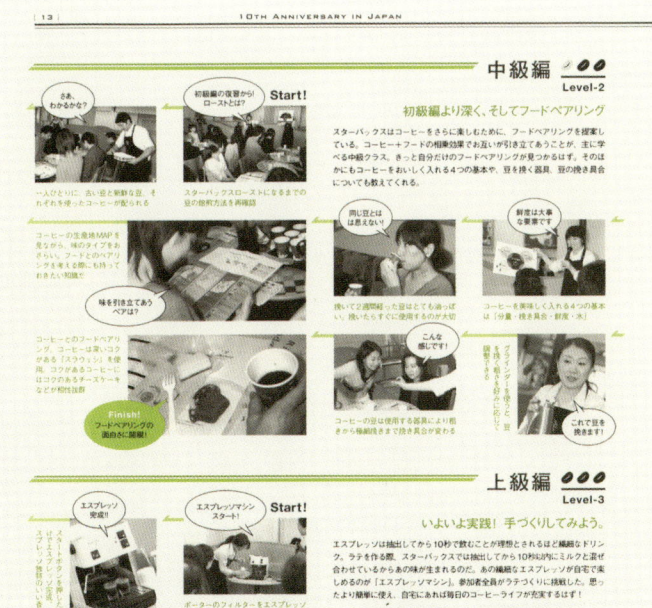

上級編 Level-3

いよいよ実践！ 手づくりしてみよう。

エスプレッソは抽出してから10秒で飲むことが理想とされるよど繊細なドリンク。テキを作る際、スターバックスでは抽出してから10秒以内にミルクと混ぜ合わせているからお茶の味が生まれるのだ。あの繊細なエスプレッソを自宅で楽しめるのが「エスプレッソマシン」。思ったより簡単に使え、自宅にあれば毎日のコーヒーライフが充実するはず！

初級編 Level-1

背景を知り深まるコーヒーの世界

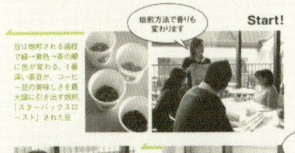
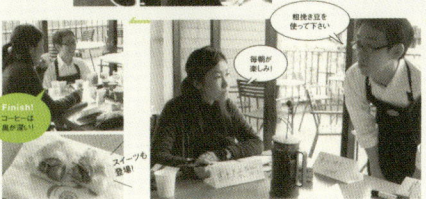 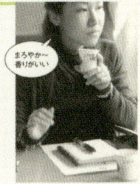

109　108

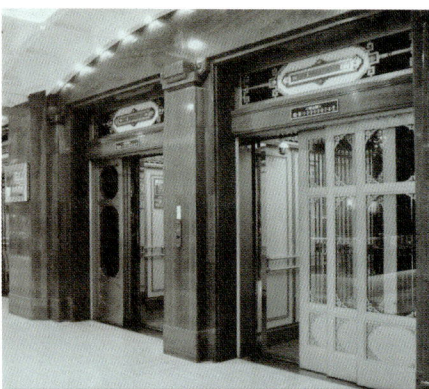

ELEVATOR iN AcTION
エレベーター・イン・アクション

カゴと呼ばれる小さな空間に乗り込んで数十秒、心音よりGを味わいつつこのから一瞬に垂直移動し、どこでもドアの機能を持ちながらも、エレベーターにより人類はすべての垂直体験を手に入れた。矢吹ガネに自由にランダムアクセスしつつ、脚が動くまでではすべて自由な移動！身近すぎたちゃんと考えたこともなかったエレベーターのこと、もっとしっかり掘ってみる！

text dan-uskh　photo momoko japan

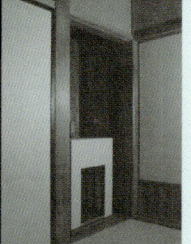

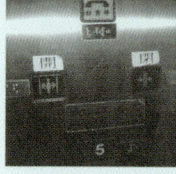

ThiNKiNG of EleVAtor

「茶室とエレベーター」

「開閉問題」

MOVie GuiDe for eleVAtor LoVers
エレベーターをより深く知るための映画ガイド

「死刑台のエレベーター」(1957)

「黒魔の密室」(1963)

「ダイ・ハード」(1988)

「チャーリーとチョコレート工場」(2005)

「インファナルアフェア」(2002)

「シャイニング」(1980)

「トゥルーライズ」(1994)

ELEVATOR iN AcTION

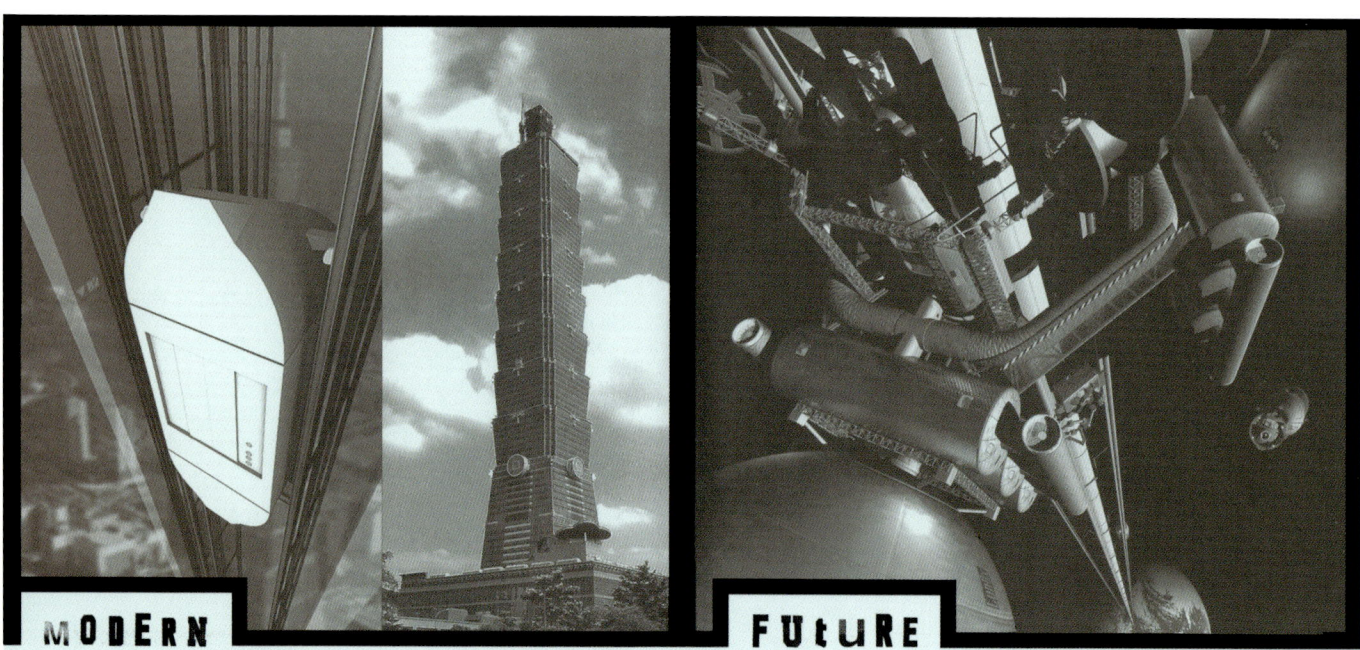

MODERN

FUtuRE

ELEVATOR iN AcTION

世界最速＠台北

今日編 最高速とエレベーター

軌道エレベーター

明日編 宇宙とエレベーター

画像提供 東芝エレベータ　7 4

画像提供 NASA　7 5

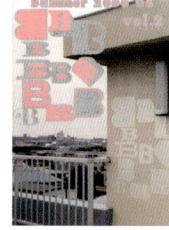

COLOR： ⬦ Process Black
PAPER： 色上質浅黄

B　Vol.2

4C / 1C　257×182mm　2006年

PB, S：BEAMS　AD, CD：松本弦人　E：中島敏子（マガジンハウス）

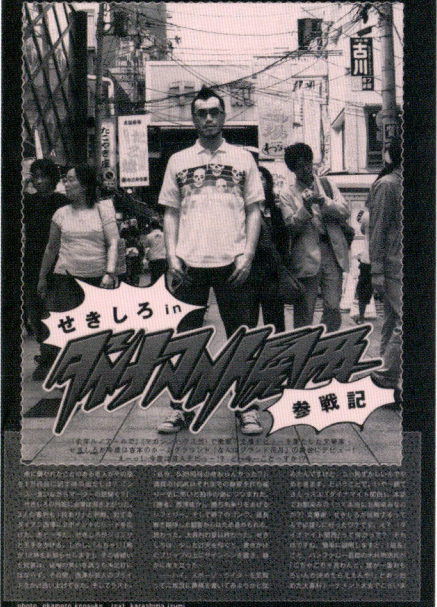

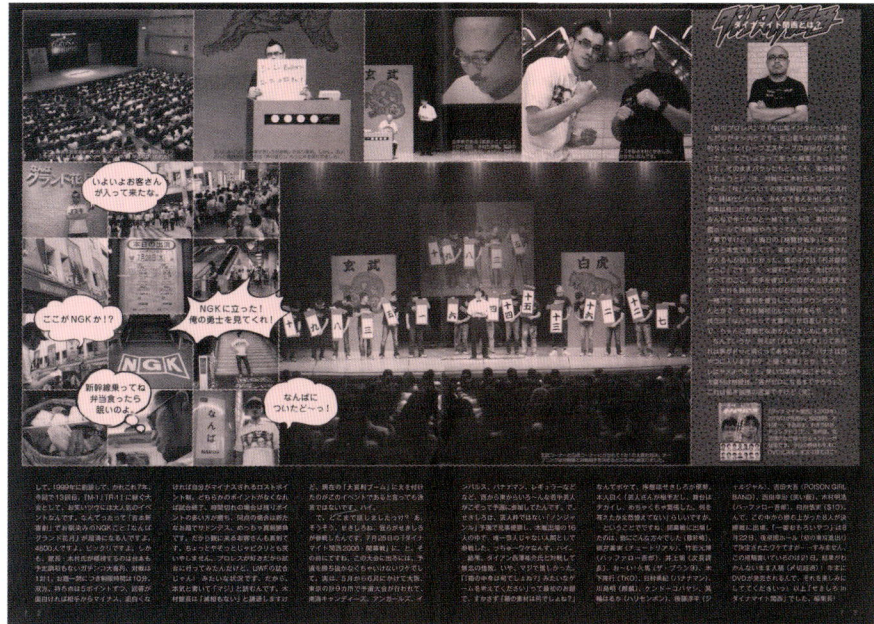

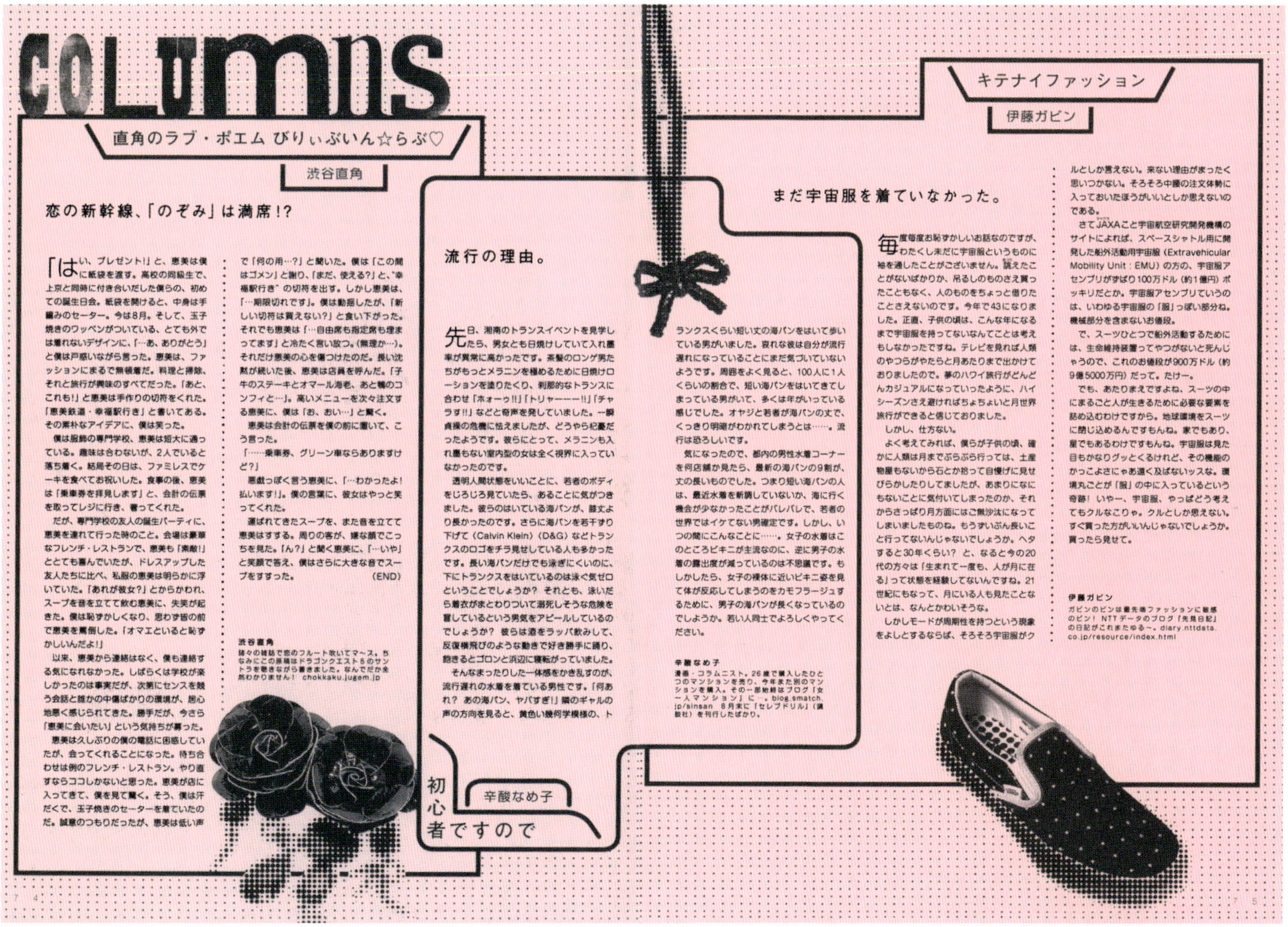

せきしろ in 参戦記

photo okamoto kenosuke　text karashima izumi

COLUMNS

直角のラブ・ポエム びりぃぶいん☆らぶ♡
渋谷直角

恋の新幹線、「のぞみ」は満席!?

「はい、プレゼント」と、恵美は僕に紙袋を渡した。高校の同級生で、上京と同時に付き合いだした僕らの、初めての誕生日会。眠気を開ける、中身は手編みのセーター。今は8月。そして、玉子焼きのワッペンが付いている、とてもセンスは優れないデザインに、「わ、ありがとう」と僕は戸惑いながら言った。恵美は、ファッションにまるで無頓着だ。料理と掃除、それと旅行が関味のすべてだった。「あと、これも」と恵美は手作りの切符をくれた。「恵美鉄道・幸福駅行き」と書いてある。その素朴なアイデアに、僕は笑った。

僕は服飾の専門学校に、恵美は短大に通っている。趣味は合わないが、2人といると落ち着く。結局その日は、ファミレスでケーキを食べてお祝いした。食事の後、恵美は「僕が奢り見せばけ」と、会計の伝票を持ってレジに行き、奢ってくれた。

だが、専門学校の友人の誕生会に、恵美を連れて行った時のこと。会場は豪華なフレンチ・レストランで、みんなドレスアップした友人たちに比べ、私服の恵美は明らかに浮いていた。「あれが彼女?」とからかわれ、スープを音を立てて飲む恵美は、失笑が起きた。僕は恥ずかしくなり、思わず皆の前で恵美を叱咤した。「オマエといると恥ずかしいんだよ!」

以来、恵美から連絡が来ても、僕も連絡する気になれなかった。しばらくは学校が忙しかったのは事実だし、次第にセンスを競う会話に話を合わせられない恵美が、関心も地味で感じられた。勝手だが、今さら「恵美に会いたい」という気持ちが芽生えた。

恵美は久しぶりの僕の電話に困惑していたが、会ってくれることになった。待ち合わせは例のフレンチ・レストラン。やり直すすらココしかないと思った。恵美が店に入ってきて、僕を見て驚く。そう、僕は汗だくで、玉子焼きのセーターを着ているのだ。誠意のつもりだったが、恵美は低い声

で「何の用…?」と聞いた。僕は「この間はゴメン」と謝り、「まだ、使える?」と、「幸福駅行き」の切符を出す。しかし恵美は、「…期限切れです」。僕は焦ったが、「新しい切符は買えない?」と言い下げた。それでも恵美は「…自由席も指定席も座っ てます」と淡々と言い放つ（無理か…）。長い沈黙が続いた後、恵美は店員を呼んだ。「子牛のステーキとオマール海老、あと鴨のコンフィを」。高いメニューを次々注文す る恵美に、僕は「お、おい…」と驚く。

恵美会計の伝票を僕の前に置いて、こう言った。

「……乗車券、グリーン車ならありますけど?」

悪戯っぽく言う恵美に、「…わかったよ! 払います!」と僕の言葉に、彼女はやっと笑ってくれた。

選ばれてきたスープを、また音を立てて恵美はすする。周りの客が、嫌な顔でこっちを見た。「ん? と頭く恵美に、「…いや」と笑顔で答え、僕はさらに大きな音でスープをすすった。　　　　（END）

渋谷直角
諸々の雑誌で恋のフルート吹いてマース。ちなみにこの漫画はドラゴンクエストをやってラサ旅場ながら書きました。なんだかよく 分かりません! chokkaku.jugem.jp

キテナイファッション
伊藤ガビン

まだ宇宙服を着ていなかった。

毎度毎度お恥ずかしいお話なのですが、わたくし未だに宇宙というものに袖を通したことがございません。着たことがないばかりか、吊るしのものさえ買ったこともなく、人のものをちょっと借りたことさえないのです。今年で43になりました。正直、子供の頃は、こんな年になるまで宇宙服を持ってないなんてことは考えもしなかったです。テレビを見れば人類のやつらがやたらと月あたりまで出かけておりましたので、夢のハワイ旅行がどんどんカジュアルになっていったように、ハイシーズンさえ避ければちょいと月世界旅行ができると信じておりました。

しかし、仕方ない。

よく考えてみれば、僕らが子供の頃、確かに人類は月までぶらぶら行っては、土産物屋もないからだっかって自慢げに見せびらかしてしまっていた。まりになにもなかったので気付いてしまったのか、それからさっぱり月方面には全然解法には なってしまいましたのね。もうずいぶん長いと行ってないんじゃないでしょうか。ヘタすると30年くらい? と、なると今の20代の方々は「生まれて一度も、人が月に在る」って状態を経験してないんですね。21世紀にもなって、月にいる人も見たことないのは、なんとかわいそう。

しかしモードに周期性を持つという現象をよしとするならば、そろそろ宇宙服が

ルとしか思えない。来ない理由がまったく思いつかない。そろそろ中々の注文体制に入っておいたほうがいいとしか思えないのである。

さてJAXAこと宇宙航空研究開発機構のサイトによれば、スペースシャトル用に開発した船外活動用宇宙服（Extravehicular Mobility Unit：EMU）のの、宇宙服アセンブリがずばり100万ドル（約1億円）ポッキリだとか。宇宙服アセンブリというのは、いわゆる宇宙服の「服」っぽい部分ね。機械部分を含まないお値段。

で、スーツひとつで船外活動をするために、生命維持装置ってやつがないと死んじゃうので、これのお値段が900万ドル（約9億5000万円）だって。たけ～。

でも、スーツの中にまるごと人が生きるために、必要な要素を詰め込むわけですから、地球環境をスーツに閉じ込めるんですもん。家でもあり、星でもあるわけですよ。宇宙服は見た目もかなりグッとくるけれど、その機能のかっこよさにもあまくく及ばないですね。環境丸ごとが「服」の中に入っているという奇跡! いや～、すごいよ。やっぱどうしてもこんなにエコなのか、クルとしか思えない。すぐ買った方がいいんじゃないでしょうか。買ったら見せて。

伊藤ガビン
ガビンのビンは集大成ファッションに敏感ガビン! NTTデータのブログ「先見日記」の日記がこれまでをば～。diary.nttdata.co.jp/resource/index.html

流行の理由。

辛酸なめ子

先日、湘南のトランスイベントを見学したら、男女とも日焼けしていて入れ墨率が異常に高かったです。素敵なロング男たちがもっとメラニンを稼ぐために日焼けローションを塗りたくり、刹那的なトランスに合わせ「フォーゥ!!」「トリャーッ!!」「チャラヲ!!」などと声を発していました。一瞬貞操の危機に怯えましたが、どうやら杞憂だったようです。彼らにとって、メラニンも入れ墨もない室内型の女は全く視界に入っていなかったのです。

透明人間状態でいることに、若者のボディをいろいろ見ていたら、あることに気がつきました。彼らのはいている海パンが、膝より上あがったのです。さらに海パンを布干すり下げて（Calvin Klein）（D&G）などトランクスのロゴをチラ見せしている人もあるのです。長い海パンだけでも涼めないのに、下にトランクスをはいているのは涼く気せゼロということでしょうか? それとも、泳いだら海がわとりっ溺死しそうな危険を冒しているという男女を別型アピールしているのでしょうか? 彼らは酒をラッパ飲みして、酔ってるとゴロンと浜辺に寝転がっていました。

そんな気になったりした一体感なか目元のが、流行遅れの水着を着ている男性です。「何あれ? あの海パン、ヤバすぎ!」隣のギャルの声の方向を見ると、黄色い幾何学模様の、ト

ランクスくらい短い丈の海パンをはいて歩いている男がいました。哀れな彼は自分が流行遅れになっていることにまだ気付いていないようです。周囲をよく見ると、100人に1人くらいの割合で、短い海パンをはいてきてしまっている男性が、多くは年がいっている感じでした。オヤジと若者が海パンの丈で、くっきり明確がわけられてしまうと……。渋行は恐ろしいです。

気になったのは、都内の男性水着コーナーを何店舗か見ていたら、最新の海パンの9割が、丈の長いものでした。つまり短い海パンの人は、最近水着を新調していないか、海に行く機会が少ないことがバレバレで、若者の世界ではイケてない確定です。しかし、いつの間にこんなことに……。女子の水着はというところキニは必ずしも主流ではなく、逆に男子の水着の露出度が上がっているのは不思議です。もしかしたら、女子の体には近いビキニ姿を見て体が反応していることをカモフラージュするために、男子の海パンが長くなっているのでしょうか。若い人同士でよろしくやってください。

辛酸なめ子
漫画・コラムニスト。26歳で購入したひとつのマンションを売り、今年また別のマンションを購入。その一部始終をブログ「女一人マンション」に。blog.smatch.jp/sinsan 8月に『セレブ・ドリル』（講談社）を刊行したばかり。

初心者ですので

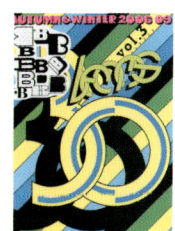

COLOR：◆Process Black
PAPER：色上質桃
B Vol.3
4C / 1C　257×182mm　2006年
PB, S：BEAMS　AD, CD：松本弦人　E：中島敏子（マガジンハウス）

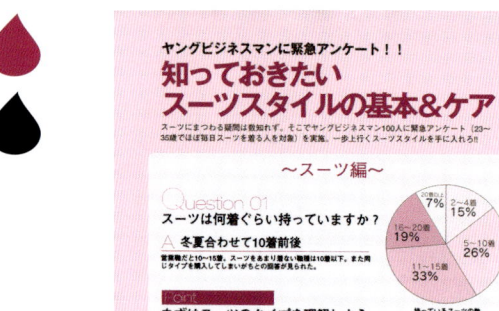

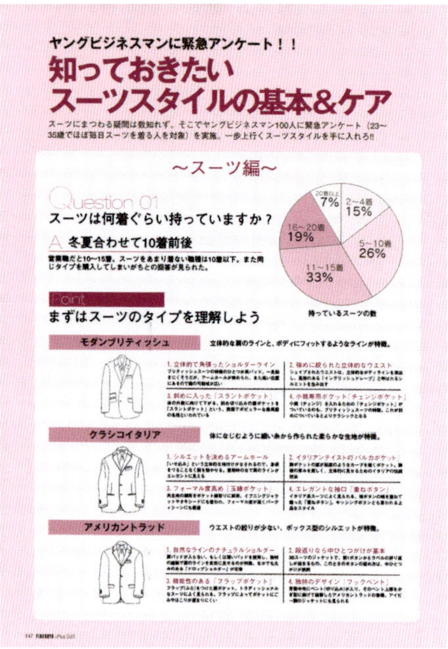

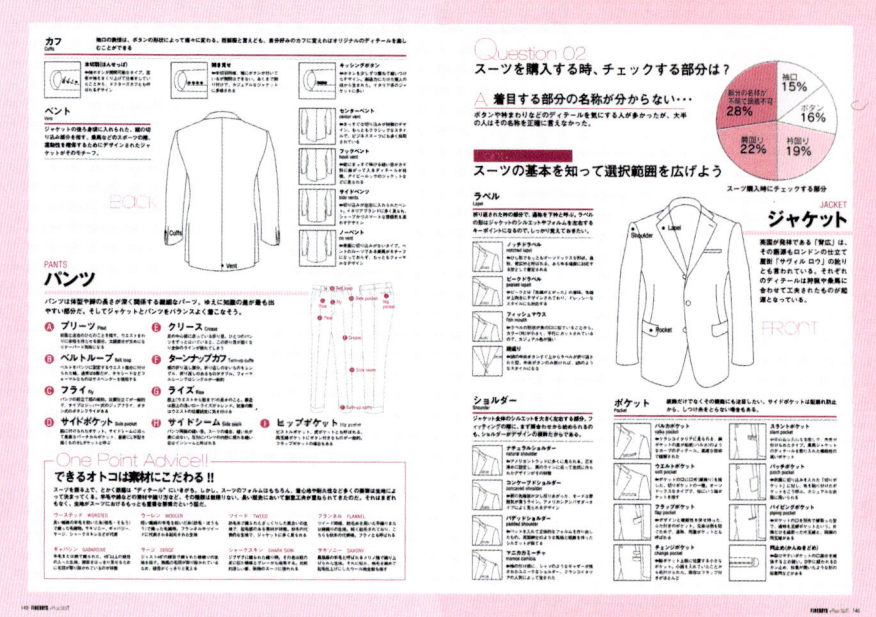

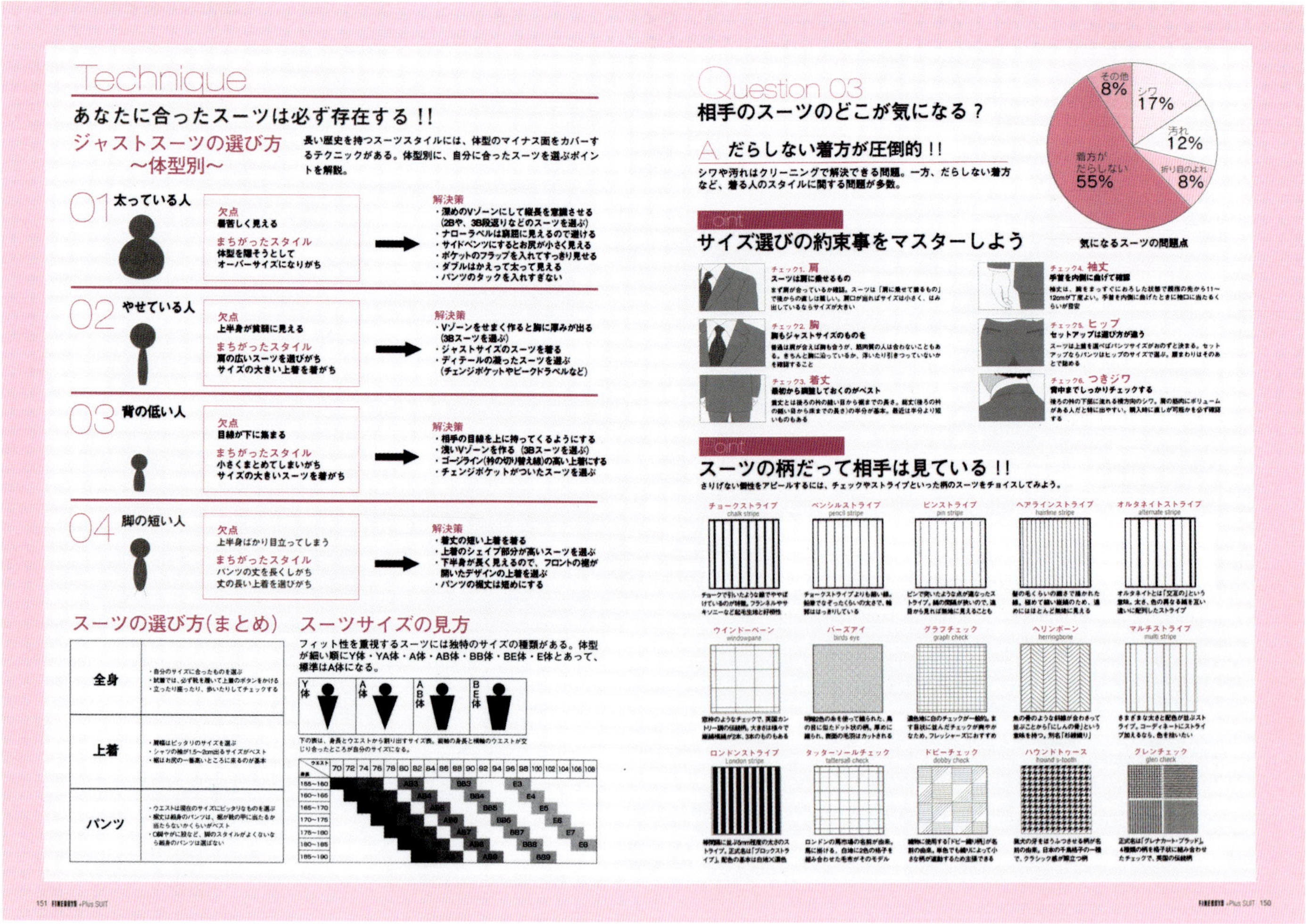

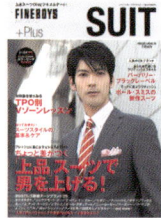

COLOR：● Process Black, ● DIC 2615
PAPER：らふらんす

FINEBOYS +Plus SUIT 2007 S/S
4C / 2C　297×210mm　2007年

S, PB：日之出出版　DF：STUDIO DUNK　D：池田康徳

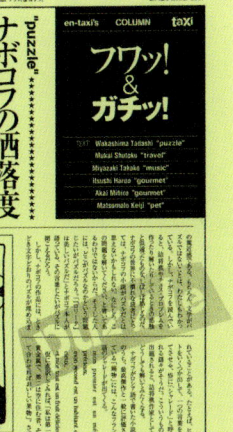

フワッ！
＆
ガチッ！

en-taxi's COLUMN taxi

TEXT　Wakashima Tadashi "puzzle"
Mukai Shutoku "travel"
Miyazaki Takako "music"
Itsushi Haruo "gourmet"
Akai Mitoro "gourmet"
Matsumoto Keiji "pet"

"puzzle" ナボコラの洒落度
若島正

"travel" アコエレ旅情
向井秀徳

"gourmet" 鮨屋の舞台役者
一志治夫

"music" アゲアゲ／サゲサゲ
宮崎誉子

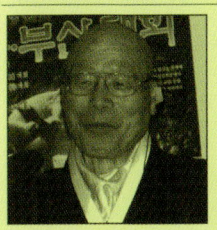

The Last Waltz
expansion
regular column special　ラストワルツ・エクスパンション

en-taxi winter 2007

01 大木金太郎
Kintaro Ōki
（プロレスラー）享年 77

不可解　文=村松友視

大木金太郎（おおき・きんたろう）
1929年2月24日韓国全羅南道生まれ、'58年日本入国後、翌年、力道山率いる日本プロレスに入門。G・馬場、A・猪木、M・鈴木と「新・力道王」と称される。'83年米寿を機に武者修行、WWAタッグ王座を獲得するなど日本プロレス界で活躍。「唐手チョップ」「原爆頭突き」を武器にアジアタッグ王座、インター王座等のベルトを巻く。新日本プロレスマットにも登場、坂口征二らと死闘を演じた。'06年10月26日ソウルにて心臓疾患のため死去。写真／共同通信

02 実相寺昭雄
Akio Jissouji
（映画監督）享年 69

ジャミラの昭和　文=小野瀬雅生

03 白川静
Shizuka Shirakawa
（漢字学者）享年 97

大いなる喪失
追悼　白川静先生　文=呉智英

実相寺昭雄（じっそうじ・あきお）
1937年東京都生まれ。早稲田大学卒、外務省に勤めた後、'59年にTBSに入社。当時ラジオ東京）に入社し、'61年「悲う街川ミツォ」でディレクターとなる。映画部に転属後、「ウルトラマン」「ウルトラセブン」などのウルトラシリーズや「怪奇大作戦」などを演出。子供たちを魅了したマドンナとなる。70年ATGで「無常」で監督デビュー、フリーに。「曼」など幻想的でエロティシズムあふれる作品を次々と発表。近年、映画「ユメ十夜」などの大作も手がける。音楽や歌劇といった分野でも、幅広く活動を続ける。'06年11月29日虚血性心不全のため死去。写真／共同通信

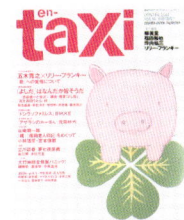

COLOR：Process Black
PAPER：色上質もえぎ

entaxi　第16号
4C / 1C　270×210mm　2006年

S, PB:扶桑社　CD, D:藤川コウ　DF:サエラ

キーワードで読む

小津安二郎の生涯

文・編集部

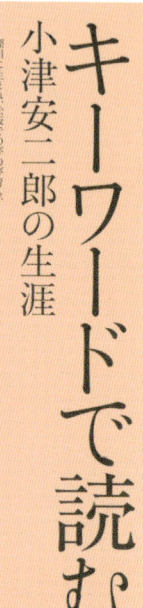

『東京物語』（1953）

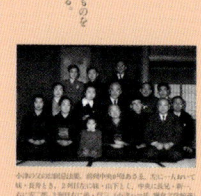

キーワード1

大好きだから、家族を描いた。

特集
kangaeruhito special
小津安二郎を
育てたもの

53　小津安二郎を育てたもの　　52

太陽と笠智衆

あるいは、小津安二郎的年代記

橋本治
text by Hashimoto Osamu

写真提供・松竹株式会社
写真協力・財団法人川喜多記念映画文化財団

小津安二郎は、なぜ笠智衆に
"娘を嫁にやる男" ばかりを
演じさせていたのか?

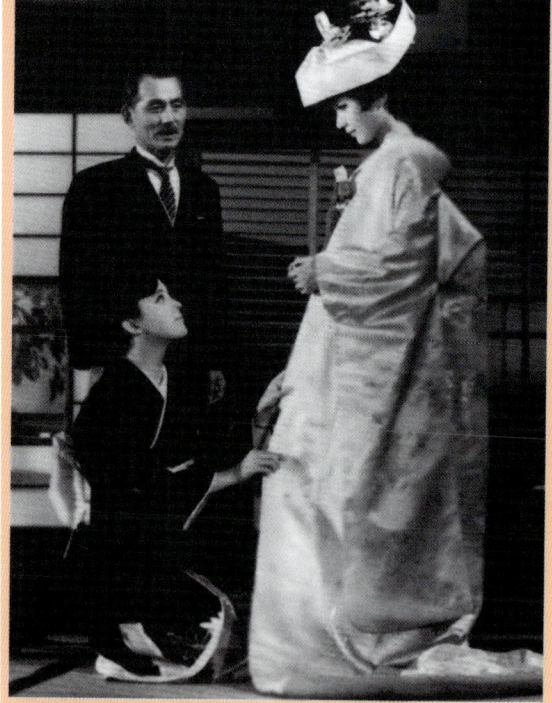

特集
kangaeruhito special
小津安二郎を
育てたもの

67　　66

COLOR： ● Process Black, ● DIC F71, ● DIC F106
PAPER： ビジョン書籍

考える人 2007年冬号
4C / 2C / 1C　257×182mm　2007年

S, PB：新潮社　D, AD：島田 隆　I：木内達朗　DF：島田デザイン事務所

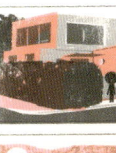
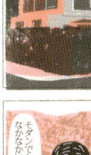

チキュウジン

0014 雪だるま
text and illustrations by Kiuchi Tatsuro
木内達朗

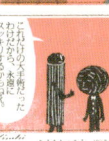

自然の神秘か？

0018 頭痛

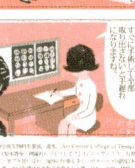

ヨイショ
ヨイショ

オーキタキタ

0017 欠点住宅

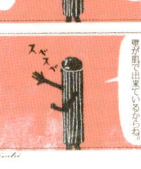
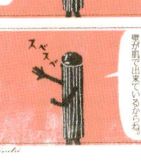
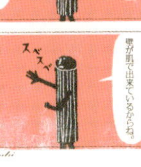
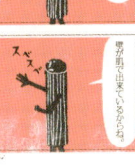
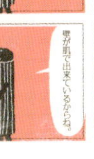
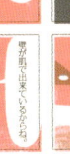
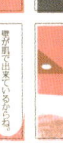

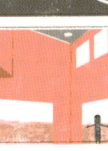
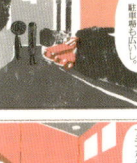
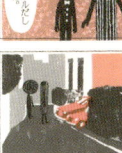
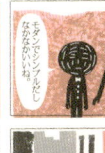
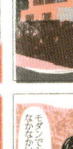

205

204

娘と私⑩ 怖い顔

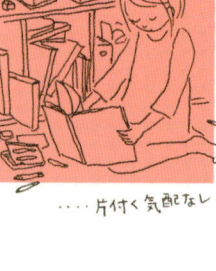
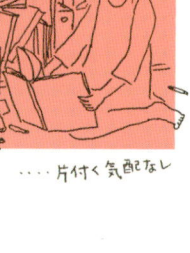
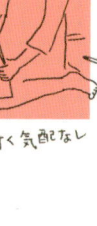

....片付く気配なし

絵と文
さげさかのりこ
text and illustrations by
Sagesaka Noriko

212

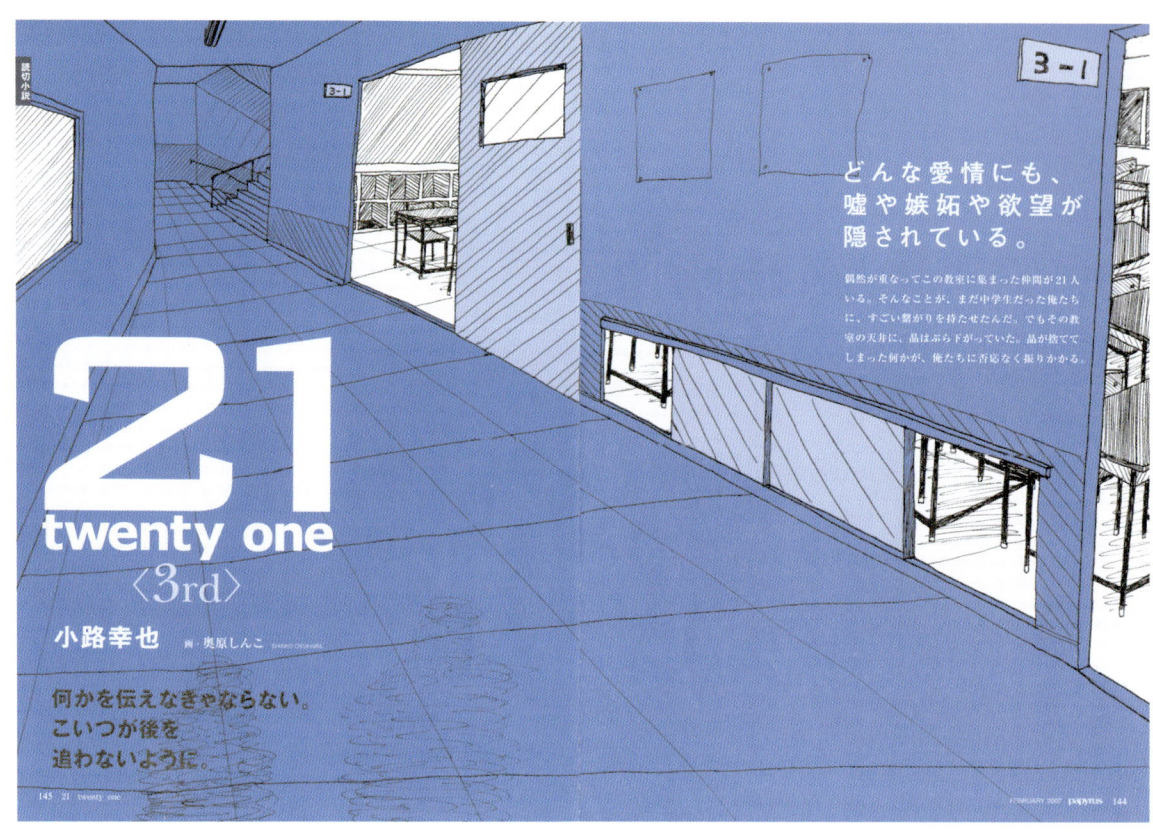

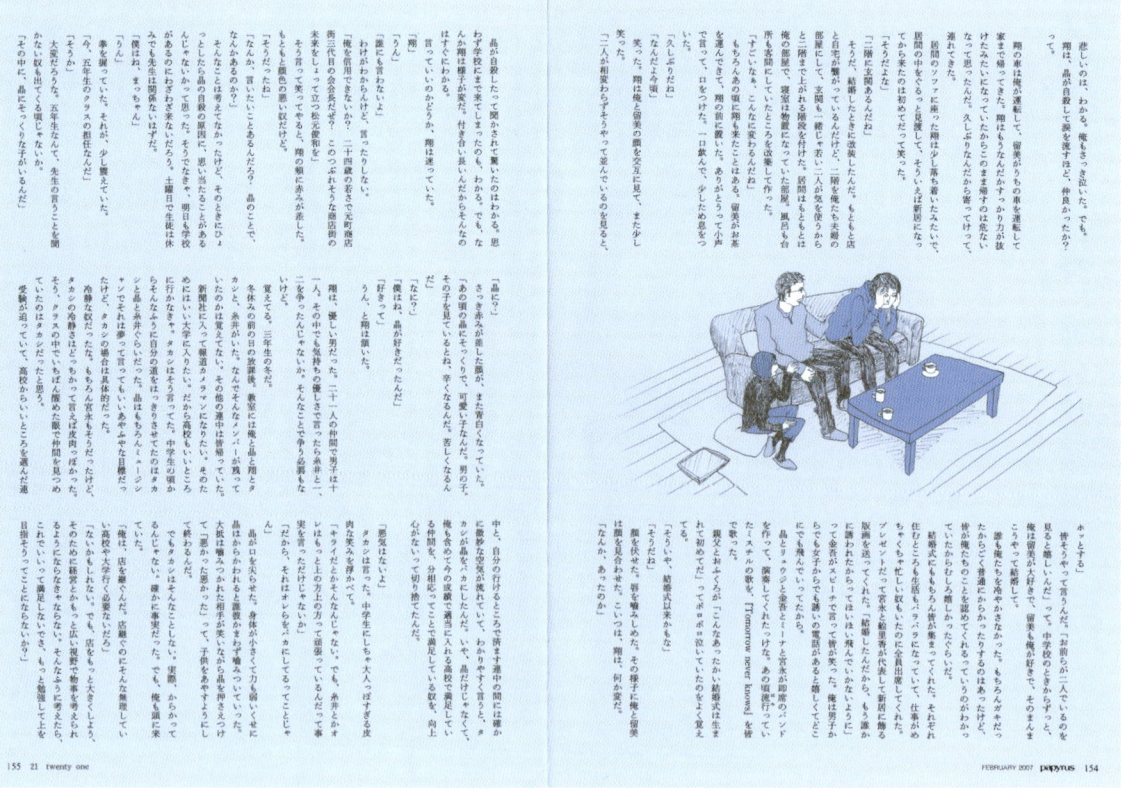

COLOR: ● Process Black, ● DIC 183, ● DIC 215
PAPER：ペガサスハイパーエイト

papyrus 2007年2月号
4C / 2C / 1C　257×182mm　2007年

S, PB：幻冬舎　AD, D：平川 彰（幻冬舎デザイン室）　I：奥原しんこ / 野田あい　E：日野 淳

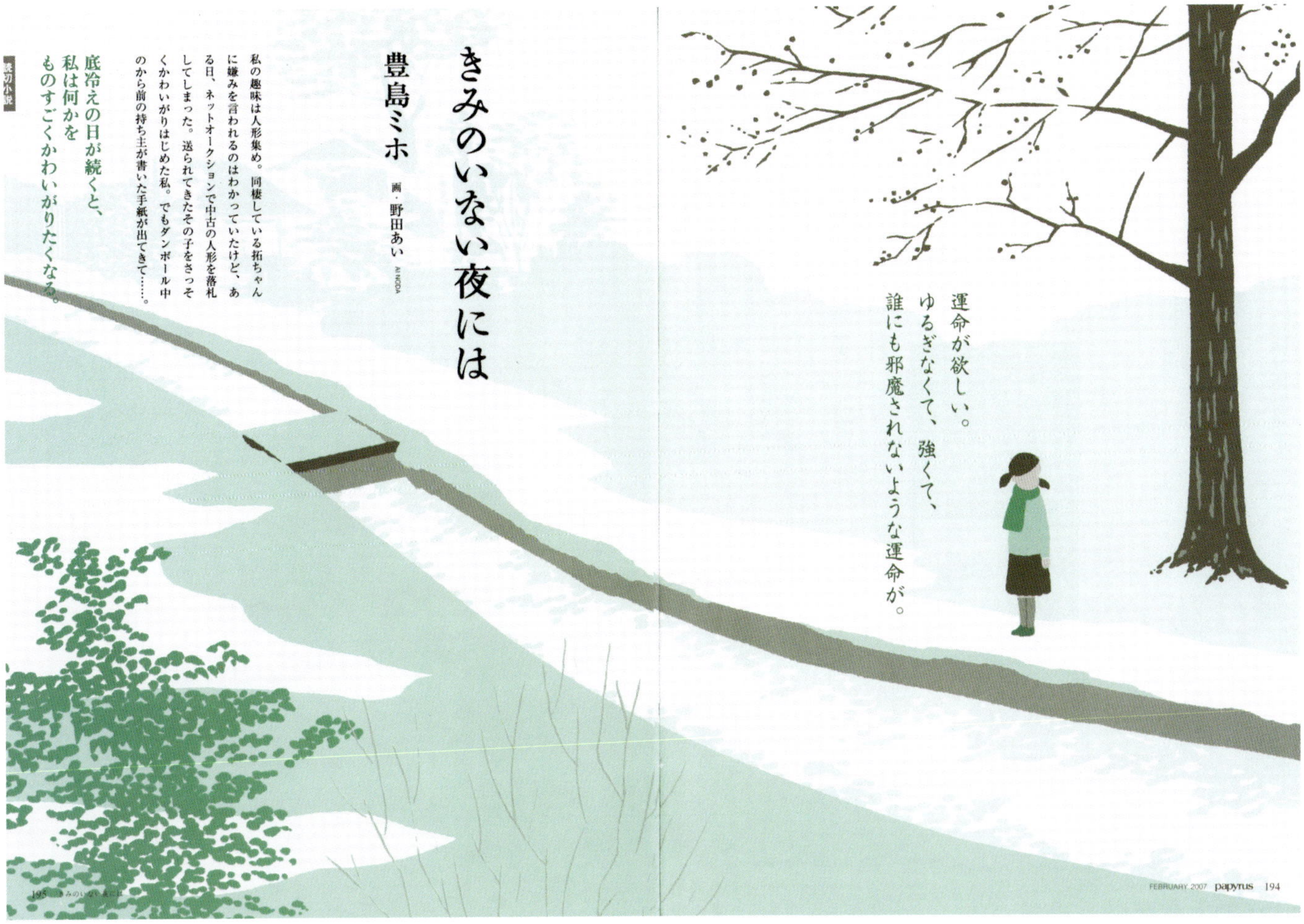

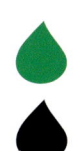

掌編小説

きみのいない夜には

豊島ミホ

画・野田あい

運命が欲しい。
ゆるぎなくて、強くて、
誰にも邪魔されないような運命が。

底冷えの日が続くと、
私は何かを
ものすごくかわいがりたくなる。

私の趣味は人形集め。同棲している拓ちゃんに嫌味を言われるのはわかっていたけど、ある日、ネットオークションで中古の人形を落札してしまった。送られてきたその子をさっそくかわいがりはじめた私。でもダンボール中のから前の持ち主が書いた手紙が出てきて……。

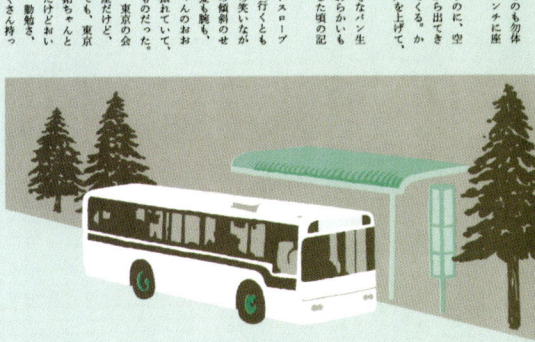

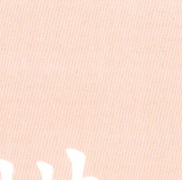

戦後60年。大切なことにみなが気づき始めた

●町家対談　六波羅雅一さん×秦めぐみさん

外から訪れるファンとの交流で、町家も人も相互にエネルギー交換がされているような気がします

町は雑多だから面白い。もともとある町家などを残しながら、成長を見守っていきたいですね

「気ずつない」と「堪忍して」

●日常会話から探るなにわと京

上方の言葉には、複雑な心境を見透かす曖昧な言葉が多く存在する。その使い方は微妙に違う。同じ曖昧な表現をしても、大阪人は相手に対して一歩踏み込む。京都人は相手が気づかぬうちに内に踏む込んでしまうところがあるという。

スー　和田依子（フリーライター）

気ずつない

堪忍して

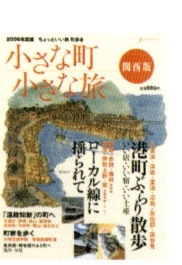

COLOR：● Process Black,　◗ DIC 304,　● DIC 490

Jガイドマガジン　小さな町小さな旅

4C / 2C　2006年

PB：山と渓谷社　S：ウエスト・パブリッシング　D：曽我部尚之

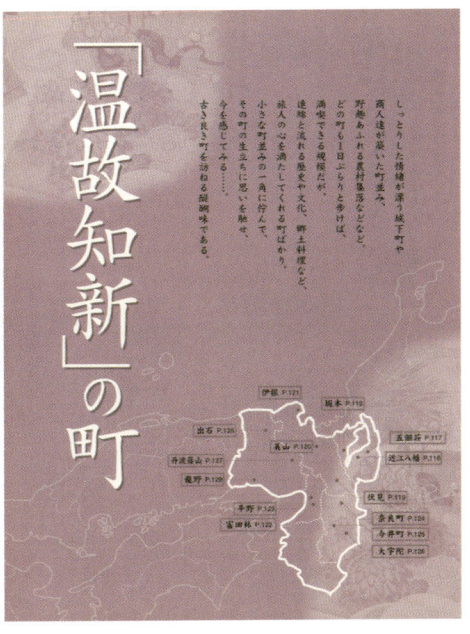

「温故知新」の町

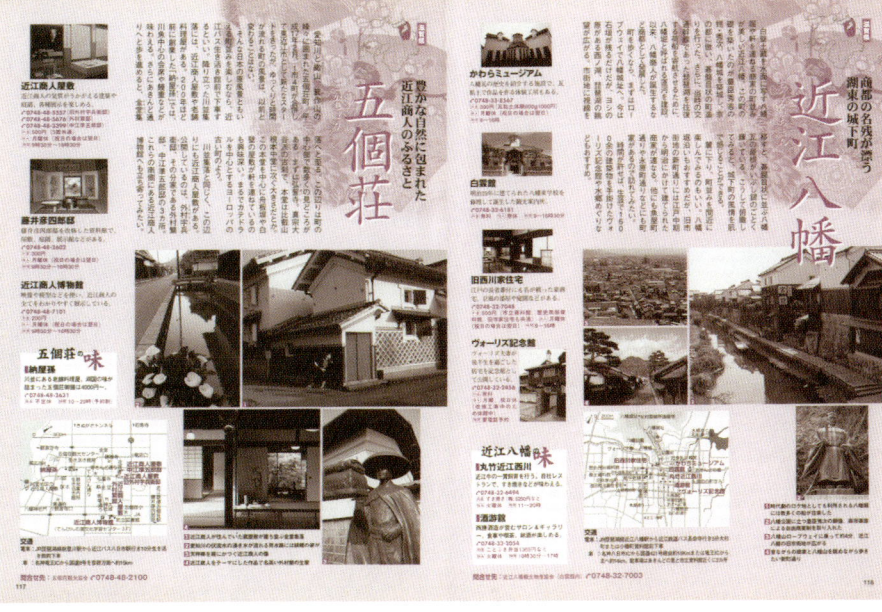

五個荘
豊かな自然に包まれた近江商人のふるさと

近江商人屋敷

藤井彦四郎邸

近江商人博物館

五個荘の味
納屋孫

近江八幡
商都の名残が漂う湖東の城下町

かわらミュージアム

白雲館

旧西川家住宅

ヴォーリズ記念館

近江八幡の味
丸米近江商

玉酒游邸

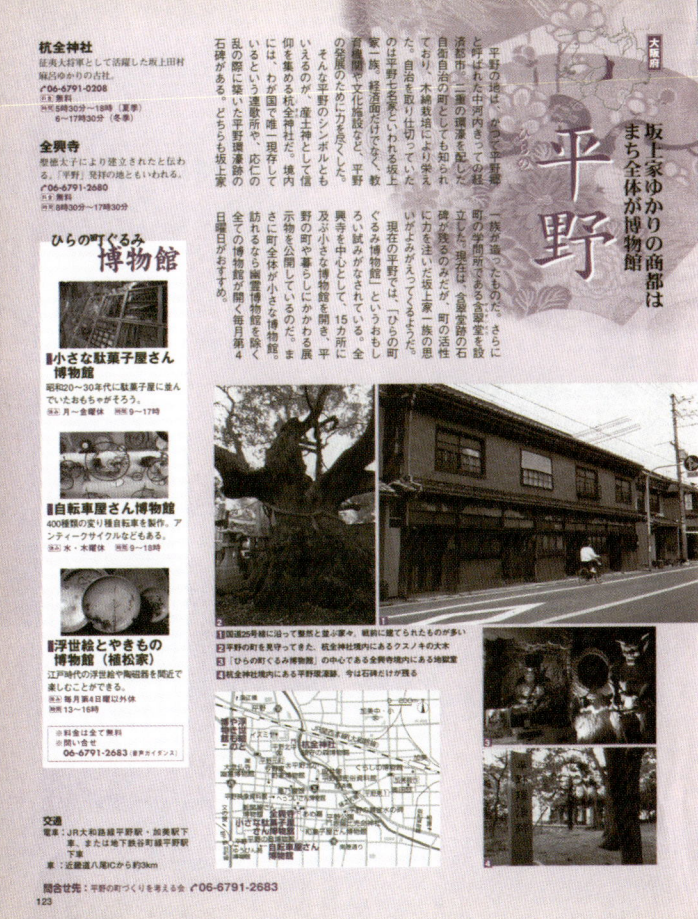

平野
坂上家ゆかりの商都はまち全体が博物館

杭全神社
征夷大将軍として活躍した坂上田村麻呂ゆかりの古社。

全興寺
聖徳太子により建立されたと伝わる。「平野」発祥の地ともいわれる。

ひらの町ぐるみ博物館

小さな駄菓子屋さん博物館
昭和20～30年代に駄菓子屋に並んでいたおもちゃがそろう。

自転車屋さん博物館
400種類の変り種自転車を製作。アンティークサイクルなどもある。

浮世絵とやきもの博物館（楢松家）
江戸時代の浮世絵や陶磁器を間近で楽しむことができる。

交通

問合せ先：平野の町づくりを考える会　06-6791-2683

富田林
女流歌人の生家がある関西を代表する寺内町

旧杉山家住宅

寺内町センター

興正寺別院

富田林の味
柏屋葛城堂

ナロード

交通

問合せ先：富田林観光協会　0721-25-1000

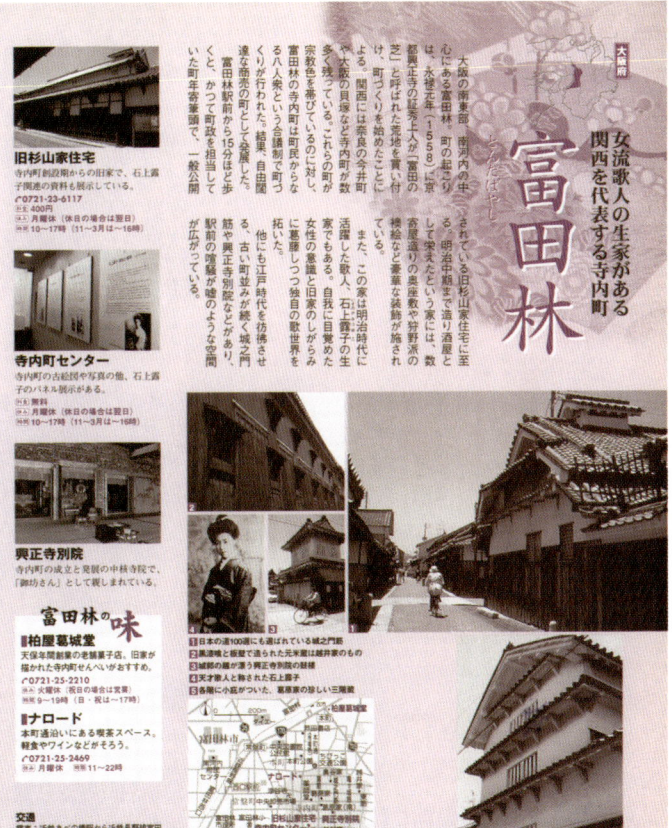

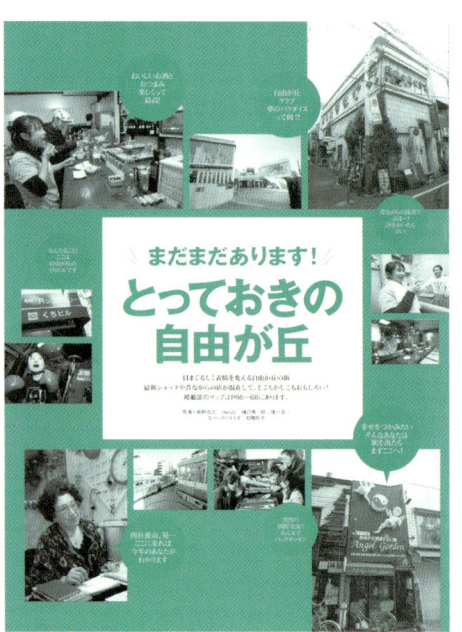

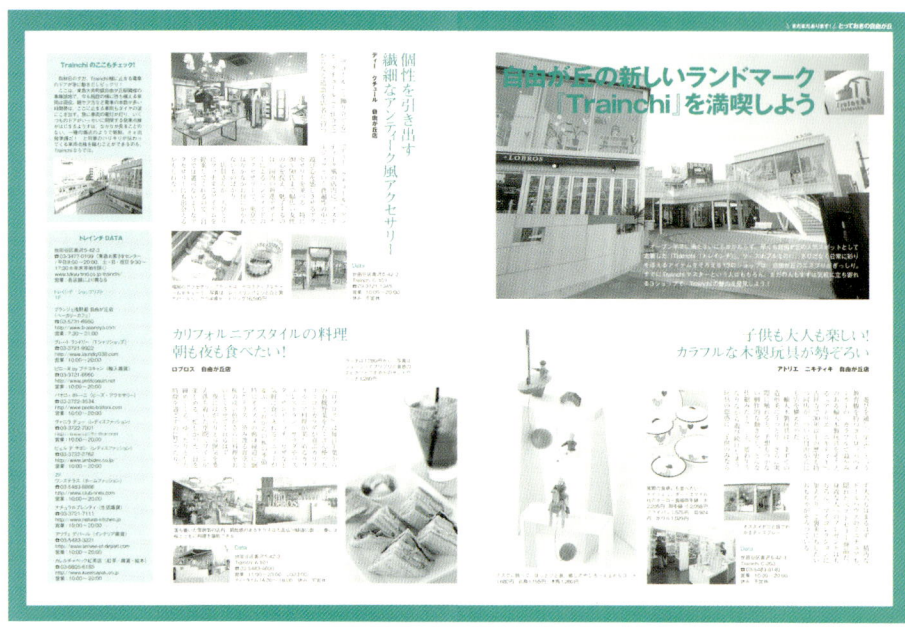

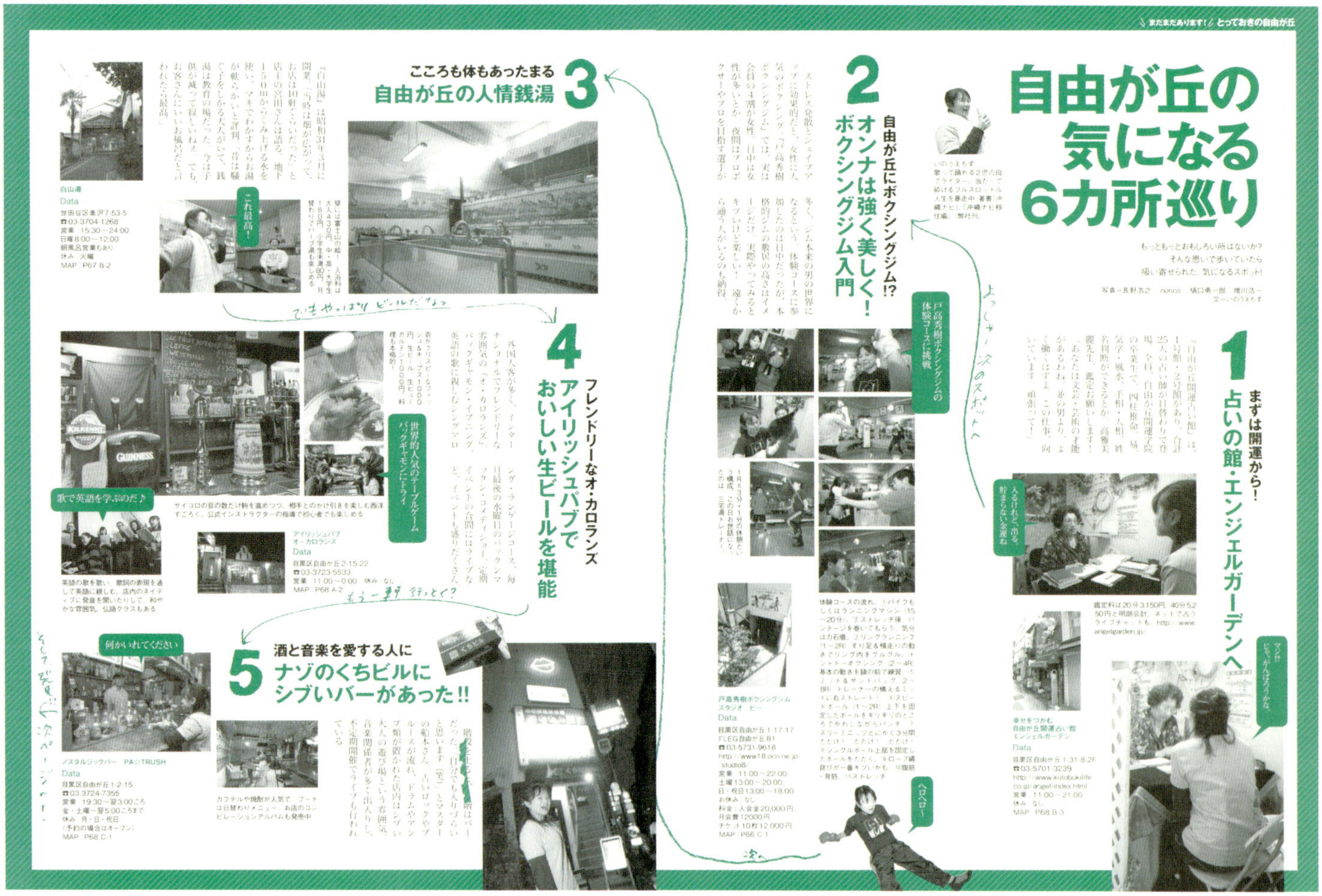

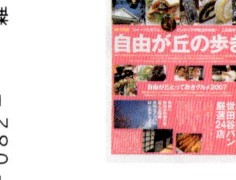

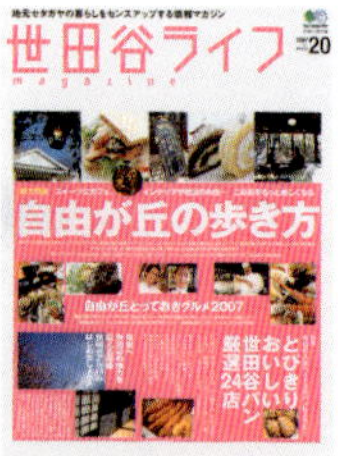

COLOR：● Process Black, ● DIC F116
PAPER：オペラクリームゼウス

世田谷ライフ　No.20

4C / 2C　285×210mm　2006年

CL, S：枻出版社　CD：長 信一　AD：今村克哉　DF：ビークス

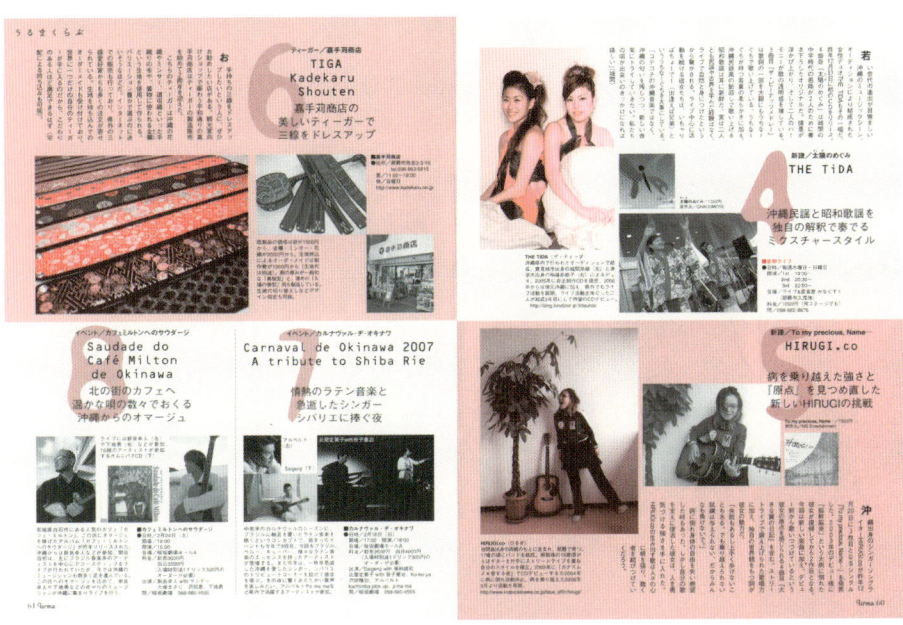

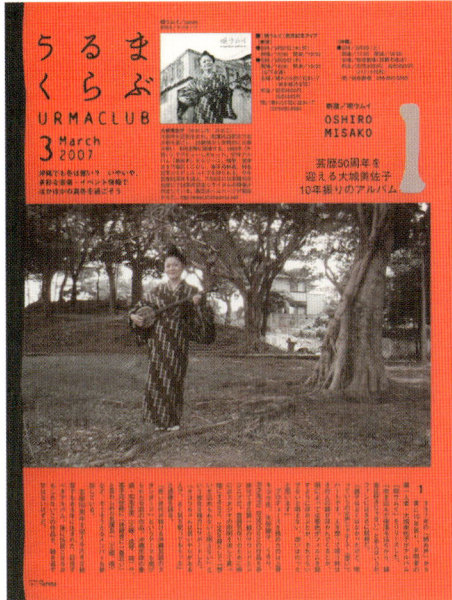

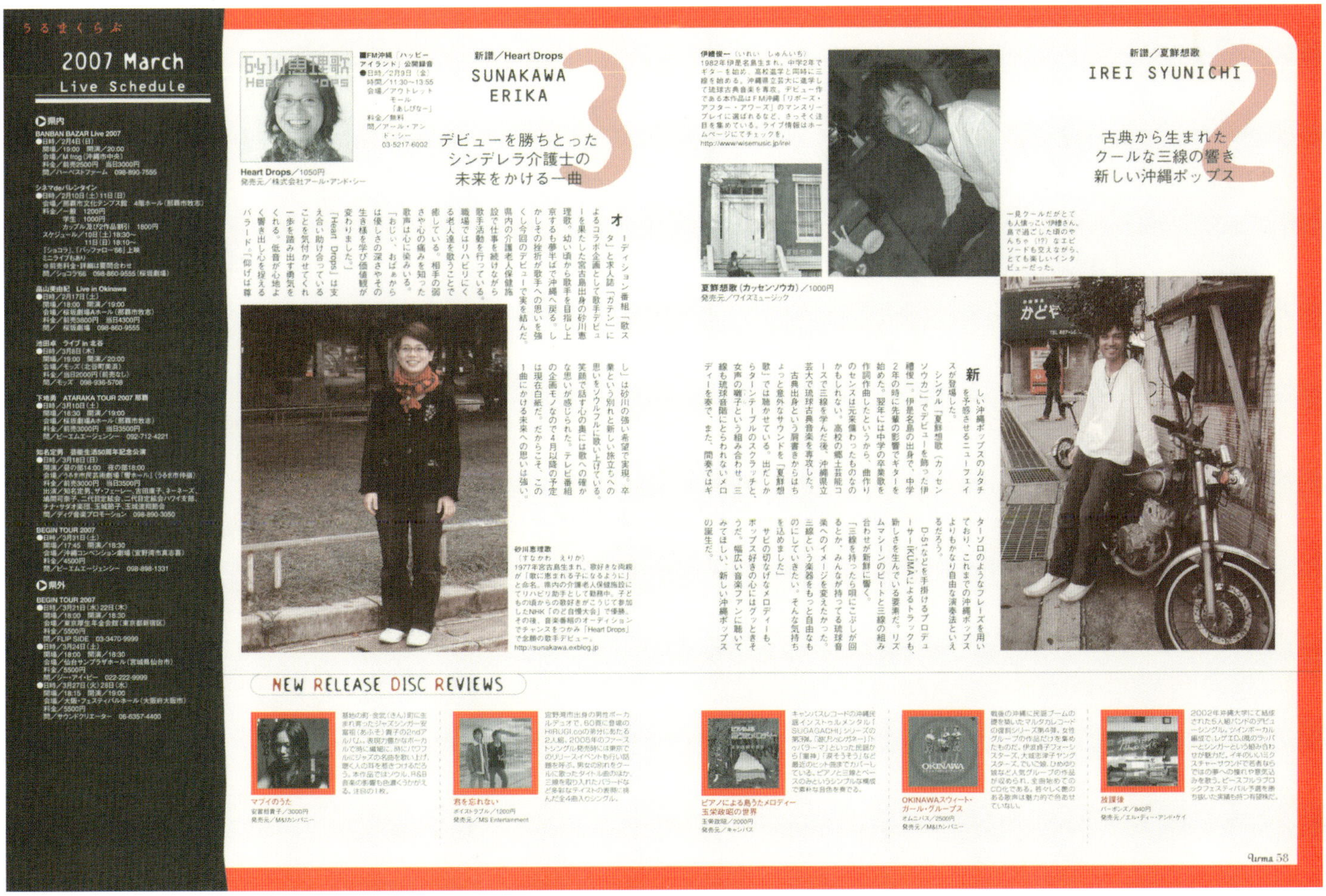

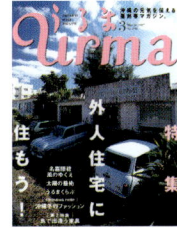

COLOR：● Process Black, ● 印刷会社の特色
PAPER： OKスターライトハイバルキー
月刊うるま urma 2007年3月号
4C / 2C / 1C 282×210mm 2007年

S, PB：三浦クリエイティブ AD：山田祥包 D：金武未来 E：草野裕樹／松田哲郎／藤井友里

ITワーカー実勢調査
800人が答えたホンネ

ITプロの気になる"ホンネ"を大公開!

「今の仕事に満足してる?」「転職を考えたことある?」「好きなファッションブランドは?」…他のITプロがどう考えているのか、気になるけど知る機会を持つことは難しい。そこで今回は、SEやプログラマー、ネットワーク管理者など、現役で活躍するITプロの800人を対象に、ビジネスからプライベートに至るまで、さまざまな項目の質問をぶつけてみた。普段は知ることができないITプロの"ホンネ"をのぞいてみよう。

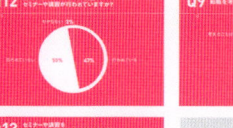
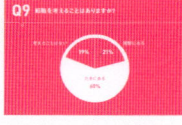
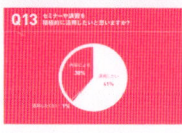
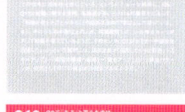
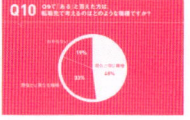
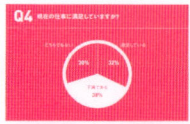
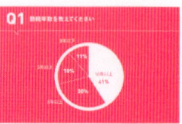
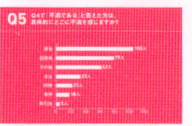
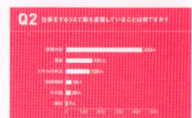
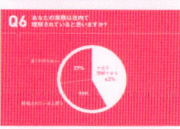

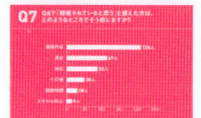
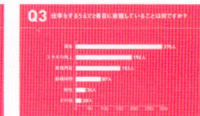

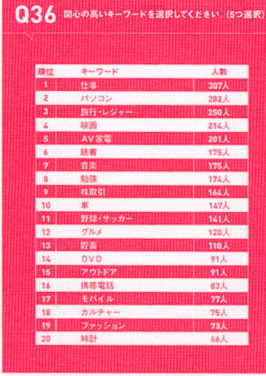
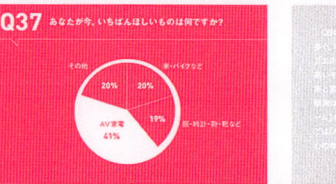
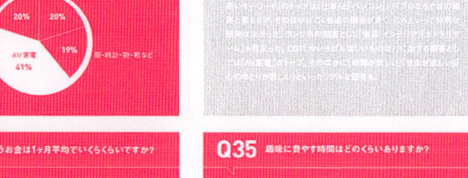
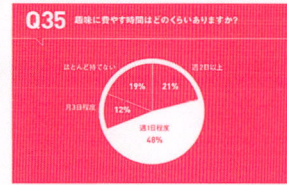
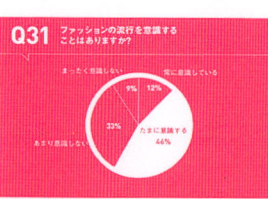
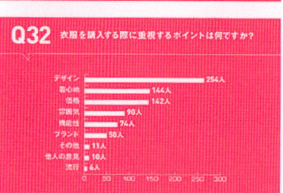
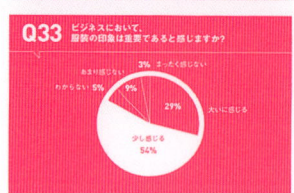
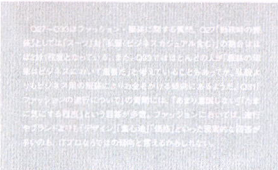
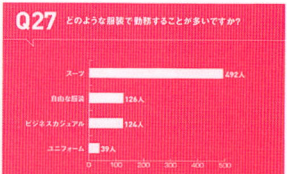
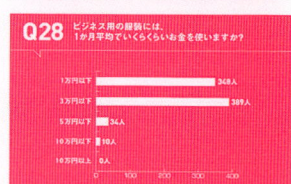
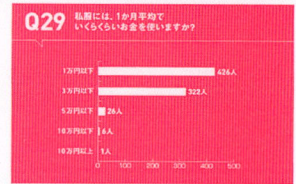

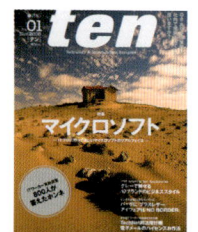

COLOR : ● DIC 592, ● DIC 621
PAPER : OK嵐姫

ten Vol.01
4C / 2C 275×210mm 2006年

S, PB：アイ・ディ・ジー・ジャパン　AD：加藤浩之 (Phantom Graphics)　DF：Phantom Graphics　D：日出山智央

085-116
BROCHURE

会社案内
COMPANY BROCHURE

入学案内
SCHOOL BROCHURE

映画パンフレット
MOVIE BROCHURE

hopelink

The Hopelink approach—promoting self-sufficiency to create lasting personal and community change— has helped move tens of thousands of people from vulnerability and crisis to independence and stability.

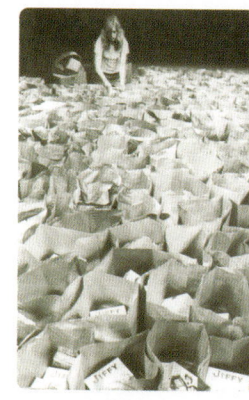
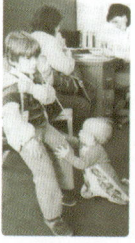
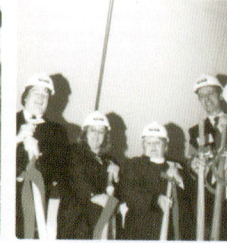
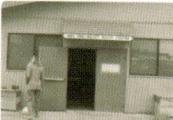
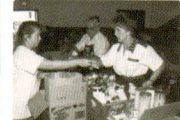

Hopelink grew out of a grassroots job referral program in 1971 to help laid-off Boeing Company employees find jobs during a major Seattle recession. Local churches joined in with food donations and this cooperative effort laid the foundation for the agency. Transportation services for the low-income, disabled and elderly were added to these emergency services in 1977, and a housing program began with an emergency shelter in 1984. From this one service center, the agency has expanded to meet community needs by establishing a total of six centers throughout north and east King County. The agency has broadened its focus through the years from emergency intervention to include the longer term support needed by at-risk families and individuals to make lasting change. The addition of programs such as family development, literacy, lifelong learning, and child care and development has helped people become stronger and more self-sufficient for the long term. Hopelink's mission is to promote self-sufficiency for all members of our community and to help people make lasting change in their lives.

Today, Hopelink provides a full array of critical social services through more than 40 different programs, including housing, child care, transportation, case management, financial assistance, employment programs, adult education and literacy training, a vast referral network, food banks, and preventive health and dental care. Community support for the agency is strong with over 1,500 volunteers each year, enabling Hopelink to spend 92% of financial support on direct client service.

With more than three decades of experience delivering innovative and life-changing social services, Hopelink has emerged as a unique agency capable of meeting an individual's immediate needs, while also addressing the core risk factors behind short-term crises and chronic struggles. And while the agency's ability to provide transformative services to those most in need has evolved, its original beliefs continue to guide staff and volunteers alike: each person deserves dignity and respect, and each family has the ability to heal itself, given the right resources and time.

Hopelink over the years...

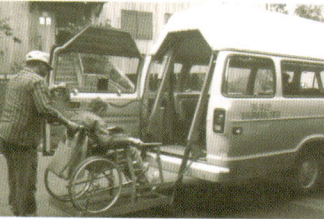
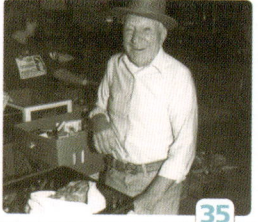

For 35 years, Hopelink has provided comprehensive social services to at-risk families and individuals throughout Washington state's north and east King County region.

Hopelink's array of critical social services through more than 40 different programs has helped tens of thousands of people turn their lives around with better jobs, stable homes and the opportunity to give their families a better future.

Food
Housing
Child Care & Development
Family Development
Adult Education
Transportation and Interpreter Services
Emergency Financial Assistance

ADULT LITERACY & LIFELONG LEARNING
FOOD BANKS
HEALTH CARE
EMERGENCY SHELTER & TRANSITIONAL HOUSING
EMPLOYMENT
HOPELINK: HELPING LOW-INCOME PEOPLE MOVE TOWARD SELF-SUFFICIENCY
EMERGENCY FINANCIAL ASSISTANCE
TRANSPORTATION
CHILD CARE
FAMILY DEVELOPMENT
INTERPRETER SERVICES

1,700 people in the community volunteered 50,000 hours of service to Hopelink helping to move tens of thousand of people from vulnerability and crisis to independence and stability.

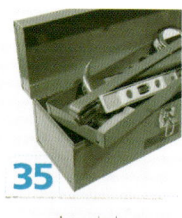

COLOR : ● **PANTONE 3125,** ● **PANTONE 477**
PAPER : 80# CORNICHE VELVET BOOK
HOPELINK ANNUAL REPORT, 2005
2C　298×248mm　2006年
CL：HOPELINK　CD：KURT WOLKEN　D：SHANNON KNEPPER　S：WOLKEN COMMUNICA

Events & Fundraisers

Luncheon

The 10th Annual Reaching Out, Rebuilding Dreams benefit luncheon* held November 3, 2005, at the Meydenbauer Center in Bellevue, was the largest Hopelink fundraising event ever. Under the leadership of luncheon co-chairs Connie Ballmer and Korynne Wright, nearly 1,100 guests heard keynote speaker Marian Wright Edelman of the Children's Defense Fund speak about the challenges faced by children living in poverty. Inspired by Hopelink client stories, Ms. Edelman's words and the passion of former Board chair Jeff Cashman, the guests and sponsors donated nearly $488,000 to help those we serve.

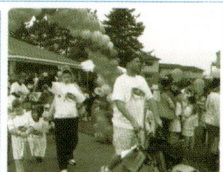

From left to right: Emcee & KIRO Reporter Mona Locke, keynote speaker Marian Wright Edelman and Hopelink President & CEO Doreen Marchione

Presenting sponsors
- First Mutual Bank
- Costco
- Goldman Sachs
- Univar
- Intelius
- Vera Bradley

Contributing sponsors
- Union Bank of California
- The Boeing Company

Table sponsors included
- Allstate Insurance
- Accents et cetera
- Banner Bank
- Evergreen Healthcare
- George Heidorn and Margaret Rothschild
- Joseph and Mary Beth Long
- Microsoft
- US Bank
- Wells Fargo Private Client Services
- Wells Fargo Bank
- Woodinville Rotary

*This event occurred in the 05 06 FY

Turkey Trot

The fifth annual Turkey Trot took place in November and was the most successful to date. Over 400 walkers helped raise nearly $19,000 for Hopelink's holiday food banks, a revenue increase of over 25% over 2004. The family-oriented 5-k fun walk is held every year at Kirkland's Marina Park in November.

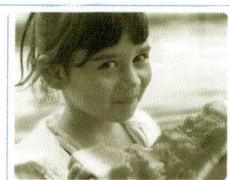

Sponsors
- KMTT The Mountain
- 24 Hour Fitness
- Wolken Communica
- Papa John's
- Whole Foods Market
- REI
- Clif Bar
- Talking Rain

End Summer Hunger

Hopelink's annual campaign to generate funds, food and awareness took place in the spring. The campaign designed for individuals, local businesses and schools to help support Hopelink's programs in the summertime. Funds and food are raised through the businesses, and coins are collected in schools to provide meals for children who benefit from the free and reduced-fee lunch program during the school year; a program not available during the summer which puts added pressure on families to provide the basic essentials. In addition to providing food, the money collected also goes to Emergency Service programs to address homelessness in our community. The campaign raised more than $70,000 in food and monetary donations.

with $10 million raised and three new beautiful facilities. **January 2000** The Multi-Service Centers of North and East King County become Hopelink. This is our fifth (and hopefully final) name. **January and May 2000** All new Hopelink facilities are opened and dedicated. **July 2001** Eastside Literacy's

2005 FINANCIALS

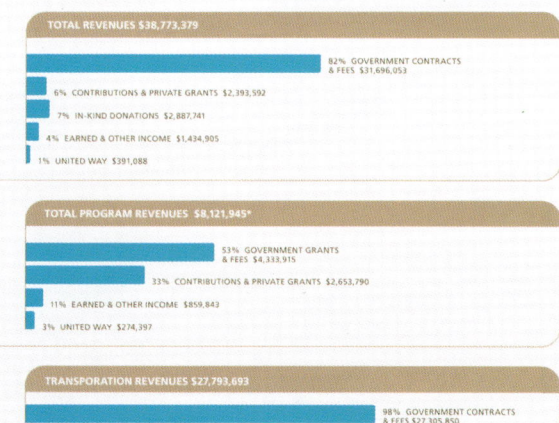

TOTAL REVENUES $38,773,379
- 82% GOVERNMENT CONTRACTS & FEES $31,696,053
- 6% CONTRIBUTIONS & PRIVATE GRANTS $2,393,592
- 7% IN-KIND DONATIONS $2,887,741
- 4% EARNED & OTHER INCOME $1,434,905
- 1% UNITED WAY $391,088

TOTAL PROGRAM REVENUES $8,121,945*
- 53% GOVERNMENT GRANTS & FEES $4,333,915
- 33% CONTRIBUTIONS & PRIVATE GRANTS $2,653,790
- 11% EARNED & OTHER INCOME $859,843
- 3% UNITED WAY $274,397

TRANSPORATION REVENUES $27,793,693
- 98% GOVERNMENT CONTRACTS & FEES $27,305,850
- 2% EARNED & OTHER INCOME $487,843

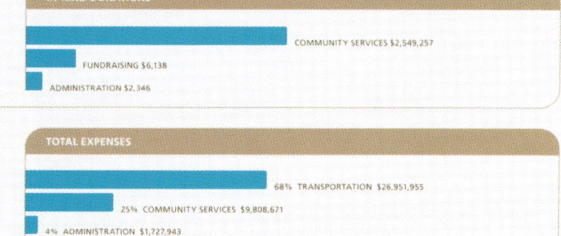

IN-KIND DONATIONS
- COMMUNITY SERVICES $2,549,257
- FUNDRAISING $6,138
- ADMINISTRATION $2,346

TOTAL EXPENSES
- 68% TRANSPORTATION $26,951,955
- 25% COMMUNITY SERVICES $9,808,671
- 4% ADMINISTRATION $1,727,943
- 3% FUNDRAISING $1,058,412

* EXCLUDING TRANSPORTATION

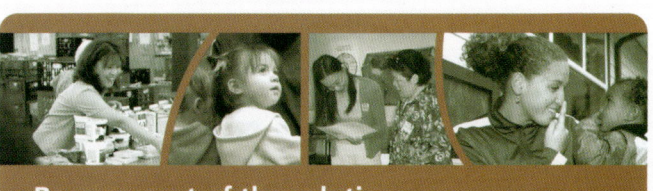

Become part of the solution

For 35 years, Hopelink has helped people make lasting change. A gift to Hopelink is a long-term investment in the future of our community. As a contributor to Hopelink, you help homeless and low-income families move from vulnerability and crisis to independence and stability. Each year, 50,000 people are served by Hopelink through comprehensive services. Hopelink knows how to help families move toward greater self-sufficiency. The question before us all is "How many people will we help?"

We hope you will consider the benefits of having Hopelink in our community. It takes the generosity of many to help thousands of homeless and low-income families living in north and east King County. We invite you to help people make lasting change by becoming part of the solution with a leadership gift to Hopelink.

Please join us in thanking the many individuals and families who have shown their commitment to helping others through their leadership giving and welcome them to the Part of the Solution Philanthropist Circle.

Sincerely, Jimmy & Patty Barrier, Co-chairs
Part of the Solution Philanthropist Circle

Changing Lives ($50,000+)
Steve & Connie Ballmer
Kevin & Cheryl Haller

Building Dreams ($25,000+)
William & Kathy Binder
Michael & Mary Kay Hallman
Lee & Kathy Neiterbaum

Making Way ($10,000+)
Anonymous (2 gifts)
Walter & Melinda Andrews
Byron & Sheila Bishop
Ward & Jody Bushnell
Elaine Coles
Camryn Fortune
& John Shomer
Kathe & Greg Fowler
Stan & Cindy Freimuth
Linda K. Glenicki
David & Sue Holt
Anu & Naveen Jain
David Jones
& Maryanne Tagney Jones
Pamela McCabe
Nancy McCormick
Tom Miller
& Terri Olson-Miller
Michael & Joyce Murray
Sally A. Nordstrom
Kevin Prince
& Catherine Woszink
Catherine S. Reed
Joseph & Suzanne Schrader

Peter & Carol Stewart
Patty Stoneseifer
Paul Streiback & Tina Dixon
Alka Svetany
David & LaVerne Vaskevitch
Thomas C. Wright

Lifting Up ($5,000+)
Anonymous (3 gifts)
Sherman Alexie
Robert & Patricia Atkinson
Randy & Stefanie Beighle
Stephen & Kristine Bledsoe
Franz & Anne Boychenko
Dan & Cindy Brettner
Angus & Cynthia Cunningham
Dick & Chris DiSandro
Laurie Bennett Eliestad
Raymond Fowkes
Andrew & Michelle Gowdel
John & Marilyn Goesling
Judith Jancolowski & David Thompson
Sean & Leslie Kelley
Deno & Kimberly Kibby
Joseph & Cathy Jo Linn
Matthew & Gretchen Loschen
Barry & Nancy Montani
Bruce & Jolene McCaw
Linda & Cameron Myhrvold
Len & Rebecca Oornhuys
Oroco Foundation
Anna Petter
Bill Petter
David & Valerie Robinson
William & Laurie Rockenbeck
Thelma P. Schreumann
Dianne & Patrick Schuttkherr

Schultz Family Foundation
John & Julia Shaw
James & Janet Sinegal
Christopher Thrasher &
Karine O'Malley
Shelley Turner
Jeff Wright & Korynne
Halverson-Wright

Reaching Out ($2,500+)
Anonymous (16 gifts)
Tom & Liz Alberison
Adam & Margaret Arlan
Michael B. Bair
Donald & Maxine Bernard
Arden & Rebecca Blueckledge
Linda & Joe Blaschka
Michael & Meg Borth
Roderick & Helen Brown
Mary Alyce Burleigh
Jack & Kathie Dando
Robert Denman
Holly Dillon
Jill Docksteir
Orsi & Sylvia Dunham
David & Elizabeth Elpey
Daniel & Judy Fallon
Patrick & Theresa Harvey
Jeff & Carroly Havens
Dan & Pam Hiu
Bud & Joanne Hofnagel
James & Janet Irwin
Arley & Kim Justice
James & Diane Klinger
Heidy J. Krauer
Michael & Amanda Langowski
Doug Loundry & Eva Pekrin
Michael & Denise Lofstedt
Terry & Ann Lukens

Robert & Heather Lynch
Doreen Marchione
Theodore & Loye Moseholts
Jens Molbak & Blair
Carleton Molbak
David & Sherri Nichols
Gene & Heide O'Connell
Scott & Laurie Oki
Donald & Linda Patel
John Parasiko
Molly Pengra
Kristin Nordstrom Ralstaff
Christopher & Ginny Rice
Wayde Roschin & Helen Banks
Routon
Linda Russo
Diana Schriss
Ed W. Scripps
Jim Seeks
Richard & Judy Shaw
Jennifer M. Shumholtz
John & Sherry Stiko
William Stiven
Mark Sweeney
Brian & Karen Taliesin
Thomas R. & Elizabeth Jane
Vimont
Robilee & Eric Zocher

Finding Hope ($1,000+)
Anonymous (16 gifts)
Michael & Cheryl Abrash
Steven & Alice Aeschbacher
Sam & Debbie Agresta
Maxine & Maureen Aibi
Bruce Anderson & Jamie Childs
Nancy J. Anderson
Norman & Gladys Anderson
Heather Arbon

Paul & Irene Bernard
Jason Blankman
Chris Boody
Kim Brady
Timothy & Lynne Brennan
Bryan R. Brock
Boggie Brown
Robert Burney &
Karen Rundberg Bunney
Robert & JoAnn Burgess
Timothy Burner & Camille

Barbara Avery
Bill & Teri Bass
Valerie Baker
Jeff & Mary Bander
Keith & Sharilyn Bankston
Susan Bardsley
Richard Barrie & Philippa
Marlies
Rick Barton
David & Jennifer Baum
Anthony & Lillian Bay
Trudi L. Beach
Peter & Leslie Benoit
Linda & Bob Benson
Warren Berger & Alyson
McMurtry
James & Mera Bergman
Jeffrey & Lisa Berkman

Gearhart
Jody Burns
Tom Burns & Julie Walters-Burns
Joe & Ellen Buskirk
Douglas & Patti Byers
Darren Campbell
Ivy Carlsen
Alan & Janian Carter
Jeffrey & Judith Cashman
Michael & Carey Cavaliere
Paul Chrysler
Edmund & Dona Clarke
Louise Clossen
Richard & Bonnie Collette
William & Ivie Cother
Asian Collins
Sidney & Virginia Cook
Laurie Comin
David Curtin
Mary P. Czenerinki
Benjamin & Michelle Day
Myra De Vera
Lou & Margaret DeIFOlass
Darryl & Anne Deppe
Gary & Jan Dickerman
Robert & Lori Dickerson
Thua Dison
Edward & Miriam Dobrick
James & Cam Dobrick
Mary Dore
D. Chris Douglis
Marlena & Albert Drew
William & Carla Dunlap
Jonathan & Karen Edwards
Jon & Deanna Egge
Teri Eskosteen
Steve & Nancy Engstrom
Al & Nancy Erisman
Mark Errett
Bernard & Betty Faedet

“It’s very devastating to children, when you suddenly can’t provide for them, and you used to be able to do so. Now, we help Hopelink whenever we can, and are glad to do it.” - *Darla Julum*

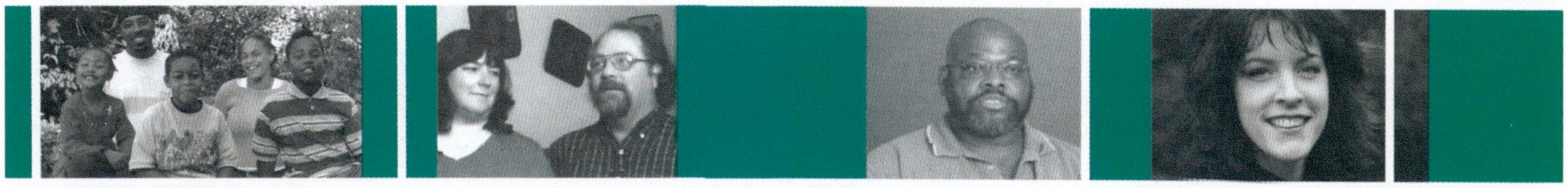

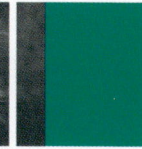

Hopelink’s food bank, gift room during the holidays, and other services helped the family get by while Darla was in training to become a dental assistant. Now, Darla works for a pediatric dentist in Issaquah and the family is doing fine. “Hopelink’s help was huge,” Darla commented. “It’s very devastating to children, when you suddenly can’t provide for them, and you used to be able to do so. Now, we help Hopelink whenever we can, and are glad to do it.”

The Green Family

A few days before Christmas last year, Spencer and Theresa Green and their three children were evicted from their apartment, after Theresa got sick and had to quit her job, ending the family’s income stream and ability to pay rent. Stranded in a shelter, they found Hopelink, and are now putting their lives back together in one of our transitional housing facilities.

Six months after moving into Hopelink Place, Spencer has a union job at the Seattle Times, making good money; the family has been able to start saving money to get into a place of their own; Theresa has applied to Bellevue Community College to take classes, and is looking into getting her daycare license, with the eventual goal of opening her own daycare center. What thrills Spencer and Theresa the most, however, is seeing their children finally happy and thriving.

The Dickenson Family

For Chet and Laurel Dickenson and their four children, the low point of their lives as a family came about 10 years ago, when they had to spend a night in their Honda after they were evicted from their apartment following an abrupt sale of the property. Chet had lost his job due to a back injury and the family had no money and nowhere to go.

Hopelink’s emergency shelter gave the family a roof over their heads and food to eat, while Chet used the voicemail system available to shelter residents as an invaluable tool in job hunting. “Having a place where potential employers could leave messages showed we had stability,” Chet said. “When you’re looking for a job, stability is everything. Sure enough, shortly thereafter, I found a job.” Ten years later, Chet and Laurel’s children are now living on their own, and the couple hasn’t looked back, except to remember with gratitude the help they received from Hopelink.

Cecil Wells

Cecil Wells used to describe himself as a “piece reader,” in which he was able to read just bits and pieces, in order to get by. From a poor family and raised by his grandmother, Cecil had to spend his time as a child doing odd jobs to earn money, rather than on schoolwork.

Many years later, while watching television one day, Cecil saw a star athlete describing his inability to read. Cecil made up his mind to do something about his own reading struggles, and called Hopelink. For two years, he received one-on-one tutoring from a Hopelink literacy volunteer, dramatically improving his reading skills. He celebrated by pulling out the large stack of greeting cards he had received over the years, and reading them, one by one. “It was like a dream come true,” Cecil said simply.

Erin Rettig

When Erin Rettig was in grade school, she sustained a serious injury that erased her memory for three weeks and kept her out of school for a time. She eventually rejoined her classmates, but never caught up academically. Erin found ways to manage, but by the time she graduated from high school, she still didn’t know how to read.

Lacking reading skills, Erin couldn’t hold a job and support herself. She got married out of desperation and eventually had two children. The marriage ended and Erin became depressed about her life. Her mother’s untimely death from cancer forced Erin to re-evaluate her priorities. She realized that self-improvement and helping her children do well were most important to her, and that learning to read was the key.

For two years, Erin met with a Hopelink literacy tutor twice a week. “Once I learned how to read, I could help my kids with schoolwork,” Erin said. “I also read all the self-help books I could get my hands on, wanting to be a better person. Since then, I haven’t stopped moving forward!”

“I owe so much to Hopelink,” she continued. “The support and help I got shows that you can be at your lowest low and still change your life forever.”

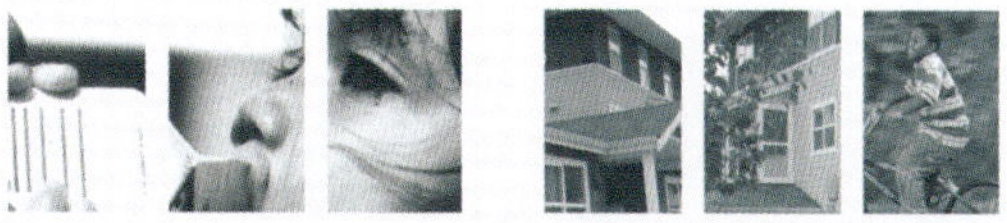

Family & Emergency Services

Hopelink’s Family and Emergency Services Program helps families avoid homelessness and become more self-sufficient. By identifying their strengths and goals, a family can visualize and work towards a better future. Hopelink’s six centers in Bellevue, Kirkland, Northshore, Redmond, Shoreline, and Sno-Valley serve as community resources, providing emergency and long term services along with information and referrals to thousands seeking help with medical care, employment, housing, counseling and other critical needs. The centers also provide emergency financial assistance and food. With the assistance of a Hopelink Family Development Specialist, each family works together in a long-term partnership that helps them break through the specific obstacles keeping them from reaching their goals. The purpose is two-fold: to help families thrive in their relationships and to assist them in reaching their potential for economic independence.

- 2,754,170 pounds of food were distributed to 13,572 clients through Hopelink food banks
- 2,162 households (6,830 individuals) received food at holiday food banks
- 1,961 households (totaling 5,147 children) received gifts through holiday gift rooms
- 2,292 emergency bags of food were distributed through food banks
- 1,456 households accessed health care services (Rotocare, dental van, etc.)
- 731 households received $210,046 to help them avoid eviction
- 93 percent of Family Development Program clients were diverted from entering the homeless system
- 91 percent of Family Development Program clients who had employment-related goals were successful in increasing their job skills

Housing

Families can become homeless for many reasons: domestic violence, sudden lay-offs, unaffordable rent increases or the high cost of medical care for an unforeseen illness or injury. These are just some of the crises that can leave families without a roof over their heads. Hopelink believes that every family deserves a safe and stable home, and this is especially important for families with young children. Programs include: emergency shelter, transitional housing, eviction prevention and first month’s rent.

- 84 families stayed in transitional housing for a total of 52,852 bednights
- 198 individuals stayed in the Avondale Park transitional housing complex
- 187 individuals were housed in the Avondale Park emergency shelter for a total of 6,113 bednights
- Avondale Park received a HomeStreet Bank Community Housing Award of $10,000
- Dwelling Company committed to re-developing the Dixie Price transitional housing complex at no cost to Hopelink
- 101 families (313 individuals) were sheltered at Hopelink’s Kenmore shelter for a total of 8,533 bednights

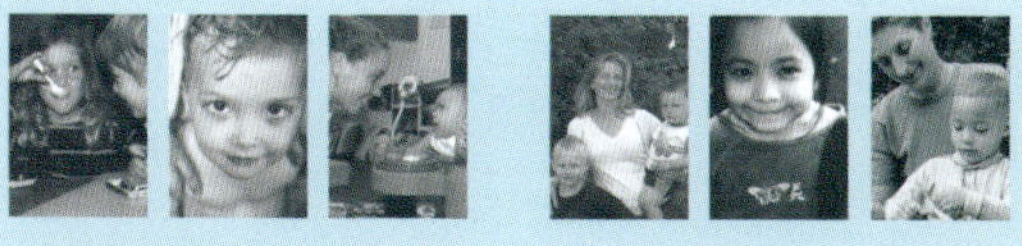

Child Care Development

Hopelink’s Child Development Program is dedicated to providing high quality early learning and child development, building bright futures for children in the community. The goal is to support the healthy development of at-risk children by providing a complete range of services for children whose families are struggling to become self-sufficient. Hopelink operates two child development facilities: the Adelle Maxwell Child Development Center in Bellevue and Hopelink’s Child Development Center at Overlake in Redmond. Full-time care is provided for children from four weeks to five years of age at both centers. The school-age program and early childhood education programs encourage school-readiness by providing before and after school care and full-time summer care for children ages five to eight years.

ADELLE MAXWELL CHILD DEVELOPMENT CENTER:

- Earned National Association for the Education of Young Children (NAEYC) accreditation
- Built a new playground
- Maintained full Head Start enrollment
- Facilitated full summer program with three field trips each week
- Facilitated 12 family events for students and their families
- Celebrated the receipt by one of its teachers, who is also a resident at Hopelink Place, of a TEACH scholarship to obtain her Associate of Arts degree

OVERLAKE CHILD DEVELOPMENT CENTER:

- Switched from disposable to cloth diapers
- Facilitated Parent/Teacher conferences for the first time

Family Development

With the assistance of Hopelink family development specialists, families work together in a long-term partnership that empowers them to reach new levels of self-sufficiency. By working with the whole family, the family development specialists can help each family to identify their strengths, visualize a better future, set goals, and achieve success in several critical areas such as housing, nutrition, employment, health, education and parenting. Families meet with their family development specialist at a Hopelink office or in their home and may receive limited financial assistance as well as connections to other programs.

- 705 people in the family development program were diverted from entering the homeless system
- 67 people in the family development program who sought to reduce their barriers to employment achieved their goal. This is an 84% success rate.
- 54 people in the family development program who sought to obtain a job achieved their goal. This is a 68% success rate.
- 50 parents in the family development program were able to improve their parenting skills through Hopelink classes. This is a 100% success rate.
- 5,747 children received holiday presents through Hopelink gift rooms

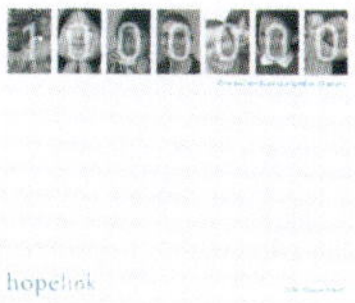

COLOR：Process Black, PANTONE 334
PAPER：60# BOISE SMOOTH OFFSET
HOPELINK ANNUAL REPORT, 2006
2C　298×248mm　2007年
CL：HOPELINK　CD：KURT WOLKEN　D：SHANNON KNEPPER　S：WOLKEN COMMUNICA

Then and Now: Comparing 1971 and 2006

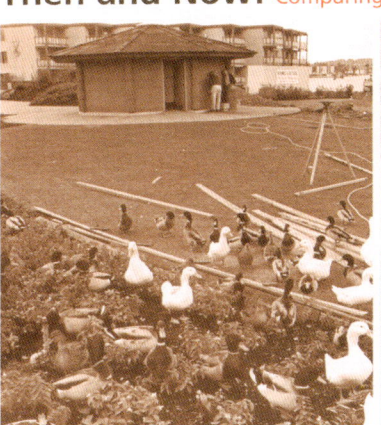
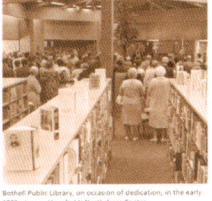
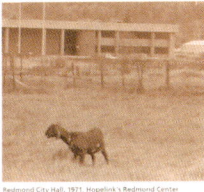
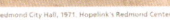

Kirkland Waterfront Park (under construction), 1971. Two blocks from Hopelink's Kirkland Center.

Bothell Public Library, on occasion of dedication, in the early 1970s, is near Hopelink's Northshore Center.

Redmond City Hall, 1971. Hopelink's Redmond Center opened in 1982.

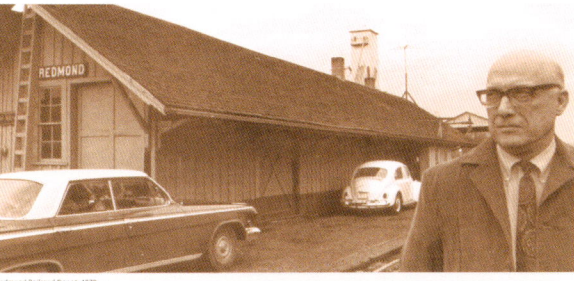
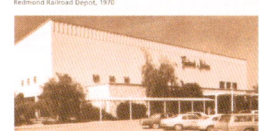
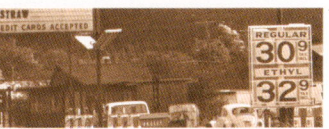

Redmond Railroad Depot, 1970.

Shoreline's Aurora Village, 1971. In 2006, Hopelink opened a new Shoreline. This is a 1971 gas station near North Bend. In 2005, Hopelink opened a satellite center in North Bend, center one mile from where the mall once stood.

National News
- South Dakota's Senator George McGovern opens his campaign for the Democratic presidential nomination.
- The Apollo 15 astronauts explore the moon's surface riding in a battery-operated vehicle known as Lunar Rover.
- To combat runaway inflation, President Nixon orders a 90-day freeze on prices and wages.

At The Box Office
Fiddler On The Roof
Billy Jack
The French Connection
* Source: Variety, top three box office performers of 1971

Local News
- Starbucks Coffee opens first store in Pike Place Market.
- Seattle voters approve initiative to preserve historic Pike Place Market.
- The Federal Highway Administration awarded Bellevue's NE 12th Street project first place for outstanding highway development in an urban environment.
- D.B. Cooper parachutes over southwestern Washington from the jetliner he skyjacked with $200,000 ransom money and is never seen or heard from again. Fragments of the ransom money were found on a Columbia River bank in 1980, but D.B. Cooper left no other trace.
- Dick's Drive-in adds two new burgers to its menu: the Dick's Special with lettuce, mayonnaise and chopped pickles, and the Dick's Deluxe, a beefed-up, quarter pound Special with cheese. About the same time, Dick's dropped orange soda and added diet Coke.
- Sears & Roebuck opens the doors to a brand new location in Redmond at 148th.
- Bellevue briefly experimented with a drive through post office. The new location was effective at moving customers through the holiday rush but ultimately did not take.

Historical photographs courtesy of Seattle Post-Intelligencer Collection, Museum of History & Industry.

Then and Now	1971	2006
New house *(national average price)*	$25,200	$279,100
National average income	$10,622/year	$27,640/year (2005)
Average new car price	$3,560	$25,000
Tuition to Harvard University	$2,600/year	$32,097/year
Movie ticket	$1.50	$9.50
Gasoline	.40/gallon	$3.00/gallon
US postage stamp	.30	$3.40
Granulated sugar, 5 lbs.	.62	$2.29
Vitamin D milk, gallon	$1.17	$2.50
Ground coffee, per pound	.98	$3.94 (Folgers)
Bacon, pound	.80/lb	$3.50/lb
Eggs, dozen	.45	$1.59
Ground hamburger	.62/lb	$2.79/lb (23% fat)
Loaf of bread	.25	$1.50 (Franz white)

On The Radio
"Joy To The World" - Three Dog Night
"It's Too Late" - Carole King
"How Can You Mend A Broken Heart" - Bee Gees
Source: Billboard, top three songs of 1971

Celebrity Deaths
Jim Morrison of The Doors
Louis Armstrong, legendary jazz performer
Coco Chanel, French fashion designer

Celebrity Births
Mary J. Blige, American singer
Lance Armstrong, American cyclist
Winona Ryder, American actress

3

4

---

hopelink timeline

transitional housing
1991: The first agency-owned transitional housing units open in Redmond, and four homeless families move in.

transportation
2005: Fifteen transitional housing units open at Alpine Ridge in Bothell. Transportation services provide more than 2 million rides this year.

child development
2002: A second child development center opens in Redmond, in the Overlake area.

1982: The Multi Service Centers offer emergency shelter to families and single women in local motels. Residents of Bellevue and Redmond open two new Emergency Service Centers and Food Banks.

1999: The Raise the Roof Capital Campaign raises $10 million to build 20 units of transitional housing, a new Bellevue center, and a child development center.

2006: Emergency service center opens in Shoreline.

1971
1981 • 1982 • 1984 • 1991 • 1992 • 1999 • 2000 • 2001 • 2002 • 2004 • 2005
2006

hopelink begins
1971: In April, a group of neighbors establishes the Northshore Job Referral Service in Bothell to help people laid off by Boeing. In October the group receives a grant, changes its name to Northshore Multi Service Center and moves to Kenmore. There it opens a food bank and offers rides to medical appointments for elderly, disabled and low-income residents.

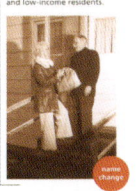

shelter opens
1984: The first and only emergency shelter for homeless families in north and east King County opens in Kenmore.

1981: Residents help start two new Multi Service Centers in Kirkland and the Snoqualmie Valley to provide food and emergency assistance.

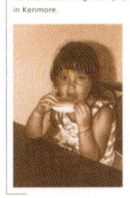
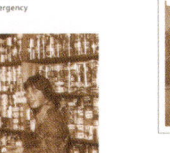

25,000 served
1992: The organization changes its name to Multi Service Centers of North and East King County. A year later, the Transportation Department moves to Bellevue and expands to serve more than 25,000 low-income, elderly and disabled citizens annually.

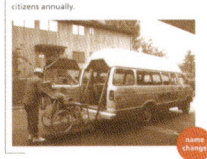

2000: The agency changes its name to Hopelink and improves service to clients in Bellevue by replacing its aging facility with a brand new Emergency Service Center, Food Bank and Child Development Center. Hopelink also opens 20 units of transitional housing in Bellevue.

2001: Eastside Literacy merges with Hopelink.

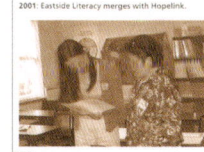

2004: Hopelink partners with Springboard Alliance to open Avondale Park, with 50 units of transitional housing and eight units of emergency shelter.

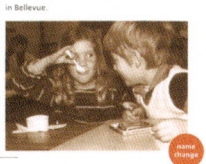

quick facts

food banks
More than 50,000 households used Hopelink's six food banks, and more than 2.6 million pounds of food were distributed.

transition housing
71 families (280 people) were housed in Hopelink's transitional housing.

literacy education
1,109 adults participated in Hopelink's literacy education programs.

interpreters
Interpreters helped 21,728 people who speak 39 languages other than English to communicate during medical or social-service agency appointments.

school supplies
1,735 children received backpacks, notebooks and other school supplies.

energy assistance
5,414 households received help paying their energy and heating bills.

5

6

COLOR : ● PANTONE 159, ● PANTONE 732
PAPER : 60# BOISE SMOOTH OFFSET

REACHING OUT; HOPELINK'S QUARTERLY MAGAZINE
2C   298×248mm   2006年

CL：HOPELINK   CD：KURT WOLKEN   D：SHANNON KNEPPER   DF, S：WOLKEN COMMUNICA

中田昭彦の自白調書より。

青葉城も美しい宮城県仙台。もう5年も前になります。加盟店の開拓や会員さんに対するサービスが当時の主な仕事でした。今こうして思い返してみると、私が現在の仕事に興味を持ち始めたのは、あるゴルフコンペが境になったような気がします。自分でイベントを企画して、実行準備する。またその結果が成功したもんだから、めっぽう喜ばれちゃって、「今日はありがとう」などと、その瞬間にゾワッと来ました。「これだ！」と思いましたね。ゴルフというひとつの旗印で人を集めて、グループができてゆく。何だか楽しかった。以後5年、仙台支店での仕事も満足のいくものでした。と、ある初冬、本社会員サービス部への異動の発令を受けました。会員さんを集めて組織化してゆく、そういう仕事を私が担当していくことになったのです。カード淘汰の時代に入った今、どれだけ他のカードとの差別化が図れるか、UC会員の方だけにイベントに参加して頂くということは、もちろんチケットの売上げもありますが、UCとの心情的パイプを太くして頂くというのが大きな狙いでもあります。もし参加することで会員さんどうし親しくなれたら、それこそUCカードから離れられなくなるでしょう？そういうことです。私は新しい仕事への思いをはせ、東京へと向かいました。

●

この1年半、会員さんを集めたイベントの数々を紹介します。東京で宝塚歌劇団の「エリザベート」を貸し切りで開催しました。1社単独の主催はふつう、なかなか交渉が難しいそうです。満員御礼でした。青山劇場で美輪明宏さん主演の「黒蜥蜴（くろとかげ）」も主催しました。この時は大型台風が首都圏を直撃した日にぶつかり、大いに肝を冷やしましたが台風が昼間のうちに去ってくれたので、結局、盛況で胸をなで下ろしました。困ったのはホイットニー・ヒューストンの来日コンサートでした。本人の都合で延期になってしまったんです。会員さん全員にダイレクトメールでお知らせして、遠方の方には電話でお知らせ。3000人の予約だったのできつかった。それから、昨年7・8月にロシアのサーカスとアメリカのミュージカルを合体した「ドリーム・エンジェル」の貸切公演を行いました。これは私にとって、というよりUCカード全体にとって大きな意味を持つものでした。必ず大成功させなければ…。理由は開催地にあります。たまたまですが、UCの本社があるお台場、その真横の空き地に巨大テントを張っての公演でした。お膝元でコケるわけにはいかないでしょう。ただこればかりは気をもんでも仕方ないんで、私は一つの仕掛けに取りかかりました。来場した会員さんにも広告マンになってもらおうというものです。夏、涼しい、人目につく、くれるウチワ、帰りの電車なんかでパタパタされると「UCカード」の名が妙に目につくというわけです。公演の方ですが、2000席×2回で4000。完売でした。実際の入りもすごかった。一人ひとりの会員さんを見送るとき「今日はありがとう」と言われた。こんな仕掛けなら何度をまっても、誰も文句言わないでしょう？

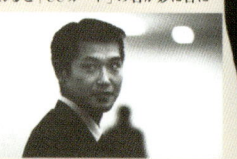

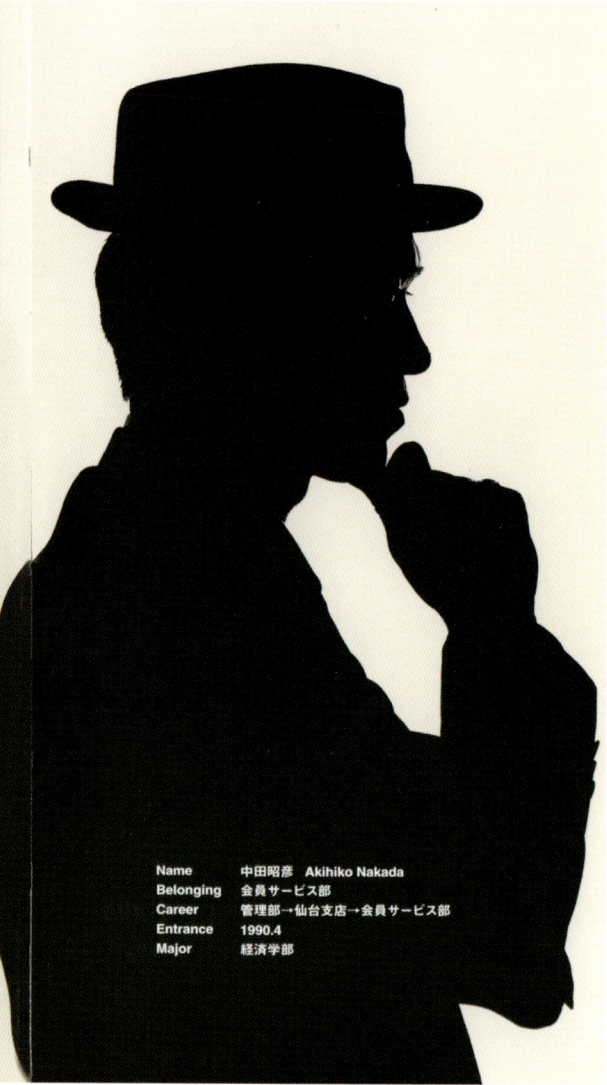

Name 中田昭彦 Akihiko Nakada
Belonging 会員サービス部
Career 管理部→仙台支店→会員サービス部
Entrance 1990.4
Major 経済学部

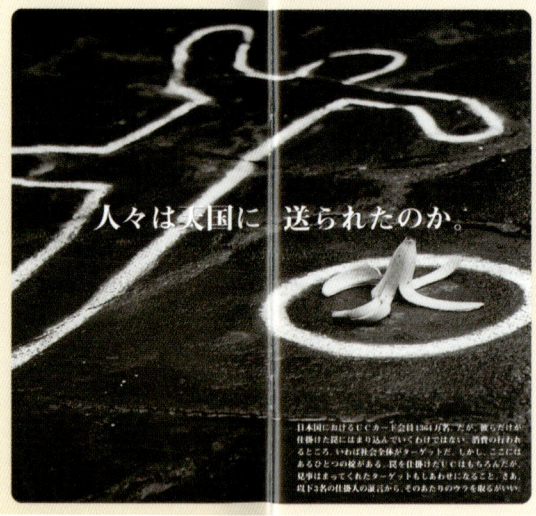

人々は天国に 送られたのか。

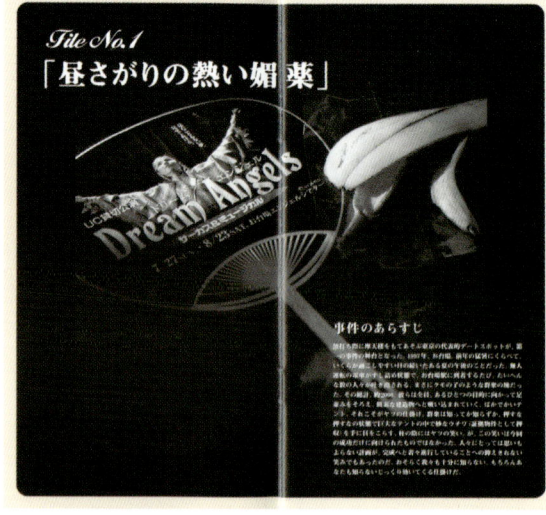

Title No.1
「昼さがりの熱い媚薬」

事件のあらすじ

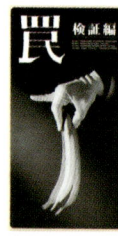

COLOR：● Process Black, ▨ PANTONE 7534

罠
2C 210×110mm 2000年

CL：UCカード CD：鈴木猛之 D：淵 憲一 PH：平澤 寛 DF：フチデザイン S：パラドックス・クリエイティブ

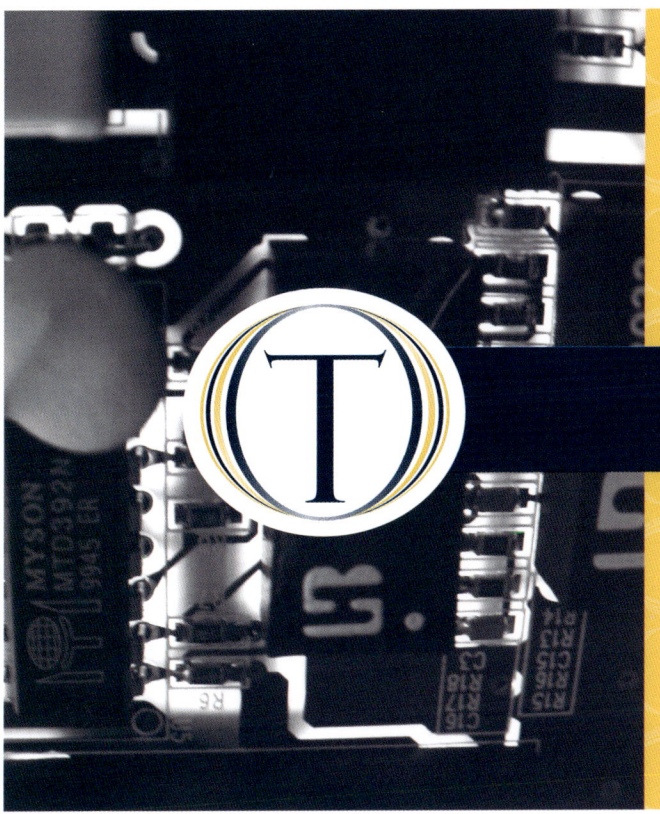

Tower Travel Management has a proud history of always looking for better and more cost-effective ways to deliver quality travel services. We have achieved success by assuming one of the industries' most advanced technology positions, empowering travelers and travel arrangers with servicing options and information access unheard of only a few years ago.

IS FOR TECHNOLOGY

In fact, Tower was among the first to offer clients an online booking tool and we are #1, the highest of all traditional U.S. agencies, for online transactions. Our expertise means you get maximum benefits:

- Reduction in transaction fees up to 90% versus other travel providers
- Up to 37% savings on fares and rates (average savings -16.6%)
- Dedicated, online Help Desk resources
- Defined and proven implementation and adoption strategies
- Documented time efficiencies average a five minute processing time

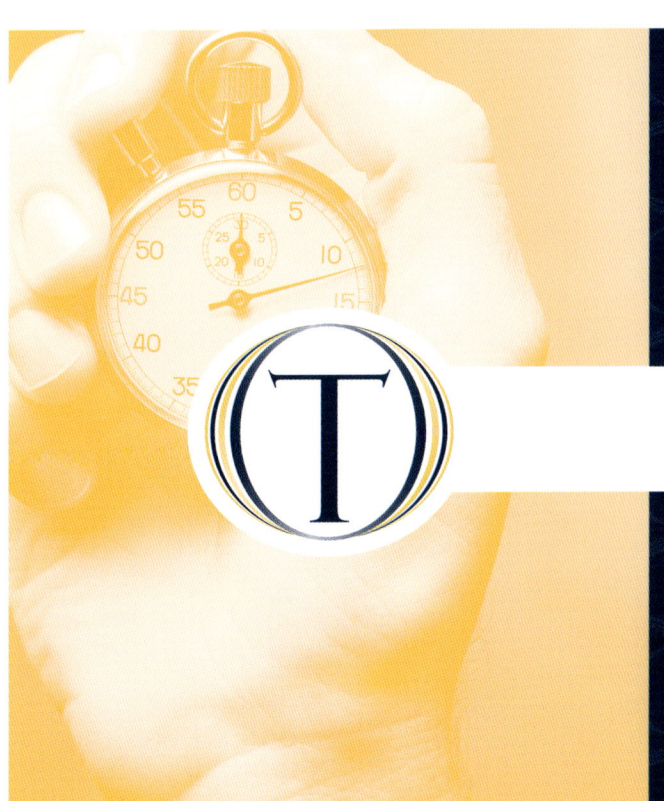

Tower Travel Management will free your employees from hour after hour spent coordinating travel. A sound, well-communicated travel policy administered by high-touch, informed professionals using advanced technology increases your employees' productivity and assures the greatest return on your travel dollar.

IS FOR TIME SAVING

Why should your company spend productive hours searching for the lowest cost air fares or hotel rooms? Our proprietary Multi-Channel Distribution Strategy (MCDS) allows Tower to guarantee the lowest available fares and hotel room rates on every transaction. In addition, senior-level supplier relationships with all major airlines and car rental providers plus the purchasing power of over 12 million hotel room nights assure you exclusive perks, added value, complimentary upgrades and more.

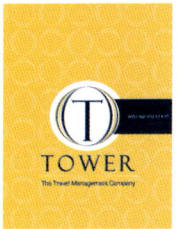

COLOR : ● PANTONE 124, ● PANTONE 5395

Tower Travel brochure
2C　174×89mm　2007年

CL：Tower Travel　CD, AD, D：John Sayles　DF, S：Sayles Graphic Design

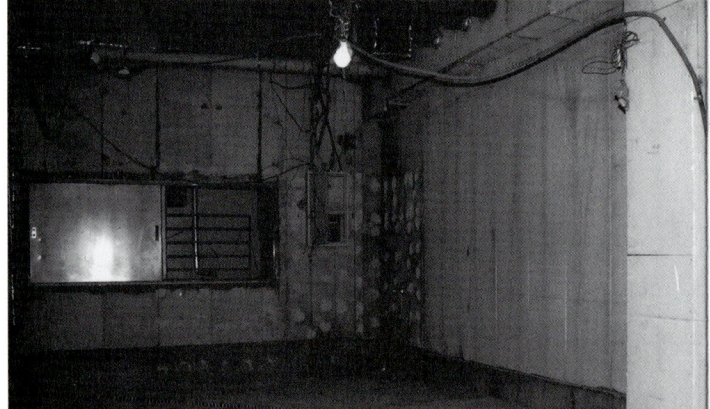

魂を、吹き込め。

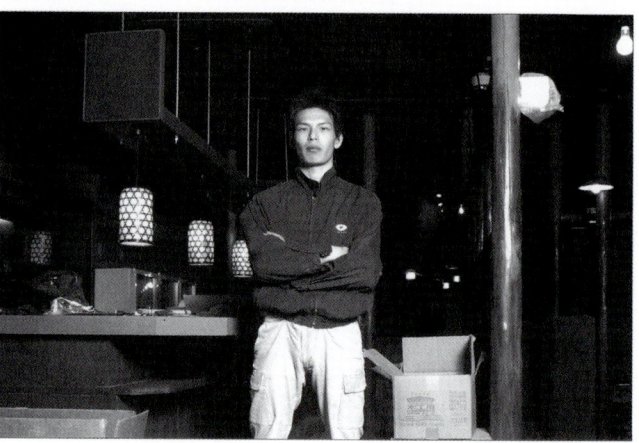

どんなに広いお店でも、
数ミリずれたら、アウトだね。

施工監理
田中 哲也

入社して、六年。手がけた店舗内装は、百件以上。個人店から大手チェーンまで、いろんな物件をがむしゃらに走り抜けてきた。大変だったこともあるけれど、いつも楽しくて仕方がなかった。たぶん、「商業施設の内装建築」ってやつが、どうしようもなく好きなんだと思う。ちなみにウチは、現場を思う存分楽しめる風土がある。例えば、一人一物件。常駐管理制度、工程監理、引渡までのすべてを一人の施工監理者選定、見積作成から業者選定、工程監理、引渡までのすべてを一人の施工監理で見れるから、納得いくまでつくり込むことができる。それこそ、「この定食屋の厨房、食器棚の奥行きを五ミリ伸ばそう」とか、ミリ単位でね。確かに、「そんな細かいとこ、誰も気づかないよ」と言われるかもしれない。でも、そういう細かいこだわりが百個、二百個と積み重なってはじめて、本当にいい内装は出来上がるんじゃないかな。それに、その方が自分の仕事に誇りが持てるでしょ？

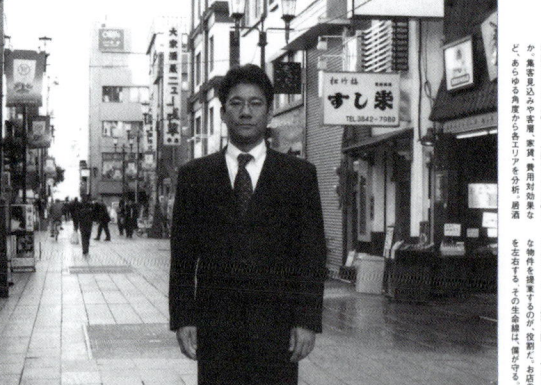

繁盛する物件と、
繁盛しない物件を見抜く。

店舗開発（課長）
冨田 博和

「この沿線はファミリー層が多く、また車で移動する人が多い」とか、「競合が少ないから集客見込みやや古層、家賃・費用対効果など、あらゆる角度から綿密に分析。居酒屋、コンビニ、カフェなど、顧客の業態コンセプトやターゲット層等と照らし合わせて、最適な物件を提案するのが私の仕事。お店の売上を左右する、その生命線は僕が守る。

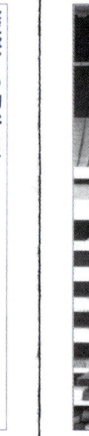

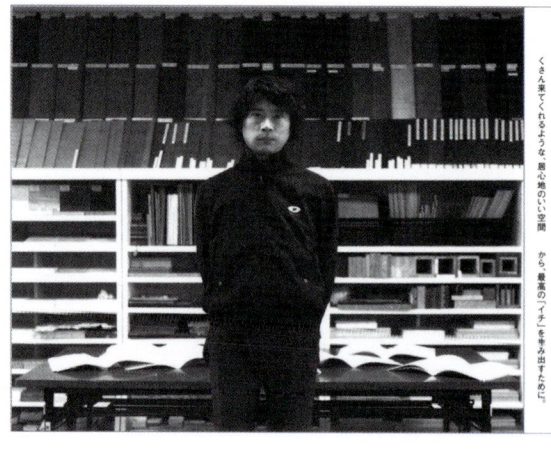
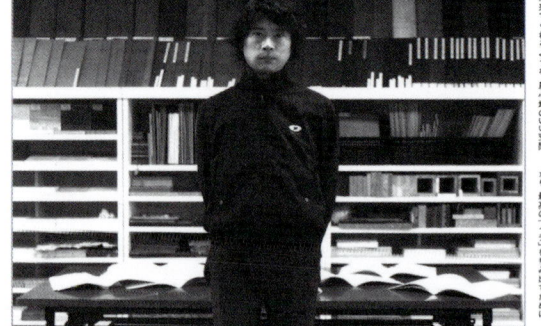

カッコイイだけの
デザインなら、いらない。

設計・デザイナー
高木 貴裕

単に見てくれのいいデザインを考えればいいというわけが大事。ターゲットは若年層らしいデザインとか、他にはない、そのお店らしいデザインとか。何よりも、お客様が心地よくいられるような、「居心地のいい空間」なのか、ファミリー層なのか、右脳だけじゃなくさん来てくれるような、「ロジカルな左脳も大事。お客様の「ロジカルな左脳」も回転させる、「プロ」から、最高の「プチ」を生み出すために。

モノ
づくり、
一
直
線。

COLOR： ● Process Black,　● DIC 255
PAPER： サンシオン

モノづくり、一直線。
2C　148×210mm　2007年

CL：藤田建装　AD：宮川和之　CD：大澤範之／鈴木祐介　D：宮川和之　CW：鈴木祐介　PH：関 和代／落合陽城　S：パラドックス・クリエイティブ

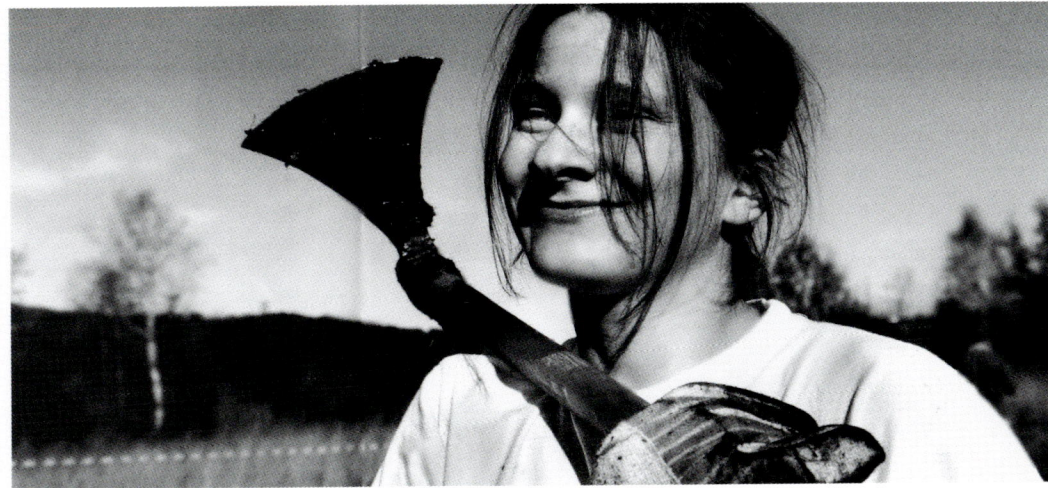

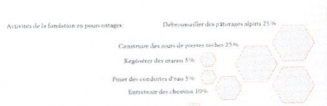

Actions de la fondation en pourcentages:
- Débroussailler des pâturages alpins 25%
- Construire des murs de pierres sèches 25%
- Régénérer des marais 5%
- Poser des conduites d'eau 5%
- Entretenir des chemins 10%
- Déblayer après une tempête: une avalanche 5%
- Entretenir des forêts alpines 25%

Protéger la nature signifie chez nous retrousser les manches et mettre les mains à la pâte. Dans la bonne humeur, en utilisant aussi bien les biceps que le cerveau! Ce travail ne reste pas sans écho: il suscite de l'enthousiasme – et une demande grandissante de la part des volontaires.

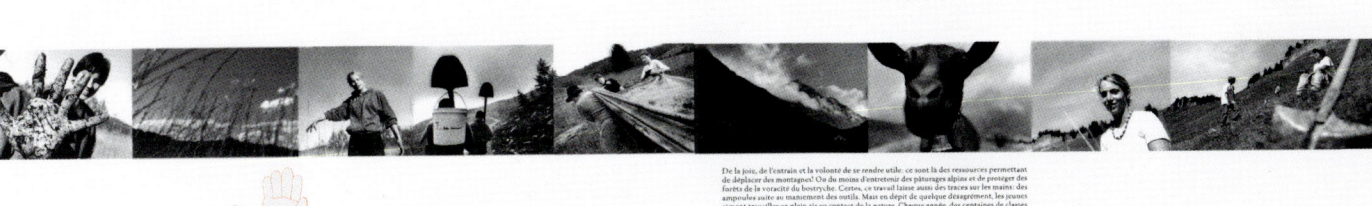

6 7

Part adultes 20% ⬛ Part adolescents 80%

De la joie, de l'entrain et la volonté de se rendre utile: ce sont là des ressources permettant de déplacer des montagnes! Ou du moins d'entretenir des pâturages alpins et de protéger des forêts de la voracité du bostryche. Certes, ce travail laisse aussi des traces sur les mains: des ampoules suite au maniement des outils. Mais en dépit de quelque désagrément, les jeunes aiment travailler au plein air au contact de la nature. Chaque année, des centaines de classes se portent volontaires pour une intervention d'une semaine. Durant celle-ci, les adolescents apprennent la vie à la montagne et prennent conscience de la satisfaction que procure un travail accompli en commun, partageant aussi d'exaltants moments de détente. Quel événement inoubliable riche d'expériences!

STATISTIQUES.

FILM VIDEO, LIVRE, ACTES DU CONGRES.

20 21

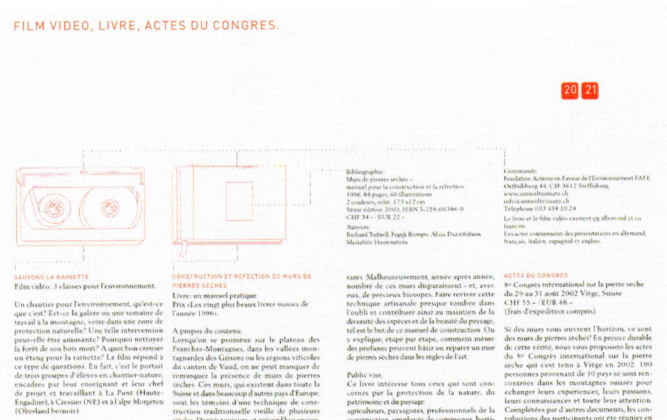

LA FAFE EST ACTIVE DANS TOUTE LA SUISSE
En 2004, la Fondation Actions en Faveur de l'Environnement a effectué 20'477 jours de travail grâce à 3'475 personnes réparties en 192 groupes et intervenant à 114 endroits. Ces interventions organisées à la montagne et dans les zones de protection naturelle ont eu lieu dans toutes les régions de Suisse:

Regions	Groupes	Personnes	Jours de travail	Lieux
Valais	31	583	4'193	22
Fribourg et Vaud	20	315	2'025	12
Jura	9	145	985	5
Region bernoise	20	321	1'249	16
Suisse centrale	22	455	3'420	15
Suisse orientale	9	120	925	7
Grisons	70	1'321	6'605	30
Tessin	11	215	1'075	7

COMME DES FOURMIS
61 millions de francs en 30 ans? En effet, c'est le bilan écologique de la FAFE. Calculez avec nous: 390'000 jours de travail à raison de 7 heures par jour multipliés par un tarif horaire de 25 francs. Cela fait bien 63 millions de francs – plus l'immense plaisir que nos camps ont l'habitude de générer. Nous sommes fiers de ce bilan!
Il y a une vingtaine d'années, 1'103 personnes ont effectué 819 jours de travail gratuites à 7 endroits différents. En 2004, nous avons compté 20'477 jours de travail, soit 25 fois plus qu'en 1985. Le nombre de lieux d'intervention est passé de 7 à 114, soit 16 fois plus, ce qui signifie que nos chantiers augmentent non seulement en nombre, mais qu'ils intéressent aussi un public plus large, permettant à d'autres régions et à d'autres bénéficiaires de profiter de ces efforts. Un grand merci à tous les bénévoles qui, depuis 1976 ont entretenu avec nous de précieux paysages culturels, s'engagent pleinement en faveur de notre beau pays.

SAUVONS LA RAINETTE.
Film vidéo. 3 classes pour l'environnement.

Un chantier pour l'environnement, qu'est-ce que c'est? Est-ce la galère ou une semaine de travail à la montagne, votre dans une tente de protection naturelle? Une telle intervention peut-elle être amusante? Pourquoi nettoyer la forêt de son bois mort? À quoi bon creuser un étang pour la rainette? Le film répond à ce type de questions. En fait, c'est le portrait de trois groupes d'élèves en chantier-nature, encadrés par leur enseignant et leur chef de projet et travaillant à La Punt (Haute-Engadine), à Cressier (NE) et à l'alpe Mongeton (Oberland bernois).

CONSTRUCTION ET RÉFECTION DE MURS DE PIERRES SÈCHES
Livre: un manuel pratique.
Prix «Les vingt plus beaux livres suisses de l'année 1996».

À propos du contenu.
Lorsqu'on se promène sur le plateau des Franches-Montagnes, dans les vallées montagnardes des Grisons ou les régions viticoles du canton de Vaud, on ne peut manquer de remarquer la présence de murs de pierres sèches. Ces murs, qui existent dans toute la Suisse et dans beaucoup d'autres pays d'Europe, sont les témoins d'une technique de construction traditionnelle vieille de plusieurs siècles. Depuis toujours, et aujourd'hui encore, on les construit sans ciment ni mortier. Ils sont néanmoins très solides! De plus, ils se fondent harmonieusement dans le paysage et abritent beaucoup d'animaux et de plantes rares. Malheureusement, année après année, nombre de ces murs disparaissent – et, avec eux, de précieux biotopes. Faire revivre cette technique artisanale presque tombée dans l'oubli et contribuer ainsi au maintien de la diversité des espèces et de la beauté du paysage, tel est le but de ce manuel de construction. On y explique, étape par étape, comment même des profanes peuvent bâtir un mur de pierres sèches dans les règles de l'art.

Public visé.
Ce livre intéresse tous ceux qui sont concernés par la protection de la nature, du patrimoine et du paysage:
agriculteurs, paysagistes, professionnels de la construction, employés de communes, horticulteurs, membres d'associations de protection de la nature et de tourisme pédestre, responsables de réserves naturelles, propriétaires de jardins, etc.

Bibliographie:
Murs de pierres sèches –
manuel pour la construction et la réfection
1996, 84 pages, 60 illustrations
2 couleurs, relié. 17.5 x 12 cm
3ème édition 2003, ISBN 3-259-05386-0
CHF 34.– / EUR 22.–
Auteurs:
Richard Tufnell, Frank Rumpe, Alois Dürr, Marluise Hunzenreiter.

ACTES DU CONGRES
8e Congrès international sur la pierre sèche du 29 au 31 août 2002 Viège, Suisse
CHF 55.– / EUR 48.–
(frais d'expédition compris)

Si des murs vous ouvrent l'horizon, si ce sont des murs de pierres sèches? En preuve durable de cette vérité, nous vous proposons les actes du 8e Congrès international sur la pierre sèche qui s'est tenu à Viège en 2002. 190 personnes provenant de 10 pays se sont rencontrées dans les montagnes suisses pour échanger leurs expériences, leurs passions, leurs connaissances et toute leur attention. Complétées par d'autres documents, les contributions des participants ont été réunies en un livre exaltant. Si vous êtes à la recherche d'informations sur les constructions en pierre sèche dans les régions de montagne, c'est que vous trouverez matière à lire et à méditer.

Commande:
Fondation Actions en Faveur de l'Environnement FAFE
Orbühlweg 44, CH-3612 Steffisburg
www.umweltfonds.ch
info@umweltfonds.ch
Téléphone 033 438 10 24
Le livre et le film vidéo existent en allemand et en français.
Les actes contiennent des présentations en allemand, français, italien, espagnol et anglais.

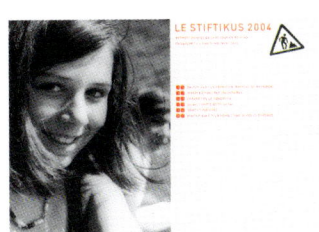

LE STIFTIKUS 2004

COLOR : ⬛ Process Black, 🔴 PANTONE Red 485
PAPER : Offset Munken Elk

Annual Reports
2C　297×210mm　2004年

CL：Stiftung Umwelt - Einsatz Schweiz　AD, CD：Heinz Wild　D：Dan Petter / Margit Feurer　PH：Katharina Wernli　I：Dan Petter　DF, S：Heinz Wild Design
CW：Christine Loriol / Marianne Hassenstein

気持ちがひとつになる、
それが「家を売る」ということ。

世の中の人々が、人生の中でひとつしか手に入れられないもの。
これだけモノがあふれている世の中で、
もしかしたら、それは「家」だけなのかもしれません。
だからこそ、なみなみならぬ思いをこめて。
じっくり、迷いながら、悩みながら、カタチにしていく。
苦労の末にできあがったときは、心から喜び、
それからの一生を共に暮らしていく。

私たちセキスイハイムは、「家を売る」という仕事は、
なんだか恋愛に似ているなあ、と思います。
どうやって、自分のことを信じてもらうか。
どこまで、その人の気持ちになることができるか。
時にはぶつかることもあれば、そっぽを向かれたりすることもあるでしょう。
でも、あの手この手で苦労して、気持ちがひとつになれたらすごくうれしい。
そして、すばらしい家が生まれてくるんだと思います。

それでは、いい恋愛をした3つのエピソードを、ご紹介するとしましょう。

家を建てることは、
家を捨てることでした。

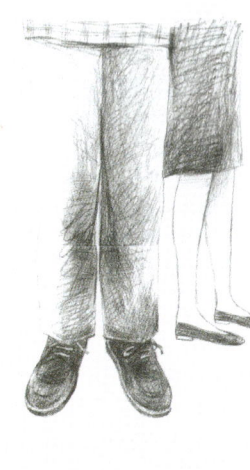

魔法のペンが、
家族をつないだ。

世界にひとつ、
屋久杉ハイム。

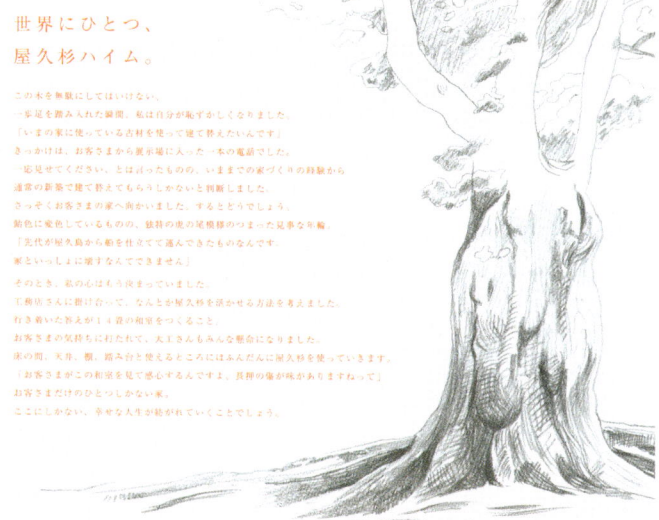

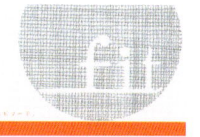

COLOR: ● Process Black, ● DIC 160
PAPER：ライトスタッフ
fit −大切なあの人と私たちとのエピソード−
2C　90×205mm　2005年

CL：セキスイハイム　AD, D：今井陽輔　CD：鈴木猛之 / 今野智子　I：飯田淳　CW：田島洋之　DF：今井デザイン研究所　S：パラドックス・クリエイティブ

ス
ー
ツ
デ
ザ
イ
ン
に
大
切
な
も
の
。

私達は常に「スーツデザインとは何か」を自問しています。医師の白衣が患者に安心感を与えるように、正しいビジネスの場におけるスーツは着る人の「真当性」を示すものでなければならないと考えます。トレンド性の極めて高いモードなスーツが、いわゆる業界人でもない限りほめられることはありません。スーツには着てみると実際の自分より凛々しく見えるスーツと、逆に貧相に見えてしまうものがあります。スーツがビジネスのためのものである限り、当然ですが好まれるのは前者となります。そう、スーツにおいて大切なのは「自身が求める印象を具体化」をさせてくれるか否か。私達はこれこそが「スーツデザイン」の根幹なのだと考えています。

また、「スーツデザイン」においては、もう一つ重要な要素があります。凛として、美しいものに仕立る事。例えば、着る人の脚を長くスマートに見せる工夫。ジャケットは、ベントの切込みを、デザイン上、無理なく高位置に設定する。深く切りこまれたベントは着る人の歩みをスマートかつ、スタイリッシュに見せる効果があります。パンツは、ヒップと膝位置を上部に設定しつつ、渡り部分の無駄なゆとりを廃しシャープに仕上げる。それらを考慮したうえで、足の動かし易さに支障無い範囲をミリ単位で計算し慎重にパターンメイキングを行ないます。スーツを正しいビジネスギアとしてだけでは無く、ファッションとしても、美しく優れたものに昇華したい……その考えこそが、スーツを新しい時代へと導く布石となるように。

仕
立
の
良
し
悪
し
は
デ
ィ
ナ
ー
に
表
れ
る
。

良いスーツは肩に乗り、悪いスーツは背中に張り付くという。これはディナー時によく表れます。きちっと仕立てられたスーツだと、決して上着を脱ぐことなく、ナイフやフォークを巧みに操れる。逆の場合は肘から肩、背中が突っ張り、どうしても上着を脱ぎたくなる。シャツ姿は下着姿だとするヨーロッパで、スーツの仕立が限りなく問われるのも当然の事で、同時に、これは着る人の姿勢に影響を与えてしまいます。先のページでスーツにおいて大切なのは「自身が求める印象を具体化」させてくれるか否か、と述べましたが、このことはスーツが肩に乗り、自然と胸を張れるか否か、ということでもあります。私たちのスーツは、胸を張って着ていただけるものだと確信しています。その為、フアッタマーノ（手技）を極めた工夫や仕事を随所に施

しています。例えば芯据え。私達のスーツの芯は馬毛ですが、中でも長くて張りがある尻屈毛「本バス毛芯」を用いています。そして、これを使って「毛芯縫製」を行い、平らな生地に立体的な丸味を生み出し、胸のカーブを美しく形作る。これは工場生産的な接着縫製とは比較にならない程の熟練の技と手間が求められます。また「殺し衿」。これは首の曲線に沿った自然な衿を生み出す技術で生地の目を読み、アイロンを駆使できなければ襟元は首筋になじみません。仕立については語りだすときりが無い。仮に一言でいうなれば費やす手間、時間の積み重ねによってこそ「良いスーツ」が完成するのです。

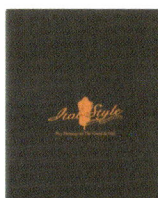

COLOR：● DIC 2395
PAPER：アラベール

コンセプトブック
2C / 1C　148×104mm　2004年

CL, S：エルシーアル　I：ユリコフ・カワヒロ

CYNTHIA OZICK

7:30PM BENAROYA HALL • WEDNESDAY SEPTEMBER 21
UNDERWRITTEN BY UNIVERSITY BOOK STORE

SIMON WINCHESTER

7:30PM BENAROYA HALL • WEDNESDAY OCTOBER 19
UNDERWRITTEN BY STOEL RIVES LLP

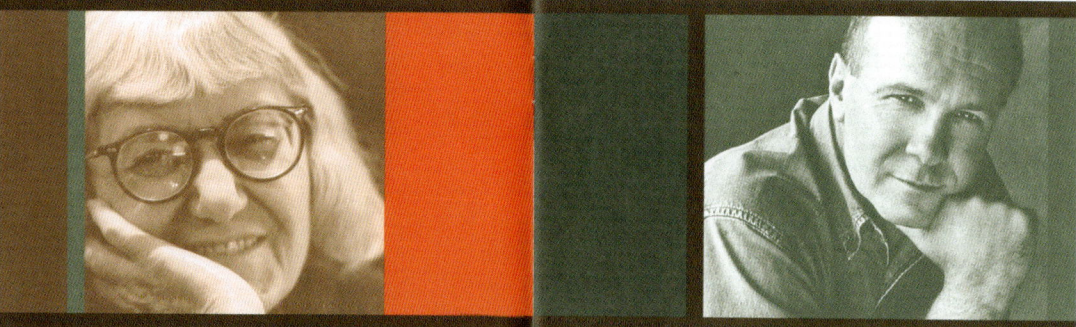

"Cynthia Ozick is the most accomplished and graceful literary stylist of our time."
—The New York Times

"He's a superb historian because he's a superb storyteller."
—Salon

Long regarded as one of the country's foremost literary luminaries, Cynthia Ozick began her scholarly life at age five-and-a-half, when her Russian Jewish grandmother took her for religious instruction to a rabbi who declared, "Take her home. A girl doesn't have to study." Her grandmother insisted, and Ozick dazzled her first audience with the fierce intellect that courses through all her writing. She attracts as much praise for her morally rigorous essays as for her satirically witty fiction. Counted among her impressive works of fiction are *The Shawl* (1989), *The Puttermesser Papers* (1997), and *Heir to the Glimmering World* (2004). The essay collections *Art and Ardor* (1983), *Metaphor and Memory* (1989), *Fame and Folly* (1996), and *Quarrel and Quandary* (2000) cover a remarkable range of subjects, from screen adaptations of Henry James to the political exploitation of Anne Frank. Ozick has also written poetry, drama, and countless articles and reviews. A recent nomination for the prestigious Man Booker International Prize follows earlier prestigious honors, including the National Book Critics Circle Award.

Ozick is the quintessential New Yorker. She was born and raised in Brooklyn, graduated from New York University, and regularly writes for the *New Yorker*, the *New York Times Magazine*, and the *New York Times Book Review*.

The world-roving British author Simon Winchester may be a self-described "bad geologist" but he is unquestionably a masterful spinner of historical and scientific sagas. Janet Maslin of the *New York Times* declares Winchester "the leading practitioner" of enlivening science and history with "wonderfully arcane information" and "enthralling trivia." The Oxford-educated author takes on bold, dramatic tales: a lethal volcano in *Krakatoa* (2003), the legendary Yangtze River in *The River at the Center of the World* (1993), and the Great California Earthquake in *A Crack in the Edge of the World* (2005). But it was an idiosyncratic little story that produced his biggest bestseller. *The Professor and the Madman* (1998) recounts the unlikely tale of an asylum-bound murderer who helped to write the Oxford English Dictionary. Winchester describes the impact on his sluggish career as a book author: "I've had years and years of being completely unsuccessful and unnoticed, and then all of the sudden, with *The Professor and the Madman*, this volcano, if I can use that metaphor, erupted."

Working for thirty years as a journalist and travel writer for British newspapers, *National Geographic*, and other popular periodicals, Winchester has demonstrated his wit and love of quirky details in galloping reports from Asia, the Pacific, and outposts of the British Empire. When not circling the globe, he divides his time between Massachusetts and western Scotland.

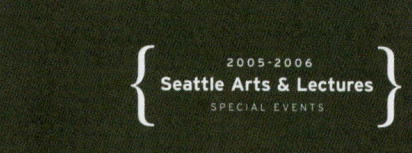

2005-2006
{ Seattle Arts & Lectures }
SPECIAL EVENTS

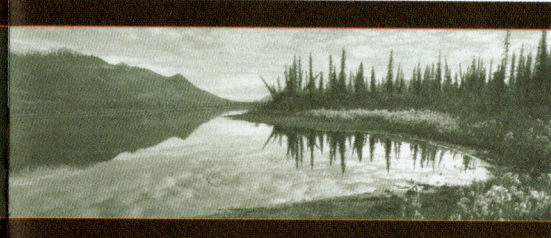

AN EVENING WITH CHARLES JENCKS

Presented by Seattle Arts & Lectures and the Seattle Art Museum
Underwritten by NBBJ and Sellen Construction Company
with support from Reed, Longyear, Malnati, Ahrens & West, PLLC

WEDNESDAY NOVEMBER 2, 7:30PM
ILLSLEY BALL NORDSTROM RECITAL HALL, BENAROYA HALL
GENERAL ADMISSION-$15
SEATTLE ART MUSEUM MEMBERS-$12 • STUDENTS/UNDER 25-$7.50

Renowned architect and theorist Charles Jencks is most famous for his writings on postmodern architecture. His influential book *The Language of Post-Modern Architecture* (1977) extended the concept of postmodernism from literary criticism to the visual arts. He is author of more than thirty books, including *Towards a Symbolic Architecture* (1985), *The Architecture of the Jumping Universe* (1995), and *The Garden of Cosmic Speculation* (2003). His most recent book, *The Iconic Building*, analyzes world-famous structures by Frank Gehry, Daniel Libeskind, and Rem Koolhaas, among other leading architects. Jencks's own innovative work includes the dramatic and radical landscaping project, Landform, for the Scottish National Gallery of Modern Art.

Charles Jencks divides his time among lecturing, writing, and designing in the United States, the United Kingdom, Europe, and Asia. He earned degrees in English literature and architecture at Harvard and in architectural history at the University of London. He lives in Scotland.

"Charles Jencks is unequivocally architecture's greatest living storyteller."—Architecture

WILDERNESS AND IMAGINATION:
SUBHANKAR BANERJEE, TERRY TEMPEST WILLIAMS,
AND DAVID ALLEN SIBLEY

Presented by Seattle Arts & Lectures and North Cascades Institute
Underwritten by the Consulate General of Canada and the Lannan Foundation
with assistance from The Mountaineers Books

TUESDAY DECEMBER 6, 7:30PM
S. MARK TAPER FOUNDATION AUDITORIUM, BENAROYA HALL
PATRON SEATING-$50 • MAIN FLOOR-$25
BALCONY-$20 • STUDENTS/UNDER 25-$10

Please join us for a special evening featuring internationally acclaimed Arctic photographer Subhankar Banerjee; noted ornithologist, bird illustrator, and author David Allen Sibley; and poet and environmental activist Terry Tempest Williams. "Wilderness and Imagination" focuses on the vital relationship of natural resources and culture. The three speakers offer richly nuanced views of nature. Terry Tempest Williams's book *Refuge: An Unnatural History of Family and Place* (1991) is cited as a classic of American nature writing. Preservationists consider *The Sibley Guide to Birds* (2000) a monumental achievement. Subhankar Banerjee took the breathtaking photos featured in the exhibit *Arctic National Wildlife Refuge: Seasons of Life and Land*, on display at the Burke Museum of Natural History and Culture in Seattle. The speakers will reflect on philosophical, literary, and visual presentations of nature. They will comment on ways in which the natural world has historically been perceived and consumed in our society, as well as the resulting impact on environmental policies.

"We call out—and the land calls back."—Terry Tempest Williams

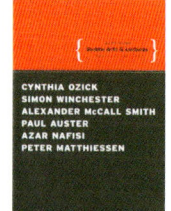

CYNTHIA OZICK
SIMON WINCHESTER
ALEXANDER McCALL SMITH
PAUL AUSTER
AZAR NAFISI
PETER MATTHIESSEN

COLOR : ⬤PANTONE Orange 021, ⬤PANTONE 5747
PAPER : 80# Finch Smooth Opaque

Seattle Arts & Lectures Literary Lecture Series Brochure 2005-2006
2C 229×153mm 2005年

CL：Seattle Arts & Lectures D：Karen Cheng DF, S：Cheng Design

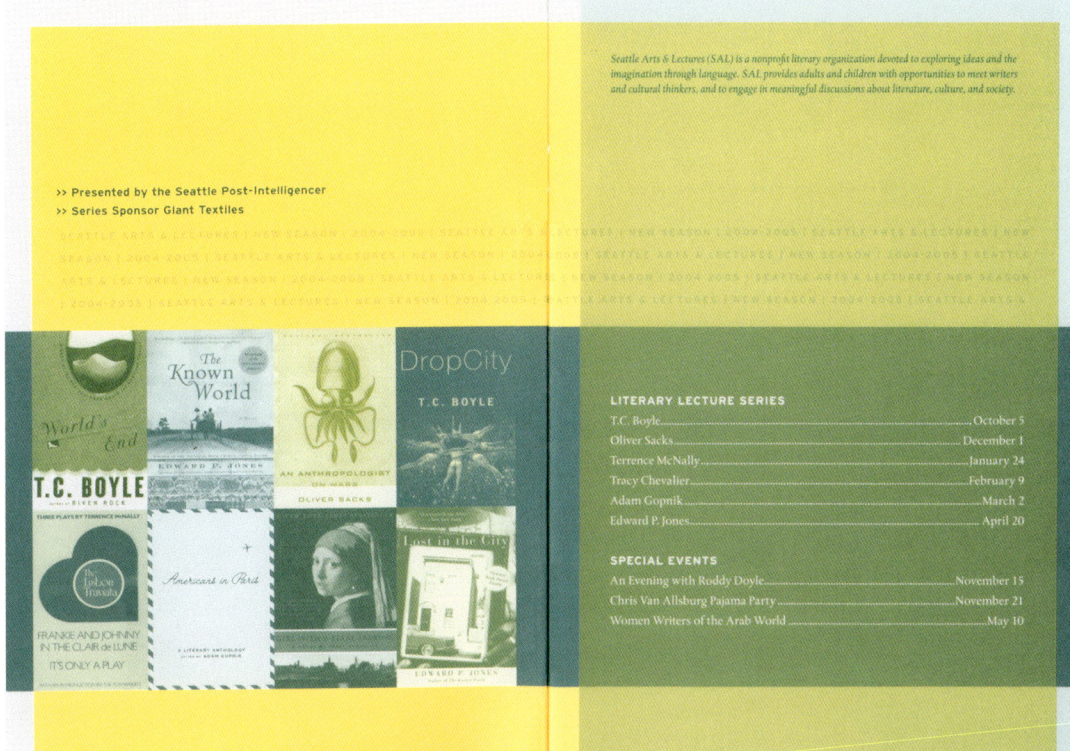

>> Presented by the Seattle Post-Intelligencer
>> Series Sponsor Giant Textiles

Seattle Arts & Lectures (SAL) is a nonprofit literary organization devoted to exploring ideas and the imagination through language. SAL provides adults and children with opportunities to meet writers and cultural thinkers, and to engage in meaningful discussions about literature, culture, and society.

LITERARY LECTURE SERIES

T.C. Boyle	October 5
Oliver Sacks	December 1
Terrence McNally	January 24
Tracy Chevalier	February 9
Adam Gopnik	March 2
Edward P. Jones	April 20

SPECIAL EVENTS

An Evening with Roddy Doyle	November 15
Chris Van Allsburg Pajama Party	November 21
Women Writers of the Arab World	May 10

T.C. BOYLE | Tuesday, October 5, Benaroya Hall, 7:30pm
Underwritten by Teutsch Partners, LLC

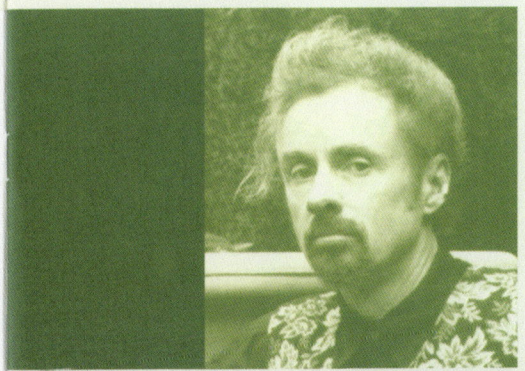

A writer of "protean imagination," T.C. Boyle dazzles readers with his wildly inventive plots, black comedy, and incongruous mixture of the mundane and the surreal. The author of nine novels and six collections of fiction, Boyle's latest work, *The Inner Circle* (2004), is inspired by Dr. Alfred Kinsey, the infamous, pioneering researcher in human sexuality. Last year's *Drop City*—the tale of a 1970s hippie commune—was a *New York Times* bestseller and was marked by the kind of craftsmanship that "has earned him a reputation as one of our best writers." Born in Peekskill, New York to Irish immigrant parents, Boyle describes his childhood as full of rebellion and rock 'n' roll. The rebellion of his youth now surfaces in his approach to fiction. He writes, "I don't want you to pick up any of my stories or books and have any idea what it's going to be." And thus, each new book has a trace of the unpredictable, a delightful wildness, and a raw humanity.

Boyle received the PEN/Faulkner Award for his novel *World's End*, and the PEN/Malamud Award for excellence in short fiction. His stories appear regularly in the *New Yorker*, *Harper's*, and *Esquire*. An alumnus of the Iowa Writer's Workshop, Boyle also has a Ph.D. in nineteenth-century literature. He teaches at the University of Southern California and lives near Santa Barbara.

"When it comes to pitch-black humor, Grand Guignol slapstick and linguistic acrobatics, T.C. Boyle is a master of his domain." —Michiko Kakutani

OLIVER SACKS | Wednesday, December 1, Benaroya Hall, 7:30pm
Underwritten by University Book Store

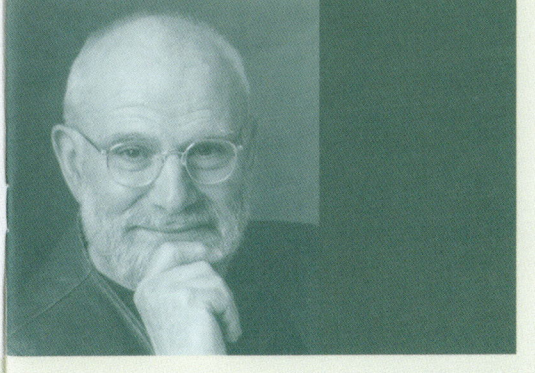

As a child in pre-WWII England, Oliver Sacks collected bus tickets whose numbers corresponded to all of the known elements of the time, from H1 to U92. "I think it was the only such collection in the world," he says. As an adult, a doctor, and a writer, he has become known for the unique vision to which his early collection testifies. This vision allows him to sense the scientific in the everyday world, the person in the patient, the story behind the symptom. In his early books, *Awakenings* (1973) (which was made into a major motion picture) and *The Man Who Mistook His Wife for a Hat* (1985), he explored the "uncanny worlds of his neurological patients" via narrative and empathy. "Sacks possesses the physician's love for classification and logical dissection," Ethan Canin wrote in the *Washington Post Book World*; "but...we see that he is also blessed with the humanist's wonder at character and grace, at the ineffable sadness and wondrous joy of art." In his recent works, *Uncle Tungsten: Memoirs of a Chemical Boyhood* (2001) and *Oaxaca Journal* (2002), he has focused this wonder on perhaps his most eccentric patient yet: himself.

A Guggenheim Fellow, Dr. Sacks lives in New York City where he is a clinical professor of neurology at the Albert Einstein College of Medicine and a frequent contributor to the New Yorker and the New York Review of Books.

"The poet laureate of medicine." —The New York Times

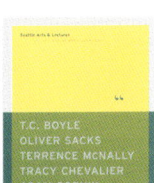

T.C. BOYLE
OLIVER SACKS
TERRENCE MCNALLY
TRACY CHEVALIER
ADAM GOPNIK
EDWARD P. JONES

COLOR : ⬤PANTONE 3302, 🔶PANTONE 108
PAPER : 80# Finch Smooth Opaque

Seattle Arts & Lectures Literary Lecture Series Brochure 2004-2005
2C 229×153mm 2004年

CL：Seattle Arts & Lectures　D：Karen Cheng　DF, S：Cheng Design

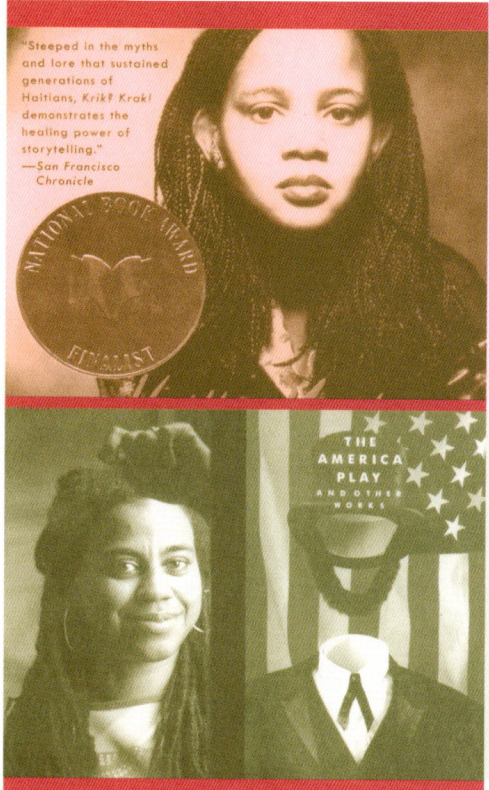

"Steeped in the myths and lore that sustained generations of Haitians, *Krik? Krak!* demonstrates the healing power of storytelling."
—*San Francisco Chronicle*

Edwidge Danticat 7:30pm Benaroya Hall • Monday January 8
UNDERWRITTEN BY UNIVERSITY BOOK STORE

Haitian author Edwidge Danticat is fluent—and eloquent—in three languages. Born in Port-au-Prince, she was raised in the Creole culture, took an honors degree in French literature, and writes stunning fiction in English. She published her debut novel, *Breath, Eyes, Memory* (1994), at twenty-four, only twelve years after immigrating to New York, "completely between languages." Infusing her novels, short stories, and essays is the rich narrative tradition of her Haitian ancestors, who, Danticat says, blended the European languages of their enslavers with African dialects to invent "a language from which colorful phrases blossomed to fit the desperate circumstances." Her short story collection *Krik? Krak!* (1991), nominated for the National Book Award, gives voice to those who fled the dictators and those who remained behind. She invokes history in *The Farming of Bones* (1999), the haunting tale of Haitian field workers massacred by a Dominican Republic dictator. A finalist for the National Book Critics Circle award, *The Dew Breaker* (2004) portrays an immigrant father who hides from his Brooklyn-dwelling daughter the brutal acts he committed in the Haitian homeland.

Danticat has been awarded the Pushcart Prize, an American Book Award, and the first Story Prize for outstanding short fiction. She has taught at New York University and the University of Miami. Danticat lives in the "Little Haiti" neighborhood of Miami.

"In Danticat's hands pain becomes poetry." —*The Washington Post*

Suzan-Lori Parks 7:30pm Benaroya Hall • Wednesday February 7
UNDERWRITTEN BY HOFFMAN CONSTRUCTION COMPANY OF WASHINGTON

Suzan-Lori Parks is playing the role predicted by her mentor James Baldwin: "an utterly astounding and beautiful creature who may become one of the most valuable artists of our time." After two early plays won Obie awards, Parks became the first African American woman to receive the Pulitzer Prize in drama for *Topdog/Underdog* (2001), portraying two hustling brothers pointedly named Lincoln and Booth. Broadway led to Hollywood: among other credits, Parks wrote the screenplay for Spike Lee's *Girl 6* and an adaptation of Zora Neale Hurston's classic *Their Eyes Were Watching God*. According to the *New York Times*, Parks' first novel, *Getting Mother's Body* (2003), "suggests her future as a novelist may be as bright as her career in the theater." Astonishingly prolific, Parks met the challenge she set herself in 2002 to write a play a day for the entire year. She recently completed *The War Anthologies*, a collaboration with Tony Kushner and other artists. While critics note Parks' focus on race and class prejudice, she declares: "Every play I write is about love and distance. And time. And from that we can get things like history."

Parks has also received Guggenheim and Rockefeller fellowships and a MacArthur Foundation "genius" award. She taught drama at Yale University and heads the dramatic writing program at the California Institute of the Arts in Valencia.

"Her dislocating stage devices, stark but poetic language and fiercely idiosyncratic images transform her work into something haunting and marvelous." —*Time*

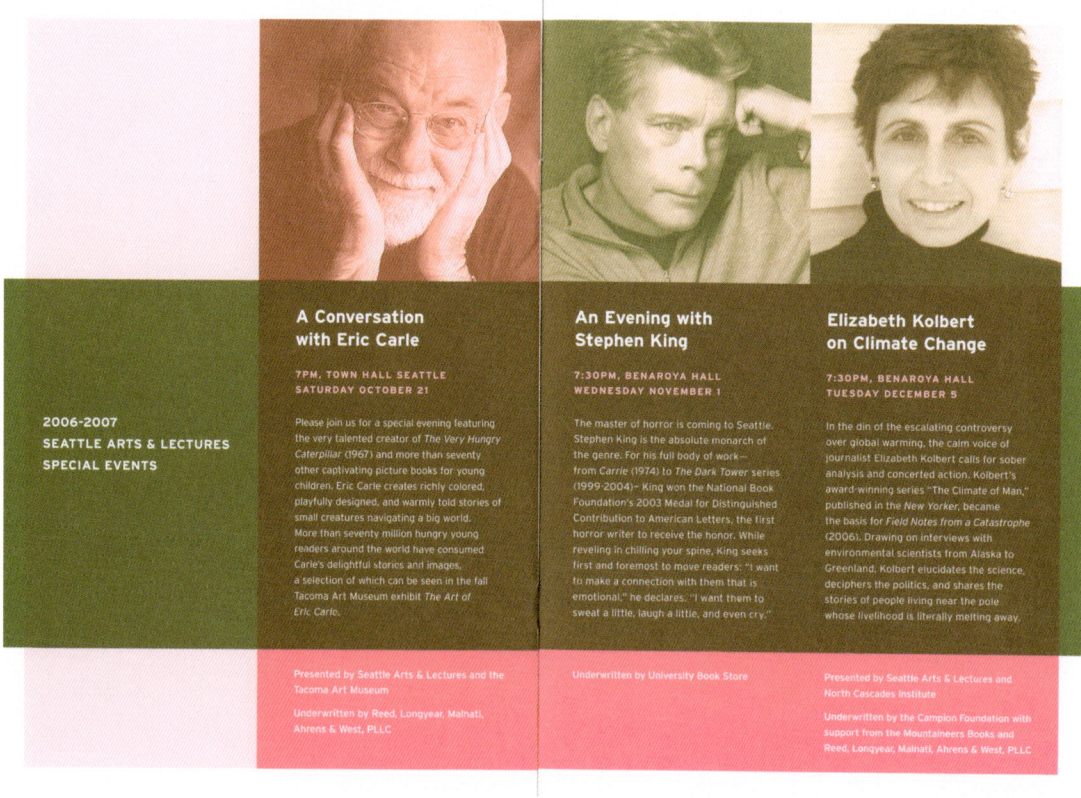

2006-2007 SEATTLE ARTS & LECTURES SPECIAL EVENTS

A Conversation with Eric Carle
7PM, TOWN HALL SEATTLE SATURDAY OCTOBER 21

Please join us for a special evening featuring the very talented creator of *The Very Hungry Caterpillar* (1967) and more than seventy other captivating picture books for young children. Eric Carle creates richly colored, playfully designed, and warmly told stories of small creatures navigating a big world. More than seventy million hungry young readers around the world have consumed Carle's delightful stories and images, a selection of which can be seen in the fall Tacoma Art Museum exhibit *The Art of Eric Carle*.

Presented by Seattle Arts & Lectures and the Tacoma Art Museum

Underwritten by Reed, Longyear, Malnati, Ahrens & West, PLLC

An Evening with Stephen King
7:30PM, BENAROYA HALL WEDNESDAY NOVEMBER 1

The master of horror is coming to Seattle. Stephen King is the absolute monarch of the genre. For his full body of work—from *Carrie* (1974) to *The Dark Tower* series (1999-2004)—King won the National Book Foundation's 2003 Medal for Distinguished Contribution to American Letters, the first horror writer to receive the honor. While reveling in chilling your spine, King seeks first and foremost to move readers: "I want to make a connection with them that is emotional," he declares. "I want them to sweat a little, laugh a little, and even cry."

Underwritten by University Book Store

Elizabeth Kolbert on Climate Change
7:30PM, BENAROYA HALL TUESDAY DECEMBER 5

In the din of the escalating controversy over global warming, the calm voice of journalist Elizabeth Kolbert calls for sober analysis and concerted action. Kolbert's award-winning series "The Climate of Man," published in the *New Yorker*, became the basis for *Field Notes from a Catastrophe* (2006). Drawing on interviews with environmental scientists from Alaska to Greenland, Kolbert elucidates the science, deciphers the politics, and shares the stories of people living near the pole whose livelihood is literally melting away.

Presented by Seattle Arts & Lectures and North Cascades Institute

Underwritten by the Campion Foundation with support from the Mountaineers Books and Reed, Longyear, Malnati, Ahrens & West, PLLC

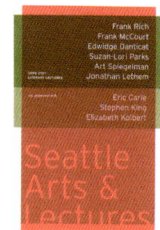

COLOR : ● PANTONE 214, ● PANTONE 5825
PAPER : 80# Finch Smooth Opaque
Seattle Arts & Lectures Literary Lecture Series Brochure 2006-2007
2C　229×153mm　2006年

CL：Seattle Arts & Lectures　D：Karen Cheng　DF, S：Cheng Design

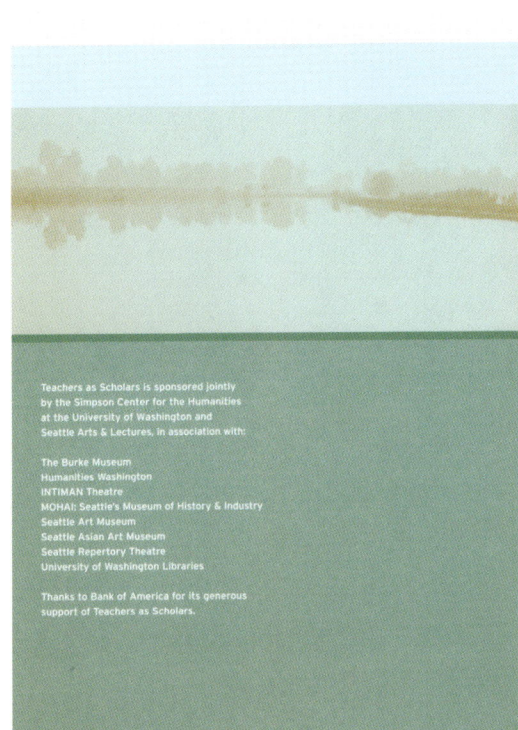

2004-2005
teachers as scholars

Teachers are the largest and most important group of public intellectuals in our society. Educators and schools continually face challenges that place enormous responsibility on the office of teaching. If national efforts to raise standards in various disciplines are to succeed, teachers must be reinvigorated as academic thinkers and leaders; they must also be supported and sustained by resources within the larger educational and cultural community.

Teachers as Scholars is a professional development program that provides an educational environment designed to ignite and sustain the intellectual interests of K-12 teachers. It joins primary and secondary school teachers with university faculty in a climate that enriches the teaching and learning of both groups. The Puget Sound Teachers as Scholars program also presents a valuable opportunity to link schools with local cultural organizations.

Content-based seminars led by university faculty are the centerpiece of the Teachers as Scholars model. Although professional development is a well-established enterprise in schools, it often focuses almost exclusively on teaching strategies and/or curriculum reform. Teachers as Scholars allows teachers and administrators to become students again and to immerse themselves in learning about content, regardless of the grade level they teach or their area of expertise. By participating in small seminars led by outstanding professors in the humanities, K-12 teachers are reconnected to the world of scholarship. In turn, university faculty become more fully involved in the ongoing efforts to improve primary and secondary education.

The Simpson Center for the Humanities at the University of Washington is dedicated to fostering creative research and teaching in the humanities, and to stimulating exchange and debate on related intellectual, cultural, and educational issues. The Simpson Center sponsors a wide range of activities including outreach programs that encourage the participation of scholars in civic culture and the participation of citizens in the life of the University.

Seattle Arts & Lectures (SAL) is a nonprofit literary organization devoted to exploring ideas and the imagination through language. SAL provides adults and children with opportunities to meet writers and cultural thinkers, to encounter new ideas and artistic creations, and to engage in meaningful conversations about literature, culture, and society. In addition to Teachers as Scholars, SAL's programs include the Literary Lecture Series, an annual Poetry Series, Writers in the Schools, and the Wednesday University.

Teachers as Scholars is sponsored jointly by the Simpson Center for the Humanities at the University of Washington and Seattle Arts & Lectures, in association with:

The Burke Museum
Humanities Washington
INTIMAN Theatre
MOHAI: Seattle's Museum of History & Industry
Seattle Art Museum
Seattle Asian Art Museum
Seattle Repertory Theatre
University of Washington Libraries

Thanks to Bank of America for its generous support of Teachers as Scholars.

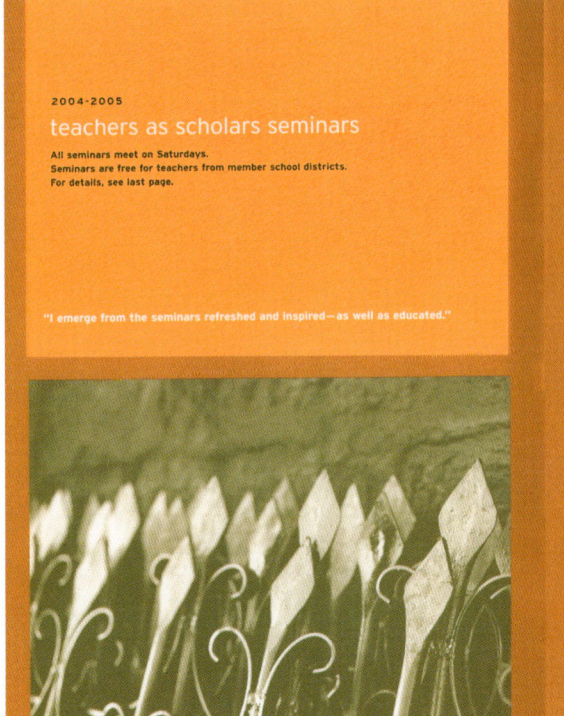

2004-2005
teachers as scholars seminars

All seminars meet on Saturdays.
Seminars are free for teachers from member school districts.
For details, see last page.

"I emerge from the seminars refreshed and inspired—as well as educated."

Staging America
Saturdays, Oct 23 and Nov 6, UW Simpson Center, 10am-2pm

The "crash" of the stock market and the subsequent depression of the 1930s inspired many Americans to seek alternative forms of government. Convinced that the economic catastrophe proved that Capitalism was a failure and buoyed by the myths of the Soviet experiment, thousands of Americans turned to the arts to explore alternative forms of organizing society. Labor battles, racial justice, and Red scares all competed for space and attention in painting, writing, and song. The struggle was particularly intense in the theatre, where the newly emergent Federal Theatre Project competed with Broadway and other venues to stage versions of how a more just society could be represented and how a better United States could be imagined. This seminar will examine some of the most vivid of those productions, ranging from the Living Newspapers of the Federal Theatre through the intense critique of Elmer Rice's *We, The People* and concluding with Thornton Wilder's dark valentine, *Our Town*.

Faculty:
Barry Witham is Professor of Drama and former Director of the UW School of Drama. In 2003, he was honored by the American Theatre and Drama Society with the Betty Jean Jones Award for "outstanding teaching in American Theatre." His most recent book is *The Federal Theatre Project: A Case Study.*

Associated Event:
Our Town, INTIMAN Theatre, Oct 8-Nov 20

Civil Rights and Labor
Saturdays, Oct 30 and Nov 13, UW Simpson Center, 9am-1pm

Historians have been re-examining the Civil Rights Movement, lengthening it and broadening it. Instead of just the 1950s and 1960s, we now talk about the "long civil rights movement" starting in the 1930s. And instead of just southern-based events and organizations, we now understand that civil rights breakthroughs began in northern and western cities, including Seattle, and that they often depended upon relationships to another movement, the CIO unions launched in the 1930s. This seminar examines the long civil rights movement and the links to the labor movement both in a national and local context. We will read current scholarship by historians on the relationship between the two movements. We will also explore the materials that are being collected as part of the *Seattle Labor and Civil Rights Project* and think about ways they can work in the classroom.

Faculty:
James Gregory is Associate Professor of History at the University of Washington, where he teaches courses in American history and in labor studies. He is the author of numerous articles and two books, *American Exodus: The Dust Bowl Migration and Okie Culture in California* and *The Southern Diaspora: How Black Southerners and White Southerners Transformed 20th Century America* (forthcoming).

Associated Event:
Brown v. the Board of Education: An Evening with Juan Williams, Humanities Washington, Nov 3

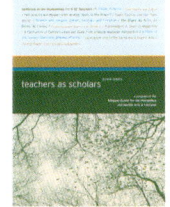

COLOR：● PANTONE 314，● PANTONE 159
PAPER：100# Finch Fine Text

Seattle Arts & Lectures Teachers as Scholars Brochure 2004-2005
2C　229×153mm　2004年

CL：Seattle Arts & Lectures　D：Karen Cheng　DF, S：Cheng Design

28歳、
OLしながら
女子大生。

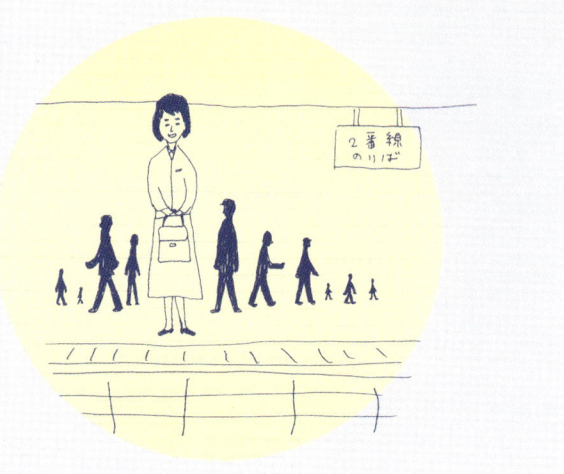

通信制とは言っても、
大学に来ないと
卒業はできません。

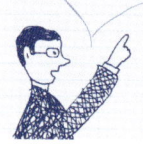

◎ テキスト履修とスクーリング履修の両方が必要です。
通信制とは言っても、通学もあります。卒業には、「テキスト履修」と、「スクーリング履修」の両方の履修が必要です。

「テキスト履修」　テキストを使って行う自宅学習のことです。レポートを提出して、試験を受けます。

「スクーリング履修」　本学または三宮サテライトキャンパスなど授業を受けて、単位を修得します。
スクーリングには、3つのスタイルがあります。仲間に出会えるチャンスです。

◎ 3つのスクーリングスタイルから、
可能なものを組み合わせて出席します。

夏期スクーリング　本学キャンパスで、8月から9月中旬にかけて開講します。
夜間スクーリング　三宮サテライトキャンパスで、夜間（18:30～21:30）に開講します。
週末スクーリング　ハッピーマンデーをふくむ3連休などを利用して開講します。

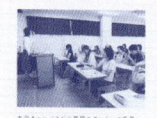

◎ ベンリな駅前立地、「ミント神戸・三宮サテライトキャンパス」。

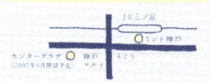

三宮駅前「ミント神戸」にある、神戸親和女子大学のサテライトキャンパス。
スクーリングの利便性をはかるとともに、三宮駅前という好立地をいかして、
多彩に活用しています。また、2007年6月には三宮センタープラザ（9階）に
第二サテライトキャンパスを開設する予定です。

Campus Guide

神戸の北部、鈴蘭台の丘に神戸親和女子大学のキャンパスはあります。
まわりに閑疫な住宅が建ちならび、美しい緑に包まれた静かな立地は、
まさに学問の場にふさわしい環境です。明るく開放的に設計された学び舎。
学ぶ意欲をさらに高めてくれる、充実の施設です。

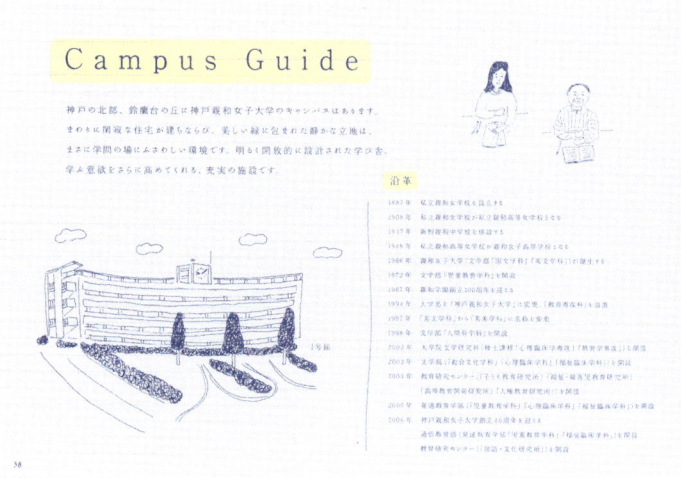

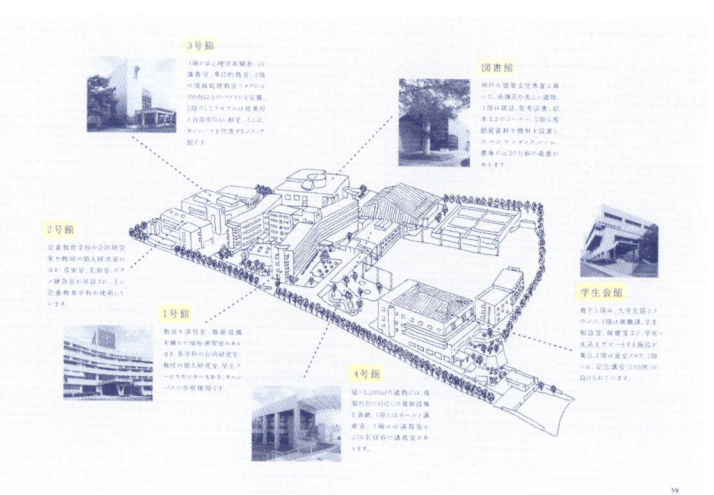

神戸親和女子大学
通信教育部

COLOR： 🟡🔵 色見本添付
PAPER： ニューエイジブラン

神戸親和女子大学通信教育部 入学案内
2C　297×210mm　2006年

CL：神戸親和女子大学　プロデューサー：中野利治　CD, CW：田中有史　AD：佐古田英一　D, I：川上利男　CW：田中陽太　PH：菱田一良　DF, S：レック・セカンド

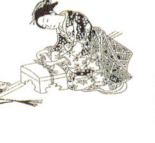

水引
心を込めてもてなす作法、あるいは贈る心。

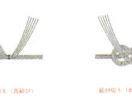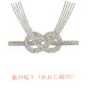

浮世絵版画
多数を彩り、水版画の名

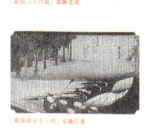

『富嶽三十六景』 葛飾北斎

東海道五十三次 歌川広重

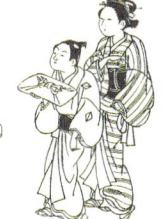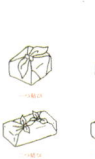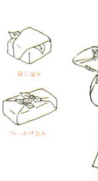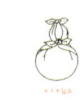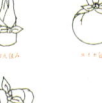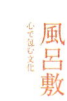

風呂敷
心を込めて包む文化。

Ukiyo-e
Exquisite multi-color woodblock printing

The most well-known ukiyo-e woodblock prints include *Tokaido Gojusan Tsugi* (Fifty-three Stations of the Tokaido Highway) by Hiroshige Ando, *Fugaku Sanjurokkei* (Thirty-six Views of Mt. Fuji) by Hokusai Katsushika, and *bijin-e* (portraits of beauties) by Utamaro Kitagawa, Sharaku Toshusai, and Harunobu Suzuki. The apparent simplicity of expression achieved through ukiyo-e is supported by elaborate engraving techniques and excellent printing skills, resulting in a unique form of Japanese art. The full-color printing produced with multiple wooden blocks had a great influence on modern Western fine arts. After many changes in artistic trends, ukiyo-e is now undergoing a revival, and along with various modifications, has been influential in the development of a rich variety of expression in contemporary arts.

Ukiyo-e, a form of printmaking incorporating techniques of Japanese-style painting

The history of woodblock printing in Japan dates back to the Asuka Period (592 – 710), when basic woodblock printing techniques were introduced from ancient China together with Buddhist sutras, works produced using woodblock printing process. Subsequently it was developed as a mass printing technique used primarily for Buddhist sutras and images. Since that time the printing method has been used in various areas including religion, fine arts, and publishing.

In the history of woodblock printing in Japan, a major event was the establishment of the ukiyo-e printing style by Moronobu Hishikawa during the early Edo Period (1603 – 1868). Originating as mono-color prints using Indian ink, ukiyo-e achieved great popularity in the mid-dle Edo era, when Harunobu Suzuki developed the full-color nishiki-e style, using a multi-block printing technique, which contributed significantly to the flourishing Edo culture.

Hori-shi (engraver)

The process of woodblock printing is divided into three stages, and each print is made by the collaboration of three specialists: an e-shi (painter), a hori-shi (engraver) and a suri-shi (printer), all working following instructions of the publisher.

In the process of multi-color woodblock printing, first the overall design is copied onto a wooden block, on which the engraver engraves the image. From the carved block, called the kotsuhan (main block), a number of sumikeshi are produced, equaling the number of colors to be used in the final work. A resulting print is then reversed and pasted to each wooden block with glue made from wheat gluten. The engraver then engraves the block following the lines of specific color shown on the sumikeshi.

Suri-shi (printer)

During the printing process careful attention must be paid not only to colors and consistency of ink, but also to the humidity of the room, so as to ensure that the correct amount of moisture is retained in the paper.

Each color has to be printed separately, in correct order. Although nishiki-e does not use a large number of colors, it is not unusual to find works incorporating more than 100 colors among works by contemporary artists, especially in the case of reprints of Japanese fine arts.

Tools for printing

The principal tools for woodblock printing are as follows.

- Blocks, pigments, and paper
Densely-grained trees such as wild cherry, boxwood and katsura are most suitable for blocks. The direction of the grain is an important factor for certain types of works. As pigments, natural mineral or vegetable pigments are often used but synthetic inks have also come into use in recent times. As for paper, top-quality thick Japanese hosho paper or smooth torinoko paper are generally used.

- Brushes and hake brushes
Brushes and hake brushes are used to place the pigments. Brushes are used for wider areas and hake brushes for smaller areas and to produce gradation effects. There are other tools such as the tsubo, a small spatula also used to apply pigments to a block, and mizu hake, a brush used to moisten the paper with water.

- Baren, scissors and chisels
The baren, or rubbing pad, is the most important tool used by the Suri-shi (printer) and is usually hand-made. The core of this pad is made by spirally twisting strings of bamboo fiber. The core is then covered with leather and wrapped in a bamboo-skin sheath. Other essential tools include scissors to make the baren and special chisels to engrave the kento, a mark used to align consecutive blocks.

Production process

- Applying colors
The printer first mixes the pigments, water and, in some cases, glue, to make ink and spreads it on the block. Glue is placed on top of the ink to enable smoother spreading. After selecting the type and size of brush to be used according to the size, width, and desired gradation effects, the printer spreads the ink quickly.

- Aligning the kento marks
In multi-color printing, there is an 'L' mark at the bottom right-hand corner, and a straight one midway along the bottom of each block. The printer aligns these two marks (registrational) carefully when positioning each sheet of paper on the block. This system prevents misalignment in colors when undertaking multiple prints from a given number of blocks.

- Printing
After placing a sheet of paper on the engraved wood block, the printer then vigorously rubs the surface of the block with the baren to transfer the ink from the block to the paper. The direction and amount of pressure to be applied to produce a successful print is decided largely on the printer's expertise in judging the grain direction of each block, as well as the ability to interpret the expressions of the original works. The printer prints the main block in Indian ink first, then prints the lighter colored blocks of a smaller size, then the darker color blocks, usually of a larger size. Finally, the printer finishes the ukiyo-e print using the blocks engraved with various gradation effects.

- Correcting (reaffirmation)
After printing, the printer examines the paper to view the work from the other side, confirming that there is no miss-alignment in colors and no irregularity in the thickness of ink. During long print runs, wood blocks tend to absorb water, which in some cases may cause a mismatching in marks. In such a case, further fine-tuning of marks is required using a chisel. Careful moisture control, for example by covering the paper with a damp cloth, is another important factor that determines the quality of the final work.

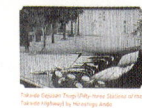

Fugaku Sanjurokkei (Thirty-six Views of Mt. Fuji) by Hokusai Katsushika

Tokaido Gojusan Tsugi (Fifty-three Stations of the Tokaido Highway) by Hiroshige Ando

---

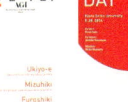

TO KYO TO,

AGI JAPAN DAY

COLOR： ⬛ Process Black,　🔴 PANTONE 185
PAPER： バガスシュガー

TOKYO TO Japan Book
2C　297×210mm　2006年

CL：AGI Japan / 京都精華大学　AD：杉崎真之助　D：奥野千明　DF, S：真之助事務所

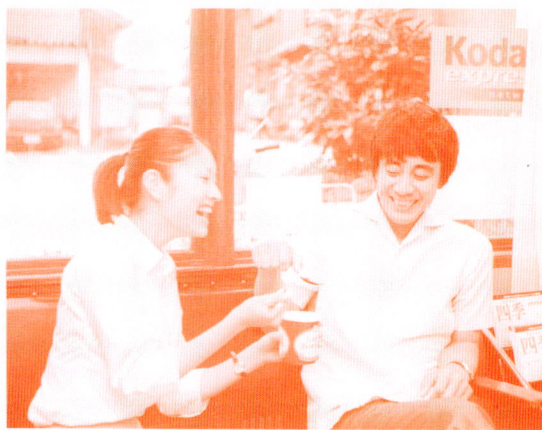

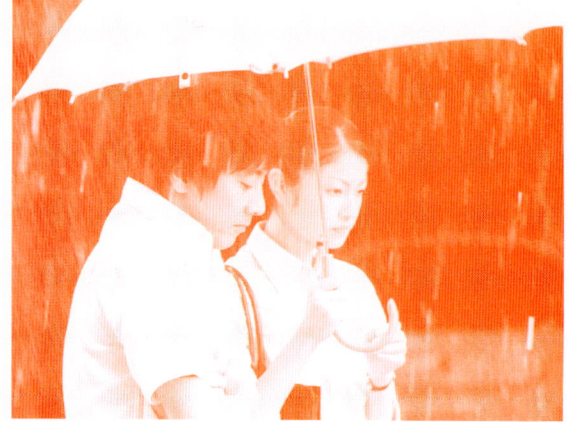

STORY

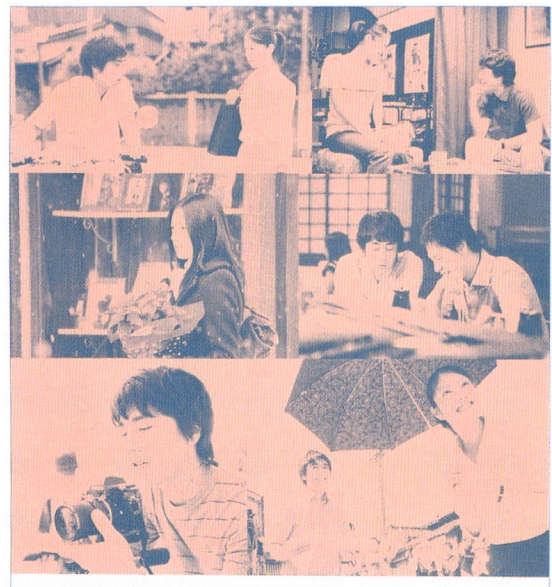

PRODUCTION NOTES
制作日誌

"韓国の恋愛映画の金字塔" "泣ける韓国映画"
韓国版『八月のクリスマス』の感動が新しく生まれ変わる

夏と冬の思い出を彩った、日本情緒が残る美しい町並み

主人公の心情を反映した音作り

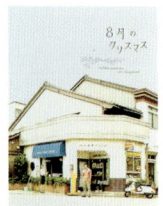

COLOR : 🔵 PANTONE 3125, 🔴 PANTONE 1655
PAPER : ライトスタッフGA

8月のクリスマス 映画パンフレット
4C / 2C　257×182mm　2006年

CL：東芝エンタテインメント　D, AD：岩波眞里　DF, S：xenōn

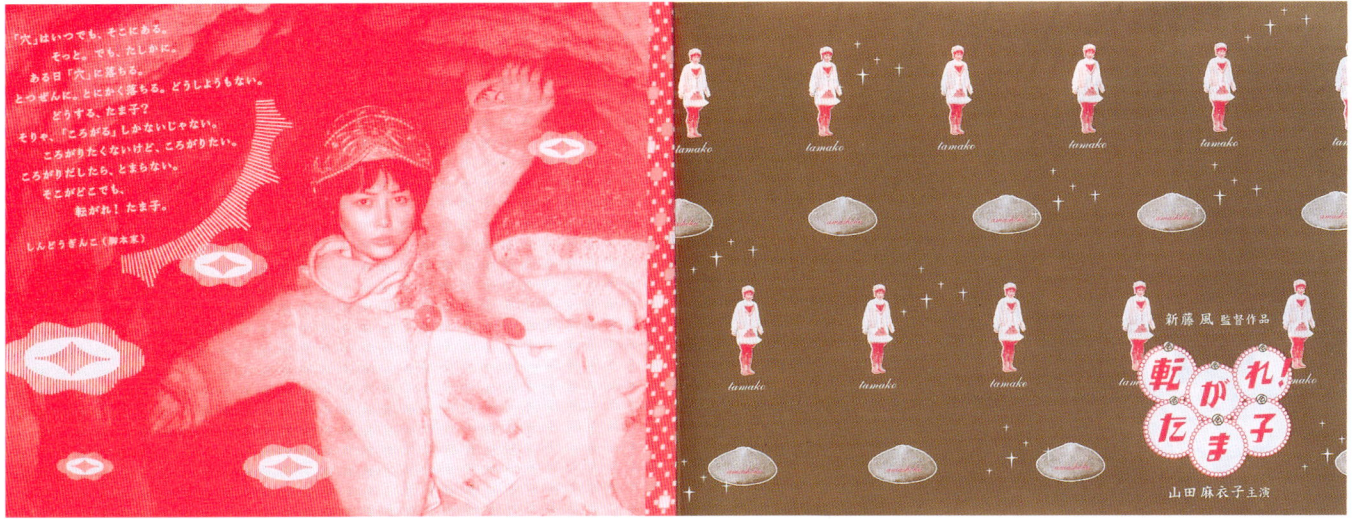

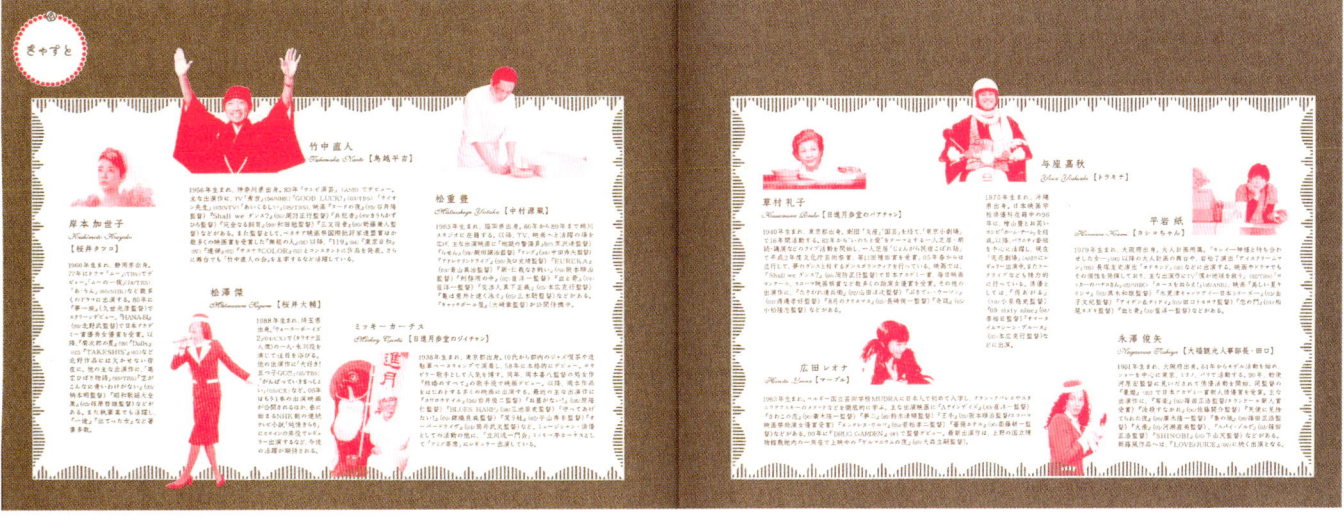

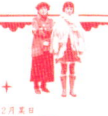

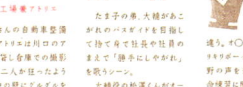

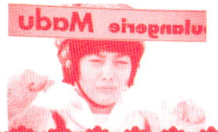

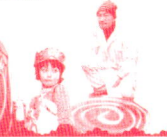

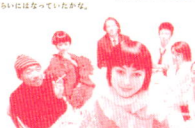

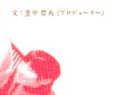

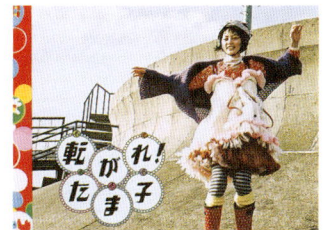

COLOR : ● PANTONE 876, ● PANTONE 806
PAPER : モンブラン, OKアドニスラフ
転がれ！たま子 映画パンフレット
4C／2C　210×160mm　2006年
CL：シネカノン　D, AD：岩波眞里　DF, S：xenōn

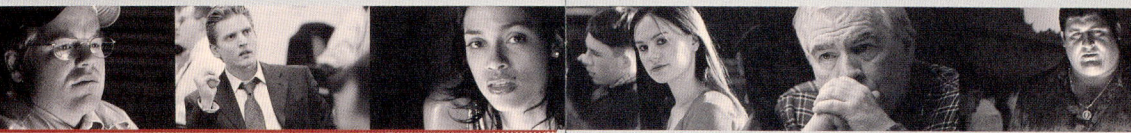

ジェイコブ・エリンスキー Jacob Elinsky ｜ **フィリップ・シーモア・ホフマン** PHILIP SEYMOUR HOFFMAN

1967年7月23日ニューヨーク州フェアポート生まれ。ニューヨーク大学のティッシュ・スクール・オブ・ドラマで学ぶ。舞台を振り出しに活躍。ニューヨーク・パブリック・シアターの "The Skriker"、マッカーサー・シアターの "Greensborn & Requiem"、グッドマン・シアターの「ヴェニスの商人」、アメリカ・プレイス・シアターの "Defying Gravity" などに出演。2000年にはサム・シェパードの戯曲 "True West" リヴァイヴァルに主演。映画デビューも果たす。

映画は81年のエイミス・ポー監督作「トリプル・ボガー」の夢の香り」でデビュー。「セント・オブ・ウーマン/夢の香り」（92）、「マイ・ニュー・ガン」（92）、「ノーバディーズ・フール」（94）、「ゲッタウェイ」（94）、「男が女を愛する時」（94）、「ツイスター」（96）などで活躍。キャリアを積む。ポール・トマス・アンダーソン監督の「ブギー・ナイツ」（97）、コーエン兄弟の「ビッグ・リボウスキ」（98）、ロビン・ウィリアムス共演の「パッチ・アダムス」（98）、「レ・ディ・ボード・ホテル」など94年好評得演記録映画となったロッド・ロンズ監督の主演男優賞を獲得。ロバート・デ・ニーロと特別にしたジュエル・シュマッチャー監督の「フローレス」では演技賞を主演男優賞部門ゴールデン・サテライトサンディエゴ映画批評家協会の主演男優賞を獲得している。

他の出演作に「ダブル・ガントレット」（97/V）、「ワンダーランド駅で」（98）、アンソニー・ミンゲラ監督作「リプリー」（99）、キャメロン・クロウ監督作「あの頃ペニー・レインと」（2000）、エドワード・ノートン共演の「レッド・ドラゴン」（02）など。最新作はリチャード・クウィエトニオフスキ監督による主演作 "Owning Mahowny"（03）、ベン・スティラー共演作 "Captured"（03）、オールストン・ネルソンのリング監督作 "Cold Mountain"（03）などがあり、現在最も活躍している若手演技派もいる。

フランク・スラタリー Frank Slaughtery ｜ **バリー・ペッパー** BARRY PEPPER

1970年4月4日カナダのブリティッシュ・コロンビア生まれ。ヴァンクーヴァー・アクターズ・スタジオで演技を学ぶ。92年にTVシリーズ「Madison」でデビュー。TVシリーズやゲスト出演などを経て、96年に "Urban Safari" で映画デビュー。98年にはトム・ハンクス主演のスティーヴン・スピルバーグ監督作「プライベート・ライアン」で若手狙撃兵を演じ脇役好評を博した。若手スターとの仲間入りを果たす。フランク・ダラボン監督作「グリーン・マイル」（99）、ハンクス再共演、「バトルフィールド・アース」（2000）ピジョン・トラヴォルタと共演、「プライベート・ライアン」で共演したヴィン・ディーゼルとも再共演の「ノックラウンド・ガイズ」（01）、ハル・ギブソン共演作「ブルース・アンド・フォーエバー」（02）に活躍を続けている。他の作品に、「ファイアーストーム」（97）、トニー・スコット監督「エネミー・オブ・アメリカ」（98）など。またTVレーヴィでビリー・クリスタルが監督作「61*」（01/V）に出演している。

最新作は、彼が出品のチャールズ・マーティン・スミス監督による主演作 "The Snow Walker"、ロジャー・スポッティスウッド監督による主演作 "White on White" などがある。

ナチュレル・リヴェラ Naturelle Riviera ｜ **ロザリオ・ドーソン** ROSARIO DAWSON

1979年5月9日ニューヨーク生まれ。ニューヨーク育ち。95年に、自宅前のポーチに座っていた時にスカウトされ、ラリー・クラーク監督の「KIDS/キッズ」で映画デビュー。98年にはスパイク・リー監督の「ラストゲーム」（98）でデンゼル・ワシントンと共演。以降、「ハイスクール・ジャック 怒りの奪還」（99/V）、エドワード・バーンズ監督・主演作「サイドウォーク・ニューヨーク」（00）、レイチェル・リーチック共演作「プッシーキャット」（01/V）、イーサン・ホーク共演作「チェルシーホテル」（01）、エディ・マーフィ共演作「プルート・ナッシュ」（02）などに出演。話題TVの「メン・イン・ブラック2」（02）でヴィル・スミス、トミー・ジョーンズと共演した。

最新作はジェームズ・ウッズ共演作 "This Girl's Life"（03）、ピーター・バーグ監督作 "The Rundown"（03）、ヘイデン・クリステンセン、クロエ・セヴィニー共演作 "Shattered Glass"（03）、コリン・ファーレルやアンソニー・ホプキンス共演のオリヴァー・ストーン監督作 "Alexander"（04）と、活躍が続いている。

メアリー・ダヌンツィオ Mary D'Annunzio ｜ **アンナ・パキン** ANNA PAQUIN

1982年7月24日カナダのオンタリオ州ウィニペグ生まれ。4歳のときに、家族でニュージーランドに移住。82年に、ホリー・ハンター、ハーヴェイ・カイテル共演、ジェーン・カンピオン監督作「ピアノ・レッスン」（92）で初主役映画デビューを果たし、その演技は11歳にてアカデミー助演女優賞に輝いた。以降も、フランコ・ゼフィレッリ監督作「ジェイン・エア」（96）、キャロル・バラード監督作「グース」（96）、スティーヴン・スピルバーグ監督作「アミスタッド」（97）、アンソニー・ドレイザー監督作「キャスティング・ディレクター」（98）、トニー・ボールドウィン監督の「オーバー・ゲーム」（99/V）、ロバート・イグリス監督作「シーズ・オール・ザット」（99）、ジェームズ・G・スタン監督作「イッツ・ザ・レイジ」（99/V）、ブライアン・シンガー監督作「X-メン」（2000）、キャメロン・クロウ監督作「あの頃ペニー・レインと」（2000）、ガス・ヴァン・サント監督作「小説家を見つけたら」（2000）、ハイヤム・バラカ監督作「ダーククス」（02）、シンガー監督作「X-メン2」（03）などに出演。原題に子役タイプ・スターの過去が浮かび上がる。

また、舞台「ニューヨークのMCセンターで行われたレベッカ・ギルマンの "The Glory of Living" で喝采を掴み、ドラマ・デスク賞演劇部門主演女優賞にノミネートされ、ロンドンでも "This is Our Youth" でヘイデン・クリステンセン、ジェイク・ギレンホールと共演している。

ジェイムズ・ブローガン James Brogan ｜ **ブライアン・コックス** BRIAN COX

1946年6月1日イギリス、スコットランドのダンディー生まれ。スコットランドで育ち、若い頃より演技を勉強。ロンドンのドラマ・スクールで勉強。70年代は舞台やTVを中心に活躍。96年代初めてニューヨークのブロードウェイを舞台に。舞台では「タイタス・アンドロニカス」と "Rat in the Skull" でオリヴィエ賞主演男優賞に二回輝いているほか、「アート」、「リア王」、「リチャード三世」に出演している。

88年にTVム・ムーヴィ「The Year of the Sex Olympics」で本格デビュー。映画は21年にフランクリン・J・シャフナー監督作「ニコライとアレクサンドラ」で初出演を果たした。85年にはトマス・ハリス原作の「レッド・ドラゴン」をマイケル・マン映画化した「刑事グラハム/凍りついた欲望」（86にて）「L.I.E.」で高く評価され、ボストン批評家賞など多数賞受賞。数々助演賞受賞の実力。

主な出演作に、ケン・ローチ監督作「ブラック・アシャンティ/砕かれた愛」（90/TV放映）、ケヴィン・スペイシー共演作「白線に飛んで」（96）、リーアム・ニーソン共演作「ロブ・ロイ」（95）、メル・ギブソン監督・主演作「ブレイブハート」（95）、スティーヴン・セガール共演作「グリマンツ」（96）、レニー・ハーリン監督作「ロング・キス・グッドナイト」（96）、モーガン・フリーマン共演作「コレクター」（97）、ダニエル・ディ・ルイス共演作「ボクサー」（97）、アンディ・ガルシア共演作「絶対ポジェ」（98）、ウェス・アンダーソン監督作「天才マックスの世界」（98）、オーシ・ウェンフ共演「ラブ・オブ・ゲーム」（99）、ジョニー・リー・ミラー共演作「サイラス2001」（2000/V）、「マンガ!マンガ!マンガ!」（2000）、ヒラリー・スワンク共演作「マリー・アントワネットの首飾り」（01）、デニス・コンフィ共演作「オールド・ルーキー」（02）、マット・デイモン共演作「ボーン・アイデンティティー」（02）、「リング」をリメイクした監督作「ザ・リング」（02）、スパイク・ジョーンズ監督作「アダプテーション」（02）、ブライアン・シンガー監督作「X-メン2」（03）など。TVム・ムーヴィ「サイキック・ハンター」（96/V）、「モザイに揺られた男」（96/TV）、「二重謀殺」（91/V）、「マーロウ/最後の映画」（99/V）などにも「ニュルンベ "Nuremberg"（00）でミニ一簇賞最優秀助演男優賞を受賞した。

最新作はゲイリー・オールドマン共演作 "Sin"、ブラッド・ピットのウルフガング・ペーターゼン監督作 "Troy" などがある。

コースチャ・ノヴォトニー Kostya Novotny ｜ **トニー・シラグサ** TONY SIRAGUSA

1967年5月14日ニュージャージー州ケニルワース生まれ。ピッツバーグ大学卒業。ナショナル・フットボール・リーグでインディアナポリス・コルツとボルティモア・レイヴンズに在籍、完全12シーズンを「ザ・グース」のニックネームでプレイ。舞台も2000年にはレイヴンズのスーパーボウル優勝を果たし、チームメイトとして、レイヴンズを追いかけたHBOのドキュメンタリーに出演したこともある。その後、俳優、タレントに転向。人気シリーズ "Arliss" に出演、HBOの "Inside The NFL" の特別番組の司会も務める。本作で映画デビューを果たした。

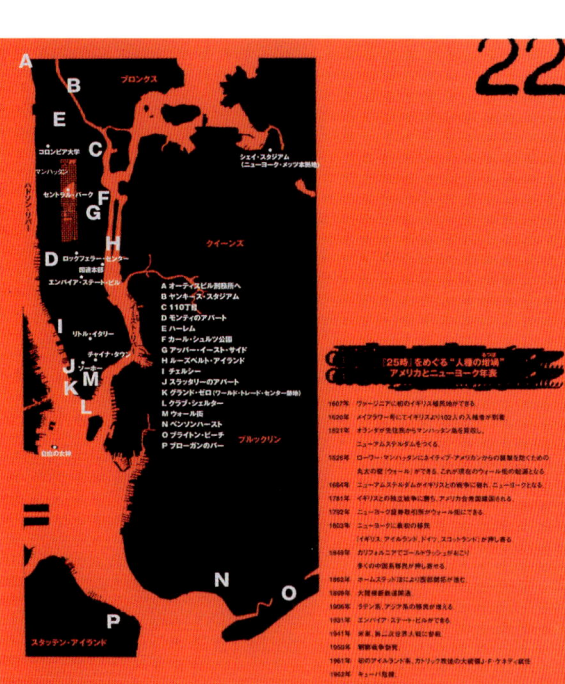

22

「25時」を知るための 25のキーワード

「25時」をめぐる "人種の坩堝" アメリカとニューヨーク年表

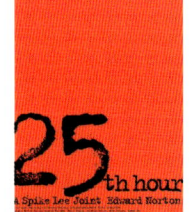

23

COLOR： ● PANTONE BLACK, ● PANTONE 485
PAPER： ライトスタッフ

25時 映画パンフレット
2C 297×210mm 2006年

CL：アスミック・エース　AD：大寿美トモエ　DF, S：大寿美デザイン

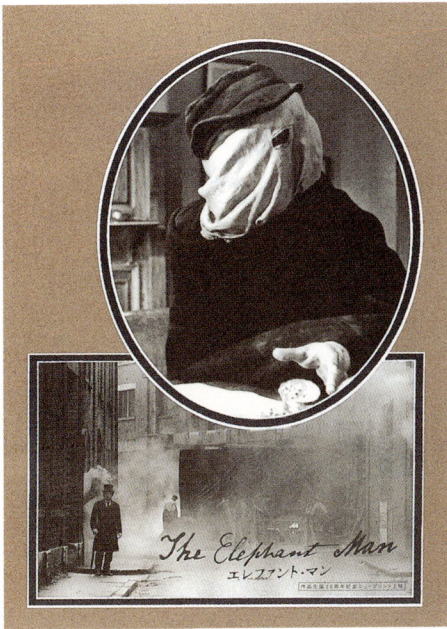

The Elephant Man
エレファント・マン

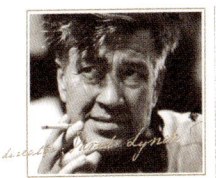

監督：デイヴィッド・リンチ

音楽：ジョン・モリス

製作：メル・ブルックス

撮影：フレディ・フランシス

製作：ジョナサン・サンガー

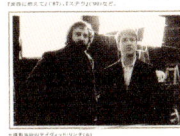

producer: Jonathan Sanger, Mel Brooks
director of photography: Freddie Francis
music by John Morris.

Biographies: staff

John Hurt, Anthony Hopkins
Anne Bancroft, Sir John Gielgud
Biographies: cast

アンソニー・ホプキンス
（フレデリック・トリーブス）

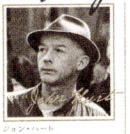

ジョン・ハート
（ジョン・メリック）

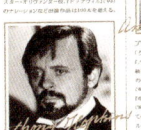

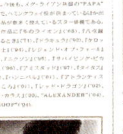

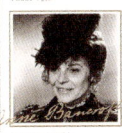

サー・ジョン・ギールグッド
（カー・ゴム）

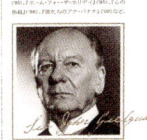

アン・バンクロフト
（ケンドール夫人）

THE ELEPHANT MAN
INTRODUCTION

エレファント・マン…
それは19世紀のロンドンに実在した心優しい青年ジョン・メリックを人々がその容姿ゆえに恐れと侮蔑を込めて呼んだ呼び名。

エレファント・マン…
それは鬼才デイヴィッド・リンチの名を世に知らしめた美しくも哀しい物語。

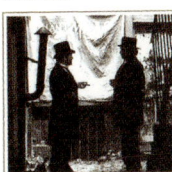

ジョン・メリックの存在が、観る者全ての心を裸にさせる

1981年の日本初公開時、若者向けのたその年の全配給収入中ナンバーワンの配給収入を記録し、全国で350万人以上を動員した驚異の大ヒット作『エレファント・マン』。社会現象とも言える当時のブームから四半世紀、その後スクリーンで上映される機会の少なかった本作が、作品生誕25周年を記念して劇場の暗闇にニュープリントで甦る。

人の心に宿る"やさしさ"と"偽善"は表裏一体なのか。異形の青年ジョン・メリックの存在を通して人間の本質をえぐり出した本作は、興行面での成功に加え、作品自体も高い評価を受ける

デイヴィッド・リンチの真髄か、はたまた異端か

今でこそ新作が公開されるごとに、世界中で作品研究がなされるデイヴィッド・リンチだが、当時は33歳の無名に等しい監督の1人。新会社ブルックス・フィルムを設立したばかりのメル・ブルックスが、リンチの前作『イレイザーヘッド』（'77）を高く評価し白羽の矢を立てたのだった。若き脚本家クリストファー・デ・ヴォアとエリック・バーグレンと共にあらゆる「エレファント・マン」の史実と資料を研究し、外科医サー・フレデリック・トリーブスによる著書などを基にして脚本を書き上げたリンチは、モノクロ映像による独自の美的演出を施し作品を完成させた。

初公開時、日本では誰1人その名を知る人がいなかったデイヴィッド・リンチは、本作の成功により一躍人気監督の仲間入りを果たした。『ブルーベルベット』（'86）『ワイルド・アット・ハート』（'90）、そしてテレビシリーズ『ツイン・ピークス』（'90）で独自の世界観を広げつつ、熱狂的なファンを増やしていった。果たして本作は、彼の全フィルモグラフィの中で原点なのか？異端なのか？今、それを確かめる時が来た…。

英米映画・演劇界を代表する豪華キャストの競演

悲劇の青年ジョン・メリックに扮した

け、1980年度米・アカデミー賞8部門にノミネート、英国アカデミー賞は作品賞・主演男優賞・美術賞を受賞、アヴォリアッツ・ファンタスティック映画祭でグランプリに輝いたほか、世界各国で数々の賞を受賞。80年代を代表する名作の1本に数えられている。

のは、『エイリアン』（'79）のジョン・ハート。本作で英国アカデミー賞主演男優賞を受賞。米・アカデミー賞主演男優賞にもノミネートされた。外科医トリーブスを演じるのは白いカラス』（'03）のアンソニー・ホプキンス。『羊たちの沈黙』（'91）の「レクター博士」役で鮮烈な印象を残し、米・アカデミー賞主演男優賞を受賞、その後も『日の名残り』（'93）、『ニクソン』（'95）、『アミスタッド』（'97）で3度オスカー候補となり、名優の名を欲しいままにするホプキンスは、当時43歳。一見地味にも受けのいい演技でありながらその葛藤を見事に表現している。他にケンドール夫人役に、メル・ブルックス夫人でもあるアン・バンクロフト、カー・ゴム病院長にサー・ジョン・ギールグッド、英米映画・演劇界を代表する名優たちのコラボレーションが堪能できる。

『エレファント・マン』が21世紀を生きる私たちに教えてくれるもの

映画版の初公開からさかのぼること4年、1977年にロンドンで幕を開けた舞台版エレファント・マンは、1980年に劇団四季が日本版上演、2002年には藤原竜也主演で再び上演され大きな話題を呼んだ。なぜ人々は、エレファント・マンの哀しい物語に惹かれるのだろうか。異形の者に対する好奇、差別、偏見は、21世紀を生きる私たちのものにも通じているのか。異端なのか、私たちを取り巻くさまざまな社会問題の源である、と言っても過言ではないでしょう。巨大化するメディアやネットは、時に現代の巨大な見世物小屋と化している。だからこそ受け取れるエレファント・マンからのメッセージとは…。

STORY

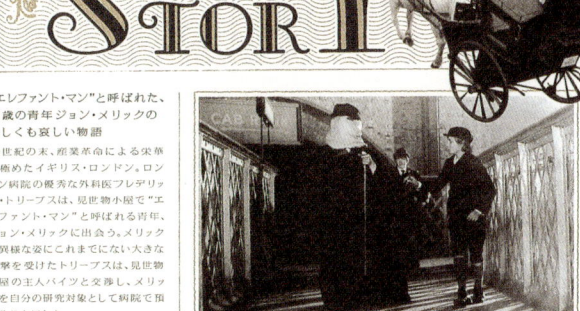

"エレファント・マン"と呼ばれた、21歳の青年ジョン・メリックの美しくも哀しい物語

19世紀の末、産業革命による栄華を極めたイギリス・ロンドン。ロンドン病院の優秀な外科医フレデリック・トリーブスは、見世物小屋で"エレファント・マン"と呼ばれる青年、ジョン・メリックに出会う。メリックの痛ましい姿にこれまでにない大きな衝撃を受けたトリーブスは、見世物小屋の主人バイツと交渉し、メリックを自分の研究対象として病院に預かることにした。

右腕が利かず、歩行も困難、言葉もはっきり発音できないメリック

トリーブスの学会での研究発表は大きな反響を呼ぶが、メリックの快癒の見込みは絶望的であった。そんなメリックを病室に留めておくことはできないと反対していた院長カー・ゴムは、トリーブスに他の病院に移すよう告げるが、ある時、メリックが、自分の意思で聖書の中の詩篇を暗唱しているのを聞き、知性を持った心優しい青年であることに気づき、深く感銘を受け、彼に病院の永住権を与えた。

聖書を暗唱するメリックに深く感銘を受ける病院長とトリーブス

ある日、トリーブスは、メリックを自宅に招き、妻のアンを紹介した。メリックは、自分を人間らしく扱ってくれるアンに、亡き母の面影を重ね合わせ、耐え忍ぶ日々の支えとなる母の写真を手にしながら、やさしさをかみしめた。あまりにも無垢で純粋なメリックに触れたアンは、おもわず涙を流した。

舞台の名女優ケンドール夫人と「ロミオとジュリエット」の台詞をやりとりする

タイム誌に記事が報じられたメリックは一躍有名人になった。上流階級の人々がかわりばんこに彼の部屋に訪れるようになった。舞台女優ケンドール夫人もその1人だった。しかし今や、メリックは人々の好奇心の的になっていた。病院の夜警の男は、好奇心にかられた人々を金をせしめて、メリックの部屋に忍び込み卑劣な行為を行なった。そんな中、外科医トリーブスは"商売道具"メリックを騙し取られたと反感を持っていた見世物小屋の主人バイツが、メリックを病院から連れ去り、ヨーロッパ大陸へ向かった。再び動物のような扱いを受け、容態の悪化したメリックは、この状況を見るに耐えられなくなった見世物小屋の仲間に救われる。メリックは船でイギリスへ渡りつく。仮面とマントで身を隠すメリックは、そこでも好奇の的となり、少年に追いかけられ、少女も悲鳴を上げる中、必死で逃げるメリック。大きくふくれあがった群衆に取り囲まれ、逃げ場を失ったメリックは叫ぶ。

「僕は人間だ。動物じゃない。人間なんだ。」

この直後、トリーブスは、メリックがイギリスに戻ってきたことを知り、2人は再会を喜んだ。治療のおかげで元気を取り戻したメリックだったが、病状は悪化していた。ある夜、ケンドール夫人ははからずもメリックを観劇に誘った。終演後、メリックに向け、会場から拍手が沸き立つが、彼はさすがに感激する。感激のひと時を過ごして部屋に戻ったメリックは、以前から作り続けていた、窓から見える型パトリック寺院の模型を完成させた。そこに自分の名前を書き込む。メリックは、その日、いつものうずくまった姿勢で眠ることをやめ、部屋の壁に貼られているベッドで眠る少年の絵のように、人間らしく眠りについた。しかし、それはメリックにとっては、致命的な姿勢であったのだ。はたしてメリックはそれを承知の上でしたのだろうか…。

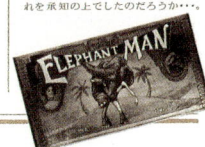

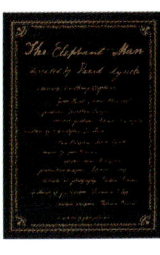

COLOR： ◆ Process Black， ◆ TOYO94 CF1050
PAPER： OKアドニスラフ75

エレファントマン 映画プレス

2C 257×182mm 2004年

CL：ザジフィルムズ　AD：山田英二　DF, S：ウルトラグラフィックス　D：山田裕紀子

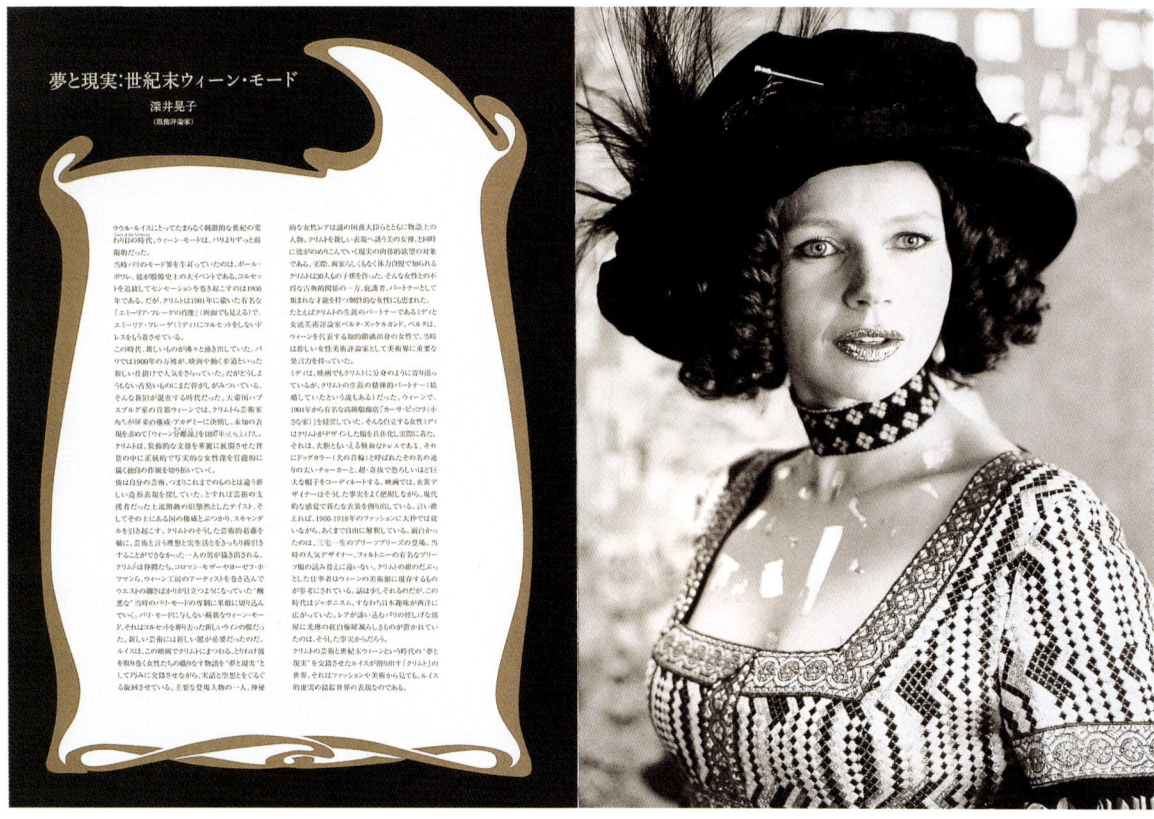

夢と現実：世紀末ウィーン・モード

深井晃子
（服飾評論家）

ラウル・ルイスにとってたまらなく刺激的な世紀の変わり目の現代、ウィーン・モードは、パリよりずっと前衛的だった。

当初ウィーンでモード等を主導していたのは、ポール・ポワレ。絵が描像界的なイベントである、コルセットを追放してセンセーションを巻き起こすのは1906年である。だが、クリムトは1901年に有名な「エミーリア・フレーゲの肖像」（両面でも見える）で、エミーリア・フレーゲにコルセットをしないドレスをも着させている。

この時代、美しいものは過ぎていたのパリでは1900年の万博が、映画や街に迫出した新しい仕掛けで人気をさらっていた。だがどうしてもうたくない古臭いものにまだ背が付いている。そんな首都が混在する時代だった、大帝国ハプスブルグ家の首都ウィーン。は、クリムトの芸術家たちが保革の構成、アカデミーに決別し、新加の表現を説かくウィーン分離派は1900年に出した。クリムトは、装飾的な文様を常盤に反語させた背景の中に正確な写実的な女性像を官能的に偏くあの作品を切り抜いている。

彼は自分の芸術、つまりこれまでのものとは違う新しい造形表現を追求していた、とされる芸術の支援者だったと貴族の和歌や歴然たるテイストとしてそのたるある国の構成をぶっかり。スキャンダルをひき起こすし、ウィーン分離の芸術的絵画を輪にして、芸術と言う理想と実生活とをきっちり線引きすることができなかった一人の男が導き出される。

クリムトと仲間達は、コロマン・モザーやヨーゼフ・ホフマンら、ウィーン工房のアーティストを巻き込んでウェストの幅がゆるやかに月回るようになった「醜愛悪な」当初のリバースティの倉織に痛切に切りなげいてゆき、バリ木一かにしな小・純粋なウィーン・モード、それはコルセットを排しまった新しいウィーンの暗がった、新しい芸術には新しい造が必要だったのだ。

ルイスにはこの映画でクリムトにまつわる、とりわけ情愛を印象する女性たちの織りなす物語を「夢と現実」として巧みに言葉に変えた、実話と空想とをめぐる振拝させている。主要な登場人物の一人、神秘

的な女性レアは遥か異国滞在と共に「物語上の人物」クリムトを新しい表現一味違うの女性と時期に捨がついているが、での現実の肉体的造望の対象であり、実際、画家らしくもなく体力旺盛で知られるクリムトは、13人もの子供を作った、そんな家庭的な不倫も含むの義の内の一方、裁縫者、パートナーとして慣われるとまた全とつの関わりを持つ複数的な女性に恋された。

たとえばとりわけの生涯のパートナーであるミディと女流芸術評論家ベルタ・ズッカカンド、ベルタは、ウィーンを代表する知的織品会の女性で、当初は思い女性芸術家の活力した、美術界に必要な発言力を持っていた。

ミディは、映画でもクリムトに分身のように寄り添っているが、クリムトの生涯の精神的パートナー（結婚している流れある）だった、ウィーンで、1901年から有名な高級織物店「カーサ・ピッコラ（小さな家）」を経営していた、そんな全身全なる女性はミディはデザインした服を自由化させ固定した、それは、大胆といえる独創なものでもある、それにドッグカラー（犬の首輪）と呼ばれたその首のまわりからチョーカーと、奇抜で際だしいほど巨大な帽子をコーディネートした映画では、衣裳デザイナーはそうした事実をく把握しながら、現代的な感じでも新たな支を創り出している。言い換えれば、1906-1918年のファッションに大がつらえいるから、あくまで自由に題材、前に着のたのは、三宅一生のプリーツプリーズの登場。当時の人気デザイナー、フォルトニの有名なグリーン服の読み替えに違いない、クリムトの絹のだぶっとした仕事着がウィーンの美術館に現在するものが多参するしている、語はそして、そろのだが、この時代にジャポニスム、近くパリの趣味な作が広がっていた。レアが暮らしている小さなリバのしげな部屋に古地崩の紙行備記しらしきものが飾かれているのだ、そうした事実をからだろう。

クリムトの芸術は世紀末ウィーンという時代の「夢と現実」を交錯させた、たイスが物り切けは「クリムト」の世界、それはファッションと美術からも見ても、ルイス前衛派の鮮絶世界の表現者である。

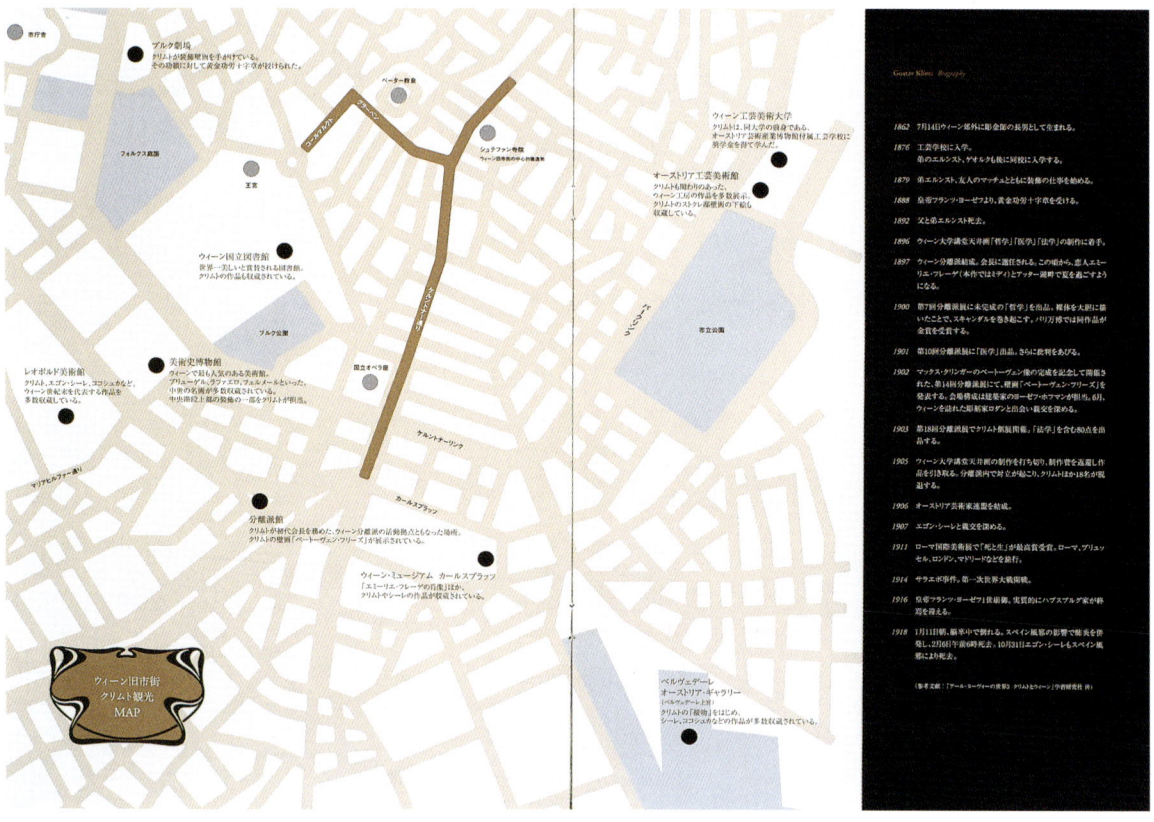

COLOR： ● マットBlack, ● TOYO CF0846
PAPER： ライトスタッフ

クリムト 映画パンフレット
2C　297×210mm　2006年

CL：メディア・スーツ　DF, S：Akane Design　D：若林伸重

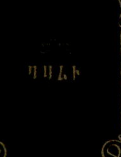

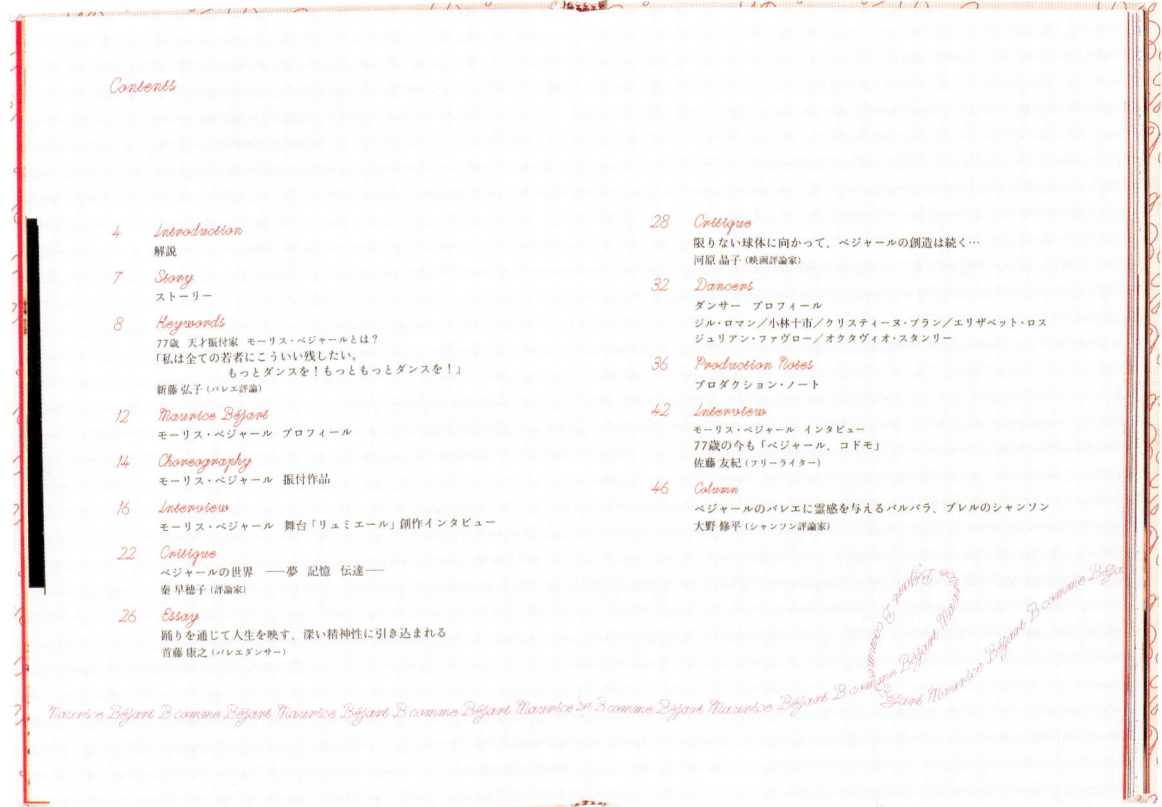

Contents

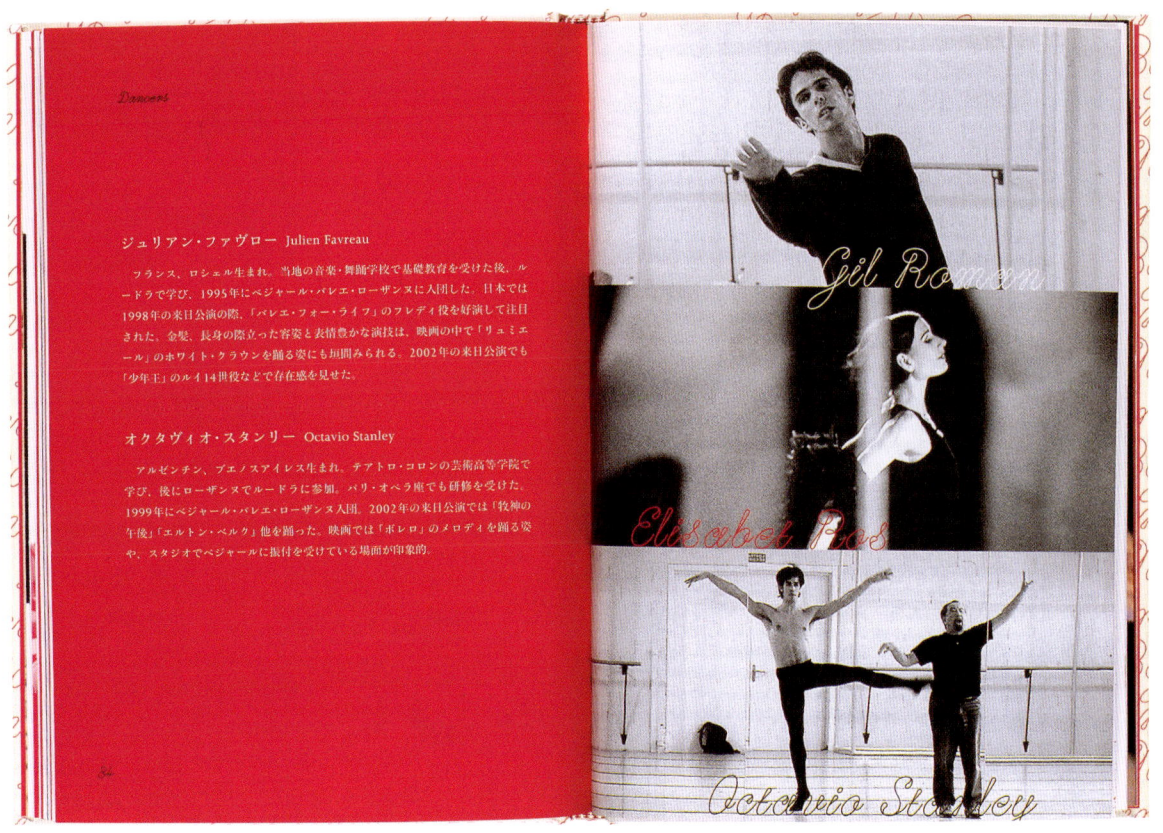

Dancers

ジュリアン・ファヴロー Julien Favreau

フランス、ロシェル生まれ。当地の音楽・舞踊学校で基礎教育を受けた後、ルードラで学び、1995年にベジャール・バレエ・ローザンヌに入団した。日本では1998年の来日公演の際、「バレエ・フォー・ライフ」のフレディ役を好演して注目された。金髪、長身の際立った容姿と表情豊かな演技は、映画の中で「リュミエール」のホワイト・クラウンを踊る姿にも垣間みられる。2002年の来日公演でも「少年王」のルイ14世役などで存在感を見せた。

オクタヴィオ・スタンリー Octavio Stanley

アルゼンチン、ブエノスアイレス生まれ。チアトロ・コロンの芸術高等学院で学び、後にローザンヌでルードラに参加。パリ・オペラ座でも研修を受けた。1999年にベジャール・バレエ・ローザンヌ入団。2002年の来日公演では「牧神の午後」「エルトン・ベルク」他を踊った。映画では「ボレロ」のメロディを踊る姿や、スタジオでベジャールに振付を受けている場面が印象的。

Gil Roman

Elisabet Ros

Octavio Stanley

COLOR： ● Process Black, ● Process Magenta
PAPER： スマッシュ

ベジャール、バレエ、リュミエール　映画パンフレット
4C / 2C　182×128mm　2004年

CL：日活　AD：大島依提亜　DF, S：大島デザイン室

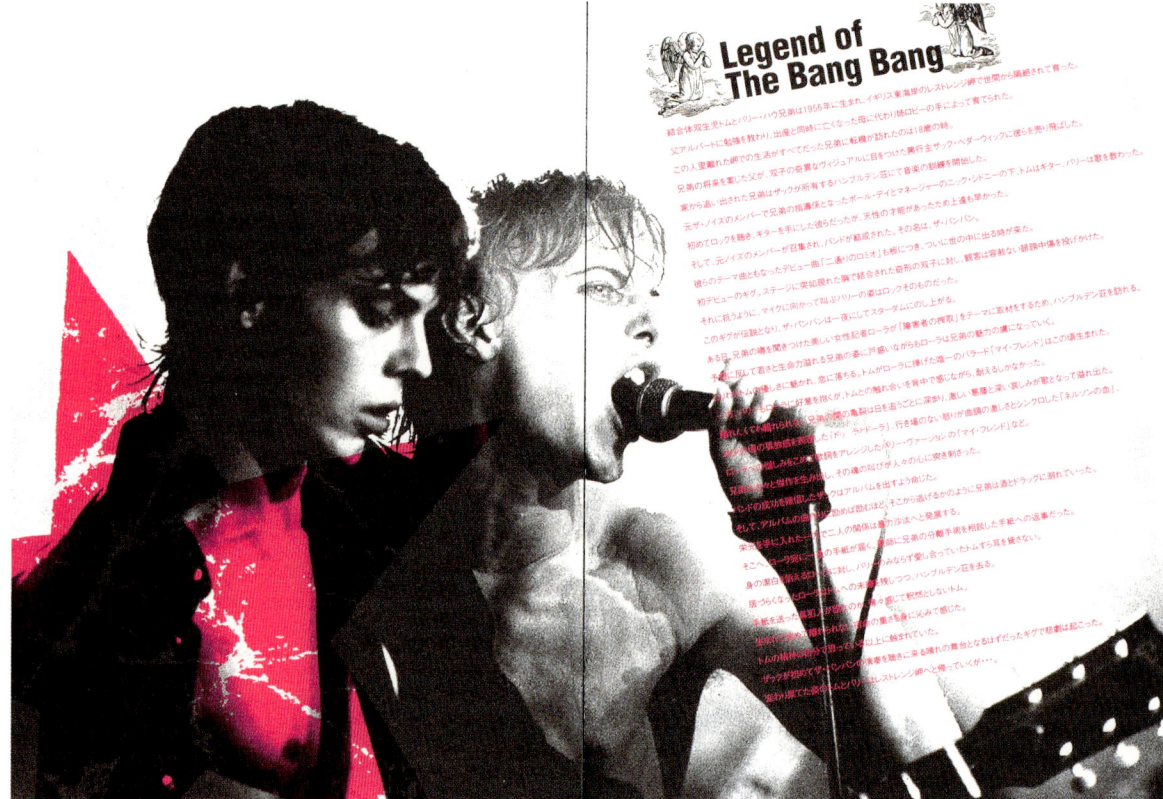

Legend of
The Bang Bang

結合双生児として生まれたバリー＝ハウ兄弟は1956年に生まれ、イギリス東海岸のレスリング州で生まれて育った。

（本文・省略：細かな日本語本文が続く）

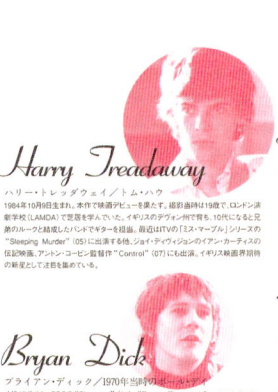

Harry Treadaway
ハリー・トレッドウェイ／トム・ハウ

1984年10月9日生まれ。本作で映画デビューを果たす。現在弱冠19才で、ロンドン演劇学校（LAMDA）で芝居を学んでいた。イギリスのデヴォン州で育ち、10代になると兄弟のルークと結成したバンドでギターを担当。最近はイギリスBBCテレビドラマ "The Innocence Project"（06）に出演する他、イギリス映画界期待の新星として注目を集めている。

Bryan Dick
ブライアン・ディック／1970年当時の撮影技師

イギリス生まれ。BBCの "Blackpool"（04）、"Twenty Thousand Streets Under the Sky"（05）、"The Virgin Queen"（05）といった人気テレビドラマに出演。イギリスでは多くの舞台にも立っている。ほかTV出演作に "White Teeth"（02）、"The Long Firm"（04）、"Dalziel & Pascoe"（05）などがある。またアンドリュー・デイヴィスが「荒涼館」を脚色したBBC制作のシリアン・アンダーソン共演作 "Bleak House"（05）にも出演。映画にも、ラッセル・クロウと共演したピーター・ウィアー監督の "マスター・アンド・コマンダー"（03）ほか、リン・ラムジー監督作 "モーヴァン"、ジョン・マルコヴィッチ主演作 "Colour Me Kubrick"、カーティス・ファン・ガルスヒェルン監督作 "Blood and Chocolate"、舞台ではロンドンロイヤルコート公演 "Plasticine"、"Sliding with Suzanne"、ソーホーシアター公演 "School Play" に出演、同じく活躍している。

Luke Treadaway
ルーク・トレッドウェイ／バリー・ハウ

1984年10月9日生まれ。本作で映画デビューを果たす。現在弱冠19才で、ロンドン演劇学校（LAMDA）で芝居を学んでいた。イギリスのデヴォン州で育ち、10代になると兄弟のハリーと結成したバンドでボーカルを担当。最近はイギリスBBCテレビドラマ "The Innocence Project"（06）に出演。イギリス映画界期待の新星として注目を集めている。

Sean Harris
ショーン・ハリス／ニック・シドニー

マイケル・ウィンターボトム監督作 "24アワー・パーティ・ピープル"（02）でジョイ・ディヴィジョンの伝説のヴォーカル、イアン・カーティス役を好演し注目を集めた。他の出演作に、デイヴィッド・マッケンジー監督作 "Asylum"（05）、ビリー・オブライエン監督作 "Isolation"（05）、クリストファー・スミス監督作 "Frozen"（04）、シャーリー・ヘンダーソン主演、ジュリエット・マッコーレン監督作 "Outlaw"、ニコラ・ビーヴン共演、ティル・サリヴァン監督作 "Trauma"（04）、ジェローム・クラッツ監督作 "The Discovery of Heaven"（01）などに出演。TVでは "Strange"（BBC／03）、"The Vice"（カールトン／99）、"Judge John Deed"（BBC／01）、"A Mug's Game"（BBC／96）など。舞台ではレイチェスター・ヘイマーケット公演 "真夏の夜の夢"、ノッティンガムプレイハウス公演 "Angels Rave On"、グラスゴーシチズンズ公演 "The Pleasure Man"、"ロミオとジュリエット"、"ドン・ファン"、"Soldiers"、"Chatsky" など、多方面で活躍している。

Tom Bower
トム・バワー／エディ・パスコ

英国映画界の名脇役。近年の主な出演作品に、ヴィム・ヴェンダース監督の "ミリオンダラー・ホテル"（00）、エド・ハリス監督の "ポロック"（00）、アンソニー・ミンゲラ主演の "コールド マウンテン"（03）、アンソニー・ミンゲラ主演の "リプリーの心"（01）、ジョー・ダンテ監督の "ハイ・クライムズ"（02）、シャーリーズ・セロン主演の "スタンドアップ"（05）などがある。

Jonathan Pryce
ジョナサン・プライス／ヘンリー・ブーリ

1947年イギリス生まれ。演劇大学卒業後、舞台に出演。1980年代にハリウッドに進出しプロデューサーとして活躍。（以下略）

Ken Russell
ケン・ラッセル／映画監督（本人）

1927年イギリス生まれ。（以下略）

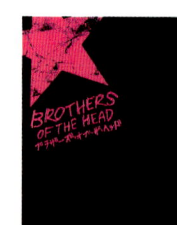

COLOR : ● Process Black, ● DIC 584
PAPER : OKアドニスラフ80

ブラザーズ・オブ・ザ・ヘッド 映画パンフレット

4C / 2C　257×182mm　2006年

CL：アスミック・エースエンタテインメント　AD：中村麻里（アスミック・エース）　CD：吉川俊影　DF, S：absolute GLAMOUR

映画パンフレット Movie Brochure

1

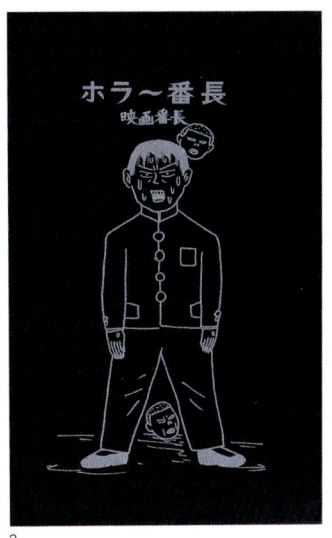

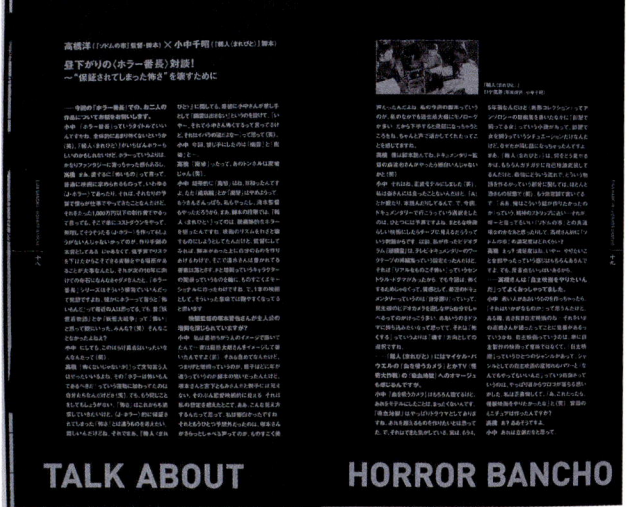

TALK ABOUT **HORROR BANCHO**

2

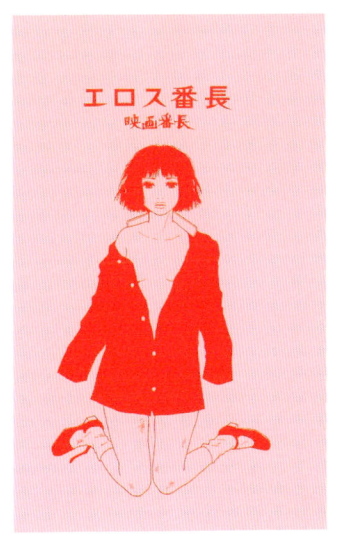

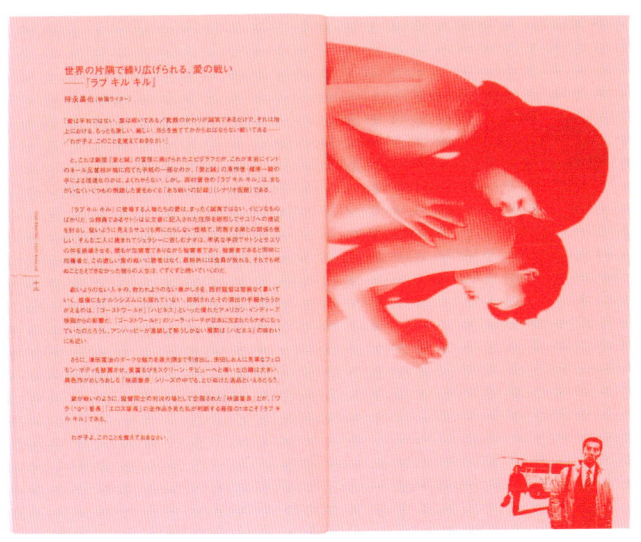

3

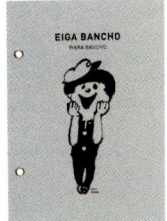

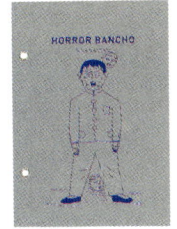

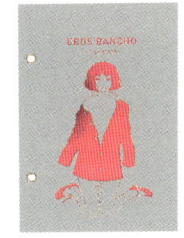

1　　2　　3

COLOR：● Process Black(1)，　● DIC 621(2)，　● DIC F101(3)
PAPER：晒クラフト(1)，　◆ 色上質黒(2)，　● 色上質桃(3)
映画番長シリーズ（ワラ(^o^)番長(1) / ホラー番長(2) / エロス番長(3)）映画パンフレット
4C / 1C　207×143mm　2004年

CL：ユーロスペース　AD：大島依提亜　DF，S：大島デザイン室

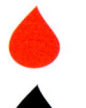

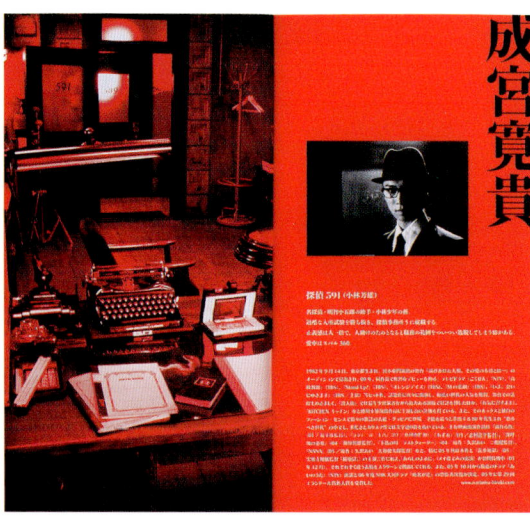

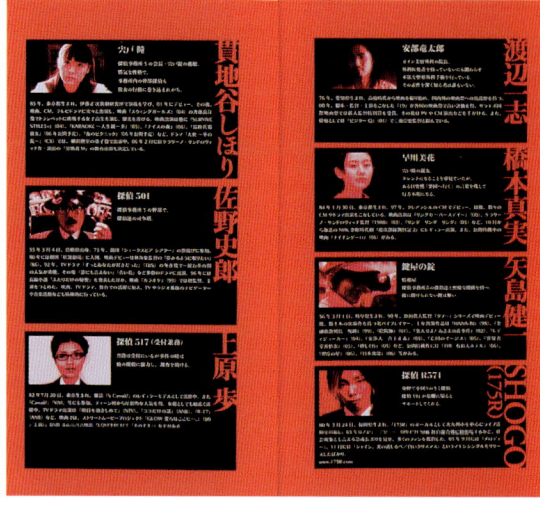

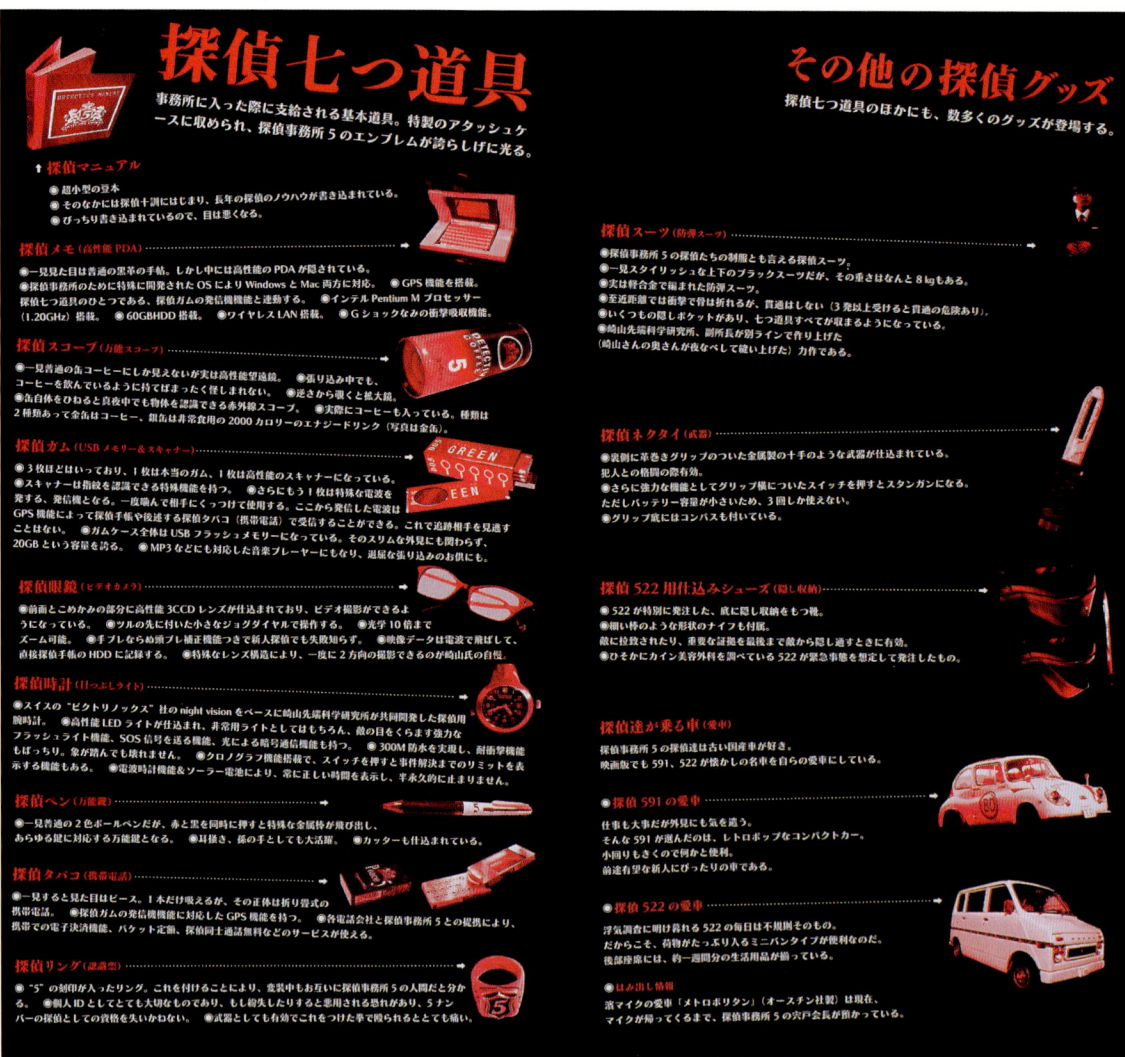

COLOR：● Premium Black,　● 色見本添付
PAPER：OK金藤＋

探偵事務所5 ～5ナンバーで呼ばれる探偵達の物語～　映画パンフレット
4C／2C　240×220mm　2005年

CL：メディア・スーツ　D, DF：マッチアンドカンパニー

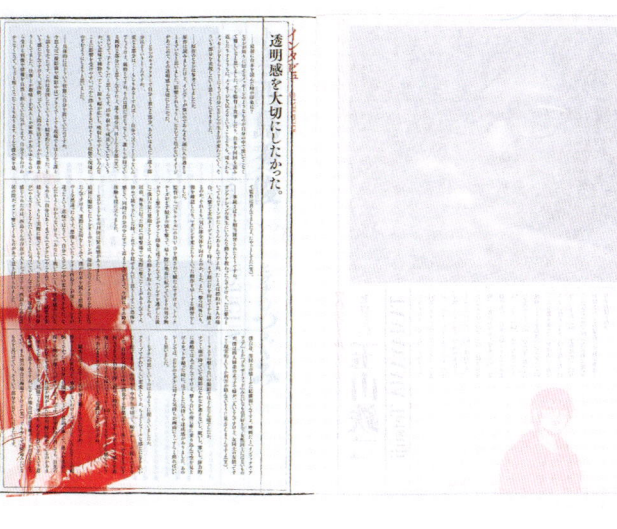

近未来、戦時下の日本

敵討ち法成立。

敵討ち執行代理人、叶ヒロシ。
感情も感覚も失くした男が
最後に微笑むとき、
運命は劇的なラストに向かって疾走する。

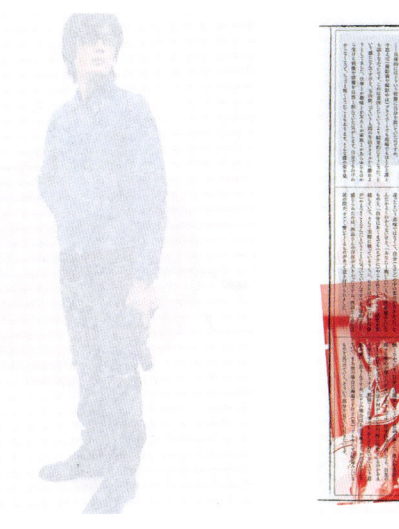
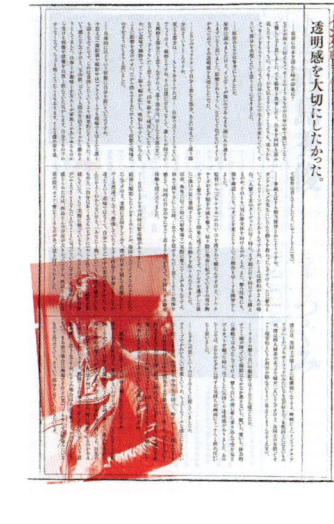

透明感を大切にしたかった。

プロフィール◎Profile

トシオ◎西島秀俊 NISHIJIMA Hidetoshi

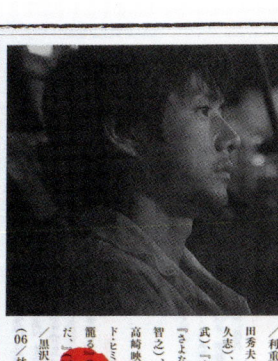

1971年3月29日、東京生まれ。スクリーンデビューは『居酒屋ゆうれい』（94／渡邊孝好）以降、その存在感で数多くの映画監督を魅了しつづける。主な映画出演作は『2／DUO』（97／諏訪敦彦）『ユンケン合格！』（99／黒沢清）『ラストシーン』（01／中田秀夫）『Dolls』（02／北野武）『赤重剛』『いたいふたり』（02／斎藤久志）『さよならみどりちゃん』（04／古厩智之）『カナリア』（05／塩田明彦）『萩生田宏治』（04／高崎映画祭主演男優賞）『ドラビ』『05』『ゆ』『帰郷』『唯野未歩子』など多数／籠る』（06／『大谷健太郎』／赤川康治』『06』／黒沢清』ほか多数の最新作『大地』が12月公開予定

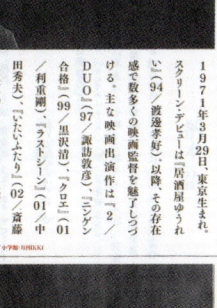

ヒグチ◎つぐみ TSUGUMI

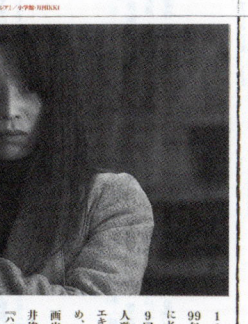
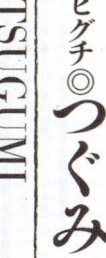

1976年2月21日、東京生まれ。99年、塩田明彦監督の『月光の囁き』にヒロイン・北原紗月役で出演し、第9回日本映画プロフェッショナル大賞新人賞をほか数々の新人賞を受賞。エキセントリックな美少女の印象を強め、熱狂的な人気を獲得する。主な映画出演作品に『四月物語』（98／岩井俊二）『贅沢な骨』（01／行定勲）『ハッシュ！』（02／橋口亮輔）『ロックンロールミシン』（02／行定勲）『カナリア』（04／塩田明彦）『紀子の食卓』（05／山田英治）『紀子の食卓』（06／園子温）などとがある。最新作『エクステ』（06／園子温）が公開予定。

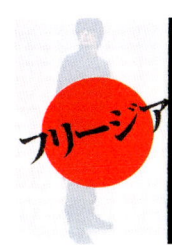

COLOR： Process Black, DIC 2496
PAPER：OKブリザード

フリージア 映画プレス
4C / 2C　297×210mm　2006年

CL：シネカノン　AD：岡野 登　DF,S：Cipher。　D：山路康隆

ペリー・ヘンゼル「ハーダー・ゼイ・カム」
監督・脚本・プロデューサー・編集

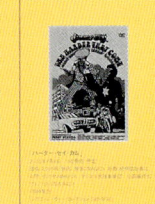

THE HARDER THEY COME

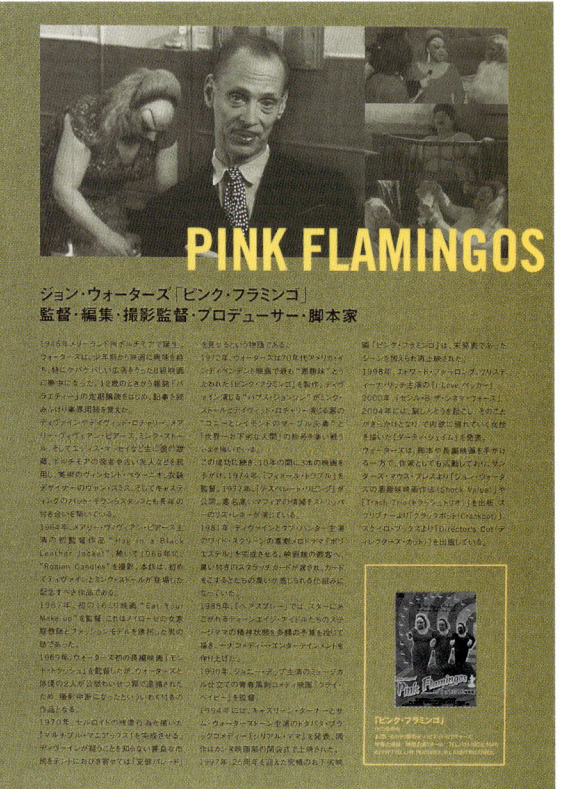

PINK FLAMINGOS

ジョン・ウォーターズ「ピンク・フラミンゴ」
監督・編集・撮影監督・プロデューサー・脚本家

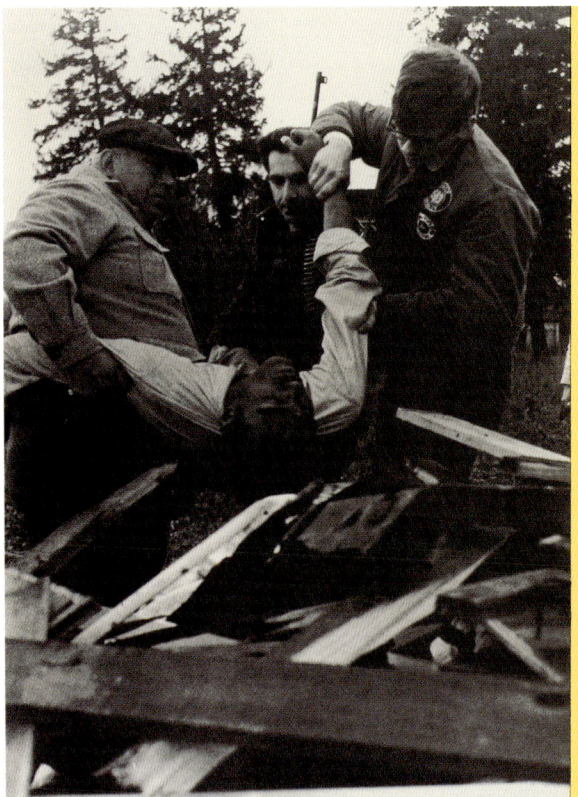

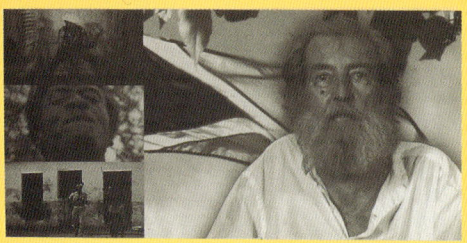

M
HISTORY

映画の中の6作品と
日本の映画公開史
そして、ミニシアターブームの成り立ち

COLOR： ● Process Black, 　🔸 DIC 2538
PAPER： 上質

ミッドナイトムービー　映画プレス
4C／2C　297×210mm　2006年

CL, S：クロックワークス／トルネード・フィルム　D：大橋 修　DF：フィッシュデザイン（現在はthumb M）

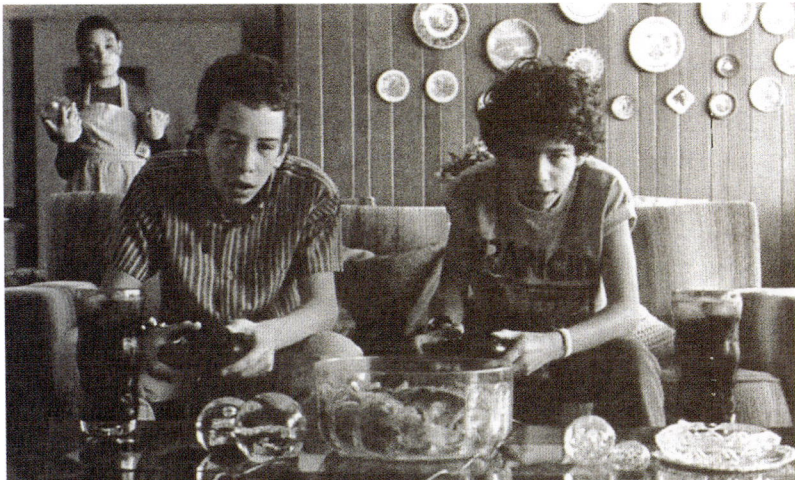

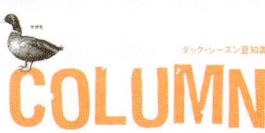

COLUMN

1 "El Cuadro（絵画）"

映画に登場する絵には、こんな物語があるそうだ。画家の名前はオクタビオ・ランデータ。毎週スリッパではなくサン・アンヘルで開催されるバザーで彼に会うことがある。この絵は1931年、画家がアトランタインアーノの頃を訪れた時に描かれた。本人は全く気に入らなかった。バザーに置いてあったものの買い手がつけず、彼方にいとこの結婚式の贈り物にする...このいとこが洋服ダンスに取り付けられたのがブリーダーの絵がされ、ついにはメキシコ国立の貿易銀行代表のクリスタ・ブランのもとにたどり着く。絵画はクジの景品となり...当たりを引き当てたのは幸せそうな夫婦。二人は家に帰るとこの絵をクローゼットに入れて保管する。13年後、幸せだった夫婦の絵はカリカで新たな旅に出ることとなる。

2 "カモ（マガモ）とアヒルについて"

マガモを種別表したのがアヒルであり、色や大きさがマガモに近いものが主にアイガモと呼ばれ、最近では地で野生に繁殖している。アイガモはアオクビアヒルとマガモを交配させたものである。飼鴨のため、良品種はマガモとほとんど区別できない。アヒルは本来食用の家鴨であるため水を大量に取り、翼が充化し、飼鴨である。つまり、見ためがアヒルぽくないのがアイガモ、というわけである。ちなみに、カチュウは白い羽を振りかざして家禽化したもの。雄と雌は似ているが、体は大きく太っており、飛翔力は全くない。日本語では「カモ」とアヒルは区別される傾向にあるが、スペイン語やポルトガル語ではどちらも「pato」で置換される場合が多い。本作のテーマ曲の原題「O Pato」は、ジュアン・ジルベルトの名曲で日本では「ガチョウのサンバ」と訳されていたが、一部では「アヒルのサンバ」とも表記されていた。

3 "なぜカモはV字型で飛ぶのか?"

鳥が列を作って飛ぶ二羽目に通る際の、そのこ羽目が三羽目の空気抵抗を少なくし、三羽目の力は後ろ四羽目が羽ばたき、四羽目から五羽目へと続き、五羽目が大羽目を飛び、こうして力を分ける4つのための減速。が羽ばたけ減少するのだが大羽目を飛ぶ。先頭を飛ぶ力が羽われる後ろに疲れ、群れは交代で先頭を務めリーダーの一羽が疲れ降ろを取ると後ろから二羽が続き、疲れた一羽が回復するまで群落するまで飛び続ける...

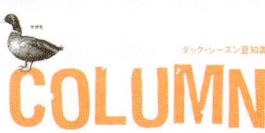
ダック・シーズン豆知識

4 "撮影場所、トラテロルコ地区について"

撮影場所として選んだアパートはメキシコシティのトラテロルコ地区（三文化広場一帯）にある。三文化広場はアステカの古代ピラミッド遺跡、19世紀に建てられたサンティアゴトラテロルコ教会、そして外務省など現代の広場である。1968年のトラテロルコ事件ではてこで学生が政府に大勢の人が死に、1985年に発生したメキシコ大地震では、多くの建物が崩壊し、深刻な被害を受けた、メキシコにとってこことは歴史の悲喜を感じさせる場でもあり、いろいろな意味においても忘れられない場所となっている。トラテロルコ都市の孤独を感じさせる地域である。

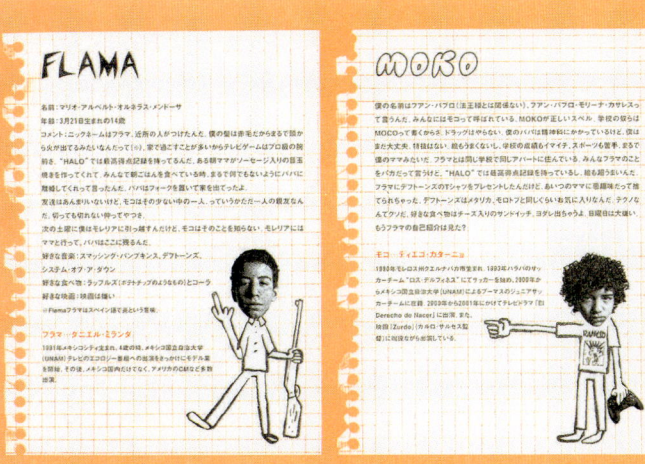

FLAMA

MOKO

ULISES

RiTa

CAST

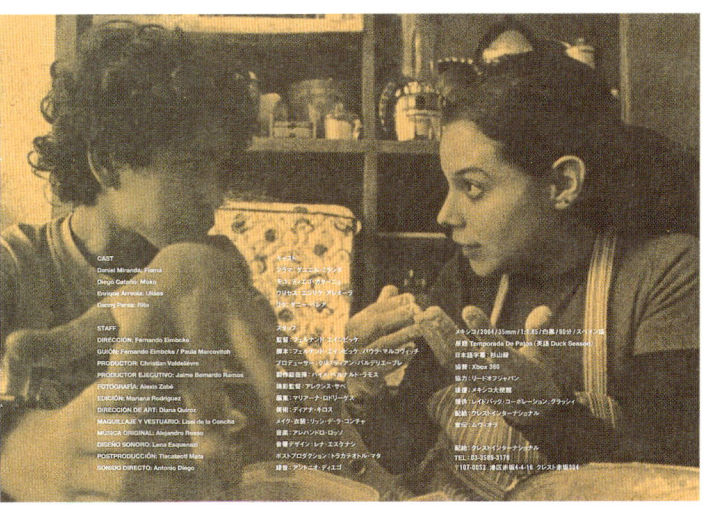

脚本のきっかけ

「停電の時はいつも何か面白い事が起こる。僕がまだ子供の頃、みんなでテレビを見ていたら停電になった。最初は、みんな停電の中で押し黙っていた。どうしていいか分からなかった。でも、そうこうするうちに会話が弾みだって、まるで家族のようにお互いに耳を傾けるようになったんだ。」とエインビッケ監督は、『ダック・シーズン』の脚本を書くきっかけを語る。彼が脚本を書きはじめたのは、4年ほど前らしく、脚本が未完成のまま書き進むけての脚本を作り始めたのは数年程前ほどりで片かかった。その後何年も経つけれど、一緒に脚本を書いていた友人のパウラ・マルコヴィッチと、あの頃はどういうのと離別れ、引き続いてから脚本を引っ張り出し、執筆を再開したのだった。

プロデューサーと資金調達

エインビッケ監督は『Sexo, Pudor Y Lagrimas』(1999)をプロデュースし大成功を収めたクリスティアン・バルデリエーブと出会い。Fidecine（メキシコ映画投資振興ファンド）が製作費の49パーセントを出すという停電に恵まれた。予算は約30万ドル、それは決して大くはなかったが、彼はスタッフに2003年7月14日には公開することに決めたとすうハッパをかけた。登場人物がタなく、唯一の撮影現場がアパートの一室、プロデューサーがひとり、カメラが1台だけと、とても全体の規模が非常に小さかったため。プレッシャーは効果的に機能し、現場にはたきなエネルギーが生まれた。「お金があろうがなかろうが、とにかく映画を撮るんだ」とやる気を起こさせることに成功した。

キャスティング

エインビッケ監督が求めたのは、子どもらしい生き生きとした表情の少年、子ども同士の間に生まれるエネルギーと相互の親密さを基準に選んで、フラマをモコを演じた2人は元気がありすぎて、四六中中選んでいすて、撮影が遅まてスタッフを悩ませることもあった。そこで監督がある一シーンの絶妙なテーマを設け、彼らをいじ耀させ、それを個別に表現させるようにしたところ、少年たちに様々な責任感が芽生え、精緻的に役に取り組むようになった。こうして彼らが即興で演じたシーンもあれ、もっと自然したのは夕方です。当初は出演してた少女たちを2人の少女が弾がらせるので、設定を少年たちより年上の少女に変更した。ウリセスのエンリケ・アレオラはただひとりキャリアのある俳優で、彼が現場で子供たちにいろいろな指導してくれたことが、監督の大きな助けとなった。

オマージュ

映画のエンドクレジットでは、エインビッケ監督が敬愛する2人の監督に感謝が捧げられている。ジム・ジャームッシュと小津安二郎である。あるインタビューでエインビッケは、特に好きな映画として「ダウン・バイ・ロー」「コーヒー&シガレッツ」「早春」「お早よう」を挙げている。ちなみに各国の映画評では、カウリスマキ、ウヴィン・スミス、そして昨年日本でも話題を呼んだウルグアイ映画「ウィスキー」などを引き合いに出され、批評家達の想像力を大いに刺激したと思われる。

PRODUCTION NOTES

CAST
Daniel Mirando, Flama
Diego Cataño, Moko
Enrique Arreola, Ulises
Danny Perea, Rita

STAFF
DIRECCIÓN: Fernando Eimbcke
GUIÓN: Fernando Eimbcke / Paula Markovitch
PRODUCTOR: Christian Valdelièvre
PRODUCTOR EJECUTIVO: Jaime Bernardo Ramos
FOTOGRAFÍA: Alexis Zabé
EDICIÓN: Mariana Rodríguez
DIRECCIÓN DE ART: Diana Quiroz
MAQUILLAJE Y VESTUARIO: Lisse río la Concha
MÚSICA ORIGINAL: Alejandro Rosso
POSTPRODUCCIÓN: Tiscareño Mata
SONIDO DIRECTO: Antonio Diego

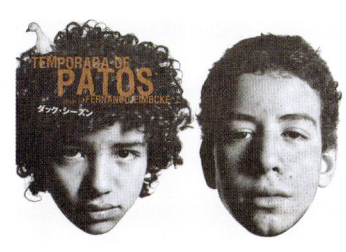

COLOR： ● Process Black, ● DIC N-744
PAPER： 晒クラフト

ダック・シーズン 映画パンフレット
2C　257×182mm　2006年

CL：クレストインターナショナル　AD：大島依提亜　DF, S：大島デザイン室

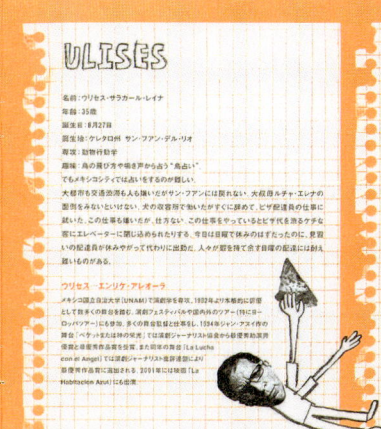
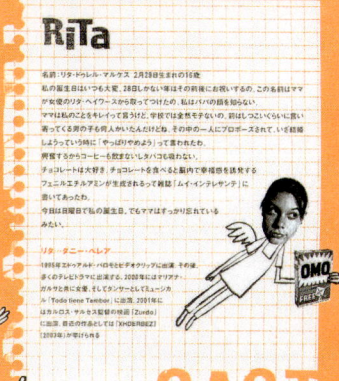

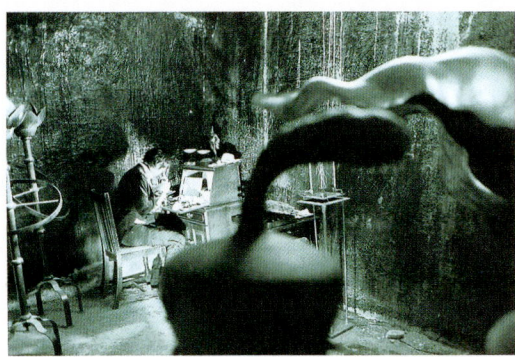

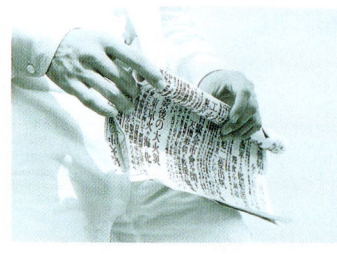

乱歩映画あれこれ

本全公彦（映画評論家）

原作　江戸川乱歩

Profile

1894年10月21日三重県名張町(現・名張市)に平井繁男、きくの長男として生まれる。本名・平井太郎。1901年名古屋市白川尋常小学校入学。最初小波の御伽草子を読んだり、レンズや鏡を愛した。1905年名古屋市第三高等小学校に入学。黒岩涙香の怪奇ものを愛読する。1907年愛知県立第五中学校入学。夏目漱石、幸田露伴、泉鏡花などの作品を読み始める。1912年6月、早大卒業まで平井商店の販売、兄弟の貿易商に関わる。8月、早稲田大学予科政治経済科の単身上京。1913年9月、早稲田大学政治経済学部に進み、卒業後、大阪西区の貿易会社に就職。1917年、会社の宿舎扱いで入社。伊与堂書店、谷崎潤一郎、佐藤春夫、宇野浩二らの作品に親しむ。11月、鳥羽造船電気部に転職。1919年、上京し、兄弟と本郷に「三人書房」を開業。後関稿は「東京パック」編集長を務めるなど、数多くの職を転々とする。1919年、兄弟に知合った三重県生子の村上鈴子の文と結婚。1923年、「二銭銅貨」が「新青年」に掲載され、本格的な作家デビュー。当初は推理小説の挿絵とポスターのメーカーだった。1925年4月、横溝正史らと「探偵趣味の会」を発

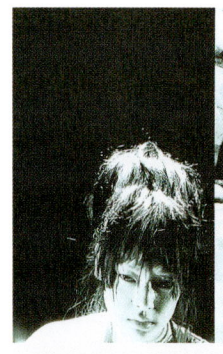

森山開次

1973年12月19日神奈川県生まれ。多くのダンス公演・TVCM・東アジア競技大会開会式などを幅広い分野で活躍を続ける。01年プロ活動開始。しなやかなしなやかな筋肉で、空間を切り裂くような独特の身体表現を追求する。01年「今年最も才能あるダンサーの1人」(エジンバラフェスティバル)、05年「驚異のダンサー」(ニューヨークタイムズ)と評される。代表作にアジアラブルを国で受ける「Lamunella」、神仕後内での公演、能とのコラボレーション等、実験的な活動に多数取り組んでいる。「茶の味」(04/石井克人監督)ほか映画・テレビ多数・CM出演などジャンルを超えた活躍で、今最も注目のコンテンポラリーダンサーの1人である。

市川実日子

1978年6月13日東京都生まれ。10代より「Olive」の専属モデルとして活躍。00年舞踏活動監督作品「タイムレスカリプ」で映画デビュー。その後、「とらばゆ」「blue」「タワーレコーズ」等で映画・CM出演。「blue」03/安藤尋監督)、「DEAD END RUN」03/石井聰亙監督)、「Jam Films 2 私と今の冷凍)」03/小島淳二監督)、「キューティーハニー」03/庵野秀明監督)、

中村友也

1986年12月24日東京都生まれ。TBS「日～君といだけ」などでレビドラマや映画出演。05年10月公開のNHK映画デビュー映画「内の中」(05/ダンカン監督)がある。

寺田 農

1942年11月7日東京都生まれ。早稲田大学在学中に文学座研究所に所属し、64年「十四才の母」で映画を飾る。63年に大学中退後、65年五所平之助監督「panの中」で映画デビュー。同年同作で本木などで若きはなども受ける。68年以降多数の映画に出演し、役者のみならず、ショート・フィルム・オムニバス「新・刑事まつ

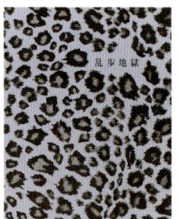

乱歩地獄

韓英恵

1990年11月7日生まれ。鈴木清順監督作品「ピストルオペラ」(01)にて少女水谷京子役に大抜擢される。撮影5カ月後、「あどけなさと年頃に負けかねない妖艶さをあわせもち、キビの可憐な持ち味を内に秘めた奇妙な雰囲気」に応じている。今後の活動に期待が集まる若い女優となる。その他の作品「Short Movie「Cheap Trip」03/梅川壮監督)、「Jam Films 2「CLEAN ROOM」03/高橋栄樹監督)、「バーレンクロイの男」04/片嶋一貴監督)、「誰も知らない」04/是枝裕和監督)、「阿修羅城の瞳」(04/滝田洋二郎監督)、「死ぬ」05/SABU監督)に出演。

大森南朋

1972年2月19日東京都生まれ。86年、市川準演出のセリフのないCM出演をきっかけに役者として活動を始める。以降「ざわざわ下北沢」03/市川準監督)、「静かな生活」95/伊丹十三監督)、「SFサムライ・フィクション」98/中野裕之監督)、「Juvenile」(00)「賊賊 守監督」、「Stereo Future」(01/中野裕之監督)、「ポーカーライフ」02/雑賀俊朗監督)、「アカルイミライ」(03/黒沢清監督)、「ラストシーン」(02/中田秀夫監督)、「血と骨」(04/崔洋一監督)に出演し、「出に眠れば」(02/廣木隆一監督)、数々の作品に出演している。その他、テレビドラマ、CMなどで幅広く活躍している。

田口浩正

1967年10月8日福岡県生まれ。86年に劇団東京乾電池第一期研究生に入団。92年春より劇団として活動を開始。多数の映画、CM、TVドラマで活躍する。出演主な主な監督作品「アンジェリクス」(89)、「シコふんじゃった」(92)、「Shall We ダンス?」(96)をはじめ、「ラヂオの時間」(97/三谷幸喜監督)、「泥に眠れば」(02/多く多く監督)などに出演している。

緒川たまき

1972年4月1日生まれ。映画・TV・CF・舞台・エッセイ(執筆など)と幅広く活躍。02年新たに新たに新たな映画出演作品「ナチュラルウーマン」(94/佐々木浩久監督)、「静かな生活」(95/伊丹十三監督)、「SFサムライ・フィクション」(98/中野裕之監督)、多くの作品に出演する。その他、舞台「広島に原爆を落とす日」(97)にてゴールデンアロー賞演劇新人賞を受賞。「SFサムライ・フィクション」にて高崎映画祭最優秀助演女優賞受賞。

COLOR：◆Process Black, ●TOYO88 CF0293
PAPER：ライトスタッフ

乱歩地獄　映画パンフレット
2C　257×210mm　2006年

CL：アルバトロス・フィルム　D：若林伸重　S：Akane Design

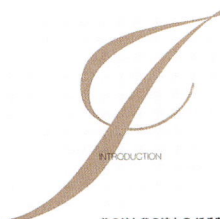

INTRODUCTION

昔の彼と昔の彼女の ほろ苦くて甘いカンバセーションズ

マンハッタンのクラシックなホテル。
ウエディング・パーティの行われているバンケット・ルームで
10年ぶりに再会した昔の彼。偶然? 必然? 昔い別れた経験し、この街を離れ、
すべてが想い出になったと思っていたのに、止まっていた時計の針が動き出す。
初めは互いにクールな態度で、ぎこちない"会話"。やがて心の中の探り合い。
この気持ちは懐かしさ? それともまだ想っているの?
女と男のリアルなカンバセーション。やさしく響く都会の一夜の物語。

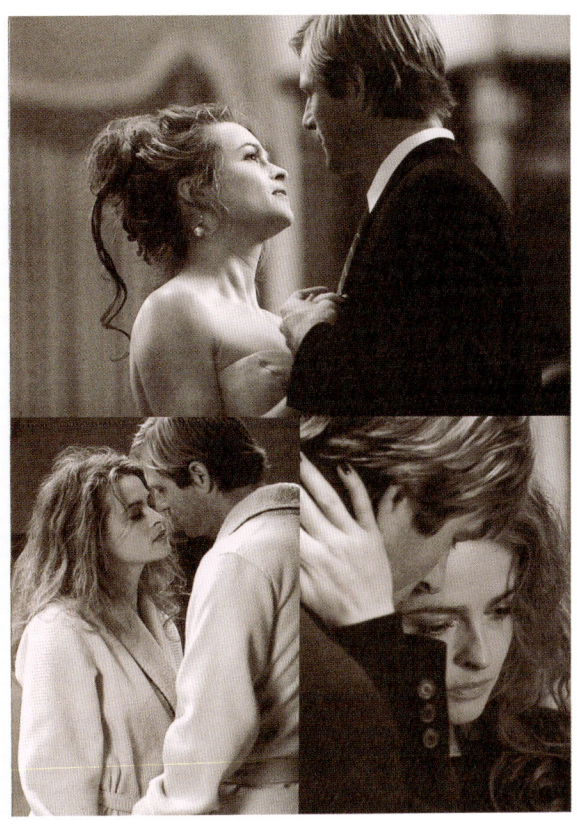

ヘレナ・ボナム=カーター 新たな代表作の誕生!

"彼女"には、80年代に「眺めのいい部屋」、90年代に「鳩の翼」のヒロインを演じ、日本の同世代女性たちの圧倒的共感を呼んだヘレナ・ボナム=カーター（「チャーリーとチョコレート工場」）。大人の女性を主人公にした映画がないとハリウッドに不満を抱いていた彼女が、脚本を一読するなり「瞬く間に恋に落ちて、出演を決めた」と言う体現才な女性像は、再び願い・支持を得ることでしょう。
"彼"には「サンキュー・スモーキング」、「ブラック・ダリア」でブレイク中、今ハリウッドで"共演したい男優No.1"のアーロン・エッカート。男性は身につまされ、女性は母性本能をくすぐられるチャーミングな"昔の彼"を見事に体現しています。

パリ経由で届いた大人のためのラブストーリー

全編にフィーチャーされるサウンドは、スーパーモデルから華麗な転身を遂げた人気女性シンガー カーラ・ブルーニによるもの。"オートクチュールのような繊細さ"と言われる彼女のヴォーカルが、揺れ動く"彼女"と"彼"の心情を彩ります。監督は本作が長編第二作となる気鋭ハンス・カノーサ。脚本は、小説家としてNYのキャリアな女性たちにも人気を博す、「天国からはじまる物語」（理論社刊）のガブリエル・ゼヴィン。パリで大ヒットを記録した。恋に恋するには大人になり過ぎたけれど、誰かに恋していたいあなたに贈るセンシュアル・ラブ・ストーリー。

すべての"想い"を映し出すデュアル・フレーム・ムービー

"秀逸なアイデア、素晴らしい効果!"（ELLE誌）と絶賛されたデュアル・フレーム手法で綴られる本作。彼女の視線と彼の視線。今のこの人と、かつてのこの人、口をついて出る営業に本音の気持ち…。さまざまな二つの瞬間が、スクリーンに同時に映し出されることによって、観る者はより二人の心情に寄り添い、親密な時を共に過ごすことになります。彼女と彼、現在と過去…。気がつけば、あなたはどちらのフレームを観ていますか? デュアル・フレームは、あなたの心さえ映し出してしまうのです。

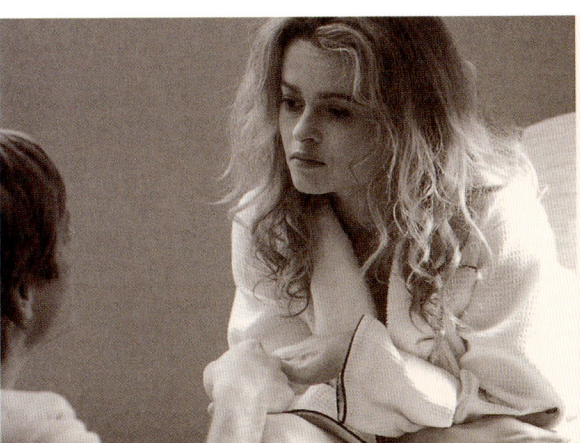

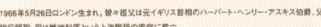

INTERVIEW
Helena Bonham Carter

Q:なぜこの映画に出演したのですか?

脚本を読み始めて10分で、この役をやろうと決心したわ。恋に落ちたみたいなものね。わたしがここ長らく読んだうちでは、最も文学的で、最も知的な脚本だった。私は、この"彼女"、頭の切れる、多面性をもつヒロインを高く評価したの。ほんとに美しい脚本だわ。二面性を持っているのがいい、せい。時にはとても皮肉に描かれているけれど、これは自然過ぎる。それに率直、30代後半の女性が認められるなんて珍しい。一般に言うと、ハリウッドの年齢に対する奇妙なセンスにうなずいていた、私の演じた"彼女"は、30代後半の自分を受け入れている。その一方、アーロンの演じている"彼"は、ピーター・パンね。

Q:通常とは異なる撮影ですが…

ずっとそれぞれに一台ずつカメラが回っていて、つまりこれをセットで持っている時間より、演技をしている時間の方が長いということなの。普通は撮影の最中に邪魔されて、演技に深みを与えることができない。この映画なら、まるで舞台のように流暢に独特なキャラクターを創り出すことが可能なの。さらに俳優の夢。演じるにはアスリートのスタミナが必要。アーロンに従って、バナナとジャムとピーナッツ・バターのサンドイッチをたくさん食べることにしたの。彼はとても規律正しく、サンドイッチを食べてたわ。
監督をからかって、よく「このレーンでは、私は画面端に映るべきだと思うよ」って言ってたの。もちろん、アーロンもそう。アーロンは、いつも自分のサイドを広げようとしていたわ（笑）。そして、結果的にこれまで演じてきた中で一番満足のいく作品の一つになった。もし、私に選択できるなら、出演作はすべて、この撮影法でやりたいくらいよ。

PROFILE

Woman *HELENA BONHAM CARTER*／ヘレナ・ボナム＝カーター

1966年5月26日ロンドン生まれ。曾々祖父は元イギリス首相のハーバート・ヘンリー・アスキス伯爵、父は銀行頭取、母は精神科医師という上流階級の家庭に育つ。
1983年TVムービー "Pattern of Roses" でデビュー後、高名な舞台演出家・監督のトレヴァー・ナンに「レディ・ジェーン／愛と運命のふたり」（1986・未V）のタイトル・ロールに抜擢される。この撮影中ジェームズ・アイヴォリーが「眺めのいい部屋」（1985）への出演を依頼。この作品とその後に続く、E.M.フォースター原作の一連の映画「天使も踏むを恐れるゆえに」（1991・未V）、「ハワーズ・エンド」（1992）で国際的な名声を高めた。1997年イアン・ソフトリー監督の代表作「鳩の翼」でアカデミー賞、ゴールデン・グローブ賞のノミネートを受けたほか、1995年の「死の愛撮」で、カナダのジェニー賞を、デイヴィッド・フィンチャー監督の「ファイト・クラブ」（1999）でエンパイア賞・最優秀英国女優賞を受賞。また、TV作品では「ライブ・フロム・バグダッド 湾岸戦争最前線」（2002）でゴールデン・グローブ、エミー両賞のノミネートを受けたほか「暗殺調書」（1993・TVM）ゴールデン・グローブ賞ノミネート、「エクスカバー 聖剣伝説」（1998・TVM）ではエミー賞のノミネートを受けている。「PLANET OF THE APES 猿の惑星」（2001）で組んだティム・バートン監督が現在のパートナーで、2003年には二人の間に男の子が誕生。同監督の「ビッグ・フィッシュ」（2003）「チャーリーとチョコレート工場」「ティム・バートンのコープス・ブライド」（声の出演）（共に2005）にも連続出演している。最新作は「ハリー・ポッターと不死鳥の騎士団」（2007）。
他に「フランチェスコ」（リリアーナ・カヴァーニ監督・1989）「ハムレット」（フランコ・ゼフィレッリ監督・1990）「フランケンシュタイン」（ケネス・ブラナー監督1994）「鉄道のアフロディーテ」（ウディ・アレン監督・1995）「十二夜」（トレヴァー・ナン監督・1996）「ヴァージン・フライト」（ポール・グリーングラス監督・1998）、人気クレイアニメ「ウォレス＆グルミット 野菜畑で大ピンチ!」（2005）にレディ・トッティントン役で声の出演など。

Young Woman *NORA ZEHETNER*／ノラ・ザヘットナー

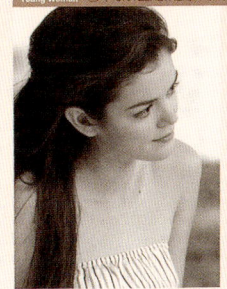

1981年2月5日テキサス州エルパソ生まれ。18歳の時、カリフォルニアに居を移し女優としての活動をスタート。TVシリーズへのゲスト出演、「アメリカン・サマー・ストーリー アメリカン・パイ2」（2001）「MAY／メイ」（2002）等に端役で出演してキャリアを積む。全米ではトリート・ウィリアムス主演のファミリー向け人気TVシリーズ"Everwood"（2002・未）のレイニー役で知られ、本作と同じくライアン・バーグマン製作の青春ドラマ「Brick」（2005・未）では、主人公の恋人役に起用された。映画初主演となるホラー「Beneath」（2006）が全米公開待機中。

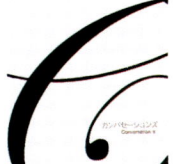

COLOR： ● Process Black, ● TOYO88 CF0746
PAPER： ライトスタッフ

カンバセーションズ 映画プレス
4C／2C／1C 257×182mm 2006年

CL：ザジフィルムズ　AD：若林伸重　D：花岡文子　S：Akane Design

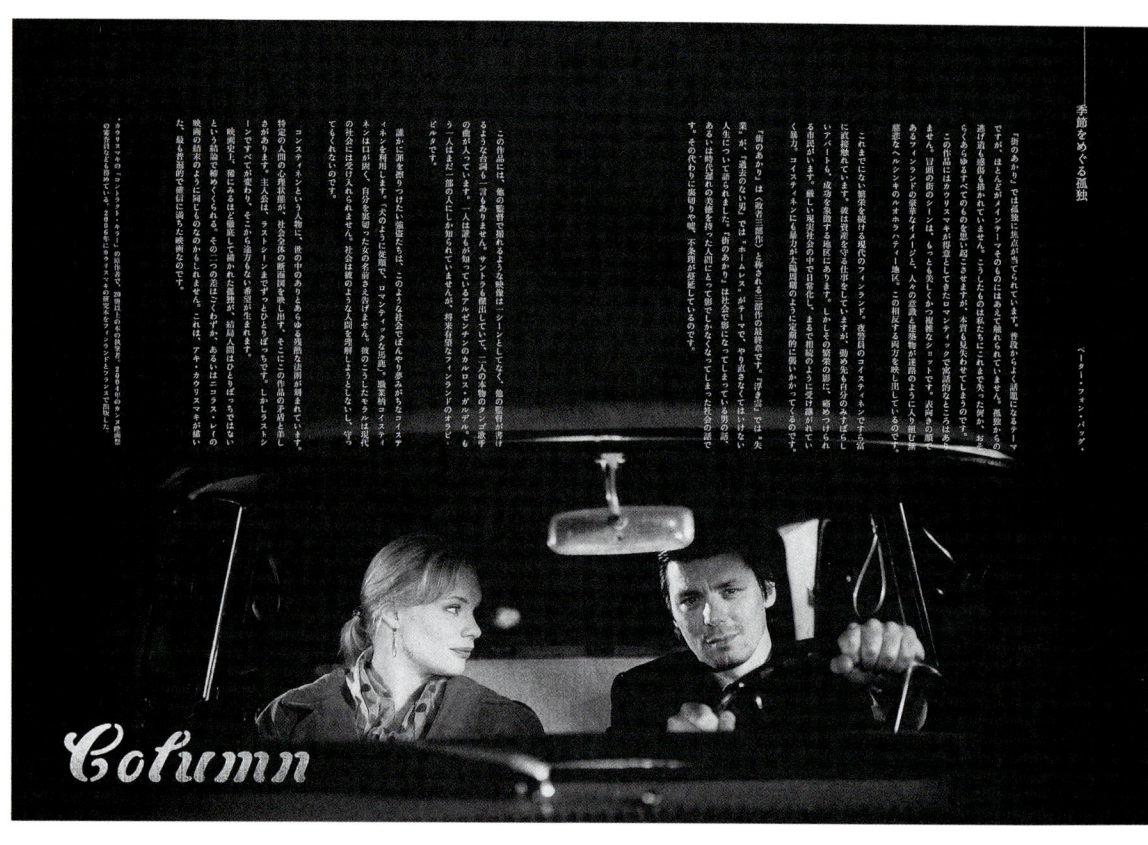

季節をめぐる孤独

ペーター・フォン・バッハ

Column

この作品は、街の賢智で取れるような映像になるテーマですが、ほとんどがインナーさすがていたこと強烈になるルー逃げ道も退席も描かれていません。普段からよく路面になるテーマ

「街のあかり」は《敗者三部作》と呼ばれる三部作の最後作です。「浮き雲」では、失業、「過去のない男」では、ホームレス、この「街のあかり」では現代社会の孤独に直視しています。コイスティネンという人物に、他の中のありがある種映像は語り続けることがあります。主人公の人間の心理描写、特定の人間の心理描写、コンストラクシンという人物に、

「もの」

ものがたり

ヘルシンキ、警備会社ウェスタン・アラームの社員として働きだしたコイスティネン。ヤキ・ヘイテネンさ、コイスティネンの心は

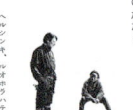

Story

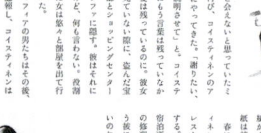

349

COLOR：◆ Process Black
PAPER：晒クラフト

街のあかり 映画パンフレット
1C 257×182mm 2007年

CL：アルバトロス・フィルム　AD, D：大島依提亜　DF, S：大島デザイン室

書籍
117-150
BOOK

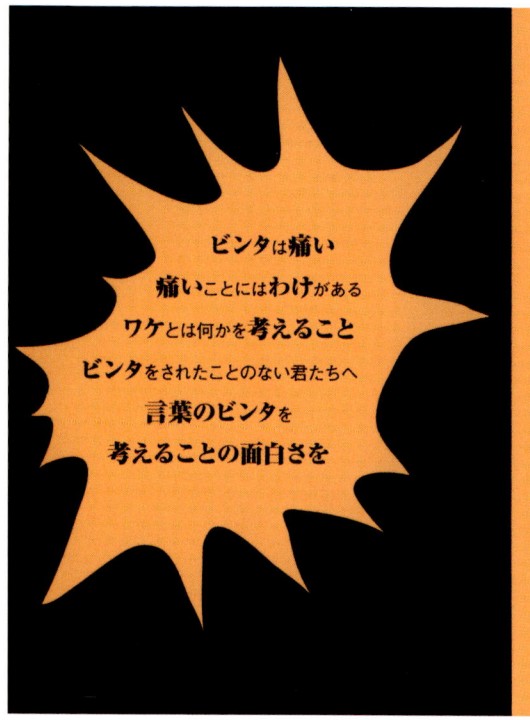

ビンタは痛い
痛いことには**わけ**がある
ワケとは何かを**考えること**
ビンタをされたことのない君たちへ
言葉のビンタを
考えることの面白さを

昔、僕が小学生だった頃、ガキ大将だった僕は毎日のように先生にビンタをされていました。規則を破ったというよりもむしろ、いたずらの見せしめとして。規則は破られるのが当たり前だと思っていた僕は、どこまで悪いことしたらビンタが飛ぶか、どこまでならば1発ですむのかが少しずつわかるようになりました。あるとき臨海学校で千葉の旅館に泊まっていたことがありました。夜中にクイズに熱中し懐中電灯で本を読んでいる友人と、僕らは肝試しで旅館の裏庭をうろうろしていましたが、同時にそういう子供はいないかと見張っている先生に見つかりました。もちろん僕らは海まで走って逃げて、先生には捕まりませんでしたが、其れからが大変でした。ほとぼりが冷めるのを待ち、そーっと自分の布団に戻り、寝たふりをし、あたかもずっとさも何事もなかったかのように寝続けていたをよそおわなければいけません。敵（先生）もさるもの突然電気をつけダレだと大声を上げました。全員起こされお説教という局面、僕らは必死で寝ぼけ入りを装います。しかし足に砂がついているまま死んだように寝ている不自然な僕らは損すられても、たたかれても蹴られても絶対寝続けてくる、と意志を持って寝続けます。ついに起こされたとき、なんて言ったかがその時の僕のすべてでした。言い訳は、さも何事もなかったかのような顔で、頭に襲撃されたときに死んだふりをしろって先生が教えてくださったので、その練習をしていました。といって場の流れをかえればビンタ2発ですむからなということを寝ぼけながら思いつき実行したことでした。ビンタは飛んできました。先生は笑いを押し殺し、それからあほらしくなったのかさっさと切り上げて寝たくなったのか、その場は廊下に正座半1時間ですみました。そこで学んだことは板張りの廊下での足のマメとともに、現在も生きています。そうだ笑わせること、相手を立てること、口のきき方に気をつけること。そしてあくまでも善意に、いたずらをし続けること、これが僕の一生といっていいでしょう。その体体罰禁止の潮流の中でビンタそのものがなくなりつつあります。スクーリング・パッドを一緒に始めた中村悟二さんは野球部でした。先輩から毎日ビンタをされていました。ファウルグラウンドの隅でエラーをしたといってビンタ、うまくやったらもっとやれるぞといってビンタ、毎日ビンタの日々でした。でも練習が終われば何もなかったかのように冗談を飛ばし先輩に好かれナイジと呼ばれていました。そして試合で大活躍し、ビンタがフェアグラウンドで報われる。これも今の中村悟二さんのものです。ビンタに、もしも少しでもいいところがあるとしたら、それは痛いということです。痛いことには理由がある。痛いことにはきっかけがある。**ビンタには意味がある。**

スクーリング・パッド　黒﨑輝男

005

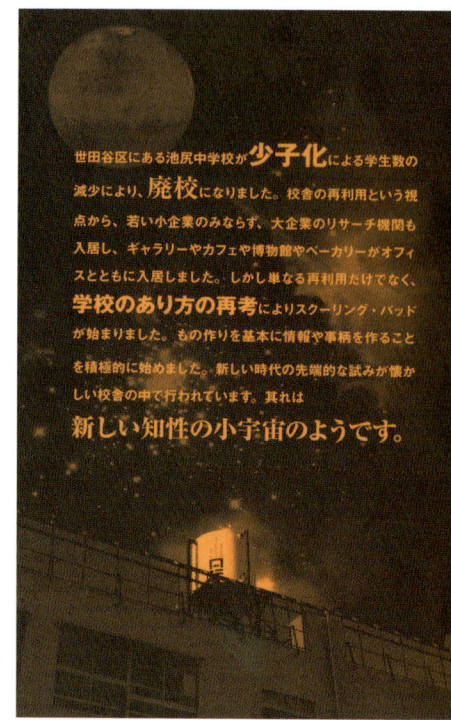

世田谷区にある池尻中学校が**少子化**による学生数の減少により、**廃校**になりました。校舎の再利用という視点から、若い小企業のみならず、大企業のリサーチ機関も入居し、ギャラリーやカフェや博物館やベーカリーがオフィスとともに入居しました。しかし単なる再利用だけでなく、**学校のあり方の再考**によりスクーリング・パッドが始まりました。もの作りを基本に情報や事柄を作ることを積極的に始めました。新しい時代の先端的な試みが懐かしい校舎の中で行われています。其れは**新しい知性の小宇宙のようです。**

The Department of
DESIGN COMMUNICATION
Session_01　Satoshi Takamatsu

自分の夢とクライアントの
夢と社会の夢が重なるとこ
ろを発見した時には、死ぬ
程頑張ってでもそれを達成
する価値があるんじゃない
かなと思います。

高松聡

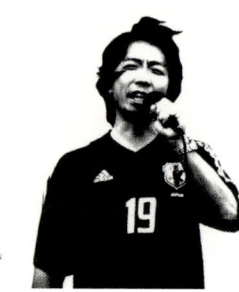

022　SESSION

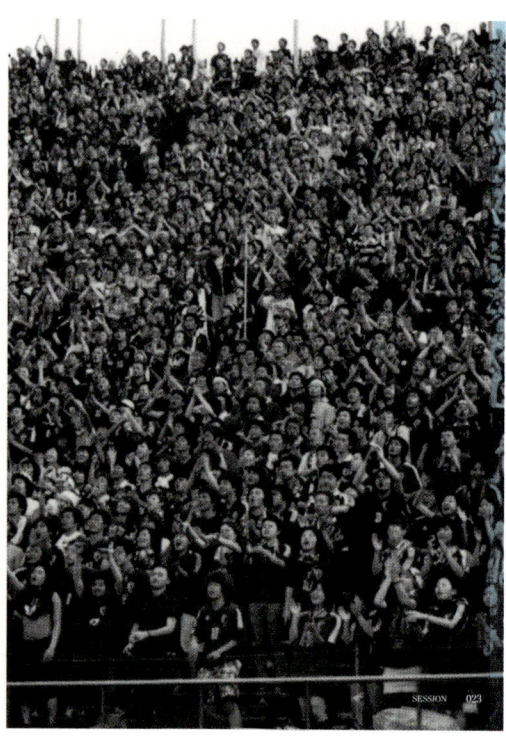

SESSION　023

The Department of
DESIGN COMMUNICATION
Session_09　Mark Dytham

（Mark）簡単な1つのアイディアです。
1コンペで1アイディア。
いっぱいの option、全然出さないんです。
「ずーっといっぱい考えたんですよ。これが一番、**Best idea**」

（黒﨑）日本のデザイン教育は、何通り考えられるか？　100通り考えろと。そういうふうに教えたりするけど、Marc Newson なんかは1つ絵を描いてスパッと出してくる。それをみんながやったら、みんなたぶん負けると思うんだけどね。そこをある程度、それくらいの気持ちで、デザインっていうのは勝負をかけて。

（Mark）施主さんがデザインを本当に大嫌いだと、「OK、捨てましょう。もう一度やりましょう。来週もう一度 presentation しましょう」。

（クルー）仕事をされている時以外で、一番楽しい時ってどんな時ですか？

（Mark Dytham）I don't work. 仕事やってない。
今好きなことをしているから、
「仕事」ではない。

（黒﨑）建築が仕事で、建築以外が仕事じゃないっていう概念が彼にはないわけよ。

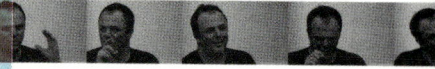

072　SESSION

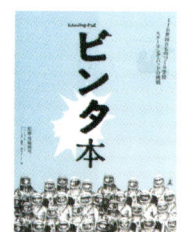

COLOR : ● Process Black,　● DIC N-870
PAPER : ● 色上質オレンジ,　　OKアドニスラフ70
ビンタ本
2C　210×148mm　2006年

PB：幻冬舎　AD：山本和久　CD：黒﨑輝男　CW：渡辺潤平　D, DF：Donny Grafiks　S：スクーリング・パッド「ビンタ本」編集・制作チーム

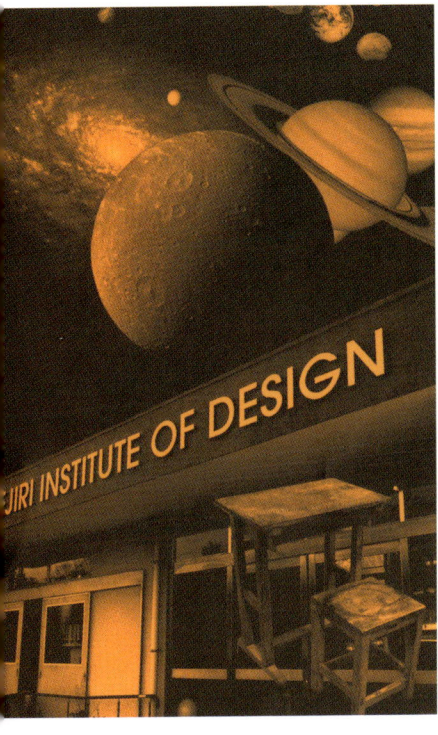

JIRI INSTITUTE OF DESIGN

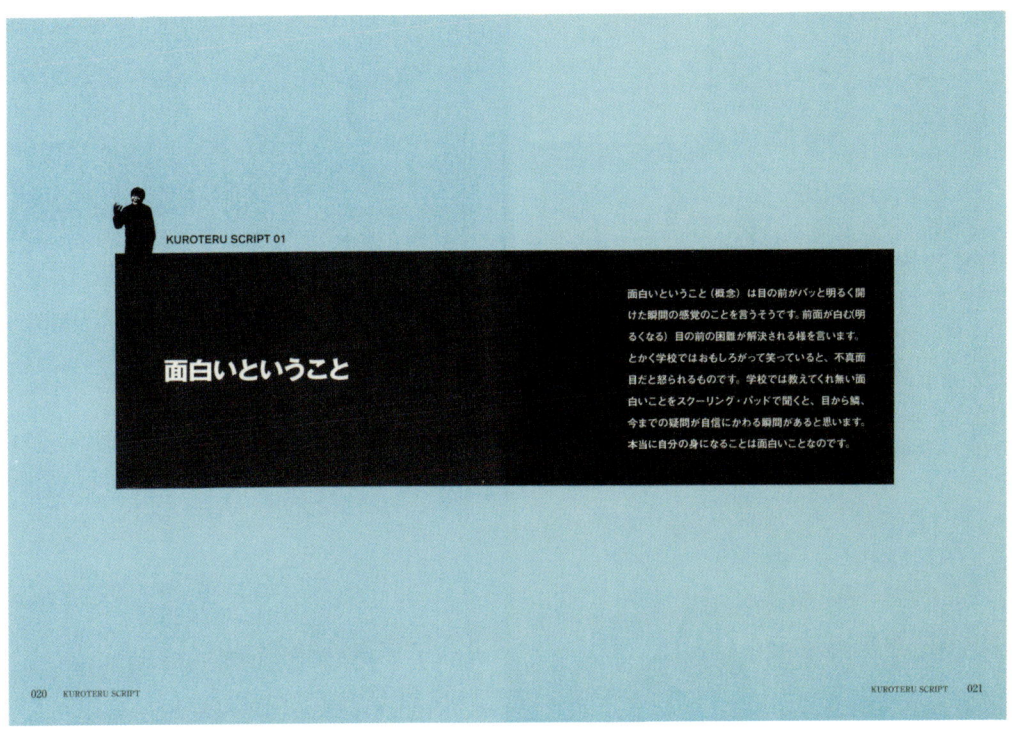

KUROTERU SCRIPT 01

面白いということ

面白いということ（概念）は目の前がパッと明るく開けた瞬間の感覚のことを言うそうです。前面が白む（明るくなる）目の前の困難が解決される様を言います。とかく学校ではおもしろがって笑っていると、不真面目だと怒られるものです。学校では教えてくれ無い面白いことをスクーリング・パッドで聞くと、目から鱗、今までの疑問が自信にかわる瞬間があると思います。本当に自分の身になることは面白いことなのです。

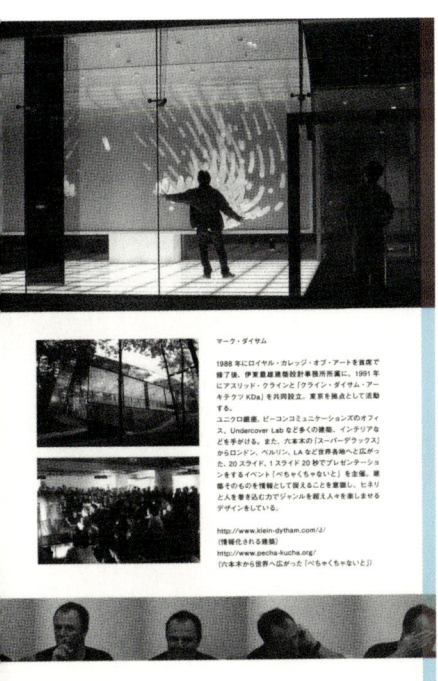

マーク・ダイサム

1988年にロイヤル・カレッジ・オブ・アートを首席で得了後、伊東豊雄建築設計事務所所属に。1991年にアストリッド・クラインと「クライン・ダイサム・アーキテクツKDa」を共同設立。東京を拠点として活動する。
ユニクロ銀座、ビーコンコミュニケーションズのオフィス、Undercover Labなどを手がける。また、六本木の「スーパーデラックス」からロンドン、ベルリン、LAなど世界各地へと広がったイベント「ぺちゃくちゃないと」を主催。頭で考えるより、身体を動かすことを大切にしているのが印象的。彼はそのものを情報に加えて捉えることを意識し、ヒネリと人を巻き込む力でジャンルを超え人々を楽しませるデザインをしている。

http://www.klein-dytham.com/j/
（情報化される世界）
http://www.pecha-kucha.org/
（六本木から世界へ広がった「ぺちゃくちゃないと」）

CINEMA×
COMMUN
ICATION

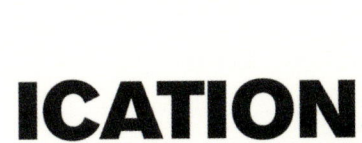

映画ビジネス学部長　**李鳳宇**
デザインコミュニケーション学部長　**黒﨑輝男**

「僕はテレビと映画は
違うと思ってる」

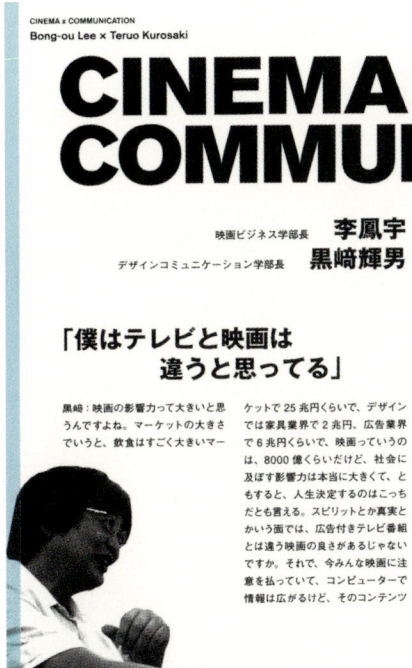

黒﨑：映画の影響力って大きいと思うんですよね。マーケットの大きさでいうと、飲食はすごく大きいマーケットで25兆円くらいで、デザインでは家具業界で2兆円、広告業界で6兆円くらいで、映画っていうのは、8000億くらいだけど、社会に及ぼす影響力は本当に大きくて、ともすると、人生決定するのはこっちだとも言える。スピリットとか真実とかいう面では、広告付きテレビ番組とは違う映画の良さがあるじゃないですか。それで、今みんな映画に注意を払っていて、コンピューターで情報は広がるけど、そのコンテンツ

として内容を本当によく考えて作られているのが映画だと思うんですよ。
李：商売っていう次元でいうと、現在の映像配信は商売にならない。みんな様子見です。すぐに商売になると思ってた映像配信会社はけっこう損してる。もう我慢比べみたいな感じですよね。でも結局どっかで見切りを付けて、決断しないともたないと思うんです。映画はやっぱり配信っていう伝達方法を前提にするとうまく機能しないですよね。映画を配信することは便利なんだけど、「便利」っていうことを考えてみると、じゃあ「映画は便利なものなのか？」っていうことになるんですよね。電話は便利でなければけいけど、映画は便利じゃなくっていいと思うんですよ。演劇もそうですよね。みんなテレビと映画は近いと思いがちだけど、僕はテレビと映画は違うと思ってるし、かなり距離があると思っているんです。要するに、ネット配信

やテレビは、結局は「箱」であって、「箱」の中で配信されて、走査線上で見るってことと映画を体験するってことは別物なんですよね。基本的にネット配信は1人で楽しむものだから、やっぱり映画の楽しさっていうのは、もう少し違う感動じゃないかなぁと思うんです。映画って複数の感動じゃないかと思うんですよね。×2とか、×3とか、劇場で見た時の空気感や臨場感がなくて、映画の感動って伝わるのかなって。
黒﨑：劇場という"場"のあの空気

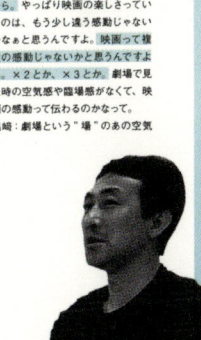

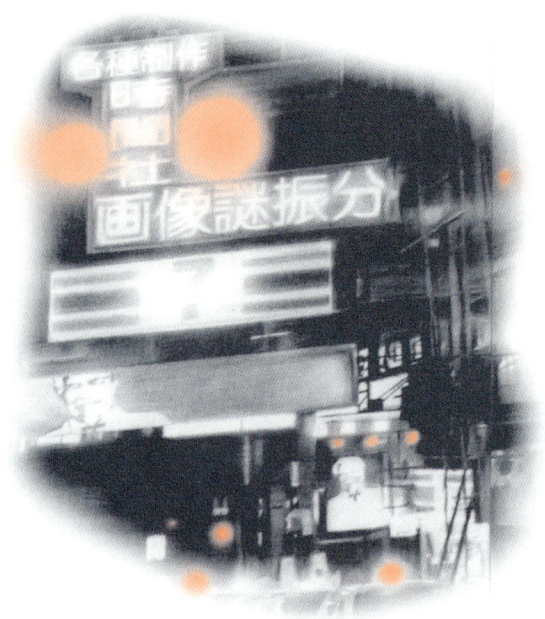

フジノミヤ駅、時間社前

時は来た、というか過ぎた。

遅刻である。おそらく30分ぶんは減給になるだろう。こういうことばっかしやってるから本が買えないんだ。

時間社前の通りは昼過ぎだってのに、スモッグが激しすぎて真っ暗だ。富士山の影響だろうか？最近じゃ日中でも真っ暗っていう日が多くなったような気がする。妙に空が赤い日もあるしな。

ここは我が（というほどでもない）バイト先の「時間社」。ここでの僕の仕事内容は、何億枚あるのかわからない画像のストックを振り分けること。コンピューターへの習熟が目的。初めの数千枚を分けてみせる。

机についてレーザーマウスを手に取る。モニターには膨大な画像ファイルが表示されている。これが僕の今日の仕事だ。この無作為で意味不明な画像に立ち向かわなければならない。

このバイトの恐ろしいところは、時々自分が何してるのかわからなくなるところ。この徒労の先になにがあるんだろう？　途方もない量の画像のかずかず、使うアテも、見せる相手もわからない画像。

バイトのはじめ、やたらサスペンションの利いた事務椅子につく度に思うのは「労働に対する愛情を持とう」×100。

若干のトランス感を伴うミニマルな作業。
お金のための時間殺し。

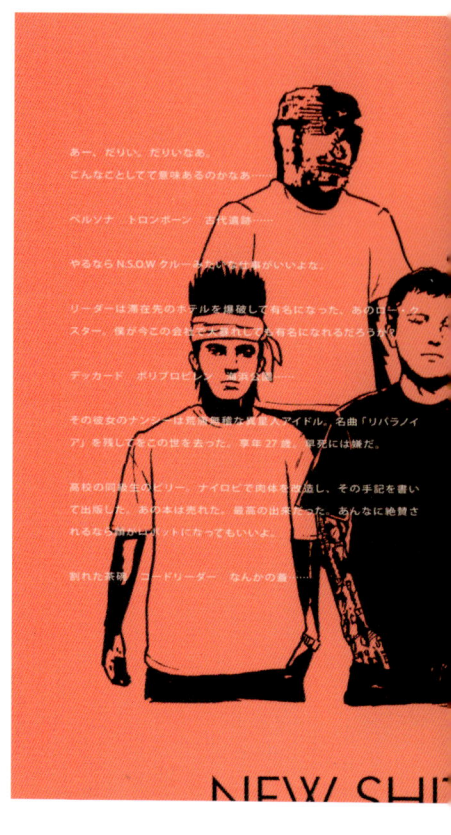

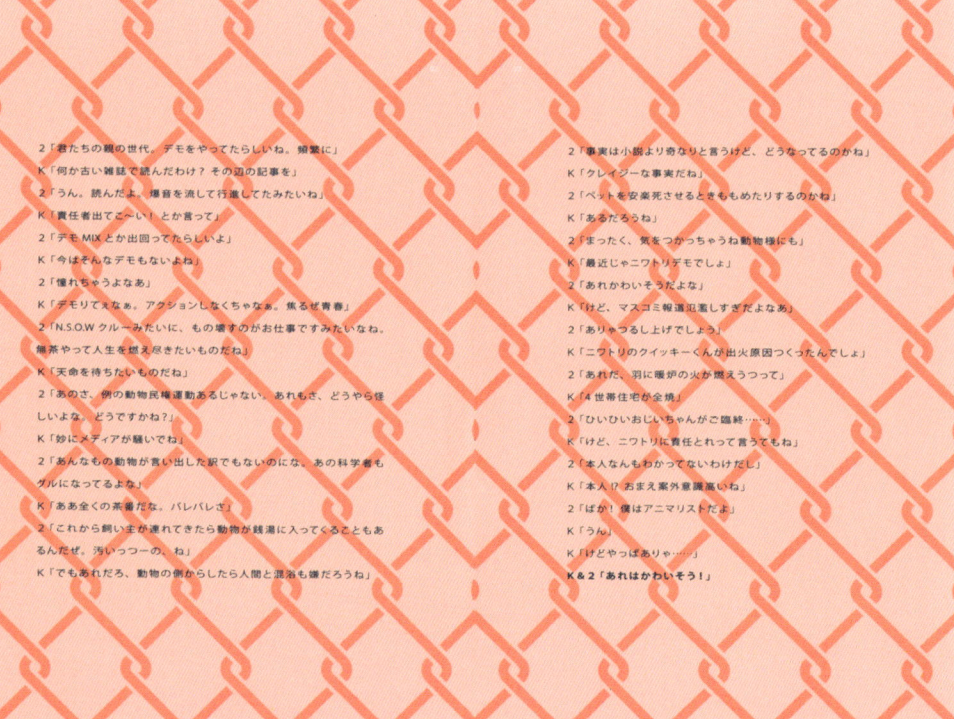

2「君たちの親の世代、デモをやってたらしいね。嫉妬に」
K「何か古い雑誌で読んだわけ？その辺の記事を」
2「うん、読んだよ。爆音を流して行進してたみたいね」
K「責任者出てこ〜い！とか言って」
2「デモMIXとか出回ってたらしいよ」
K「今はそんなデモもないよね」
2「憧れちゃうよなぁ」
K「デモリてえなぁ。アクションしなくちゃなぁ。焦るぜ青春」
2「N.S.O.Wクルーみたいに、もの壊すのがお仕事ですみたいね。爆葬やって人生を燃え尽きたいものだね」
K「天命を待ちたいものだね」
2「あのさ、例の動物民権運動あるじゃない、あれもさ、どうやら怪しいよな、どうですかね？」
K「妙にメディアが嫌いでね」
2「あんなもの動物が言い出した訳でもないのにな、あの科学者もグルになってるよな」
K「ああ全くの茶番だな。バレバレだ」
2「これから飼い主が連れてきた動物が銭湯に入ってくることもあるんだぜ。汚いっつーの、ね」
K「でもあれだろ、動物の側からしたら人間と混浴も嫌だろうね」

2「事実は小説より奇なりと言うけど、どうなってるのかね」
K「クレイジーな事実だね」
2「ペットを安楽死させるときももめたりするのかね」
K「あるだろうね」
2「まったく、気をつかっちゃうね動物様にも」
K「最近じゃニワトリデモでしょ」
2「あれかわいそうだよな」
K「けど、マスコミ報道過熱しすぎだよなぁ」
2「ありゃつるし上げでしょう」
K「ニワトリのクイッキーくんが出火原因つくったんでしょ」
2「あれだ、羽に暖炉の火が燃えうつって」
K「4世帯住宅が全焼」
2「ひいひいおじいちゃんがご臨終……」
K「けど、ニワトリに育児とれって言ってもね」
2「本人なんもわかってないわけだし」
K「本人？おまえ案外意識高いね」
2「ばか！僕はアニマリストだよ」
K「うん」
K「けどやっぱありゃ……」
K&2「あれはかわいそう！」

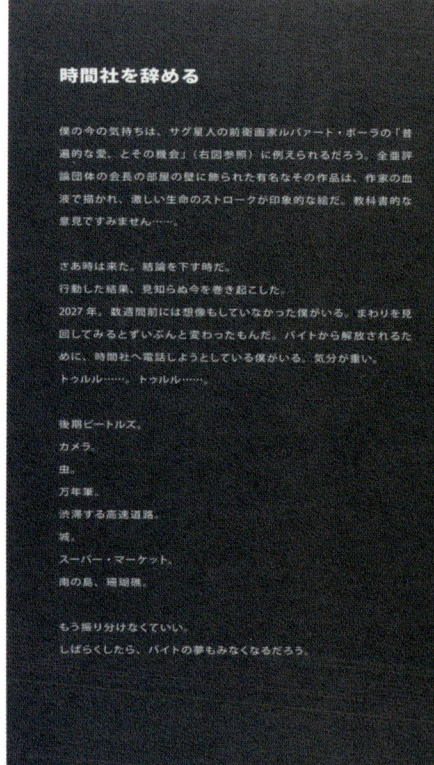

時間社を辞める

僕の今の気持ちは、サグ星人の前衛画家ルパァート・ポーラの「普遍的な愛、とその機会」（右図参照）に例えられるだろう。全亜評論団体の会員の部屋の壁に飾られた有名なその作品は、作家の血液で描かれ、激しい生命のストロークが印象的な絵だ。教科書的な意見ですみません……。

さあ時は来た。結論を下す時だ。
行動した結果、見知らぬ今を巻き起こした。2027年。数週間前には想像もしていなかった僕がいる。まわりを見回してみるとずいぶんと変わったもんだ。バイトから解放されるために、時間社へ電話しようとしている僕がいる。気分が重い。
トゥルル……。トゥルル……。

後期ビートルズ。
カメラ。
虫。
万年筆。
渋滞する高速道路。
滅。
スーパー・マーケット。
南の島、珊瑚礁。

もう振り分けなくていい。
しばらくしたら、バイトの夢もみなくなるだろう。

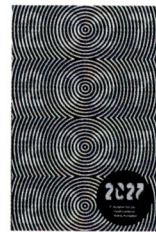

COLOR：●Process Black,　●DIC 119
PAPER：　ハイランドタフ
2027
4C / 2C / 1C　196×125mm　2007年
S, PB：ブルース・インターアクションズ　AD：古屋蔵人　I：黒川知希

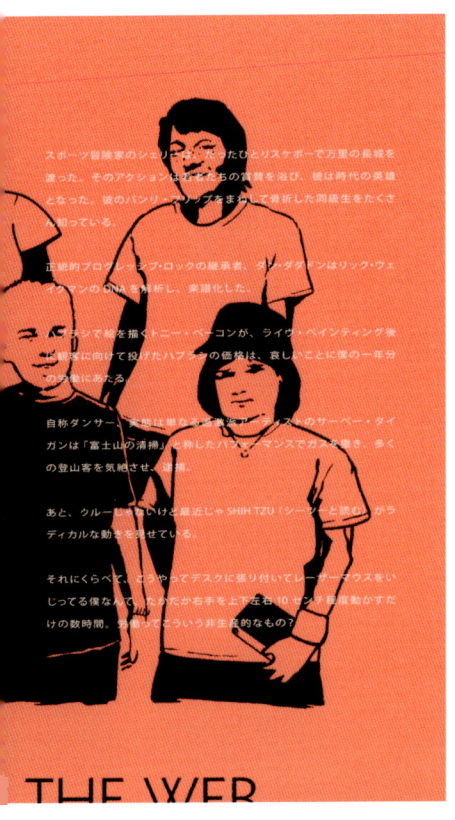

スポーツ冒険家のシ〇〇〇〇〇〇たひとリスケボーで万里の長城を
渡った。そのアクションは彼たちの賞賛を浴び、彼は時代の英雄
となった。硬のパンツ〇〇〇〇〇をまねて骨折した同級生をたくさ
ん知っている。

正統的プログレッシブ・ロックの継承者、タ〇・ダグ〇ンはリック・ウェ
イクマンの〇NAを解析して、実譜化した。

〇〇シで絵を描くトニー・ベーコンが、ライヴ・ペインティング後
〇〇衆に向けて投げたハブラシの価格は、哀しいことに僕の一年分
〇〇〇〇にあたる

自称ダンサー、〇大地は単た〇〇〇〇〇〇〇〇のサーベー・タイ
ガンは「富士山の清掃」と称したパフォーマンスでガンを磨き、多く
の登山客を気絶させた〇〇術。

あと、クルー〇〇〇ないけど最近じゃSHIH TZU（シーズー）と読む〇がラ
ディカルな動きを見せている。

それにくらべて、こうやってデスクに張り付いてレーザーマウスをい
じってる僕なんて〇〇〇たかだか右手を上下左右10センチ程度動かすだ
けの数時間。我慢してこういう非生産的なもの？

THE WEB

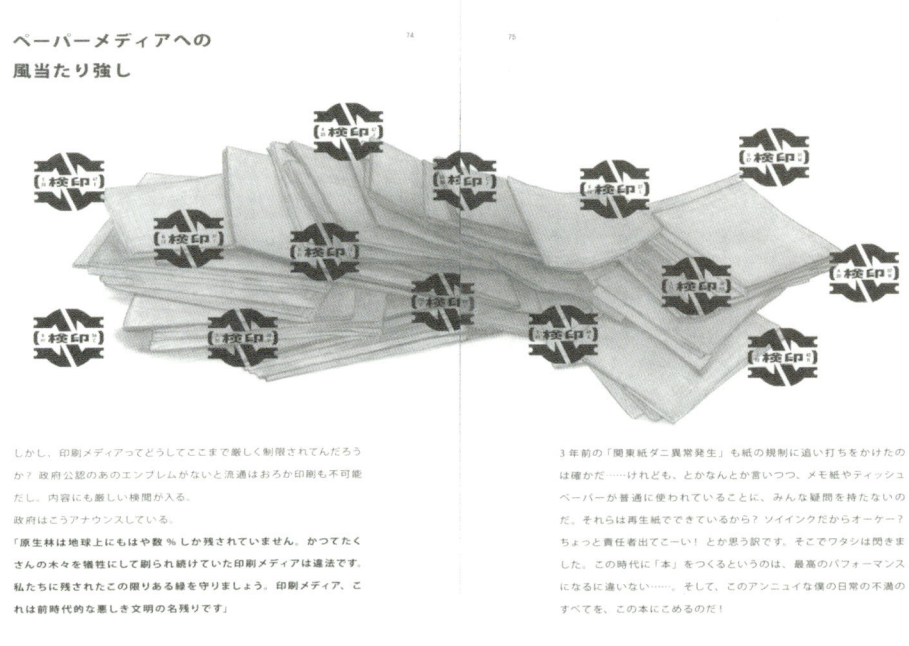

ペーパーメディアへの
風当たり強し

しかし、印刷メディアってどうしてここまで厳しく制限されてんだろう
か？ 政府公認のあのエンブレムがないと流通はおろか印刷も不可能
だし。内容にも厳しい検閲が入る。
政府はこうアナウンスしている。
「原生林は地球上にもはや数％しか残されていません。かつてたく
さんの木々を犠牲にして刷られ続けていた印刷メディアは違法です。
私たちに残されたこの限りある緑を守りましょう。印刷メディア、こ
れは前時代的な悪しき文明の名残りです」

3年前の「関東紙ダニ異常発生」も紙の規制に追い打ちをかけたの
は確かだ……けれども、とかなんとか言いつつ、メモ紙やティッシュ
ペーパーが普通に使われていることに、みんな疑問を持たないの
だ。それらは再生紙でできているから？ ソイインクだからオーケー？
ちょっと責任者出てこーい！ とか思う訳です。そこでワタシは閃きま
した。この時代に「本」をつくるというのは、最高のパフォーマンス
になるに違いない……。そして、このアンニュイな僕の日常の不満の
すべてを、この本にこめるのだ！

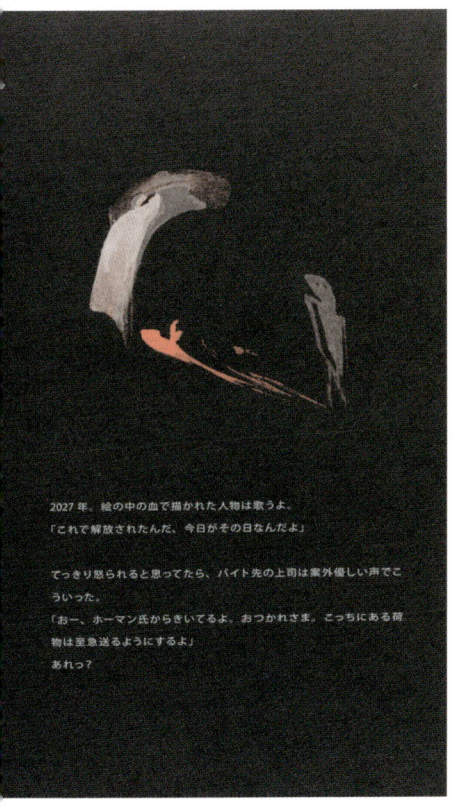

2027年。絵の中の血で描かれた人物は歌うよ。
「これで解放されたんだ、今日がその日なんだよ」

てっきり怒られると思ってたら、バイト先の上司は案外優しい声でこ
ういった。
「おー、ホーマン氏からきいてるよ。おつかれさま。こっちにある荷
物は至急送るようにするよ」
あれっ？

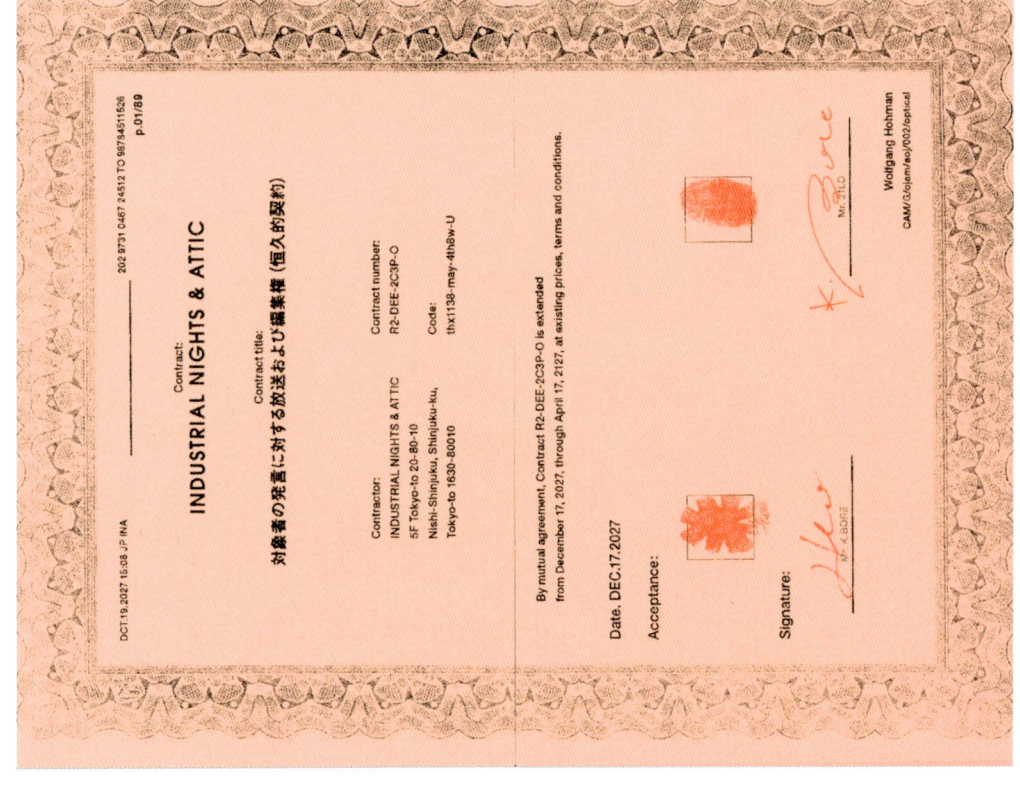

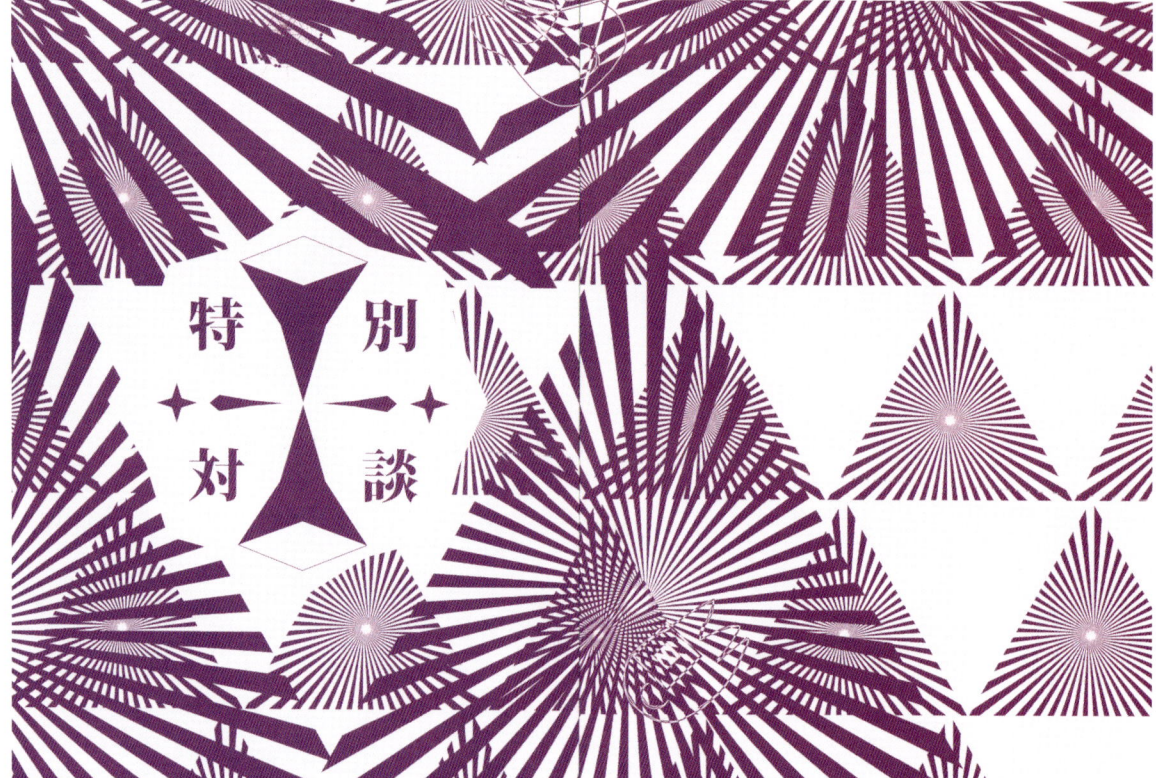

特別対談

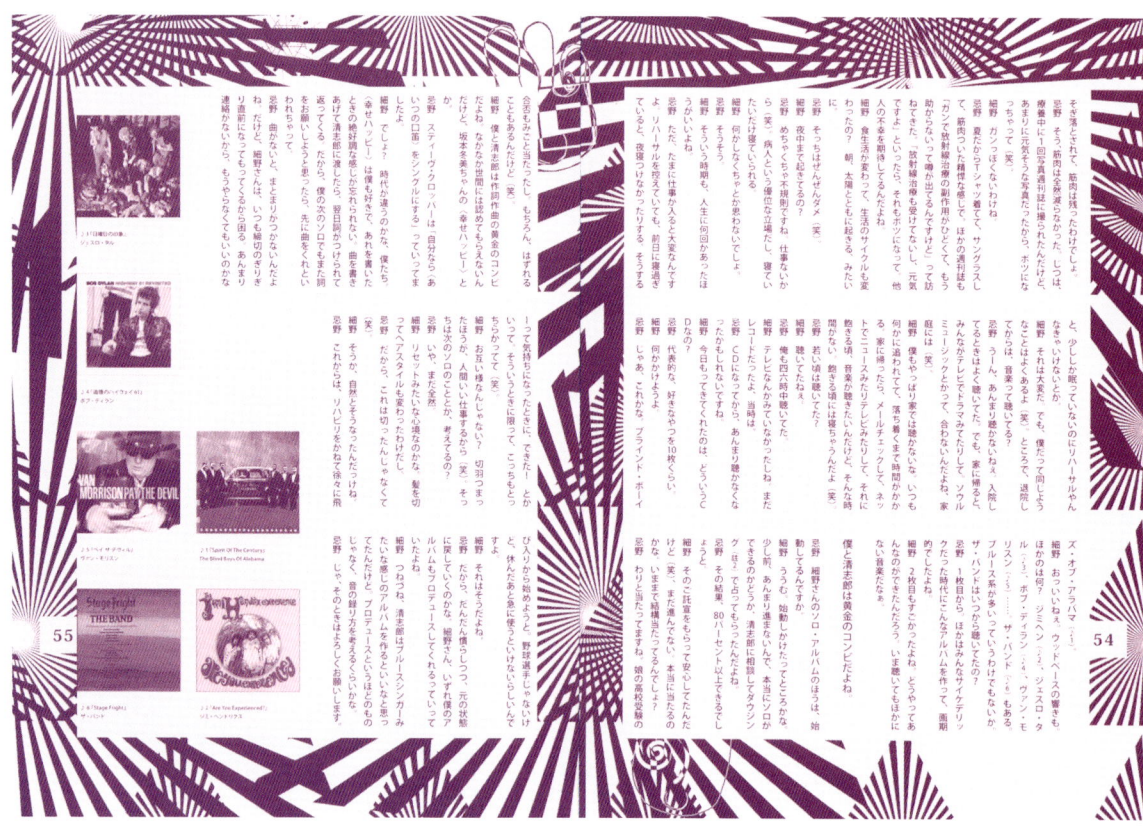

55

54

COLOR： DIC 190, DIC 572, DIC 640, DIC 177, DIC 645, DIC 593, DIC 119
PAPER： OKいしかり
細野晴臣
対談の本

対談の本(CDブック)
1C　257×182mm　2007年

S, PB：マーブルトロン　AD：生意気

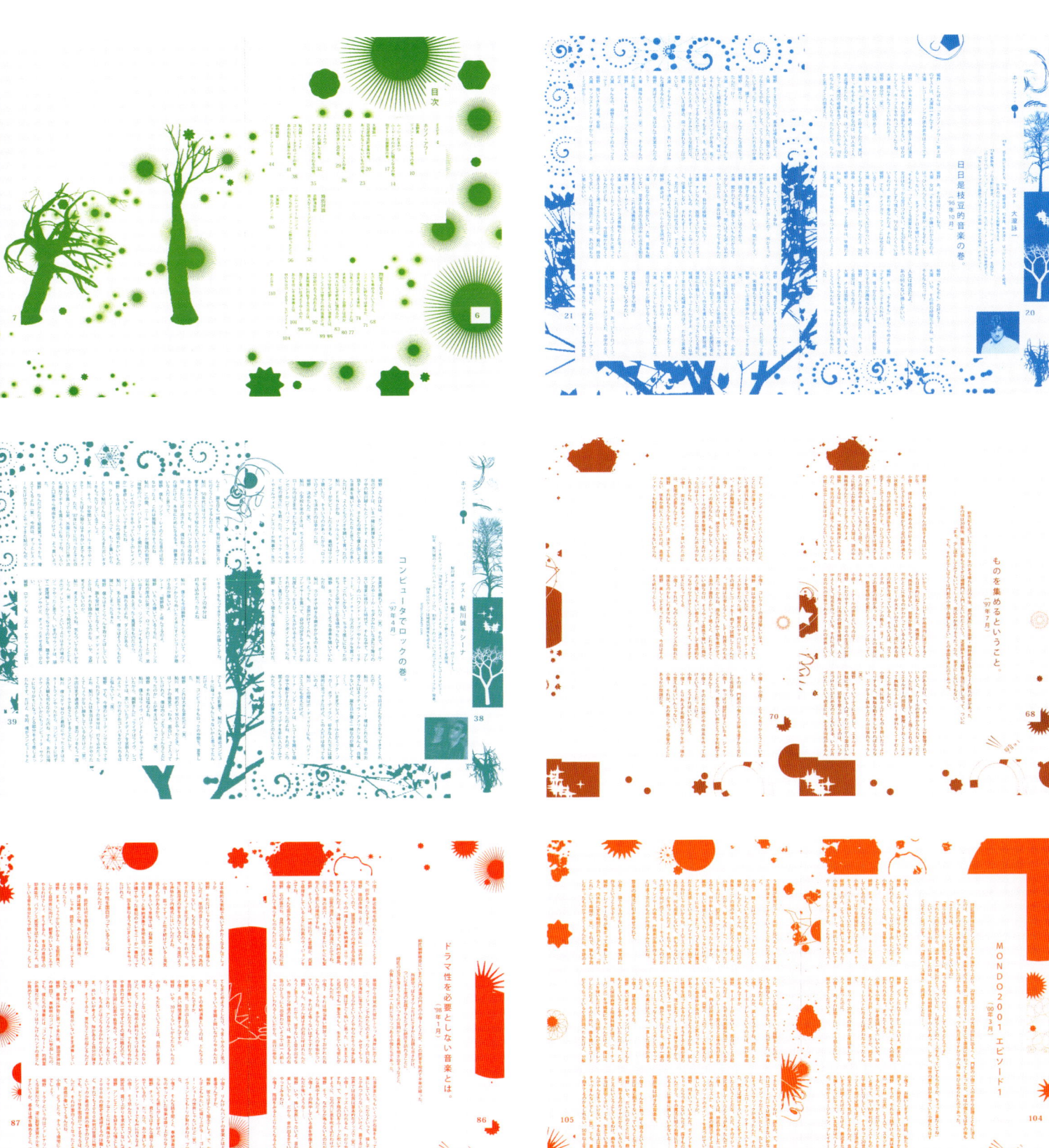

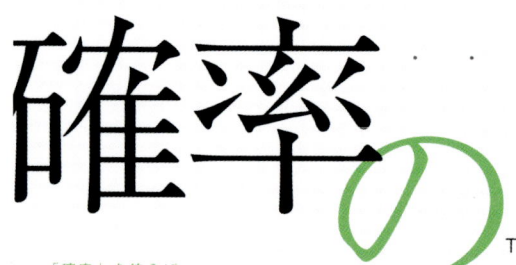

確率の世界

The world of probability 世界

「確率」を使えば、
人生がちょっとだけ有利になる!?
不安を抱えた現代人への朗報。

確率は、ちょっぴりいじわるなもの。だって、0%か100%でもない限りは、結局、結果が白なのか黒なのかを明確におしえてはくれないのですから。そうなると、確率の存在意義って何なのでしょうか。

映画「トレインスポッティング」で主人公の青年が言っていました。「人生、選択の毎日」。平凡な1日をとってみても、着るもの、食べるものから、デートに誘う相手、行く場所、別れ際の決めゼリフまで、とにかく数あるな

かから、より成功率の高いものを選択しなくてはなりません。ある選択が人生最大のチャンスを生んだり、絶体絶命のピンチを作ったりしますから、ここは慎重にいきたいところ。

ここで、大人の判断が必要になってくるわけです。要は、未来に待ち受ける「見えないもの」にどう対応するのか、ということですが、判断の際の指標として「確率」は役立ちます。

確率のとらえ方にはいくつかありますが（P4-5参照）、たとえば統計をも

とにした確率からは、「物事の起こる頻度」がある程度見えてきます。そういったものから、目的に合わせて、ちょっとでも有利な選択が可能になるわけです（実際は、選択権のない場合が多いのですが）。

ただし、ある確率をどう感じるかには個人差があります。サッカー選手になれる確率なんて、はっきり言ってものすごく低い。それでもあきらめずに目指す人にとって、「0.1%」という数字は決して小さくはないのでしょう。

全員がサラリーマンを目指すような社会になってしまっては困りますし、確率の低さが、その価値を高めているのですから。

本書では、人生のさまざまな局面における「起こる確率」や「起こらない確率」を紹介しています。「たったのこれだけなの!?」「こんなにリスクがある！」など、反応は人それぞれでしょう。まずは現実の数字を見て、少しでもあなたの人生に役立ててもらえればと思います。

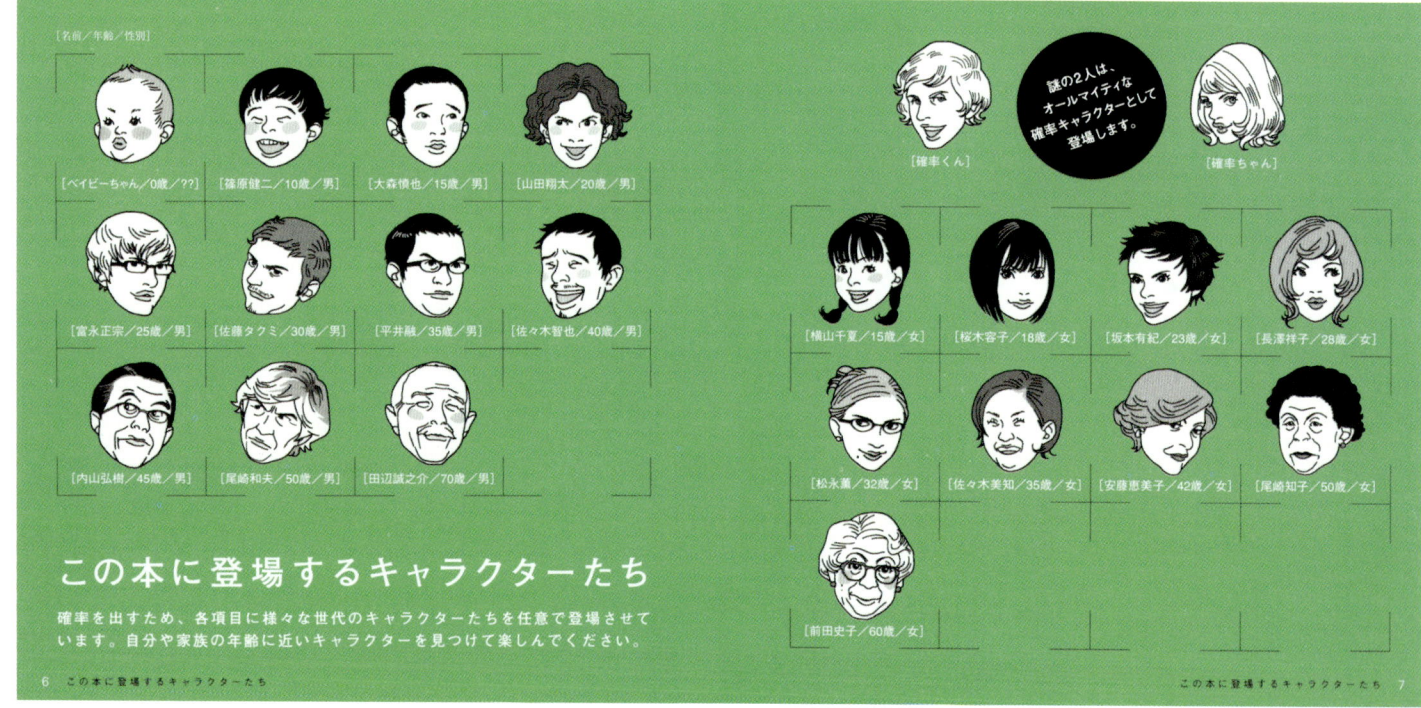

この本に登場するキャラクターたち

確率を出すため、各項目に様々な世代のキャラクターたちを任意で登場させています。自分や家族の年齢に近いキャラクターを見つけて楽しんでください。

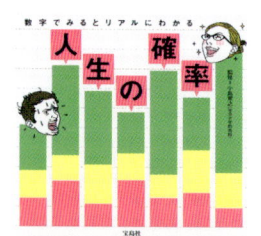

COLOR ： ● Process Black, ● DIC F289

人生の確率
2C　128×128mm　2006年

S, PB：宝島社　AD：稲葉なつ子　I：深川直美　DF：NUTS design

Chapter 03

恋愛と結婚
Love and marriage

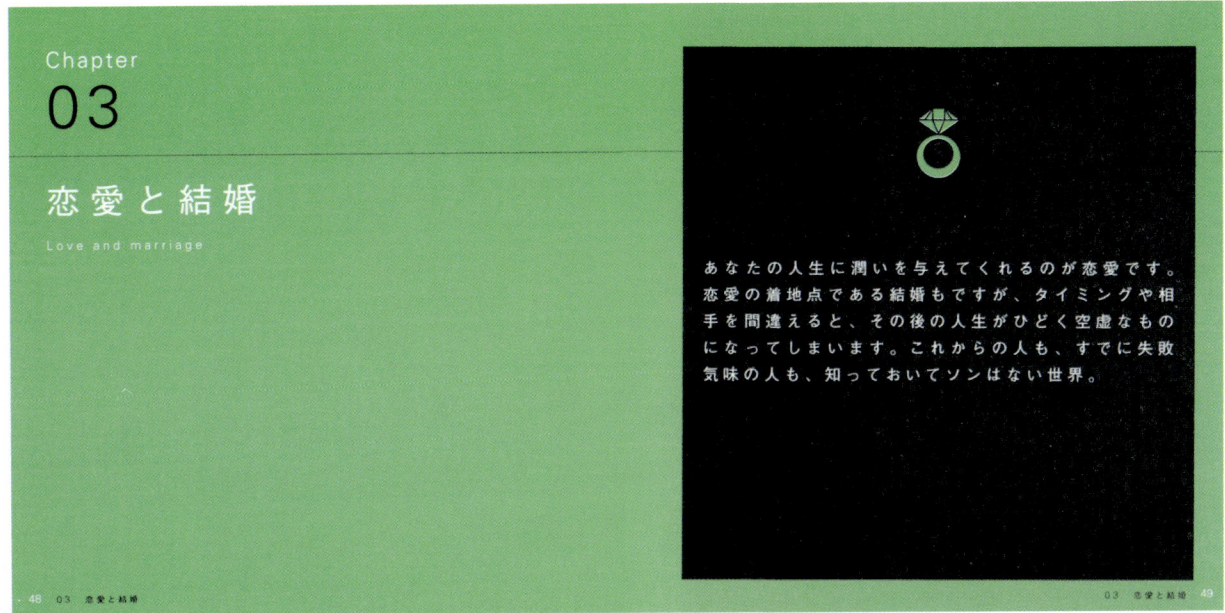

あなたの人生に潤いを与えてくれるのが恋愛です。恋愛の着地点である結婚もですが、タイミングや相手を間違えると、その後の人生がひどく空虚なものになってしまいます。これからの人も、すでに失敗気味の人も、知っておいてソンはない世界。

20代の人が……

合コンで出会った相手と結婚する確率

8.8%

男女の出会いの場として定着している合コン。20代では、男女とも75%程度の人が一度は経験しているようです。そのなかで、結婚までいたるケースは11.9%。20代の男女全体で考えると、8.8%が合コンで生涯のパートナーを見つけているんですね。一方で、20代の4人に1人は一夜かぎりの関係で終わっているという結果も！ みなさん割り切りがいいというか、なんというか……。

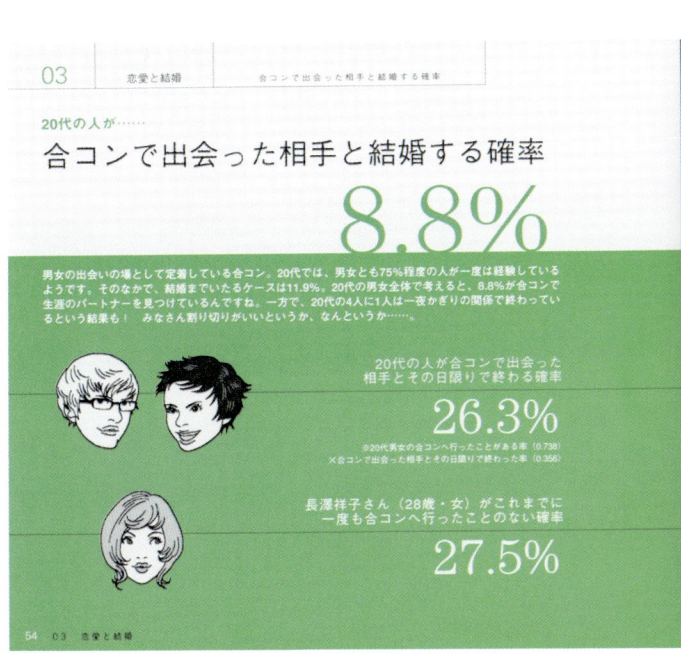

20代の人が合コンで出会った
相手とその日限りで終わる確率

26.3%

※20代男女の合コンに行ったことがある率（0.738）
×合コンで出会った相手とその日限りで終わった率（0.356）

長澤祥子さん（28歳・女）がこれまでに
一度も合コンへ行ったことのない確率

27.5%

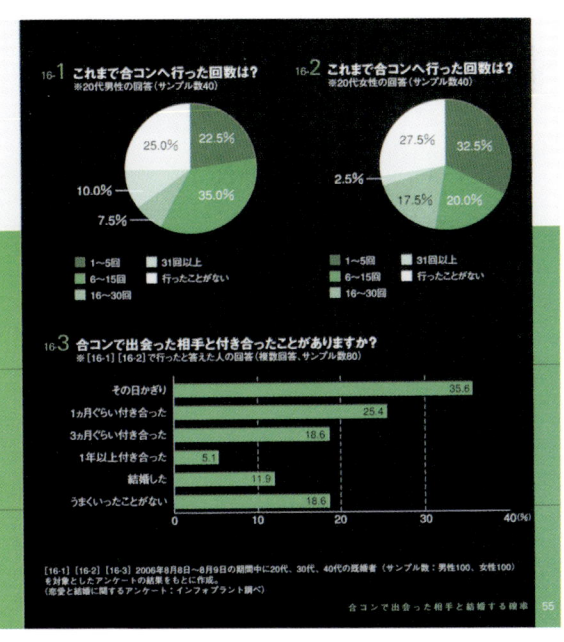

16-1 これまで合コンへ行った回数は？
※20代男性の回答（サンプル数40）

- 25.0%
- 22.5%
- 10.0%
- 7.5%
- 35.0%

□ 1〜5回　　□ 31回以上
□ 6〜15回　□ 行ったことがない
□ 16〜30回

16-2 これまで合コンへ行った回数は？
※20代女性の回答（サンプル数40）

- 27.5%
- 32.5%
- 2.5%
- 17.5%
- 20.0%

□ 1〜5回　　□ 31回以上
□ 6〜15回　□ 行ったことがない
□ 16〜30回

16-3 合コンで出会った相手と付き合ったことがありますか？
※［16-1］［16-2］で行ったと答えた人の回答（複数回答、サンプル数80）

その日かぎり	35.6
1ヵ月ぐらい付き合った	25.4
3ヵ月ぐらい付き合った	18.6
1年以上付き合った	5.1
結婚した	11.9
うまくいったことがない	18.6

（単位：%）

［16-1］［16-2］［16-3］2006年8月8日〜8月9日の期間中に20代、30代、40代の既婚者（サンプル数：男性100、女性100）を対象としたアンケートの結果をもとに作成。
（恋愛と結婚に関するアンケート：インフォプラント調べ）

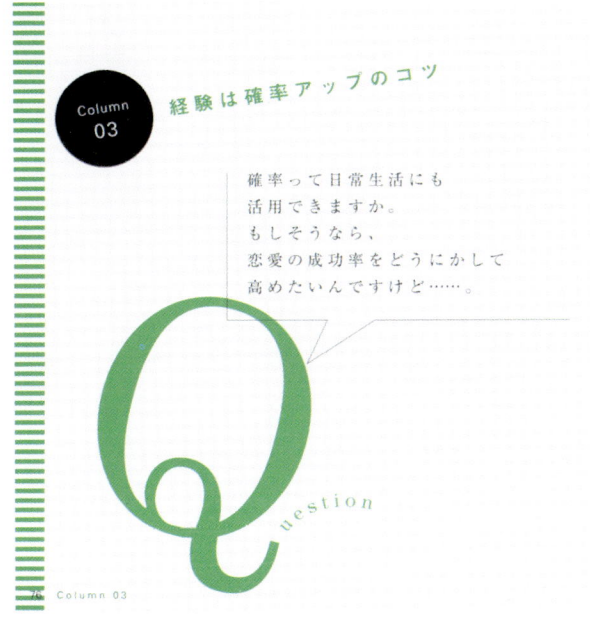

Column 03

経験は確率アップのコツ

確率って日常生活にも
活用できますか。
もしそうなら、
恋愛の成功率をどうにかして
高めたいんですけど……。

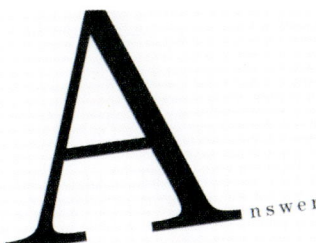

Question

Answer

確率的な考え方は、日常生活のさまざまな場面で活躍します。まずは、恋愛に限らず一般的な話をしましょう。

たとえば、あなたが人前で話をするのが苦手だったとします。どうしたら緊張しないで済むのかわからなくて、悩んでいた。ところがある日、いつもと違う華やかなスーツでプレゼンテーションに臨んだところ、とてもうまくいった――。

それがなぜなのか、本当のとこ

ろはわかりません。華やかな外見が自分に合っていて、それが自信につながったのかもしれませんし、服装とはまったく関係ないかもしれません。しかしそれでも、次のプレゼンにも同じスーツで臨めばうまくいくと考えるのは、合理性がある推測です。物ごとには原因があります。はっきりとはわからなくても、「スーツを変えた」という行為のなかに、プレゼンがうまくいった原因が潜んでいるはずです。

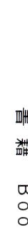
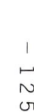

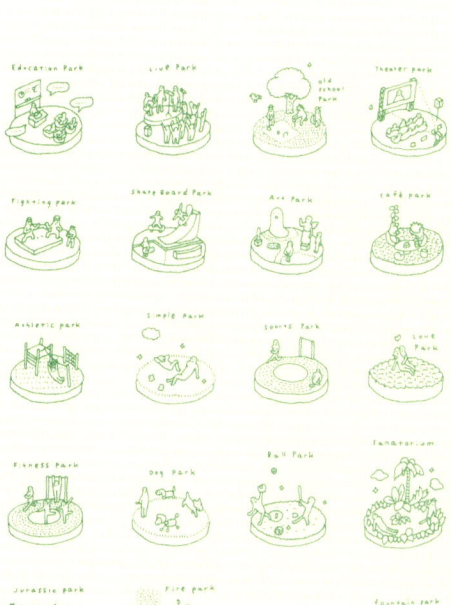

Education Park　Live Park　old tree? Park　Theater park
Fighting Park　Skate board Park　Art Park　Café Park
Athletic Park　Simple Park　Sports Park　Love Park
Fitness Park　Dog Park　Ball Park　Famiarium
Jurassic Park　Fire Park　Human Park　Fountain Park

37

公園をいろいろ選べる街シブヤ

何でも選べる世の中。公園だって選べた方がいい。例えば、都心部では働く人達が安らげる公園、遊具よりも木々や芝生で満ちあふれた、大人がちょっと一息つくための公園がある。また、住宅地などでは子ども達が思いっきり遊びまわれる公園や、親子でキャッチボールできる球技が禁止されていない公園とか、それぞれが、それぞれの責任において好きに選べる、ニーズに合ったいろんなタイプの公園があるといいなぁって。

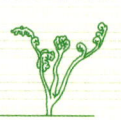

ワラビ

過日、動物公園から脱走したのはワラビー（これはまだ食べたことがない）。グリッと巻いた若い茎を、沸騰した湯に塩を入れてゆで（2〜3分）、冷水に2〜3時間さらして灰汁を抜く。おひたしや、マヨネーズ、あとはヌタ（酢味噌和え）だ。

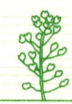

ペンペングサ（ナズナ）

春の七草の一つ。利尿、解熱、止血にきく薬草。茎の出ないうちの若い葉をおひたしや和え物に。

ハコベ

中国から伝わって来たらしい。昔から胃腸の薬として有名。ゆでて、おひたしや、生を刻んで汁物の薬味がいい。

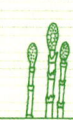

ツクシ

節のまわり（はかま）をとって、さっとゆでる。酒、昆布だし、しょうゆ、みりんで煮つけると、つくだ煮風が出来る。油炒めにして、中華風オムレツもうまい。細切りの油揚、粗く刻んだクルミとツクシで、薄味の炊き込み御飯もうまいんだ。

代々木公園を食す

何で豊富にモノが手に入るというのに、
今さら野草なんだ？ と、別に来るべき
都市型災害に備えてのサバイバルってわけでもないが、
旬の植物、草花達は「さあ！ いくぞい！」と
いった勢いと香りがいいんだなぁ。
知らずに踏みつけても、摘んでも殺生に違いはないんだから、
摘んだ以上は美味しく食してやるがいい。その方が喜ばれるから。

携帯版の植物、野の草花図鑑を持って代々木公園に集合。
その前に、山菜や野草を食す時に、
一番使われる酢と味噌は、毒消しや中和剤
としての効能があるから使用頻度が高い調味料なんだよ。
うまいから、だけじゃないんだよ。
野菜や草花の中には灰汁の強いやつらが
多いから侮ると酷い目に遭う。それをサイアクと言う。
で、まずは代々木公園の春からいってみよう。

115

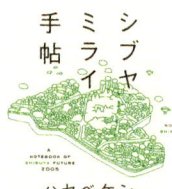

シブヤミライ手帖
ハセベケン

COLOR： ● Process Black, ● DIC 643
PAPER： ベルクール

シブヤミライ手帖
4C / 2C / 1C　175×130mm　2005年

PB：木楽舎　DF, S：文平銀座　AD, I：寄藤文平　D：坂野達也

目次
CONTENTS

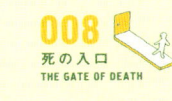
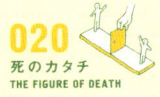

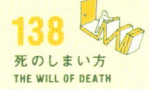
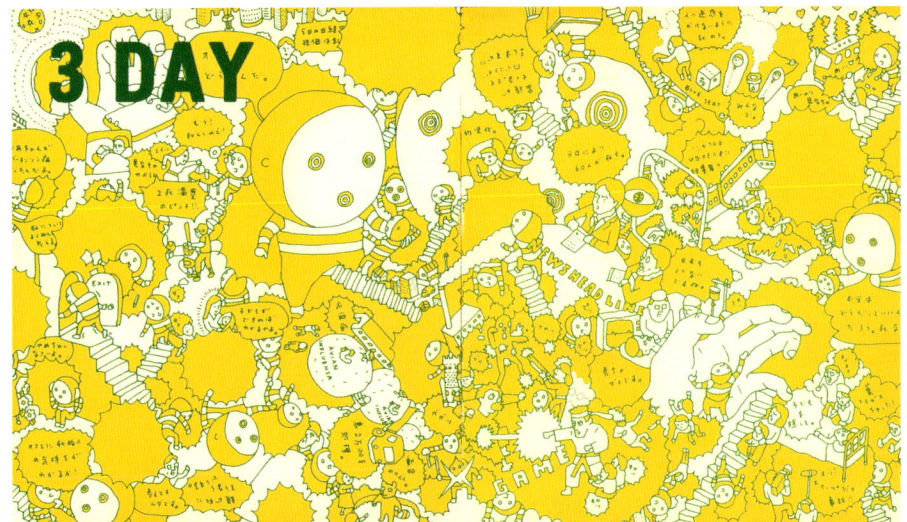

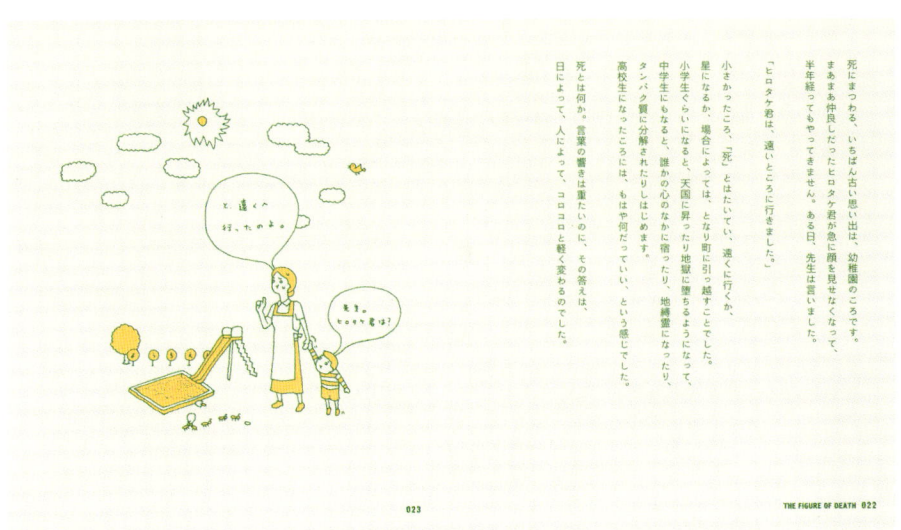

COLOR： 🟢 PANTONE 355, 🟡 PANTONE 109
PAPER： アドニスラフ80

死にカタログ
2C　160×140mm　2005年

PB：大和書房　DF, S：文平銀座　AD, I：寄藤文平　D：坂野達也

交渉テクニック
を学べ!!

HOW TO
NEGOTIATE EFFECTIVELY

D.オリバー[著]

ディスカヴァー・クリエイティブ[編]

Discover

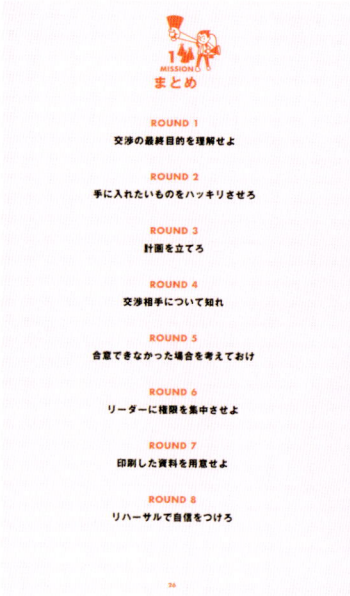

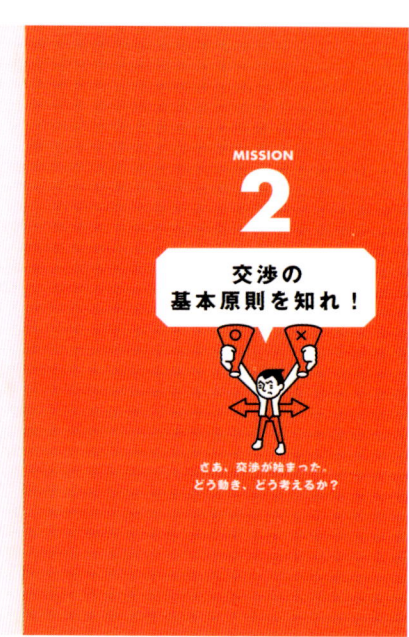

MISSION

2

交渉の
基本原則を知れ!

さあ、交渉が始まった。
どう動き、どう考えるか?

ROUND
3
相手より先に
譲歩するな

MISSION「譲歩交換」を
マスターせよ! **3**⁻³

たとえば、こちらにとって価格は重要だが納期はそれほど重要ではなく、相手にとって納期は重要だが、価格はそれほど重要ではないとする。このとき、こちらの納期と相手の価格で譲歩交換ができる。価格は守り続けなければいけない。

重要度の高い要素に関して、
相手より先に譲歩してはいけない。
あまり重要でない要素から譲歩していくこと。

そのためにはもちろん、

取引に関するすべての要素について、
優先順位をつけておく。
相手にとっての優先順位も理解しておく必要がある。

相手から先に重要な要素に関して譲歩させるようにすること。交渉は、こちらの理想と相手の理想とがどこかで折り合ってまとまるものだ。折り合う点がこちらの理想に近ければ近いほどいい。もし、こちらが先に重要な要素に関して譲歩してしまうと、交渉は相手に有利に展開してしまうだろう。

そして、絶対に、相手にとって軽い要素とこちらにとって重要な要素とを譲歩交換してはいけない。

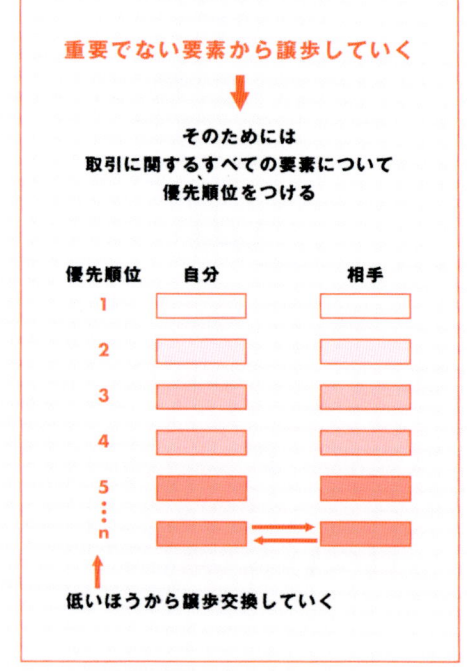

重要でない要素から譲歩していく

そのためには
取引に関するすべての要素について
優先順位をつける

優先順位	自分	相手
1		
2		
3		
4		
5…n		

低いほうから譲歩交換していく

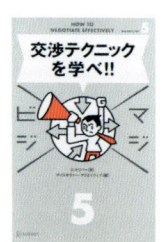

COLOR: ● Process Black, ● PANTONE 485
PAPER: コスモバルキー

マジビジ5 交渉テクニックを学べ!!
2C 195×123mm 2006年

PB：ディスカヴァートゥエンティワン DF, S：文平銀座 AD：寄藤文平 D：坂野達也

はじめに

二〇〇六年、ウェブ2・0という言葉が流行りました。この言葉は、さまざまな意味で使用され、本当は何のことを言っているのか分からなかったほどです。

ただし、明確なこともあるでしょう。それは、ウェブの普及によって、本格的に生活者の行動が変化してきたということです。そして、生活者の行動が変化しているということは、企業のビジネスも変化しなければならないということを意味してい

マーケティングって何？

「ねえ部長、ウチの会社って埴輪メーカーじゃないですか」

「なんだよ、今さら」

「埴輪メーカーに、マーケティングって必要なんですか？」

「必要だろ。部長が作ったんじゃないのか？」

「あれ？部長が作ったんだろうな」

「マーケティング部は、オレが入社した時からあったよ」

「あ、そうだったんだ。じゃあ、結構歴史がありますね」

「まあな。でも、昔は今とは違ってたな」

「へえ、そうなんですか。何やってることをやってたの？」

「オレが入社した頃は、営業サポートみたいなことをやってたな」

「営業サポートって言いますと？」

「例えば、新規営業を仕掛ける相手の会社のリストを作ったり、プレゼンの資料を作ったりしてたな」

「それ、マーケティングなんですか」

「その頃は、それがマーケティングだと思ってたんだと思うよ」

「でも、リサーチがメインですよね。だから僕は、マーケティングってリサーチのことだと思ってましたけど」

「そうなのか？リサーチもマーケティングなんだよ」

「リサーチもマーケティングだけど、営業サポートもマーケティングなんだよ」

「そんなこと言ったら、オマエが入社してくる前までは、商品パンフレットの制作もマーケティングでやってたぞ」

「え？でも、それって今は広告部でやってますよね」

「そうだよ。それって今は広告部でやってますよね」

「広告もマーケティングなんだよ」

「でも何でもかんでもマーケティングになっちゃうじゃないですか」

「じゃあ、ウチの部署の仕事は、これからリサーチだけじゃなくなるかもしれないってことですか」

「そうとも言うな」

「まあ、そうかもなぁ。世の中じゃウェブ2・0とか言ってるから、ウチの仕事も変わるかもな」

様にどういう対応をしたらいいのかを考えるのが、ウチのセクションの役割だろ」

「え？あのデータを一つひとつ読むんですか？物理的に無理ですよ。分析するってところもシステム化しなきゃ」

「そのシステムを設計するためには、人間が一度読み取る必要があるだろう？」

「でも、それ、無理じゃないですか？」

「だから、ほったらかしになってるんじゃないか」

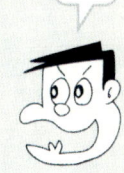

思いつきでもダメだし、データ管理だけでもダメなんだ

大衆から分衆へ

バブル経済が崩壊したため、多くの企業が真剣にマーケティングに取り組む機運が生まれましたが、一部の企業はバブル崩壊の前から、しっかりとしたマーケティングを行っていました。

その代表的な存在が、博報堂生活総合研究所です。同研究所は、一九八〇年代のモノあまり現象の根底に、生活者の価値観の多様化が存在していることに注目していました。

一九七〇年代までは、当時の「いつかはクラウン」というキャッチコピーに表されているように、誰もが特定の商品に憧れていました。それが、一九八〇年代になると、そうではなくなっていったのです。

同研究所は、生活者の価値観の多様化をいち早く見抜き、一九八四年に『分衆』の誕生というレポートを発表しました。そのレポートは、同じような価値観を持ち、同じようなライフスタイルで生活している「大衆」などというものは、もはや存在しないということを世の中に知らしめるものでした。

このレポートは、多くの企業から注目されました。しかしその結果、多くの企業に間違ったことをさせることになってしまったのです。それは、同研究所のせいではなく、バブル経済真っ只中だったということによる不幸でした。

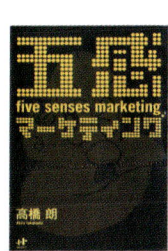

COLOR：● Process Black
PAPER：● 色上質濃クリーム， オペラクリームマックス
五感マーケティング
1C／1C 188×128mm 2007年

S, PB：Nanaブックス 　AD：渡邊民人 　D：荒井雅美 　I：しりあがり寿 　DF：TYPEFACE 　E：市川有人

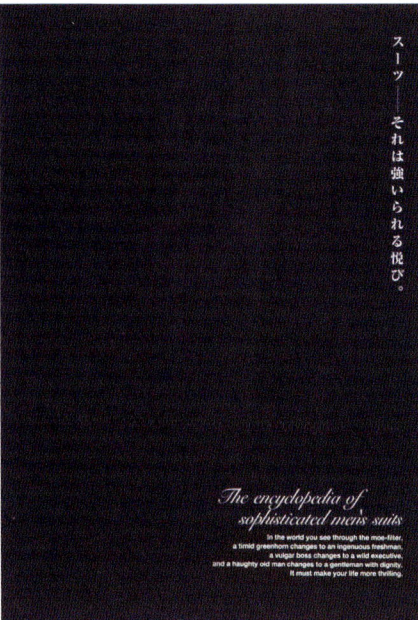
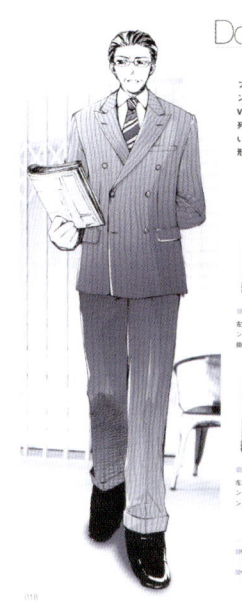
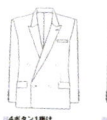
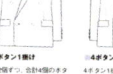
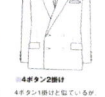
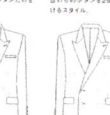

スーツ——それは強いられる悦び。

The encyclopedia of sophisticated men's suits

In the world you see through the moe-filter,
a timid greenhorn changes into an ingenuous freshman,
a vulgar boss changes to a wild executive,
and a haughty old man changes to a gentleman with dignity.
It must make your life more thrilling.

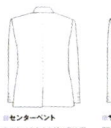
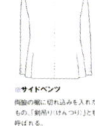
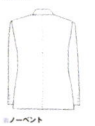
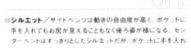
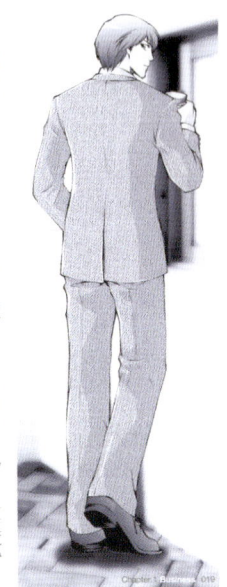

Double Breasted

Bent

なぜ人はスーツを愛するのか

Column 01

ありがたいことに、日本はスーツ社会です。

道を歩いていても、電車の中でも、学校や職場でも、毎日のようにスーツ姿を拝むことができます。

ところがどうしたことか、世の中にはスーツに無関心な人も、あまつさえ嫌いという人さえいます。

MOTTAINAI!

人は、すぐそばにある幸せに気づかないものなのでしょうか!?

たしかにスーツは、社会に迎合し、組織に従属し、その証として着用させる「無個性」の象徴とも言えます。や、どうか怒らずに聞いていただきたい。制服でもないのにみんなが同じような格好をし、同じような髪型をし、派手なアクセサリーは御法度——堅実ですが、確かに地味。面白みがないと感じてしまうのは仕方がないかもしれません。

しかし! ルールに縛られず自由奔放に生きていくというのならともかく、もし一人前の男として、社会の一員として振る舞おうとするのなら、フォーマルなスーツに身を包むのはむしろ当然のことです。

それを「つまらない」と断じてしまっていいのでしょうか!?

NO! 断じてNOです。

一見無個性に見えるスーツの裏側には、果てしなき宇宙が広がっているのですから。

さあ、思い出してください。

日本には古来、「敷居をまたげば、男には7人の敵が居る」という言葉があります。

つまりスーツとは、社会という戦場で日々敵と渡り合い、目に見えぬ戦いを繰り広げる男たちの戦闘服なのです。

従順な態度が要求される場においては、あたかも迷彩服のように周囲に埋没してみせ、手ひどいクレームを受けたときには、品よく丁寧にへりくだって相手の寛容を誘い、ときには男の意地とプライドをかけた勝負に出るための勝負服に、そしてときには内心を押し殺し、気に入らない相手ともスマートに交渉するための冷たい仮面に——。

どうです? これほどにシンプルな服装でありながら、素材や組み合わせ次第でさまざまな使い方ができる、なんとも稀もしい服ではありませんか!?

もちろん、一度戦闘服に袖を通したら、気を抜くことは絶対に許されません。どんなにくつろいで着こなしをしていても、本当に隙を見せてしまっては戦士失格です。

基本的に、首もとはいちばん上までシャツのボタンを留めてガード。袖のボタンももちろん留めて、軽々しく手首の内側をさらけ出さないよう細心の注意を払っていただきたいもの。ノーネクタイや半袖のワイシャツ姿で戦場を無防備にうろつくなど言語道断です。

「おっと、ズボンのチャックが開けっぱなしだ! まいったねアハハ」などと油断する人には、味方の流れ弾にでも当たって前線を退いてもらうとしましょう。戦場をナメてはいけません。

スーツが戦闘服なら身につけるアイテム類はさしずめ武器弾薬と言えます。いつ、どんな相手に対しても最善の戦いができるよう、靴や鞄、時計などは、自分の手になじんだものをいくつか備えておく必要があるでしょう。その時々にふさわしいアイテムを選ぶことも、ソルジャーのつとめなのです。

——ああ、戦士に栄光あれ!!

スーツの細かな紹介はこの後のページにゆずるとして、我が社が本書のタイトルに「大人の男」と謳った理由がこれでおわかりになったでしょうか?

もしそれでもスーツに興味を持てないというスーツ萌え初心者さんには、妄想パワーで補ってみることをお薦めします。

これからは電車の中でもエレベーターの中でも、スーツ姿を見つけたら妄想スイッチ・オン! 頭からつま先まで、舐めまわすように観察しようではありませんか。

フィルターを通してみれば、あのオドオドした青二才も初々しいフレッシュマンに、下品な上司はワイルドなビジネスマンに、横柄なオヤジも賢慮あるオジサマに早変わり。あなたの毎日をより刺激的にしてくれることでしょう。スーツLOVE♥

ノーネクタイや半袖のワイシャツ姿で戦場を無防備にうろつくなど言語道断

大人のオトコの基本形

Suit, Jacket
スーツ・ジャケット

スーツスタイルはどれも同じと思ったら大間違い。ポケットやボタンの数など、微妙なデザインの違いで、ガラリと印象の変わる「ジャケット」を大紹介!

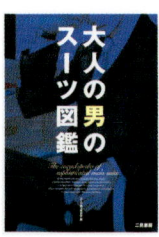

COLOR： ● Process Black, ● DIC 104
PAPER： ブロードマットA

大人の男のスーツ図鑑
2C / 1C　210×148mm　2006年
S, PB：二見書房　D：秋山美保　E：白崎伸枝 / 山本佳保里

Belt, Suspenders
ベルト、サスペンダー

ベルトもサスペンダーも基本はズボンがずり落ちないようにするための道具。ベルトの利点はネクタイや靴とともに、男性のスーツスタイルでお洒落が演出できるところ。馬やワニ、トカゲなどの革素材があるが、牛革の最高品であるカーフ(仔牛)素材が最初の1本にはオススメ。サスペンダーはジャケットを脱がなければ見えないが、ベルトに比べてパンツを履いたときのラインが美しく見え、腹部への圧迫がないという利点がある。クリップ式のものとボタン式のものがある。「サスペンダー」はアメリカ式の呼び方で、イギリスでは「ブレーシーズ」という。

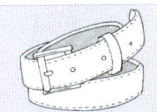

■ベルト
スーツスタイルに合わせるレザー小物は、同色で揃えるのが基本。ワニ革は個性が強いため、場面を選んでつけていきたい。

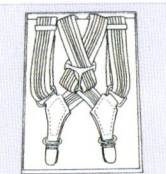

■サスペンダー
クリップ式のサスペンダー。ウエスト部分をクリップで留める。

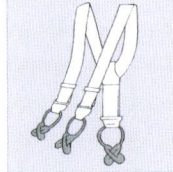

■サスペンダー
上図はボタン式のもの。ズボンの内側にボタンで留める。

Wallet, MoneyClip, CardCace
財布、マネークリップ、名刺入れ

財布や名刺入れなど人目に触れる機会も多いアイテムは、質の良い革製品で揃えたい。もちろん靴やベルトの色と揃えて選ぶのが基本だ。シンプルなマネークリップは、その名の通りお札を挟むクリップ。もともとは欧米でチップ用のお札を挟むために生まれたという。しかし、ビジネスシーンには不向きなので、財布を持ち歩きたくないオフの日にはジーンズのポケットにつっこんで気楽に使うのがよさそう。

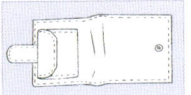

■財布
カーフ(仔牛)素材が最適。使えば使うほど革がなじむので、その感触を楽しみたい。

■名刺入れ
ビジネス上必携となる名刺入れ。レザー、アルミニウム、プラスチックなどの素材があるが、レザーは上品な印象を与える。

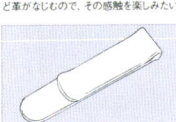

■マネークリップ
シンプルでありながら、スタイリッシュな印象を与えるシルバーのマネークリップ。お札を挟んで使う。

Name
メガネ各部の名称

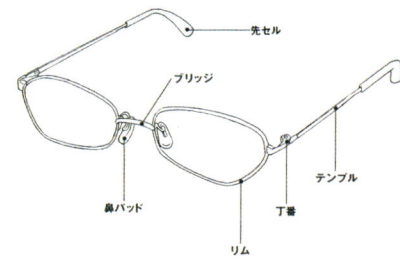

先セル / ブリッジ / テンプル / 丁番 / 鼻パッド / リム

■リム
レンズを囲むフレームの縁(フチ)のこと。

■鼻パッド
「鼻当て」とも呼ぶ。鼻を両脇から挟むようにメガネを固定する部分。

■ブリッジ
左右のリムをつなぐ部分。

■テンプル
「腕」、「ツル」とも呼ぶ。メガネを支える棒。

■先セル
テンプルの先にかぶせるプラスチック製のパーツ。

■丁番
テンプルを折りたたむための部位。唯一の可動部分で「ヒンジ」とも呼ぶ。

Glasses
メガネの種類

知的にもスタイリッシュにも、顔回りの印象を変えることができる万能アイテム「メガネ」。いつも同じタイプのメガネをかけるのではなく、着るものや場面・状況に合わせてメガネも着替えていきたい。レンズを囲むリムが全体についている「フルリム」、リムがついていない「リムレス」、レンズの下部分にのみリムがついている「アンダーリム」などのデザインもさまざま。また、フレームの素材はメタルとプラスチックに大きく分かれるが、水牛の角や木製といった変わった素材のものもある。

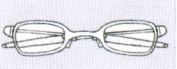

■フルリム
メタル素材のフルリムは知名度No1のデザイン。色やデザインにもこだわっていきたい。

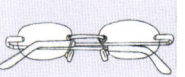

■リムレス
リムがないタイプなので、顔の印象があまり変わらない。

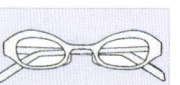

■セルフレーム
フルリムだが金属ではなくプラスチックを素材にしたもの。厚めのフレームが個性を主張し、お洒落な印象に。

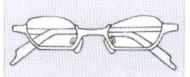

■アンダーリム
レンズの下部分にのみリムがついているタイプ。フルリム同様に知的度が高いが、同時にお洒落度もアップ。

Pattern
スーツの柄

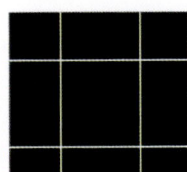

■ウインドウペーン
ウインドウペーンは「窓枠」の意味。縦横の線が垂直に交差したチェック。

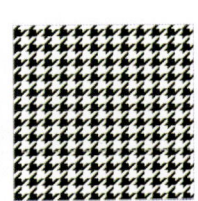

■ハウンドトゥースチェック
ハウンドトゥースは「犬の牙」の意味。日本では「千鳥格子」とも呼ばれる。

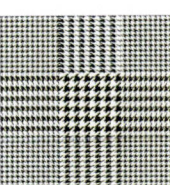

■グレナカートチェック
千鳥とヘアライン(髪の毛のように細い線)を組み合わせたチェック。

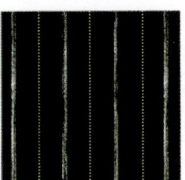

■オルタネイトストライプ
オルタネイトは「交互」の意味をもち、2種類のストライプが交互に並ぶ。

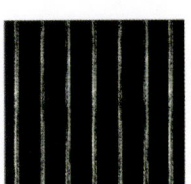

■チョークストライプ
チョークで線を引いたように見えるストライプ。

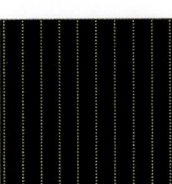

■ピンストライプ
ピンでひっかいたような極細のストライプ。

■ヘリンボーンストライプ
ヘリンボーンは「ニシンの骨」の意味をもつ織り柄模様。

Other

■ペンシルストライプ/鉛筆で描いたような細いストライプ。
■シャドーストライプ/無地のように見えるが光のあたり具合でストライプが見える。
■マイクロチェック/一見、無地のように見える極細のチェック。
■ピンチェック/針の先でひっかいたような細かい極細のチェック。

妄想カタログ編

逆境にも負けず
★パリッとしたスーツを着たクールビューティーに、暴風雨の中、散らばった書類を拾わせたい……!(カザマ★ユニ/漫画家)
★かっちりしたスーツを着た営業マンに、炎天下でひたすら営業活動をさせたいです。どんなに暑くても決してネクタイをゆるめないところがポイントです。(梅谷千草/漫画家)
困難が大きいほどに、スーツで戦う姿は美しいもの!より厳しい試練を与えて、頑張る様を見ていたい♥

上品な執事にキュン
★執事の制服をバッチリ着こなした初老(重要)の英国人男性に、ベッドまで朝食を運んでもらうとか……? ゆで卵は半熟でお願いします。(水沢克/漫画家)
★漆黒の燕尾服(もしくはモーニングコート)を着た銀縁メガネのロマンスグレー執事に出迎えてもらいながら、「お帰りなさいませ旦那様」と言われてみたいです。しかし持って生まれた性別に無理な気がするので、下の名前に様づけで妥協せざるを得ない気がします。(ジイン/イラストレーター)
手に入らないものほど憧れも強く……。執事って、どこにいるんですかね? はい、庶民ですがなにか?

アクション
★スーツを着たジョニー・デップとキアヌ・リーブスとヒューゴ・ウィービングに、マトリックス系ワイヤーアクションの戦いましてほしい。せっかくだから全員メガネもかけて。(田中見来/漫画家)
★黒スーツを着た長身細身の男性(できたらスーツの上着は脱いでワイシャツの袖は肘のところで捲くってほしい)が、追っ手から逃げていて、ドロだらけ傷だらけになってると萌え。(鮎川順/漫画家)
★せっかくのスーツを何かしらの理由でぐしゃぐしゃにされて、上着を肩に背負ったりもしてほしいです(例:逃げたネコをつかまえようとして木にのぼったけど落ちた)。(檜山弘/漫画家)
「スーツ=デスクワーク」の常識を打ち砕く感じですな、すなわちギャップ萌え……!?

意外性にキュン
★普段あまりスーツを着ない人が、突然着てきて私をエスコート。ギャップ萌え。(風樹みずき/漫画家)
普段着ない……というところで、確かにギャップ萌え! オンオフ問わずスーツは着てほしいけど、普段着ない人の新鮮スーツも捨てがたいですね。むふ。
★もの凄く仕事のできるストイックなクールビューティーが、じつは慌てて着て、シャツのボタンが1個はずれていて(ネクタイで隠れる部分)、ふとした拍子に素肌がチラリと見えたらいいですね♥(ISHIKYO/会社員)
★パステルカラーのワイシャツを着たスーツ君。一見冷静そうに見えるけど、仕事上で予測しない事態が起こってオロオロ……させてみたい。(品/漫画家)
★30歳をまわったくらいのメガネのビジネスマンが、普段きっちりしているのに、残業で疲れて着崩している姿。だらけて座る場合も、片肘ついて足を組む程度で。(平キイ子/自由業)
普段きちんとしている人が見せる隙には、女性をクラクラさせる魔力あり。もっと魔法をか・け・て♥

スーツのツーショット
★黒スーツを着た20代後半くらいのふたり組に、高級ホテルのバーとかで上品に仕事やらプライベートやら仲睦まじく話をしてもらいたい。それを影からコッソリ眺めたい。(かづき湯宏/学生)
★30代くらいの、会社でも中堅どころといった真面目な人が、仕事がうまくいってないのかちょっとやけ酒っぽい感じでひとり(または同僚とふたり)で静かに飲んでいる様がいいなぁ。ぼつっと話して、愚痴っている感じで……!(カ/漫画家)
★シングルスーツを着た先輩が後輩に付き合って、洋服の青●に行ってスーツを選んであげる。(むっちりむうにい/漫画家)
夢やロマンは無限大♥職場の上司と部下、同僚、学生時代の同期……スーツのふたり組ってのはそれだけでヤバいです。

33

File.1
木下博之の ウラ面

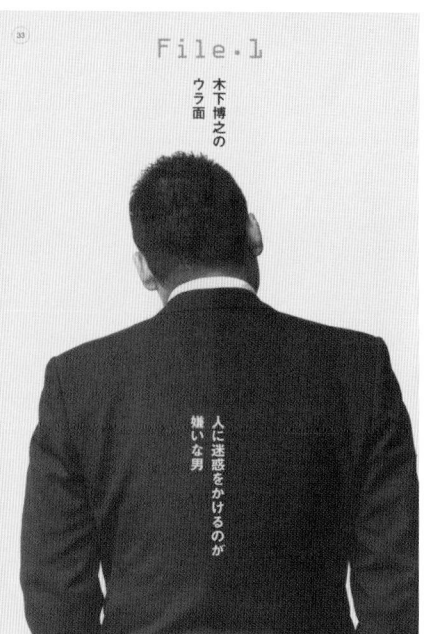

人に迷惑をかけるのが嫌いな男

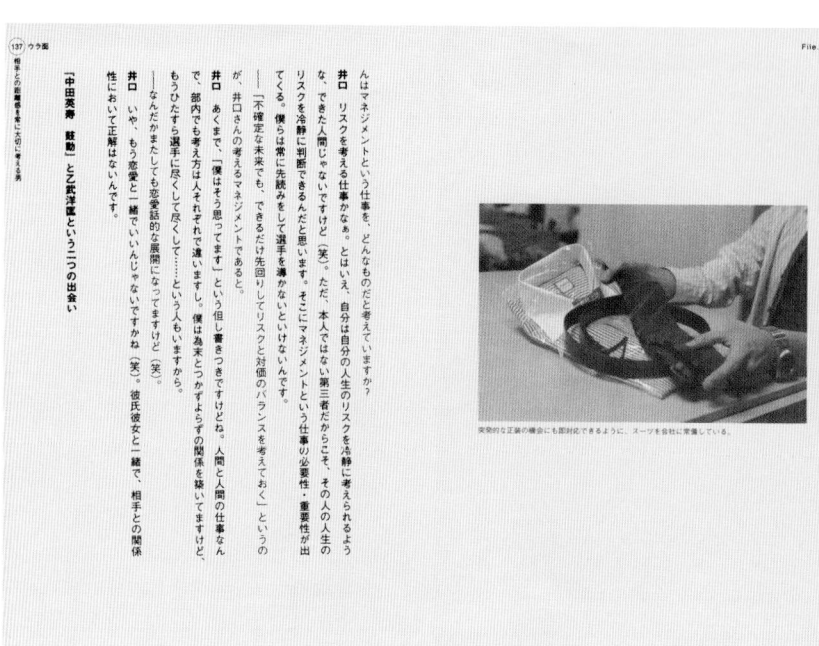

突発的な正装の機会にも即対応できるように、スーツを会社に常備している。

「中田英寿 鼓動」と乙武洋匡という二つの出会い

んはマネジメントという仕事を、どんなものだと考えていますか？

井口　リスクを考える仕事かなぁ。どうやって経験を積んでいったんでしょうか？できた人間じゃないですけど（笑）。ただ、本人ではない第三者だからこそ、その人の人生のリスクを冷静に判断できるんだと思います。そこにマネジメントという仕事の必要性・重要性が出てくる。僕らは常に先読みをして選手を導かないといけないんです。

──「不確定な未来で、できるだけ先回りしてリスクと対価のバランスを考えておく」というのが、井口さんの考えるマネジメントであると。

井口　あくまで、「僕はそう思ってます」という但し書きつきですけどね。人間と人間の仕事なんで、部下に考え方を押しつけられない。もうひたすら選手に尽くして尽くして違いますけど、それぞれの関係を築いていますけど、

──なんだかましても恋愛的な展開になってますね（笑）。

井口　いや、もう恋愛と一緒でいいんじゃないですか（笑）。彼氏彼女と一緒で、相手との関係性において正解はないんです。

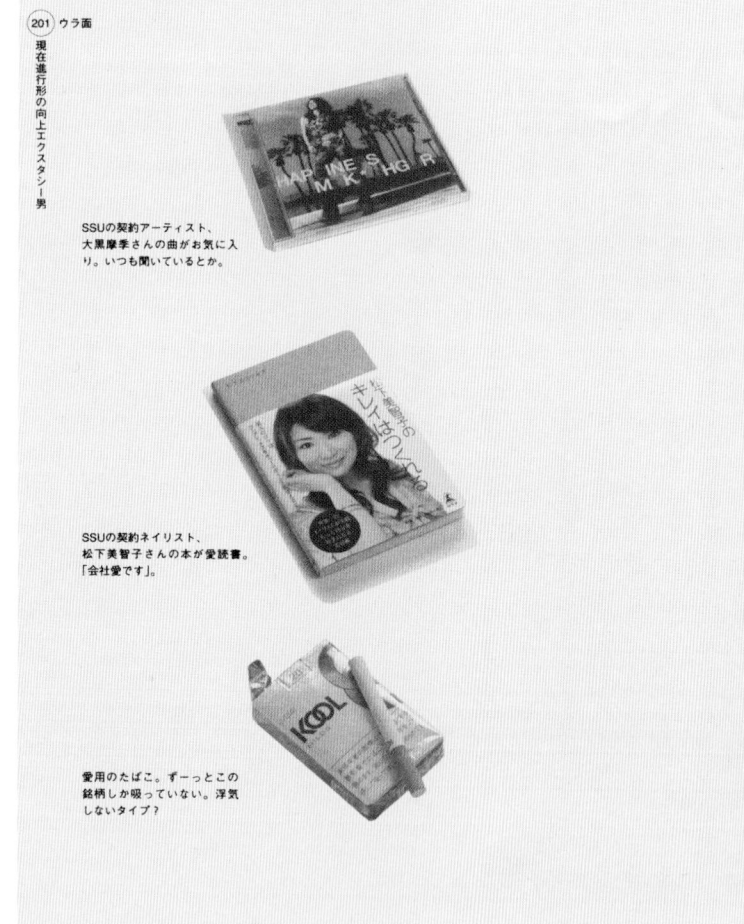

SSUの契約アーティスト、大黒摩季さんの曲がお気に入り。いつも聞いているとか。

SSUの契約ネイリスト、松下美智子さんの本が愛読書。「会社愛です」。

愛用のたばこ。ずーっとこの銘柄しか吸っていない。浮気しないタイプ？

敏腕PRパーソンの駆け出し時代

──坪内さんは、アルバイトから始めて、ある意味叩き上げでPRパーソンになったわけですけど、どうやって経験を積んでいったんでしょうか？

坪内　僕が新人のときは、先輩に聞かないでメディアの人に直接やり方を聞きに行きました（笑）。最初にとあるお酒のPRを任されたんですけど、先輩は忙しくてどうしたらいいのか教えてくれない。で、こりゃもうメディアの人にお酒持って挨拶しに行ったりして（笑）。編集長に「ちょっとすごいのが来たわよ！」とか言われて、編集部の方々とその場でお酒飲んで仲よくなったんですが、商品を載せてはくれませんでした（笑）。

──怖いもの知らずというかなんというか（笑）。でも、それが最もよい勉強法ですからね。直接相手に「どうやったら記事にしてくれるのか」を聞くわけですから。

坪内　そうなんですよ。やっぱり実際に自分で体験して、直接相手に話を聞くのが一番早い。この頃はテレビ番組を片っ端から回ったりもしました。朝の番組から深夜番組まで、全部飛び込みで話

COLOR：● Process Black
PAPER：色上質濃クリーム
現代原色しごと図鑑
4C／1C　188×128mm　2007年

S, PB：幻冬舎メディアコンサルティング　CW：富山隆太（r.c.o）　D：河合千明　PH：中川カンゴロー　E：長岡宏江／渡辺敬子

書籍 Book

自然豊かな山城の国・京都
京都の地理

京都は三方を囲む山が天然の城郭となっている盆地で、古くから「山城国」と呼ばれてきた。夏は暑く、冬は底冷えの寒さとなり、そこに千年の都が栄えてきた。

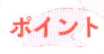

ポイント

1 北山・東山・西山と、三方を山で囲まれた盆地である。
2 日本海や瀬戸内海など、大きな海から遠く離れている。
3 都と地方を行き来するための主要な街道が発達した。

主要な街道

東海道	江戸・日本橋へ
若狭街道	若狭・日本海へ
西国街道	中国・四国地方へ
伏見街道	奈良・大和郡山へ
鳥羽街道	奈良・大和郡山へ
丹波街道	大阪・中国地方へ
丹波街道	亀岡・山陰地方へ
山陰街道	京北・山陰地方へ
鞍馬街道	鞍馬・日本海へ
周山街道	丹波地方へ
山中越	琵琶湖・近江へ

京都は三方を山で囲まれた盆地となっています。北には北山連峰、東には比叡山をはじめとする東山三十六峰がつらなり、西には西山山地が広がっています。この盆地という地形が京都の気候に大きな影響を与え、夏は暑く冬は底冷えする寒さとなって大きな寒暖の差を生み出しています。

盆地を囲む山々からは、賀茂川や桂川などの大きな川から、白川や堀川などの小さな川まで数多くの川が流れ込み、いたるところで池や沼をつくり、樹木や草花などの自然を育みました。このように京都は大自然に恵まれており、北山を産地とする杉は寺院や町家の建築材料となり、川の流れが山をけずって生まれた石や砂は庭園にもちいられるなど、人びとの営みに大きな影響を与えました。

盆地の京都（とくに現在の京都市内）は海から遠く離れており、新鮮な海産物を手に入れることは簡単ではありませんでした。日本海や瀬戸内海で獲れる新鮮な魚は、ほとんどが塩漬けや干物に加工されて京都に運び込まれました。よって、必然的に京都の食文化は野菜を中心とした京菜文化となり、限られた素材を最大限に生かす京料理の真髄を育てることにもなったのです。

京都が都として栄えていくにしたがって、海産物や五穀などの物資や、地方と行き来する人びとの往来がさかんになり、京都と地方を結ぶ街道も整備されました。海のない京都では、街道を使う陸路か、桂川などを使う水運による運漕となり、江戸時代になると高瀬川などの人工の運河もつくられ、貨幣経済の発展とともに多くの物資が大坂から伏見を経由して京都へ運び込まれました。

ゆかりのスポット

若狭街道

千年の都として栄えた京都は、東海道・山陰道・西国街道など、京都を起点とする街道が古くから発達し、多くの人びとが都と地方を往来しました。京都から多くの若狭街道で通じる若狭街道は、日本海沿岸の地、特に名産の鯖（さば）を運んだ街道であり、昔から鯖街道や魚街道と通称された。鯖街道の京都の入り口は、街道を行き来する人びとが出入りする町として栄えたことから、いつしか「出町」と呼ばれるようになった。ちなみに、京阪電車の駅名「出町柳」は、鴨川西岸の地名「出町」と「柳町」を合わせて名づけられている。

京都の鱧

祇園祭が別名「鱧祭り」といわれるように、京都の夏に「鱧料理」は欠かせない。昔、生きた鱧を京都へ運ぶ行商人のカゴから逃げた鱧が土の上で動きまわり、通りかかった旅人が「京都の鱧は山で獲れる！」と言った…という笑い話があるように、海から遠く離れた京都にとって、水の外でも長時間元気で生き続ける強い生命力を持つ鱧は、生きたままにに入る貴重な魚として珍重されていた。その貴重な鱧を最高の料理に仕上げておもてなししたい。そんな料理人の魂が芸術のような鱧料理を生み出し、夏に欠かせない料理となった。

保津川くだり

保津川は丹波高地を源流とし、亀岡から東山へと山間の峡谷を流れている。この保津川は物資を輸送する水運として活用されてきた歴史があり、古くは京都の寺院や城の造営に必要な木材を上流の丹波からいかだで運び、江戸時代に京都の嵯峨・角倉了以（すみのくらりょうい）によって水路が開かれると、米や薪、炭などが船で運ばれるようになった。しかし、近代に入ってトラック輸送が発達すると、いかだや筏による水運は姿を消した。現在、四季の美しい保津川峡谷には遊船として観光客を乗せた川くだりの船が運航し、年間を通じて約30万の観光客が訪れている。

四神相応の地

古くから京都は「四神相応の地」といわれている。四神相応とは、古代中国の地相学にもとづく考え方で、東西南北の四方を守る四神が宿る場所にこそが地上で最良の地とされている。四方を守る四神は、東の大川に宿る「青龍」、西の大道に宿る「白虎」、南の大地に宿る「朱雀」、北の大岩に宿る「玄武」とされている。京都盆地をみてみると、東に流れる鴨川に青龍が宿り、西に続く山陰道に白虎が宿り、南の大きな巨椋池に朱雀が宿り、そして北に位置する船岡山に玄武が宿るという、まさに四方を四神が守る最良の地であり、「四神相応の地」であった。

チェック

1. 京都の地形的な特徴は、三方を山で囲まれた（　　）である。
2. 山で囲まれた盆地であるために、大きな（　　）から遠く離れている。
3. 京都と江戸を結ぶ（　　）など、京都と各地を結ぶ主要街道が発達した。
4. 京都盆地の東には、比叡山をはじめとする東山（　　）峰がつらなっている。
5. 江戸時代になると、水運のために（　　）川という人工の運河もつくられた。
6. 江戸時代、保津川は豪商・（　　）によって開削され、水運がさかんとなった。
7. 古代中国の地相学によると、四方を守る四神が宿る場所を（　　）の地という。

こたえ（1）盆地（2）海（3）東海道（4）三十六（5）高瀬（6）角倉了以（7）四神相応

京都は年中無休の忙しさ
年中行事

大きなものから小さなものまで合わせると、ほぼ毎日どこかで行事が行われ、日々伝統が継承されている。

皇服茶
1月1〜3日
六波羅蜜寺
結び昆布と小粒梅を若水でいれた煎茶に入れ、一年を無事に過ごせるように祈っていただく。村上天皇も服したことから皇服茶と呼ばれる。

蹴鞠始め
1月4日
下鴨神社
蹴鞠は奈良時代に中国から伝わった球技で、6〜8名が廃皮でできた鞠を相手が受けやすいように優雅に蹴りつづける。

初ゑびす
1月10日
恵美須神社
えびすと共に商売繁盛や家運が良くなるように祈願する。宝船や福俵などの縁起物を福箕に飾りつけて持ち帰る。

節分祭
2月2〜4日
市内各社寺
季節の変わり目に厄を払う行事。各社寺で鬼を追いはらう追儺式（ついなしき）や鬼のような鬼法楽が行われる。

五大力尊仁王会
2月23日
醍醐寺
上醍醐の五大堂で1週間祈願されたあと、下醍醐の金堂で大法要が行われる。「餅上げ力奉納」は特大鏡餅を持ち上げる時間を競う。

十三まいり
3月13日〜5月13日
法輪寺
かぞえて13歳の男女が大人の智恵を授かりに法輪寺へお参りし、帰りに渡月橋の上でふり返ると授かった智恵がなくなるという。

嵯峨お松明
3月15日
清凉寺
釈迦の亡くなり、その弔いの意味を込めた行事。当日は嵯峨大念仏狂言も行われる。午後8時半頃、大松明に点火される。

やすらい祭
4月第2日曜
今宮神社　P89参照

葵祭
5月15日
上賀茂神社・下鴨神社　P86参照

三船祭
5月第3日曜
車折神社
神社を出発した神幸列が嵐山で舟に乗り平安時代の船遊びを再現する。

田植祭
6月10日
伏見稲荷大社
4月の水口播種祭で立派に育つように神に祈願し、種おろしして成長した苗を神田に植え、豊かな実りを願う。

夏越祓
6月30日
市内各神社
1〜6月の半年間の罪のけがれを清め、残り半年を無事に送れるように祈る。この日関西では厄払い・疫病除けに和菓子の水無月を食べる。

祇園祭
7月1日〜31日
八坂神社　P84参照

鹿ケ谷かぼちゃ供養
7月25日
安楽寺
江戸時代に僧が夏の土用にかぼちゃを供養すれば病気にならないと夢でお告げを受けたことから、中風除けの鹿ケ谷かぼちゃがふるまわれる。

御手洗祭
7月土用の丑の日
下鴨神社
境内にある御手洗社で行われ、別名「足つけ神事」とも呼ばれる。土用の日に御手洗池に足をつけて身を清め、無病息災を願う。

六道まいり
8月7〜10日
六道珍皇寺
本堂で水塔婆に先祖の戒名を書いてもらい、迎え鐘をつく。槙の葉で水塔婆に水をかけて供養すると槙の葉に乗って先祖の霊が家に帰るという。

重陽の神事と烏相撲
9月9日
上賀茂神社
本殿で菊花を供え、長生き・悪霊退散を祈る祭りが行われる。引き続き、二の鳥居内の細殿前庭で烏相撲が行われる。

名月管弦祭
9月中秋
下鴨神社
平安時代の宮中の月見の行事を再現し、古式にのっとって行われる。箏や楽器の演奏のほか茶席も設けられる。

ずいき祭
10月1〜5日
北野天満宮
五穀豊穣に感謝し、屋根と4本柱をすべて"ずいき"を使い、かしら芋やなすやとうがらし、はおずきなどで飾ったずいき神輿が巡行する。

御香宮神幸祭
10月上旬頃
御香宮神社
伏見九郷の総鎮守の祭りであったため「伏見祭」ともいわれる。室町時代の風流傘の伝統を今に伝えており「花傘祭」ともいわれる。

牛祭
10月10日
広隆寺
豊作と悪霊退散を祈願して、奇妙な面をつけたまだら神が牛に またがって境内を歩く。ここ数年は休止が続いている。京都三大奇祭の一つ。

時代祭
10月22日
平安神宮　P87参照

鞍馬の火祭
10月22日
由岐神社　P89参照

亥子祭
11月1日
護王神社
平安時代の儀式に由来する無病息災を祈願する祭り。亥の月（旧暦10月）の亥の日、亥の刻に餅を食べると病気にならないという。

大根焚き
12月7〜8日、9〜10日
千本釈迦堂・了徳寺
千本釈迦堂や了徳寺において、煮込んだ大根が参拝者にふるまわれ、食べると中風や病気にかからないといわれている。

針供養
12月8日
針神社・法輪寺
使いふるした針を供養し、針に感謝する祭り。岩倉蝉社の針神社では親結・手工上達のお礼が配られる。法輪寺では2月8日にも行われる。

をけら詣り
12月31日
八坂神社　P89参照

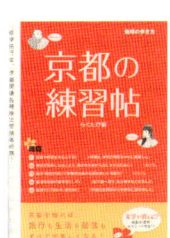

COLOR: ●Process Black, ●DIC Fグロス14＋DIC Fグロス28＋DIC Fグロス45＋メジューム
PAPER: プラトンバルキーホワイト

京都の練習帖
4C／2C／1C　257×182mm　2006年

PB：ダイヤモンド・ビッグ社　S：ダイヤモンド社　D, AD：足立恵理　I：小田琴世／青山絵美／清家 舞／三鴨なつみ　DF：桜風舎　E, CD：日沖桜皮　D：溝脇恵里子　PH：杉沢栄梨ほか
E：佐藤理菜子／本間咲来

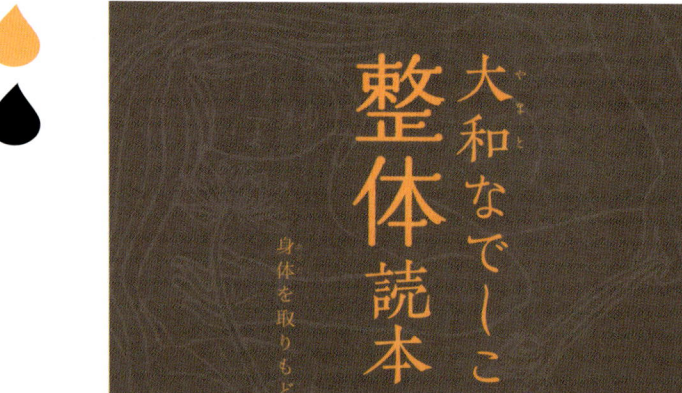

大和なでしこ
整体読本
身体を取りもどす"七つの力"

yamato nadeshiko
seitai dokuhon

三枝 誠
絵 水上みのり

アスペクト

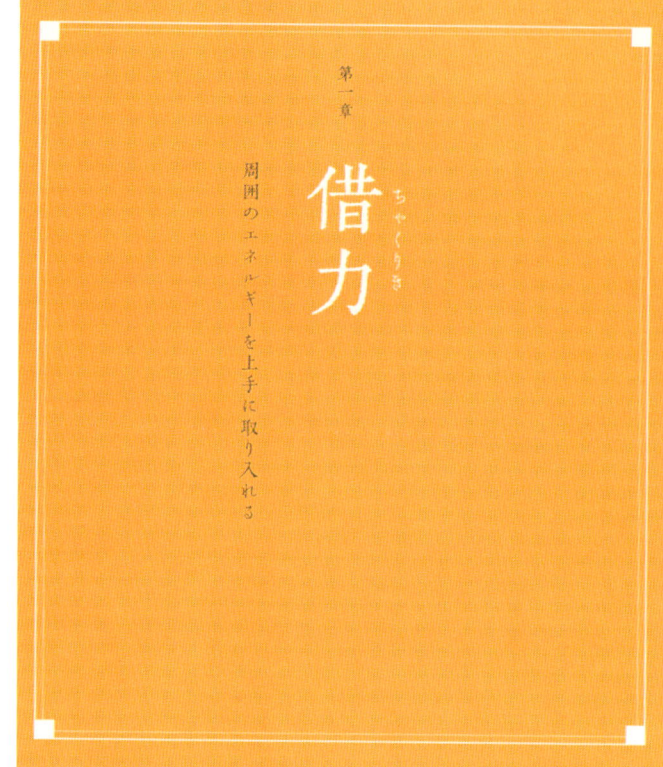
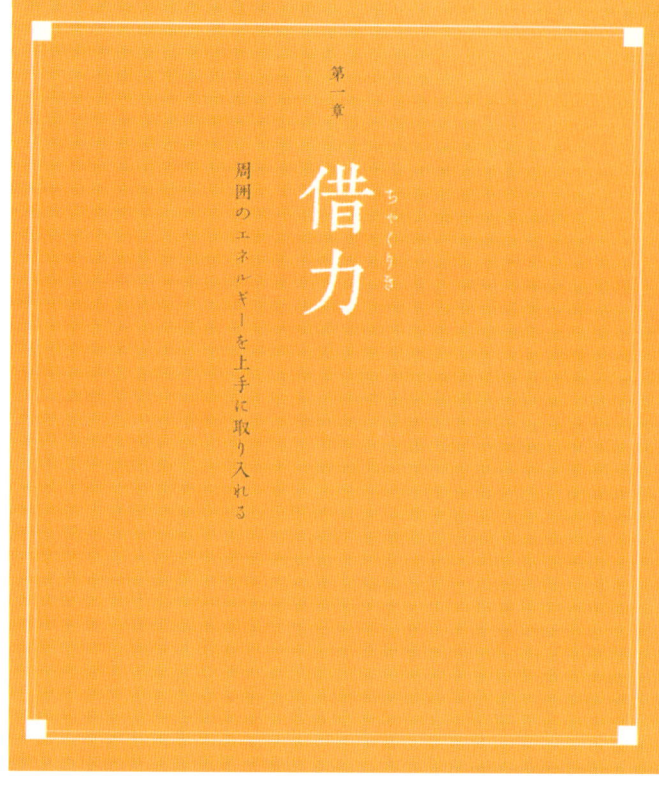

第一章
借力（ちゃくりき）
周囲のエネルギーを上手に取り入れる

日本の生活様式を取り戻す

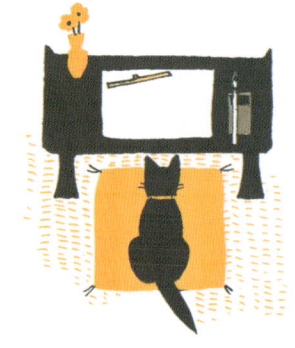

そもそも姿勢を作るということは、一日、二日の短い時間でできることではありません。立ち方、歩き方をも含めた日常の動作が基礎になります。その日常の動作を生活の中で作れるようにと工夫されていたのが、古き良き日本が持っていた住まいや道具の素晴らしいところです。日本人の生活は、たとえ二枚だけでもいいから、自宅に畳を持ち込んで下さい。できることなら、畳、ちゃぶ台、こたつは、日本が生んだ愛の三点セットです。この三点セットで、まずは、正しい住まいやくつろぎ方を学んで下さい。

正座のススメ

正座をすると脚の形が悪くなる、などということが、まことしやかに言われていますが、これは戦後の日本に入ってきた大嘘であると言えましょう。きちんとした正座は、加圧療法にもなるほどです。加圧療法とは、ゴムバンドで体の各所をしめつ

ける後にぱっとほどくと、止められていた血流が勢い良く流れて、脚や腰の痛みが軽減する、あるいはむくみがとれてダイエット効果も期待できるというものです。考案者は、法事の際に長時間の正座をしてから立ち上がったところ、血がいっせいに流れて血行が良くなり、腰痛が軽くなったことから加圧療法のヒントを得たということです。

マンション暮らしが主流となった都会の暮らしの中では、正座をする機会も減ってきていますが、家の中に畳の部屋を作る努力をする、あるいは茶道、華道、武道などの習い事を通じて正座を続ける機会を持つなど、立ち方だけではなく、正しい座り方、美しい座り方も身につけていただきたいと思います。

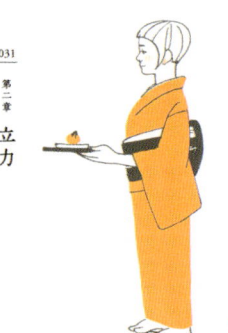
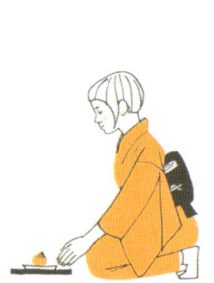
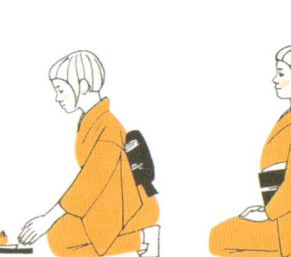

031　第二章　立力

030　第二章　立力

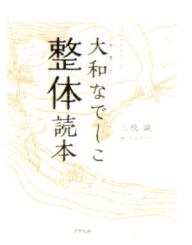

COLOR：● Process Black, ● DIC 205
PAPER：上質

大和なでしこ整体読本
2C　210×182mm　2006年

S, PB：アスペクト　AD：藤牧朝子　I：水上みのり　E：高月美樹

034

第二章　立力

胸腺を叩いて元気になろう

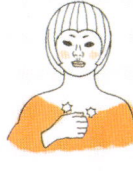
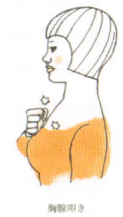

「私にまかせなさい」と言って、尻をたたく人はいません。「まかせて」と言う時、人は胸を、パン、と叩くものです。これは、無意識的なものではありませんが、胸を叩くために、思わず胸を叩いてしまうこともあるのです。ゴリラも、自分の胸をポコポコと叩く時があります。あれと同じことですね。胸の下には、「胸腺」といって、人間の免疫力の総司令塔とも言える部分があります。環境汚染や人間関係など、あらゆるストレスからの悪影響を中和してくれる働きがあります。軽く手を握って平らな面を作り、トントントン……とやさしく小刻みにリズム良く自分の胸を叩いてみましょう。この時に、身体をしめつける服や下着は脱いで、ゆったりとした服装に着替えましょう。ストレス、プレッシャーなどでかたくなになっていた気持ちがゆるみ、気持ちが明るく前向きになってきます。

胸腺叩き

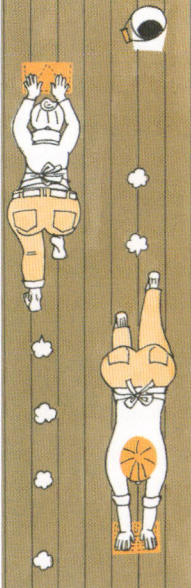

雑巾がけはセルフ整体

正しい姿勢作りのためには、まずは雑巾がけに励みましょう。こう聞いても、何か素頓狂な感じがするかもしれませんが、雑巾がけの時には四つんばいになります。この姿勢は日ごろの二本足歩行によって疲れ、歪みがちな背骨を体操せ、矯正してくれるからです。さらに、自然に身体のずれを中和します。雑巾がけの時には、猫が歩行をするかのような姿勢になります。この姿勢はこうしてしまった肩をほぐし、股関節やひざの関節の運動にもなります。さらには、雑巾をすすいで固く絞る時には、いつもはあまり使わない小指にも力が入ります。手足の指は、すべて内臓と深く関わっていますが、小指は、腎臓などの泌尿器官に直結している

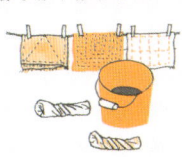
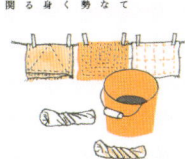

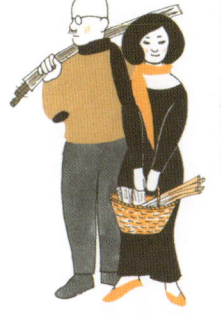

064

第五章　肌力

つき合う前に肌合いをつかむ

肌が合う、肌合い、ひと肌脱ぐ、肌で感じるなど、人間の感覚は「肌」という言葉で表わされることが多いものです。肌合い、とは、まずはセックスを連想させる言葉ではありますが、セックスそのものを体験しなくても、相手の肌合いをつかむことはできます。デートで連れて行かなければ、もう一度とつき合わない、くらいの気概を持って下さい。次に、店内のインテリアの対応がひどいような、高くて不味い、高級店なのに、くらいの気概を持って連れていくような店など、それだけで見分けつく男は、性の相性が合わない男とこそ、それだけで「ダメ」、飲食の趣味と合わない男とは、性の相性も難しい、ということはおおいにありえます。セックスをする前に肌合いをつかむこと。こそ、女の知性というものです。

第五章　肌力

アンチエイジングのための心得

加齢、歳を重ねることと、「老ける」ことは、あまり関係はありません。なぜなら、血流が悪くなって起こる「こり」から始まります。筋肉という「こり」を、縮めることはできても、ほぐすことはなかなか自分の力ではできないものです。人が一人で生きづらいのと同じく、「こり」も一人で取りづらいものなのであれば、自分の身体がこらないようにするための工夫がぜひ必要になってきます。呼吸法、足湯、ヨーガは自分一人でもできるこり退散法です。ここでは、ヨーガを行う際のウォーミングアップにも相当する、「猫の伸びのポーズ」をご紹介します。

猫の伸びのポーズ

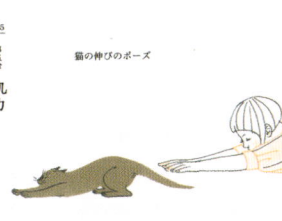

(1)

〈対談〉
能ある者は"気"がみえる?

with 大貫妙子（歌手・アーティスト）

※二〇〇五年九月九日、書籍『健康美生活ワード』の出版記念で開催された対談を収録

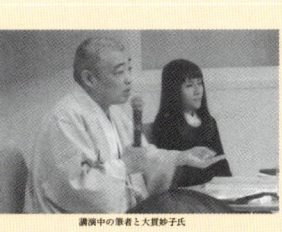

講演中の筆者と大貫妙子氏

背骨に興味をもつ中学生

三枝　実は僕、中学のときにたまたま大貫さんと同級生でありまして、僕はその頃から整体の勉強をしていまして、大貫さんは音楽というのはみんな知っていると思うんですけれども、お互い目指していた方向は違ったんですけれど、それぞれがこの道をやっていたんですけれども、今もなおこの仕事を続けていますし、大貫さん、長くやっていらっしゃいますね。

大貫　お互いに（笑）友だちの関係というのはいろいろあると思うんですけれども、まったく恋愛関係なしに今日まで来てしまいましたね（笑）。

三枝　お話ししますと、僕と大貫さんの関係というのは中学生のときに知り合ったんですが、その頃から友だち付き合いが続いていまして、男女のということは全く意識することなく友だちとして今日まで来たわけですが、お互いはこのような人たちが中学生の頃にはこういう社会的な認知もされていなかったですね、なぜかというとこの頃の人間で、私たちの背骨にしろ意識合うというのかてい合うのかでも。

大貫　そのときは、「背骨なにおもかるのかなっ」と思ったんですけど……、中学卒業後しばらく会わない時期がありましたが、二十五歳になって再会して、それからでも再会したこころにまた再会していまして、整体をするという場所という感じがないんですよ、不動産屋さんでもいろんな話しだったんですよ、部屋を貸してもらえあたんですけれど、私も、私の頃のミュージシャンたちも、彼の整体のお世話になっていますけれど、なんと井の頭公園でやってもらったあたりから、彼の整体が当たって二十五年ですが、やっと整体というものにも光が当たってきて、当時の三枝さんのことを知っているとはすごく嬉しかったですし、ほんとうに長かったですね。それから二十五年ずっと尊敬しつつ慕いしがらですね。今では愛すると思っているんですが、僕と野口整体のことを中心にお話ししたいと思っているんです。僕

三枝　その節はありがとうございました。
近くに触らせてくれる女の人がいなかったということで、ある日、「君の背骨をぜひ触らせてほしい」と言われまして、それで家に来て、もちろん服の上からですが、私の背骨を触ったりして……。

三枝　ありがとうございます。今では愛すると話ができるようになりましたけれど、今日のテーマは、「能ある者は"気"がみえる?」ということで、僕は野口整体のことを中心にお話ししたいと思っているんです。

二月十六日　「小法師」

ころん、ころん。
小豆のお菓子「小法師」、会津の友達のおみやげ。つっつくと、にこにこ、と、のんきな顔で起きあがってくる。
この小法師は、会津の縁起物の土人形で、家族の数より、ひとり多くかざると、その小法師が家族の厄を、みんな背負ってくれるのだそう。だから、お菓子とは別に、十日市で買った小法師も、おみやげにもらう。
「いろんな子がいてね。選んだんだけど、どうかなぁ」
てのひらに乗るぐらいの土人形、ふんわりほほえんで、わが家にやってきました。

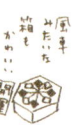

なんの日
会津「小法師」の絵暦　[小法師]は、小法師そっくり小豆さんで、そして おまけにひとつ、赤い着物も着ているとうとうの小法師　小法師は会津では一月の十日市で、売られます。
天気図記念日　明治十六（一八八三）年 日本ではじめて天気図がつくられました。
リオのカーニバル〈二月～三月初めの土火曜の四日間〉南半球のブラジル。夏まっさかり。イースターの断食期間の前に、サンバのカーニバル、腸肉祭のリオデジャネイロで。

66

二月十七日　はと座

冬の夜空に羽をひろげる、はと座。ノアの箱船から放たれた鳩なのだそう。
大洪水で、世界が水の中に沈んだあと、神さまがふらせた大雨がやんだかどうか、ほかの動物たちが、もう住めるかどうか、「みておいで――」と、飛ばされた鳩です。
鳩は、二度目で、オリーブの若葉をくわえて戻ってきました。
オリオンの足もとの、まだずっと、ずうっと、下のほう。ちいさく羽ばたいてひかるむかしむかしの二月十七日、ノアの洪水が起きた日とされています。

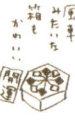

なんの日
ノアの洪水の日　旧約聖書では「ノアの洪水」が起きたのは「ノアが六百歳のときの、第二の月の十七日」となっています。四十日間雨が降り続き、すべてが水の第二の月の二十七日に、地がすっかり乾きました〈創世記第八章〉
西大寺会陽　三十頃　岡山県の西大寺観音院で、はだか祭り…

67

四月十六日　春キャベツ

台所で、新しいキャベツをむくと、くもり空が晴れてきた。
一番内側の大きな一枚をぱりりとはがして、お面のように顔をすっぽり入れてみる。
きみどりのにおい。
葉っぱのお面をかぶったまま、窓の外を見ると、陽が透けて、うすぼんやりと、葉脈のふちどり。
ひかるみどりだけの、青虫は、葉っぱの中で、いつも、こんなようなあおいひかりを見て、そだつのかな。

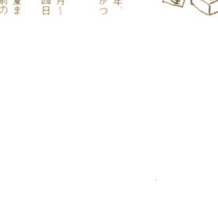
みどりのなかみ

なんの日
チャールズ・チャップリンの生まれた日　あんなふうに人とつながりたいと思ったのは映画「キッド」…

132

四月十七日　もんしろ蝶

蝶がひらひらと泳ぐ、あしもとに、風の道が見える、まひる。
庭に、今年ははじめての蝶。
かわいい蝶々だけど、庭には、おいしい葉っぱを植えているものだから、蝶を見かけると、心配で、きゅっと、ミケンにしわがよるわたし。
「――らんらんらん、どの葉に、たまご、生もうかな」
すれ違うとき、小耳にはさんだ――これは蝶の言葉。

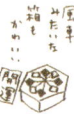
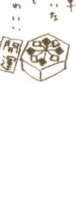

なんの日
春土用入り〈雑節の一つ〉この日から立夏の直前までが「春土用」の期間…

133

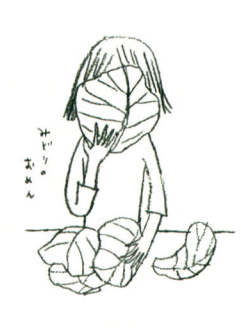

COLOR：● DIC N-778,　● DIC N-868,　● DIC C-272
PAPER：　OKサワークリーム
ひらがな暦
1C　210×148mm　2006年
PB,S:新潮社　AD,I:おーなり由子　AD,D:秦好史郎　D:新潮社装幀室

八月十四日　熱帯夜

ふとんが熱くなって、目がさめる。

網戸のそとは、風ひとつなくて、体温と同じようなぬるさ。

こんな夜は、遅くまでおきていると、見てはいけないものを見てしまいそうで。

あの世から帰ってきたものたちが、道ばたでスキップしてる真夜中。

のどがかわいて、台所の電気をつける。

白い壁に、ちゅるっと、うごくもの。思わず声！

——おどろいたのは、むこうの方。

ヤモリです。

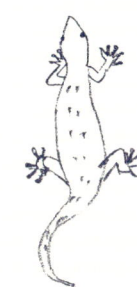

熱帯夜に、ぐっすりねむる方法

・昼間から、寝室の風通しを良くして、部屋の温度を上げない。

・観葉植物をおいたりして、気温が上がりにくくする。

・ねむる前には、ぬるめのお風呂。

色々やっても、ねむれないときは、もうあきらめて、夜の散歩。アイスキャンデ——でも、なめなきゃねむれないからね。

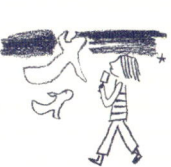
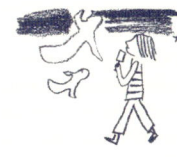

262

八月十五日　いのちの灯

旧盆の中、それぞれの灯籠流し。

「チャンコ、チャンコ、ドーイ、ドーイ」

初盆の精霊たちを舟に乗せて極楽浄土に見送るのは、長崎の精霊流し。

松島では、星たちが、いっせいに海におりてきたような、灯籠流し。

浅草では、終戦記念日のこの日、戦争で亡くなった人たちのための万霊灯籠供養会。

隅田川に舟を出し、平和を祈ってしずかな灯りが、水をながれていきます。

各地で、盆送りの灯籠流しが行われます。お盆のお供えや死者の魂を舟に乗せて、水にながれます。平和を祈って。

諏訪湖祭湖上花火大会（信州・諏訪）

なんの日

終戦記念日

好きな仕事をしたり、旅に出かけたりできるのも、日本に戦争がないからこそ。日常よりも大切なものなんか、日常よりも、守らなければならないものなんか、ないと思う。

263

十月二十四日　金の鳥

鳥のかたちの　いちょうの葉っぱが　とびたっていく。

スーパーマーケットの屋根のうえをこえて——

きんいろ。きんいろ。

きんいろ。きんいろ。

その色が　いちょうの　うたごえのようで。

その色が　いちょうの　さようならのようで。

自転車のかげが

ねむそうに　ほそながくねそべって　見あげている。

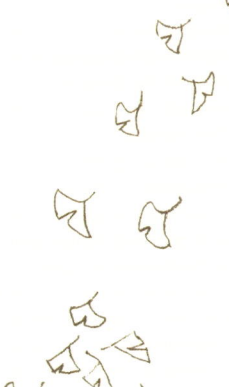

オスの木とメスの木があるイチョウの木。地球にイチョウの木が見られるように、恐竜たちの時代、一億五千万年前、当時も同じように金色の葉っぱを散らして、踏むらしていたのかな。飛び立つ

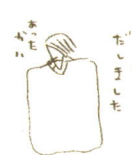

もみじ
だしました。
あきがり。

338

十月二十五日　きのこのパスタ

しめじ、ヒラタケ、マイタケ、しいたけ、えのきだけ。

秋のきのこたちが、わさわさと、うちの台所にやってきました。しめった山の土のいいにおい。手で裂くと、ふかっとわれて、やわらかい。

ニンニクと鷹の爪とベーコンをじゃっと炒めたら、キノコを投入。まとめて、白ワイン蒸し。

仕上げにバターとしょう油を少し落として、きのこのパスタ。

あつあつの、ゆであがった麺にからめて、三つ葉をちらして、できあがり。

好みで、スダチを、ぎゅっとしぼって。

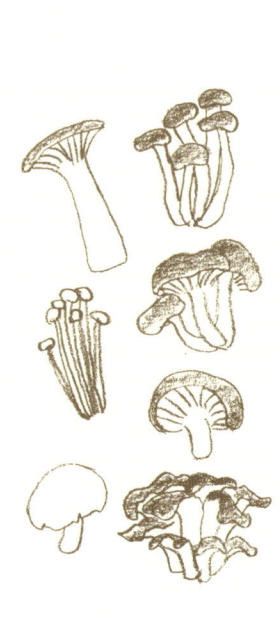

なんの日

世界パスタデー

麺類は、なんでも来いなわたし。パスタは週に一回は食べたい。旬のものでも残りものでも、何でもおいしくなってしまうパスタ。

朝から、スープ仕立てのショートパスタを食べるのも好き。

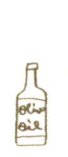
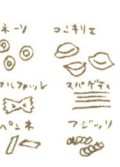
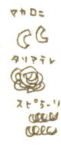
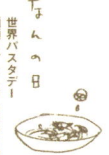

339

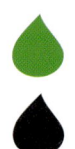

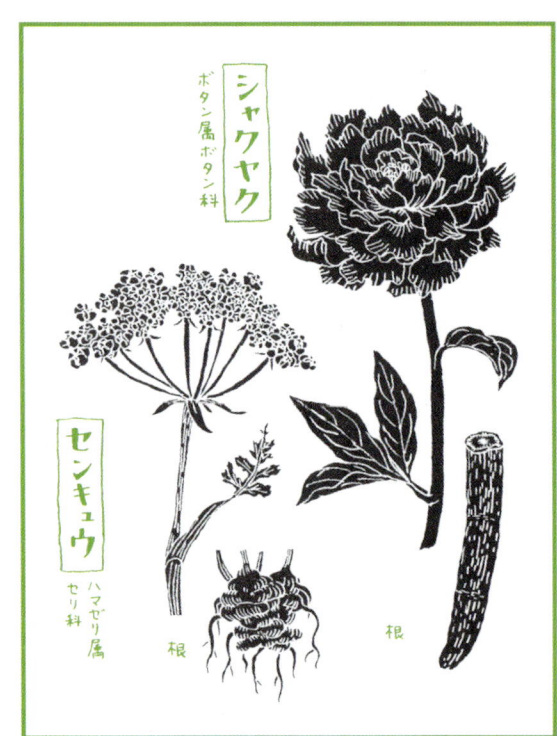

シャクヤク　ボタン属 ボタン科

センキュウ　ハマゼリ属 セリ科

根　　根

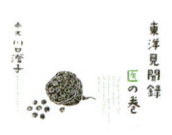

よく風邪をひく子供でした。春に急に暖かくなったり、寒くなったりすると、決まって喉がいがらっぽくなり、扁桃腺が腫れてきて熱が出るのです。夏から秋、冬から春など、季節の変わり目には必ずそうなるものですから、時期が近づくと家族はからかい半分でこう言うのです。「そろそろ風邪ひくんとちゃうか〜」と、「そんなことないわい」と強がってみても、二十歳頃からは、季節のお便りに急性胃腸炎も仲間入り。入院してしまうことが幾度かありました。「体っちゅうもんは季節の変わり目に弱るもんなんや…」と思わずにはやってられないくらい、ダウンするサイクルが

見事にできあがっていました。春に急に暖かくなったり、寒くなったりすると、決まって風邪をひくとしましょう。そうすると家族は「ああ、そろそろ暖かくなってきたなぁ」と言い交わし、秋の終わりに喉が痛いと訴えれば、「おっ、また風邪やな。そういえば最近ぐっと冷えてきたし、もう冬やなぁ」と言う。私は暦ですかい。何にしても弱ったときはこってりしたものやし、弱ったものが食べたくなくなるでしょうが、私は胃腸が弱いうなので、体が弱るとめっきり消化力が落ちます。子供の頃から養生食のお気に入りは芋粥です。それもサツマイモでなくてジャガイモです。風邪をひく度に母にせがみ、作ってもらったものです。今は自分で作れ

12/13

もっと中医学を知りたい人のための読本

いのちのイメージトレーニング
田中美津著 新潮文庫
二〇〇四年 四四〇円
二〇〇〇年初刊 知的生きかた文庫

ぼーっとしようよ養生法
田中美津著 三五館
二〇〇一年 一五五〇円

一冊目は、駆け出しの頃に単行本版の挿画を手がけ、東洋医学に関心をもつきっかけとなった本。この本の筆者である田中美津さんは、もともと虚弱体質な上、幼少期の虐待のトラウマと闘い続け、身体の大切さを再認識して鍼灸師となった人。そんな語り口でポジティブな生き方について書いている。頭でっかちに考えすぎていた頃にこの本に出会い、力の抜き方を教わった。二冊目は、日本

マクロビオティックガイドブック
日本CI協会発行
一九九八年 六三〇円
二〇〇六年改訂

マクロビオティックの考え方を平易な言葉で説明している、薄くて読みやすい入門書。旬、陰陽、料理方法などを理解する際の目安として頼りになる一冊。マクロビオティックを本格的に習いたくなったときにも役立つ、教室・ショップリストも掲載されているので実用的。日本CI協会のホームページ（http://www.ci-kyokai.jp）で購入できる。

漢方をベースに、季節ごとの養生法を紹介する実践的な本。体質別に簡単に取り入れられる養生法で、ぼーっと「いい・加減」で、健康な暮らし方を提案している。がんばりすぎがちな人にはぜひ。

ぼーっとしようよ養生法
いのちのイメージトレーニング
田中美津

102/103

書籍 Book

COLOR：● Process Black,　● PANTONE 363
PAPER：ホワイトナイト白,　◆ 色上質濃クリーム

東洋見聞録 医の巻

2C　180×140mm　2007年

PB：ピエ・ブックス　D：三木俊一　I：川口澄子　DF, S：文京図案室

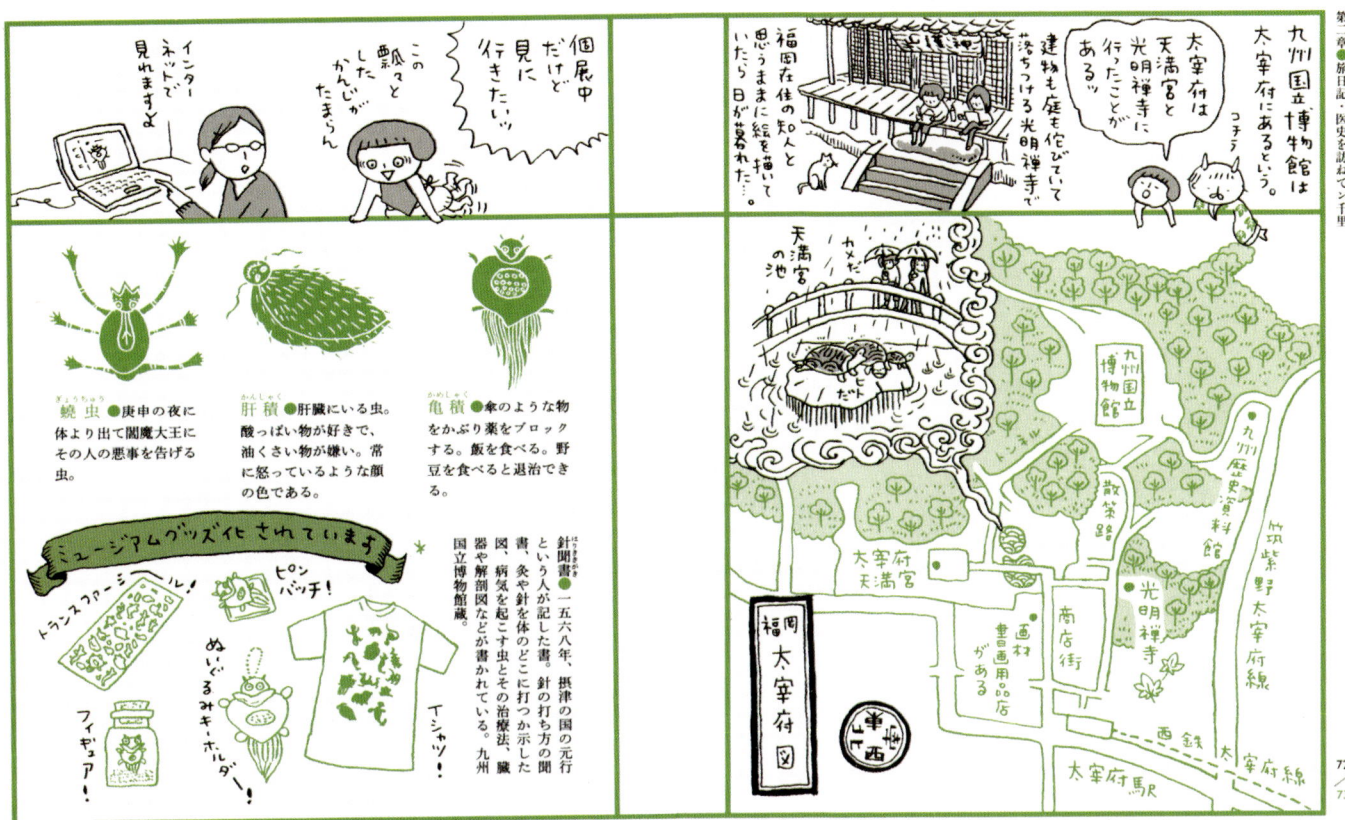

※商品はインターネットで閲覧できます。電話やメールで通信販売の申し込みを受けつけています。

家にある薬　野菜編　夏

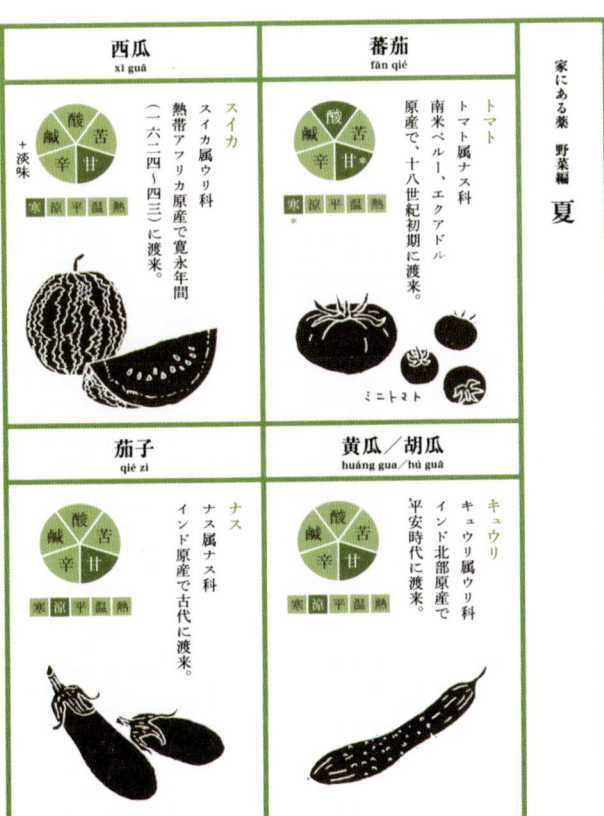

西瓜 xī guā
スイカ
スイカ属ウリ科
熱帯アフリカ原産で寛永年間
（一六二四～四三）に渡来。
酸／苦／甘／鹹／辛　＋淡味
寒・涼・平・温・熱

蕃茄 fān qié
トマト
トマト属ナス科
南米ペルー、エクアドル
原産で、十八世紀初頭に渡来。
酸／苦／甘／鹹／辛
寒・涼・平・温・熱
ミニトマト

茄子 qié zi
ナス
ナス属ナス科
インド原産で古代に渡来。
酸／苦／甘／鹹／辛
寒・涼・平・温・熱

黄瓜／胡瓜 huáng guā／hú guā
キュウリ
キュウリ属ウリ科
インド北部原産で
平安時代に渡来。
酸／苦／甘／鹹／辛
寒・涼・平・温・熱

家にある薬　野菜編　春

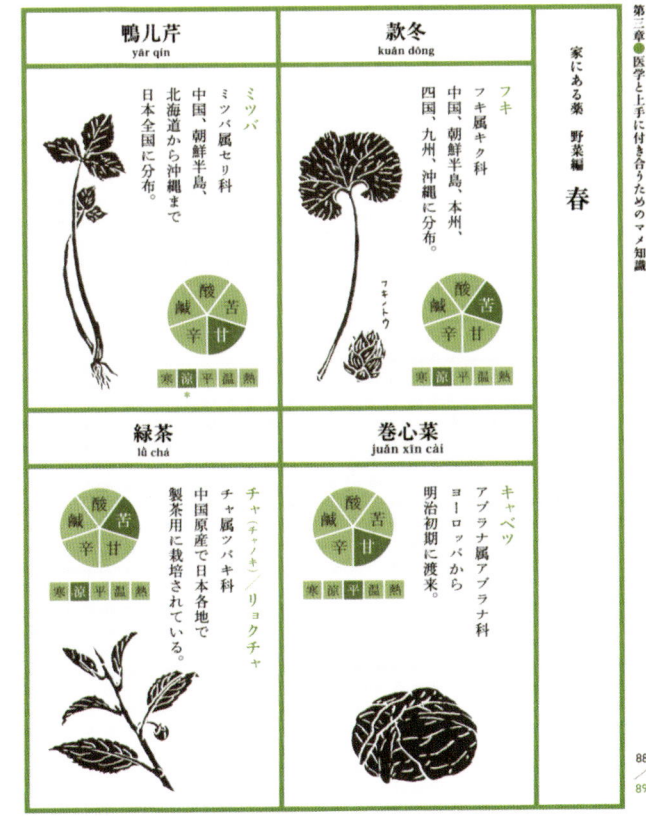

鴨儿芹 yār qín
ミツバ
ミツバ属セリ科
中国、朝鮮半島、本州、
四国、九州、沖縄まで
日本全国に分布。
酸／苦／甘／鹹／辛
寒・涼・平・温・熱

款冬 kuān dōng
フキ
フキ属キク科
中国、朝鮮半島、本州、
四国、九州、沖縄に分布。
フキノトウ
酸／苦／甘／鹹／辛
寒・涼・平・温・熱

緑茶 lǜ chá
チャ（チャノキ）／リョクチャ
チャ属ツバキ科
中国原産で日本各地で
製茶用に栽培されている。
酸／苦／甘／鹹／辛
寒・涼・平・温・熱

巻心菜 juǎn xīn cài
キャベツ
アブラナ属アブラナ科
ヨーロッパから
明治初期に渡来。
酸／苦／甘／鹹／辛
寒・涼・平・温・熱

※＊は徴性を表す。（例…「涼」に＊がつくと「徴涼性」を意味する。）

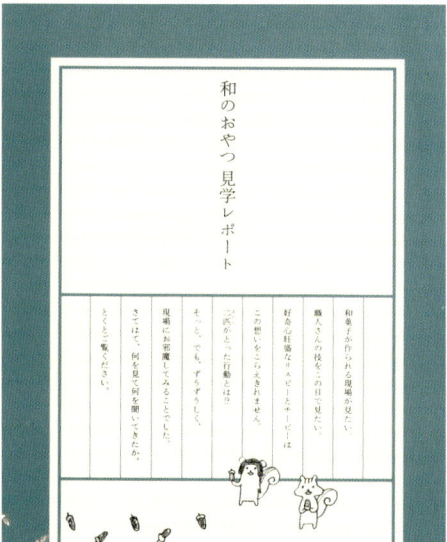

和のおやつ 見学レポート

和菓子ができる現場が見たい。職人さんが作り上げる技をこの目で見てみたい。好奇心旺盛なスピーカーレポーターは、この想いをつのらせ行動に。

さあ、でも、アタマをさげてこられたのは……

現場にお邪魔することにしました。

とにかく、何やっているのかを見て何を聞いてきたか。

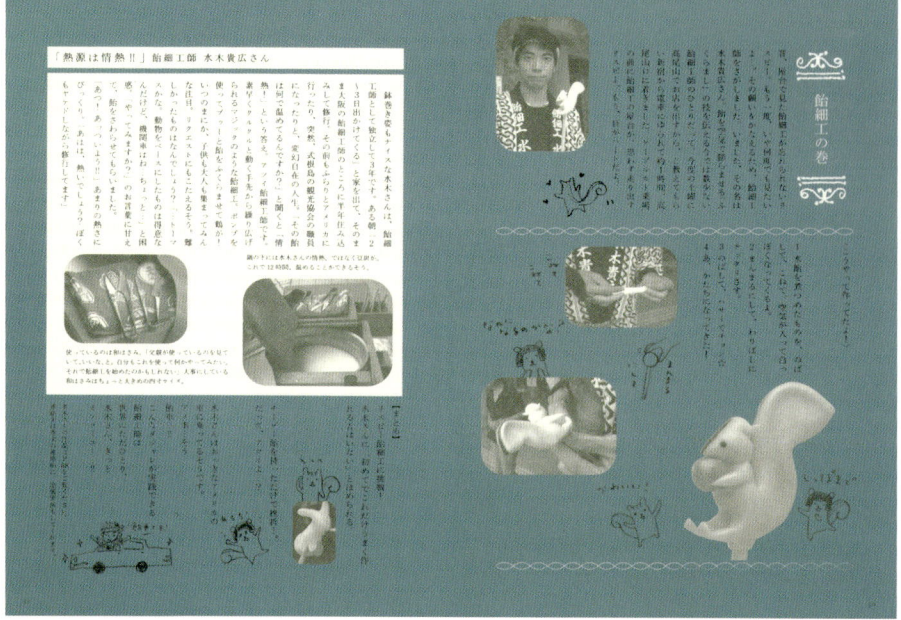

「熱源は情熱!!」飴細工師 木木貴広さん

飴細工の巻

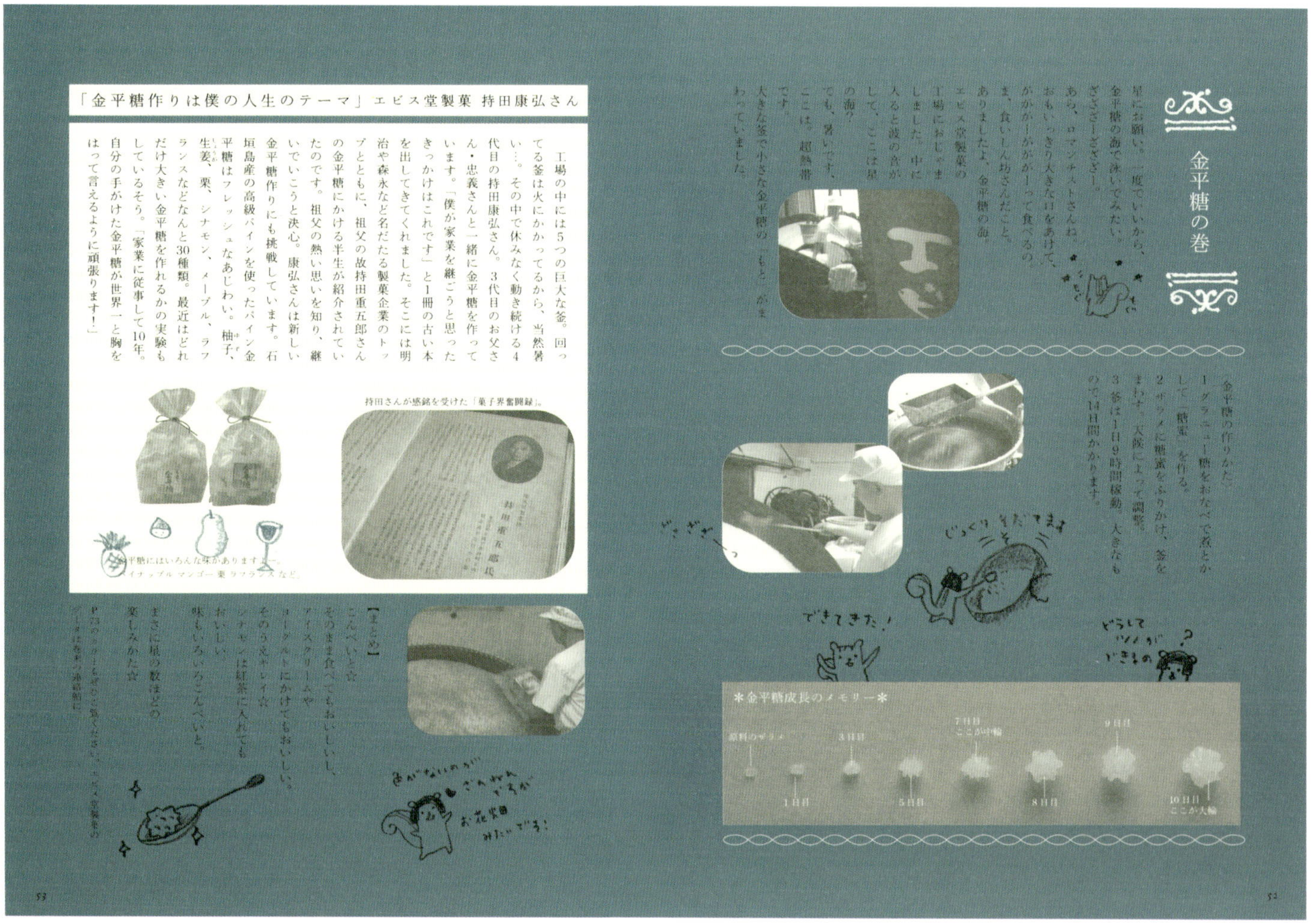

「金平糖作りは僕の人生のテーマ」エビス堂製菓 持田康弘さん

金平糖の巻

持田さんが感銘を受けた「菓子界監録」

＊金平糖成長のメモリー＊

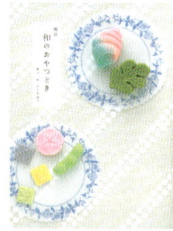

COLOR : ● Process Black, ● DIC 2380
PAPER : オペラクリームウルトラ
東京 和のおやつどき
4C / 2C / 1C 210×148mm 2005年
PB:小学館 AD, I, D, S:名久井直子 E:春日一枝

金太郎飴の巻

親愛の情を込めて飴を呼ぶときに、なんて呼びますか？

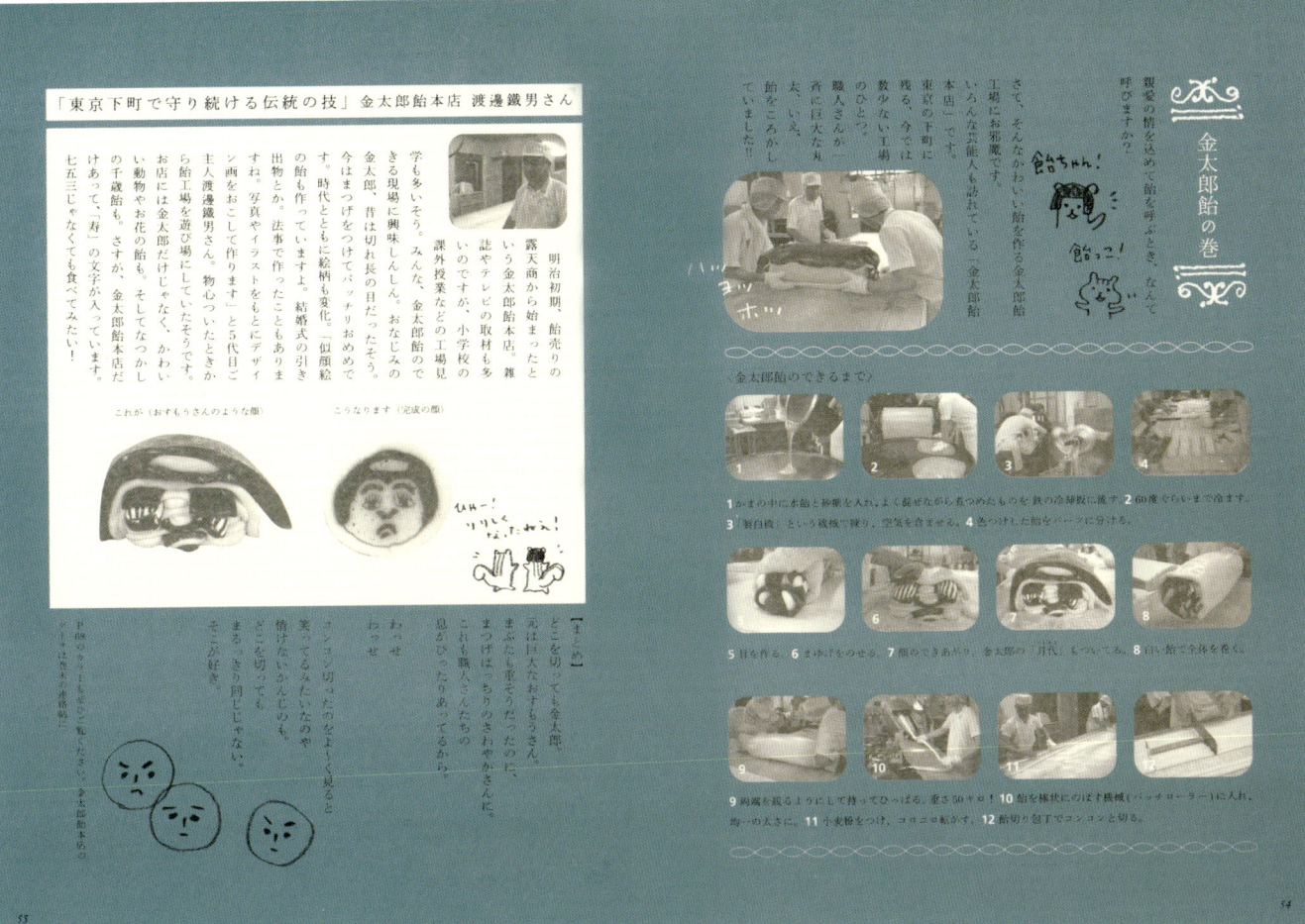

いろんな芸能人も訪れている「金太郎飴本店」です。東京の下町に残る、数少ない工場のひとつ。工場には巨大な丸太みたいな飴が一斉に並んでて、職人さんが、巨大な丸太みたいな飴をころがしていました!!

さて、そんなかわいい飴を作る金太郎飴本店にお邪魔して……

〈金太郎飴のできるまで〉

1 かまの中に水飴と砂糖を入れ、よく混ぜながら煮つめたものを鉄の冷却板に流す。 2 60度くらいまで冷ます。
3 「舟白機」という機械で練り、空気を含ませる。 4 色のつけた飴をパーツに分ける。
5 目を作る 6 さゆけをのせる 7 顔のできあがり、金太郎の「月代」をついてる。 8 白い飴で全体を巻く。
9 両端を握るようにして持ってひっぱる、重さ50キロ! 10 飴を棒状にのばす機械（バッチローラー）に入れ、均一の太さに。 11 小麦粉をつけ、コロコロ転がす。 12 飴切り包丁でコンコンと切る。

「東京下町で守り続ける伝統の技」金太郎飴本店 渡邊鐵男さん

明治初期、飴売りの露天商から始まったという金太郎飴本店。雑誌やテレビの取材も多いのですが、小学校の課外授業などの工場見学も多いそう。みんな、金太郎飴のできる現場に興味しんしん。おなじみの金太郎、昔は切れ長の目だったそう。今はまつげをつけてパッチリ画をおこして作っているそう。物心ついたときから主人渡邊鐵男さんと5代目ご主人渡邊鐵男さんの似顔絵をもとにデザイン画をおこして作っていたそうです。写真やイラストをもとにデザインを作ったこともあります。結婚式の引き出物とか。法事にも。「似顔絵わっせ」

今ではまつげをつけてパッチリ。時代とともに絵柄も変化。「寿」「祝」かわいい動物やお花の飴も。そしてなつかしの千歳飴も。さすがに「寿」の文字が入っています。七五三じゃなくても食べてみたい!

これが（おすもうさんのような顔）
こうなります（完成の顔）

ひぃー! リリしくなったわ!

どこを切っても出てくる金太郎。流石は巨大なおすもうさん。まぶたも重たそうだったのに、まつげって…ちりめんきゃしゃさんに、息がぴったりあってるから、わっせわっせ

コンコン切ったのをよく見ると笑ってるみたいなのや、情けないかんじのも。どこを切ってもまるっきり同じじゃない、そこが好き。

和菓子豆知識

いろんな和菓子の現場にお邪魔して、和菓子に少しくわしくなったリスピーとチービー。聞いたことを話したくてしょうがありません。ちょっとその豆知識、披露してもいいですか？

知ってることを全部言いたいよ!

「あんこは美容にいいの？」

和菓子の命、あんは小豆などの豆類から作られているよ。この小豆、活性酸素から身を守るポリフェノールがたくさん含まれてるんだって。さらに現代人に不足しがちな食物繊維も豊富。食物繊維はベンピの予防にもいいし、便秘りの強い味方というわけ。うれしいね。

和菓子をたべてつるつるになるんだ!

「葛まんじゅうは冷蔵庫に入れないもの？」

見た目も涼しげな葛まんじゅう。夏のデザートといったかんじなんだけど、葛まんじゅう自体は冷蔵庫に入れないで。葛には解熱作用があって「食べて体を冷やすもの」。だから常温でオッケー。葛まんじゅうをひやすと白っぽくなって、食感もイマイチ。ひんやりしたのを食べたいときは食べる30分前に冷蔵庫に入れるといいんだって。

30分前!

「砂糖は脳を活性化する？」

砂糖は甘くておいしいだけじゃないよ。ほとんど純粋な炭水化物だから、エネルギーの源として、また脳の栄養源として欠かせないものなんだよ。お仕事してる合間のおやつどきに、お茶と和菓子。ほっとひと息つきながら、おつかれの脳にも効果的なんです。

頭の回転よくなる？

「和菓子はどんな器に盛るといいかなぁ？」

この本では、高価な器は使わず、好きなものに盛ってみたよ。気をつけてるのは、和菓子と器のよさがひきたつように、ということ。派手な柄には、シンプルなデザインのお菓子、シンプルなものには華やかなデザインのお菓子。豆菓子は、千代紙で箱やお皿を作ってもかわいいかも。

「買って帰ったあとのうちでの保存方法は？」

生菓子は冷蔵庫に入れると乾燥するので、避けたほうがいいよ。涼しい場所においておいて、その日のうちに食べちゃおう。どうしても食べきれないときは密閉容器に入れて冷凍保存。解凍したらすぐに食べよう。

フレッシュさが命!

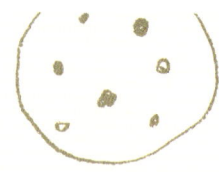

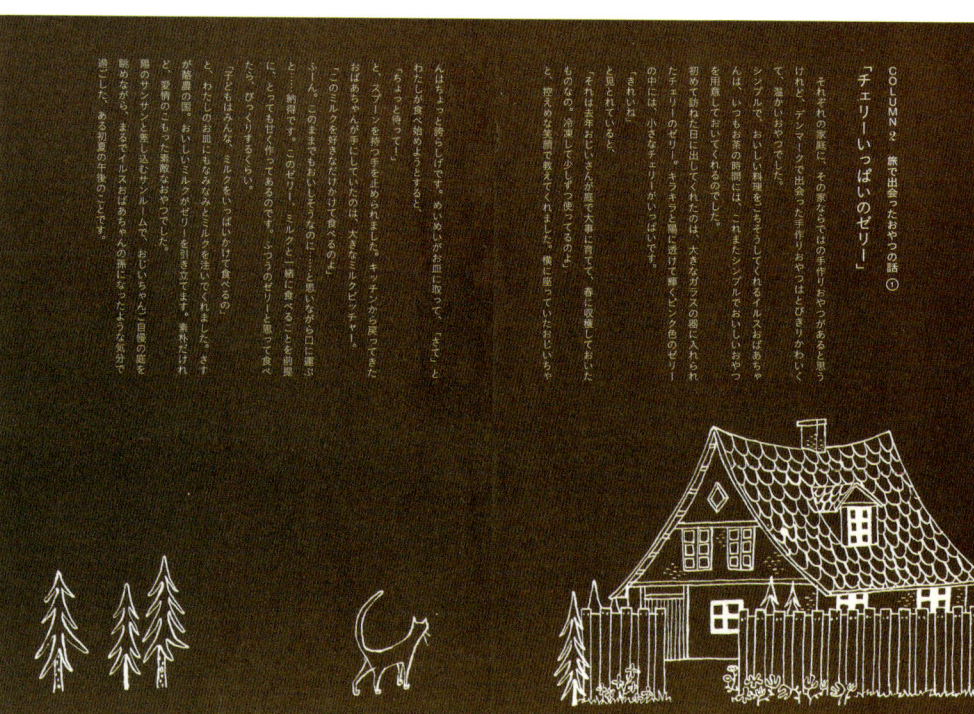

和みの
おやつ
3

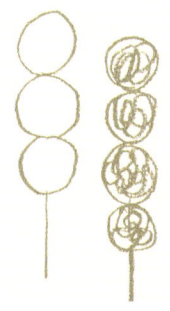

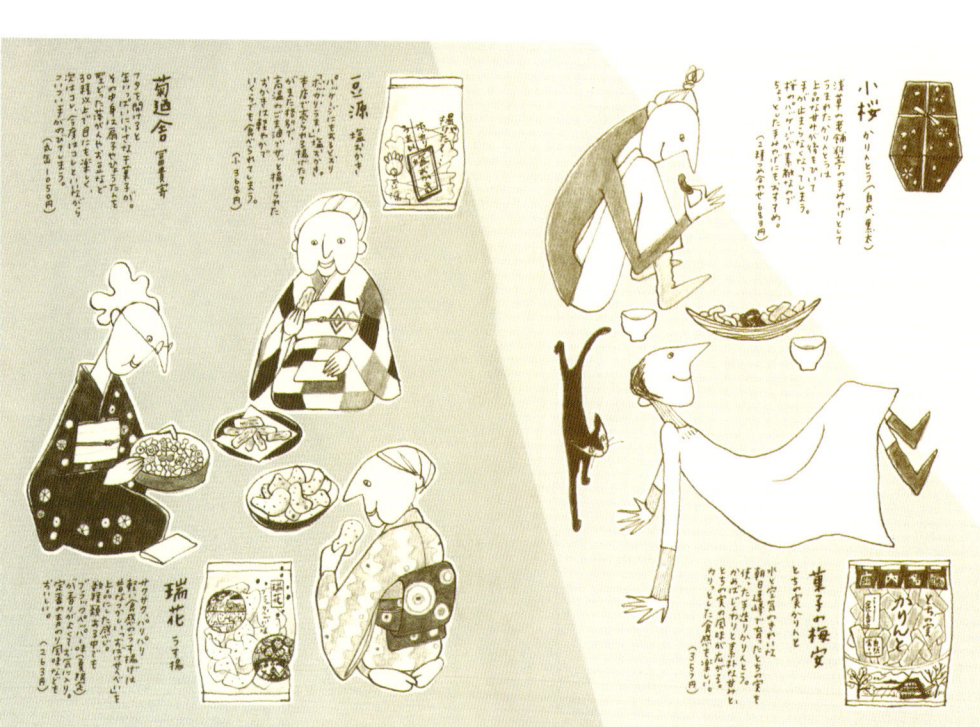

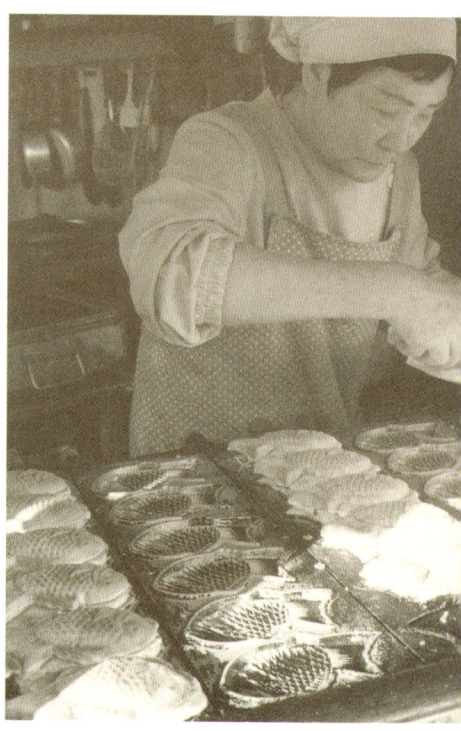

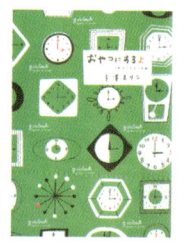

COLOR： ◖ **DIC 647**
PAPER： **OK ソフトクリーム**

おやつにするよ
1C　182×128mm　2005年

PB：祥伝社　AD：矢部綾子　D：野澤絵　I：平澤まりこ　DF, S：kidd

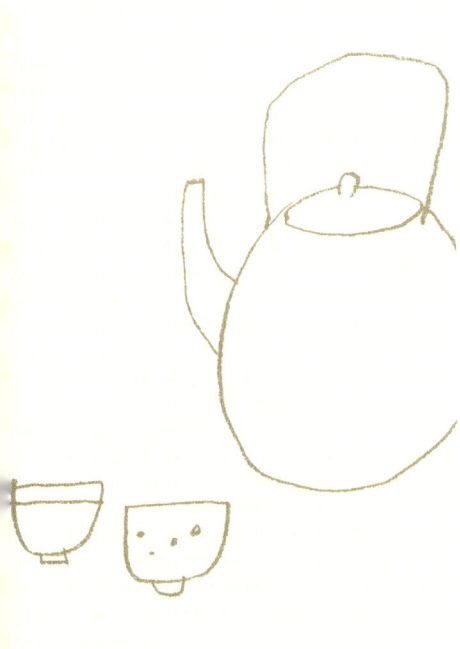

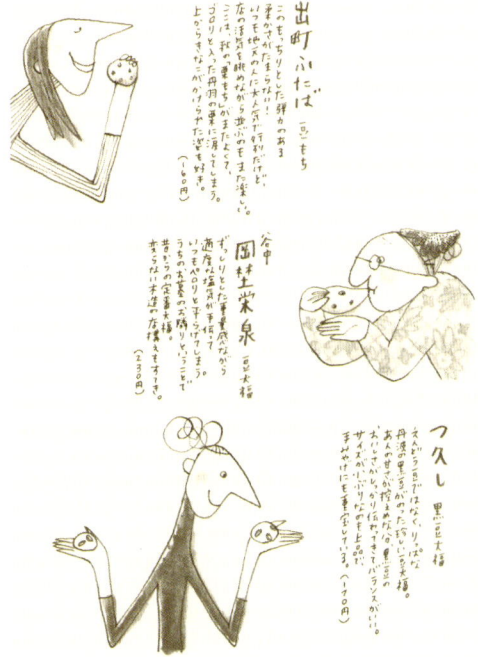

この、もっちりとした群のある豆もち、いつもすぐに売り切れてしまいます。お豆の他の人とは大人気が好きだけれど、なかでも丹月のものもまた違った。ここに私が書きためた丹月のゴロリと入った豆もちみたいなものが好き。

出町ふたば 豆もち

ずしりとした重量感がすごい。近所にこの手のおいしい豆大福が買えるっていうシアワセ。いつもペロリと食べてしまう。お店の大福のサイズもパランスがよくてたまらない大福を買えるここまでおくないまは僥えすぎ。

谷中 岡埜栄泉 豆大福
（150円）

大きすぎず小さすぎず。ちょうどいい大きさのあんこ。渋滞もいい塩梅の黒豆大福。あんこのバランスがよくてこのずっしりとした重量感が好き。おいしい豆大福ってサイズも大事にしてる。

つくし 黒豆大福
（190円）

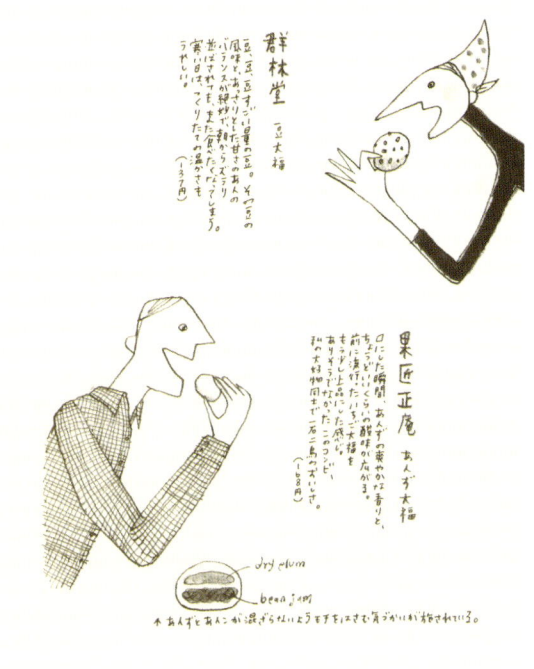

ロに入れた瞬間、あんずの甘やかな香りと、お豆のほっくりとした触感が広がります。甘さもほどよく、やさしいおいしさ。実はこっそりつくりたい（憧れです）うれしい。

群林堂 豆大福

口にした瞬間、あんず蜜のやわらかな香りと、ちょっとくらい酸っぱさが前にでてくるアンズ。お豆もやさしいおいしさ。なんとも味わい深くって、これぞという二品。

果匠正庵 あんず大福
（180円）

dry plum
bean jam
本あんずと有んこが混ざらないよう手で丁寧さで有づかいが指されている。

近所のたい焼きやのおばあちゃんは、いつも一生懸命でうれしくなります。まっ白な三角巾にかっぽう着みたいなのを着て、いつもきれいなたい焼きを焼いています。「あらラッキー。いま焼けたわよ」とか、「3つも買うの？ありがとねぇ」とか、そんな言葉から気分もホカホカで、じんわり「ありがとう」が広がります。食べる前からホカホカで、食べればもっとホカホカで、そういうあったかいおやつって最近減ったかもしれないなぁ。

たい焼

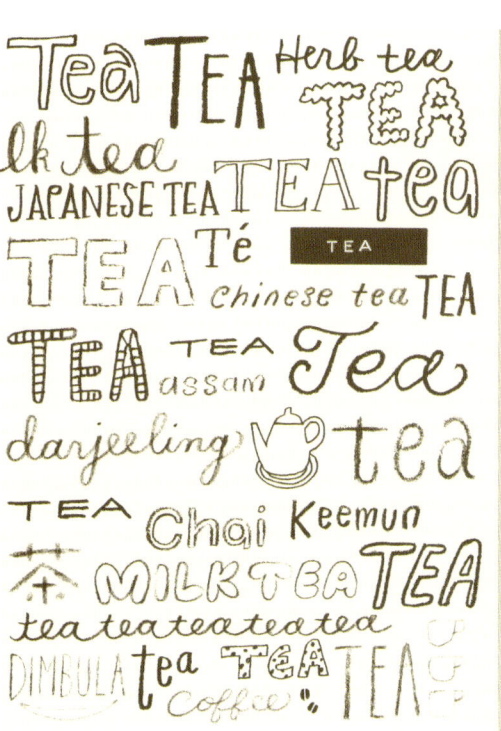

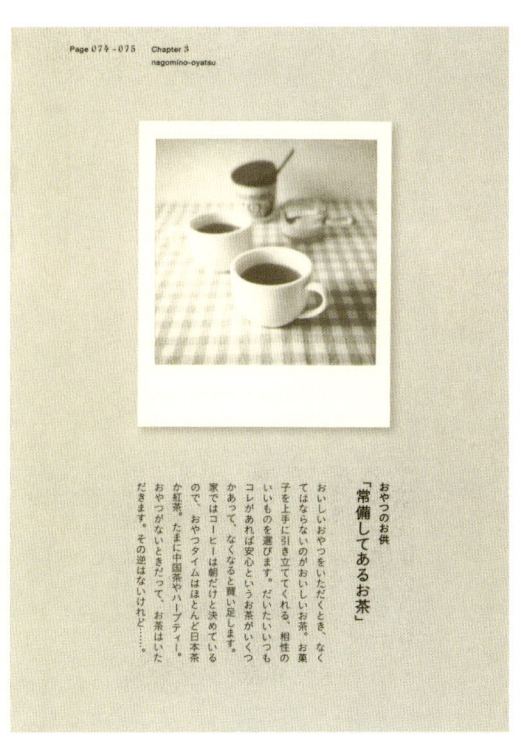

おやつのお供
「常備してあるお茶」

おいしいおやつをいただくとき、なくてはならないのがおいしいお茶。お菓子を上手に引き立ててくれるお茶、相性のいいものを選びます。だいたいいつもコレがあれば安心するというお茶がいくつかあって、なくなると買います。家ではコーヒーは朝だけだし、おやつタイムはほとんど日本茶か紅茶、たまに中国茶やハーブティー。おやつがないときだって、お茶はいただきます。その逆はないけれど……。

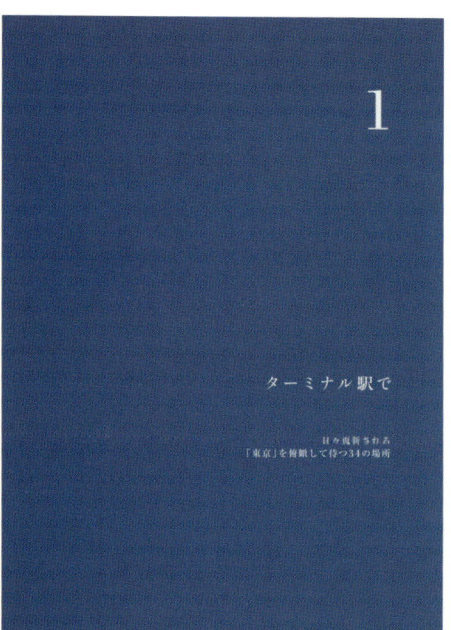

1

ターミナル駅で

日々複製される本
「東京」を俯瞰して待つ34の場所

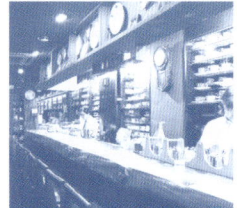

自家焙煎 凡
│珈琲をより美味しくいただくために

本の温もりと珈琲の芳香に満ちた店内は、静かにゆったりした室内気もあいまって、自然と気持ちが安らぎ、珈琲の味を引き立てる。

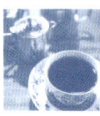

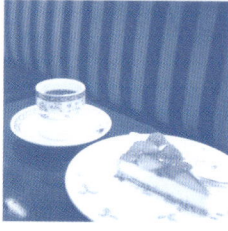

カフェ アマティ
│新宿歩きのスタート地点

新宿駅南口に直結した便利な立地から、ビジネスマンやカップル、家族連れなど、客層は様々。目的の路線から待ち合わせ、買い物帰りのひと休みまで。

│ SHIBUYA │   │ SHIBUYA │

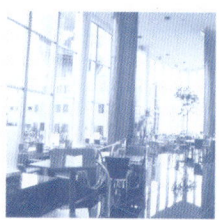

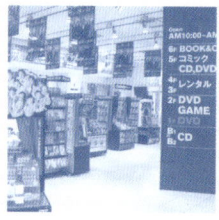

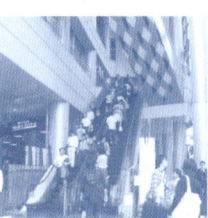

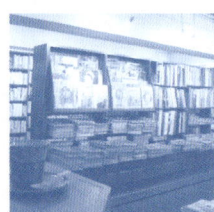

エスタシオン カフェ
│スクランブル交差点の真上で

「エスタシオン」とはスペイン語で「駅」の意。文字通り駅の真上にあるラウンジカフェは、天井高8メートルの開放的な空間だ。窓際の席に腰をおろせば、眼下には見慣れたスクランブル交差点が普段とは違った表情を見せる。パティシエお手製の季節のデザートは旬のフルーツを順次取り入れる。それゆえ、訪れる人々に毎度新たな楽しみと、ちょっとした驚きを与えてくれる。駅と直結しているため、終電直前までのんびりできるのも嬉しい。

SHIBUYA TSUTAYA
│渋谷の映画館巡りはここから

渋谷の情報発信地・Qフロントの地下2階から6階を占める、全国最大規模のTSUTAYA。DVDやCD、ゲームから書籍に至るまで、豊富な品揃えは若者のみならず、年輩の映画通や本好きの方も高い支持を得ている。とりわけ、映画館の多い渋谷の街で1階の前売り券販売コーナーは非常に使い勝手がよい。さらに、映画を観た後はサントラや関連書籍を物色したり、監督や出演俳優の他の作品をレンタルするなど、映画を核とした幅広い利用法が自ずと見えてくる。

渋谷マークシティ エスカレーター
│さりげない待ち人のために

渋谷駅南口のバスターミナルと京王井の頭線渋谷駅、地下鉄銀座線とを結び2000年に生まれた渋谷マークシティ。道玄坂上まで通り抜けできるため、ここを通路代わりに利用する人も多い。歩いて上る人のために右側を空け一直線に並ぶ姿は壮観で、通過する人同士がここで待ち合わせ、ふたたびどこかへと向かっていく。ハチ公やモヤイ像など、「ここで待ってますよ！」が苦手な人の支持が意外と多い、渋谷でひっそり輝く待ち合わせ場所なのだ。

Flying Books
│未来のための古本を売る店

いい音楽とコーヒーの香りの中で本に触れる、豊かな時間。一杯ずつ豆を挽いてドリップするコーヒーと、ジャズピアノの心地よい響き。そして、今なお色あせない良質な和書と、印刷の質の違いなど、紙媒体のよさを伝える洋書の数々。棚の並びはビート文学に始まり、密教・禅を経て現代思想へと至るといった具合に、本の流れが意識されている。お目当ての本の、隣にある本を手に取ってみよう。そこから新たな読書の歓びが導かれるはず。

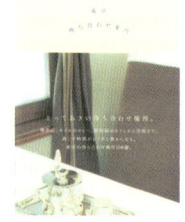

COLOR： ○DIC 254
PAPER：スマッシュ

東京待ち合わせ案内
4C / 1C　210×148mm　2005年

PB, S：プチグラパブリッシング　AD：原条令子　CD, D：原条令子デザイン室　PH：宮脇 進 / 藤田慎一郎 / 小倉聡子　E：高野麻結子

海のむこうに みみをすます

どこかで誰かを待っている

Australia
オーストラリア

オーストラリア第2の都市、シドニーでの待ち合わせ場所は、街の中心にあって8つの鉄道路線が乗り入れている地下鉄のタウン・ホール駅。観光客が立ち寄るランドマークとしても有名で、週末は大勢の人で賑う。時間に対する感覚は、日本人より大らかといわれるオーストラリアの人々。パーティーなどでも、一時間遅れて到着するのがもてなした相手に対する礼儀だと考えられている。

Switzerland
スイス

スイスでももっとも有名な待ち合わせ場所は、チューリヒ中央駅のモンティーニ・ミーティングポイント。ヨーロッパ各地へ向かう国際列車からもこの高さ3mの時計が見える。1980年代、スイス国鉄がこの時計を国の一時刻そのものが正確である、という評判を国のイメージに結びつけようとしたからだろうか。滝を離れたところから見えるその味わい時計によって、人々は出発までの残された時間を正確に知る。スイスの「時間に対する感覚」のシンボルにもなっているのだ。

France
フランス

楽しむことに時間を惜しまないフランス人は、人と会う時も"アペリティフをする"ことを大事にする。たとえば誰かとの食事の約束で、何かをつまみながら軽く一杯、今日はどこへ行こうか？と、お互いの近況とともにしばし相談。この時間のことを指す。日本ではもともと食事の前に何かを飲みながら社交する、という意味。人と出会う時間を大切にする一つの習慣なのである。

Sri Lanka
スリランカ

スリランカの交通の要は、バスと車。それゆえこの国で待ち合わせをする場所も、多くは駅よりもバス停。携帯電話の普及率はまだ低く、バス停などないような近くに公衆電話があるため、連絡をするにも好都合。大きなバスターミナルで待ち合わせても、彼らは相手を探したりしない。パーティーに誘われたら2時間遅れるのがマナーであり、他の約束がついても、車内に仏教がいれば一本遅れる。中に仏教がいれば一本遅れる、誰かを救う機会があれば、という意味。いくつもの民族、宗教をもつ人々が暮らす国ゆえ、習慣もさまざま。

066

Finland
フィンランド

厳しい冬が長く続く北欧では、季節によって待ち合わせをする場所が変わってくる。1分でも長く日の光を浴びていたい夏は、貴重な太陽を返すまいと、公園や駅など外で誰かを待つ姿が見られる。一方冬になると図書館や大学、書店に併設したカフェが中心。相手が来るまで手紙を書いたり本を読んだり、必然的に室内生活の時間が長いこの国では、快適に一人で過ごしながら誰かを待てる場も多いのだ。

Japan
日本

日本で暮らす外国人がカジュアルに使う定番の待ち合わせ場所は、六本木ハートランドや青山のラスチカスなどのカフェを除くと、銀座なら和光ビルより歌舞伎坐の前、原宿なら駅前より明治神宮の鳥居の下。繁華街には、改札口より繁地本願寺に、ひと言で伝わる、比較的出しやすい。すでに行ったことがある。ひと言で伝わる、こういうのが一つのポイント。実際それらの場所で待ち合わせてみると、意外な東京の魅力を知ることになる。

Mexico
メキシコ

車社会のメキシコでは、複数で出かける時は車を運転する人が各家を回り、家の前でクラクションを鳴らして相手をピックアップするやり方が一般的。好時間の感覚は、こちらが待ち合わせに1時間遅れても、彼らは相手を探したりしない。パーティーに誘われたら2時間遅れるのがマナーであり、他の約束がついても、車内に仏教がいれば一本遅れる。「もちろん行くよ」と、誘われたその場で言うのがルールなのである。

America
アメリカ

この国の待ち合わせといえば公園とカフェ。カフェは自宅でも目的地でもない第三の自分の居場所"サードプレイス"と位置づけられ、スターバックスなどもここに含まれる。マンハッタンでは「ポケットパーク」と呼ばれる小さな公園が定番。地下鉄や駅やバス停と一体となって作られたもので、もともと公園での過ごし方が上手なアメリカ人にとって、ちょっとしたオアシスとして親しまれている。

Thailand
タイ

首都・バンコク以外の町で車を利用して待ち合わせをする場合、大きなビルなどの目立つ建物がほとんどない。そこで、土地の人が誰でも知っている寺や寺院が待ち合わせ場所に指定されることがある。寺には大きな木があり、風通しも良く日差しも多いので相手がやって来るまでの時間を過ごすことができる。時間があればお坊さんや参拝者と会話を楽しみ、お参りしてご利益をいただくことも。

Czech
チェコ

チェコは独自のカフェ文化をもつ。自由にものが言えなかった共産時代、カフェは文化人や読書にとって、密かに議論を交わしたり、内なる世界を解放させる貴重な場所だったのだ。プラハ城の全景を望む「カフェ・スラヴィア」や内装が美しい「カフェ・インペリアル」など歴史的なカフェは、自首・プラハ周辺に多く点在し、現在では一般の人たちが待ち合わせ場所として利用している。

067

待ちぼうけの その時に。

せっかくとったアポイント。それなのに相手がやって来る気配もない、そんな時。
しんぼうづよさも大切ですが、ちょっとひと息、こんなふうにも過ごせます。

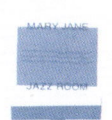

音楽に耳を傾ける
MARYJANE
渋谷

ヴェネチアのサンマルコ広場に面した「カフェ・クアドリ」では、毎夏カフェ席の楽団によるピアノやバイオリンの生演奏が行われる。ひとたびその演奏が始まると、仕事の合間に一服していたビジネスマンに、それまで会話を楽しんでいたカップル、誰かを待っている風の手持ち無沙汰なひとり客も、特無心にそこで奏でられる調べに耳を傾ける。生演奏をするところではないけれど、東京にも運転にこだわる老舗の喫茶店や流行のカフェは多い。音楽雑誌がストックされていることもあるからって夢中になった関連ジャンルの知識を改めて深めてみるのも。

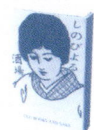

読みさしの本を開く
古本酒場コクテイル
高円寺

自分にとっての名著に出会うことはあくまで運命で、時間や場所は選ばない。だからこそ、いつもはビジネス書ばかり読んでいても、相手がまだやって来ない、そんな隙間にふと見つけた本がその一冊だったらしい。「あなた、100年待っていられますか」と言い残し死んでしまった女性を100年待ち続けさせる男の珠玉の名著「夢十夜」などの古典から、大々と描かれてくる動物たちの言い訳の面白い「ねずみくんのおやくそく」（上野紀子絵・ポプラ社）など待つことをテーマにした本を手にしてみても。待ち合わせ場所自体を本のあるカフェやバー、図書館や本屋さんに指定しておくのも一案です。

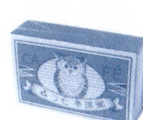

"当店特製"を愉しむ
珈琲亭七つ森
高円寺

七らや中の「特製あんみつ」、オーダーしてから少し先に行ってかかる。万惣フルーツパーラーの「特製ロールキャベツ」珈琲亭七つ森のジャンボプリン。ここに行けばこの味を楽しめる、待ち合わせ場所でもある。忙しい毎日のなかでは、なかなかそんなゆっくりした時間をとることはできないからこそ、こんな機会は生かしましょう。特性はメニューを見る時間もなく「コーヒー」を入れる人も、ぜひ頼んだのが運ばれてきたときに、ひとくち。相手が到着したら、仲良く半分ずつ、一緒に楽しむのがスマートですね。

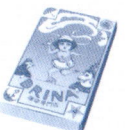

一杯の珈琲を味わう
DRINA
新宿

そういえば今日は、一杯の珈琲すら飲む時間がなかった。運ばれた珈琲を一口飲んで、そうなくつろぎ好きまない。仕事上のつき合いならなおのこと、飲みながら待つのがあゆっくりおいでよ」と言われるほうが、駅の改札で時計を眺めっくりしているより、やっぱりにした時間を眺めっているより、一人で飲みながらら一つの苦手な人におすすめなのは、映画館や劇場に併設されたバーや、カウンター以外にある程度広さのあるアイリッシュパブやホテルのラウンジなど、人の出入りがあって一人でいても手持ち無沙汰にならない場所をあらかじめ指定しておきましょう。

一杯飲みながら…
ボルガ

待ち合わせをお酒のある場所でする場合、ひと足先に行って、最初の一杯を自分だけで楽しむのも好きまない。「丁寧にドリップしたっ」など情報誌に紹介されている老舗の喫茶店に入っても、ビジネスの待ち合わせなら一服位の優先。一服にした最もよく。

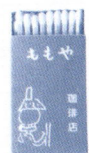

何もしない
ももや
有楽町

待ちぼうけをとことん楽しむなら、理想は何もしないこと。「待てば海路の日和あり」「果報は寝て待て」など無為を考える、言葉はいくつもありますが、結局相手が来なければ、その物語は始まりません。だからこそ自分のしんぼうよきに期待するより、せっかくなら空白の間を楽しみたい。ついつい気にもなれもこれも気になって、それからえーと、貧相の難物もここでしちゃおうかしらと、なんて「右にも」としてしまいそう。でさればすべくソファに身を沈めてひと呼吸、あとはぼんやりするなり、窓の外を眺めるなり。それはとても贅沢な待ちぼうけです。

074 | 075

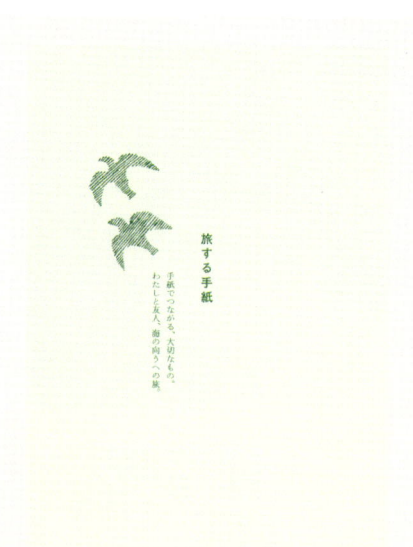
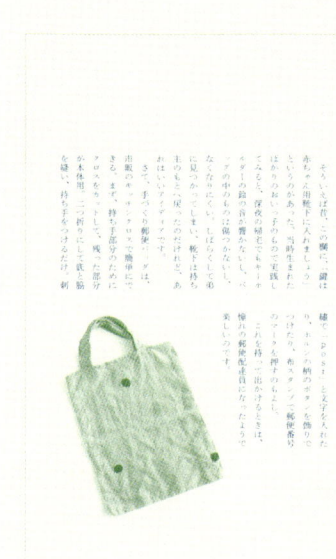
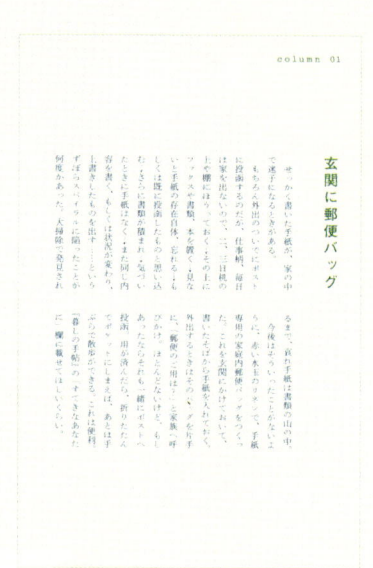

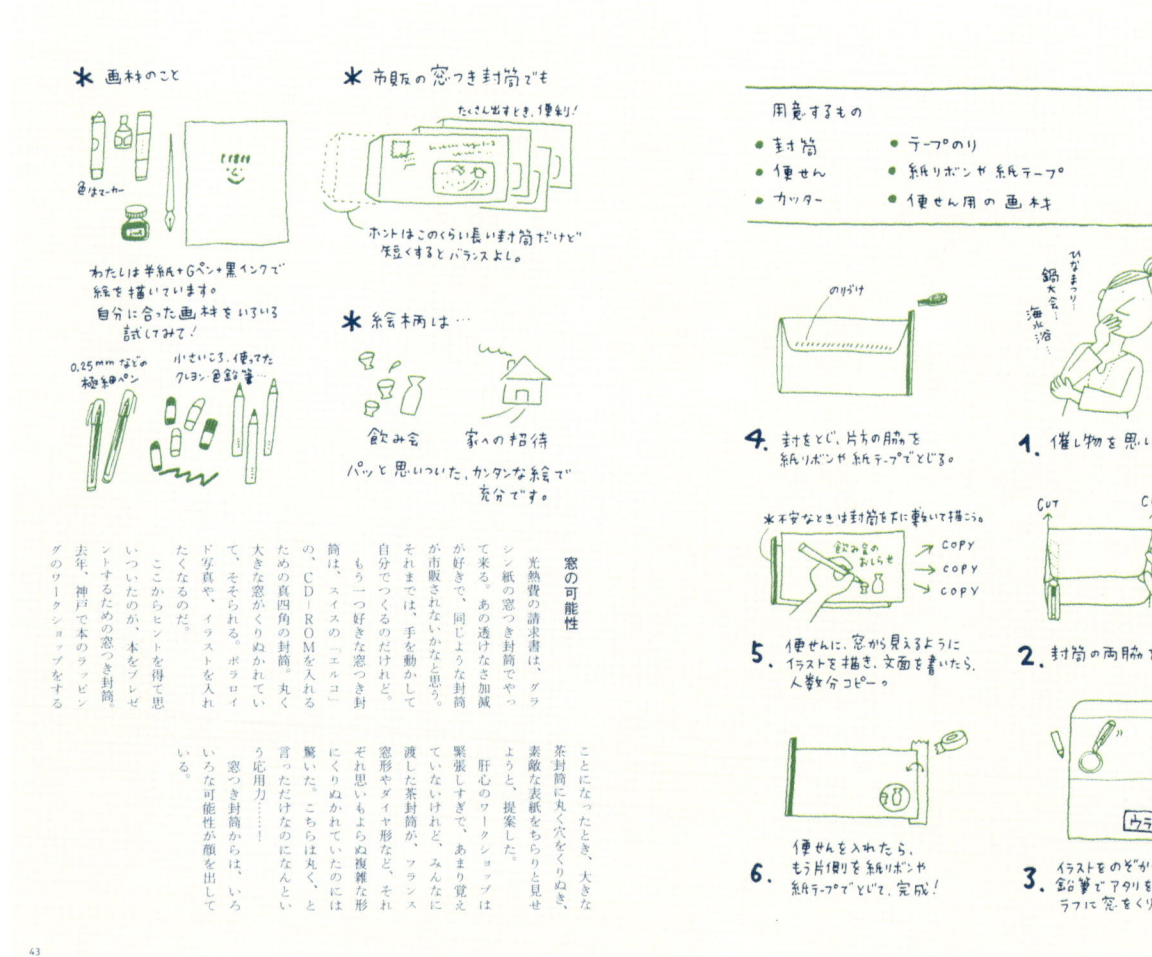

COLOR：● DIC 376,　● DIC N-897,　● DIC F47,　● DIC F187
PAPER：オペラクリームゼウス

手づくりする手紙

4C／2C　220×150mm　2007年

PB：文化出版局　D：三木俊一　PH：公文美和　I：木下綾乃　DF, S：文京図案室

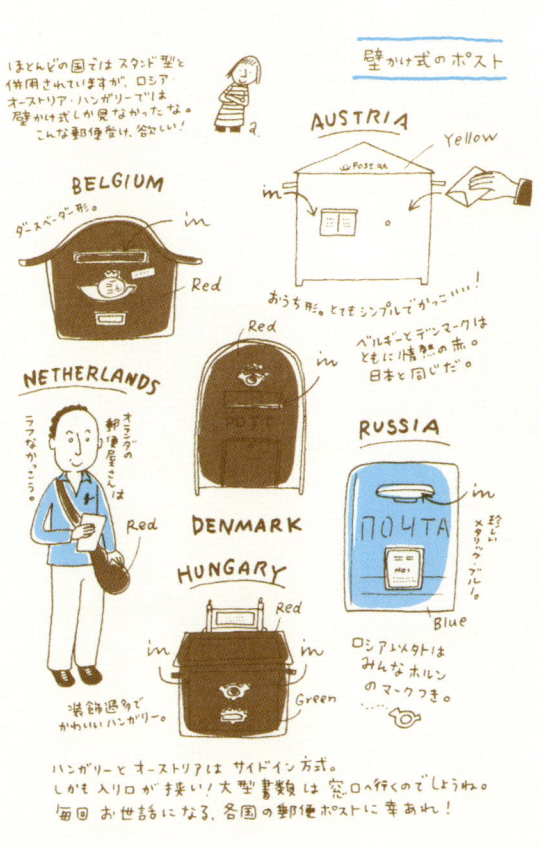

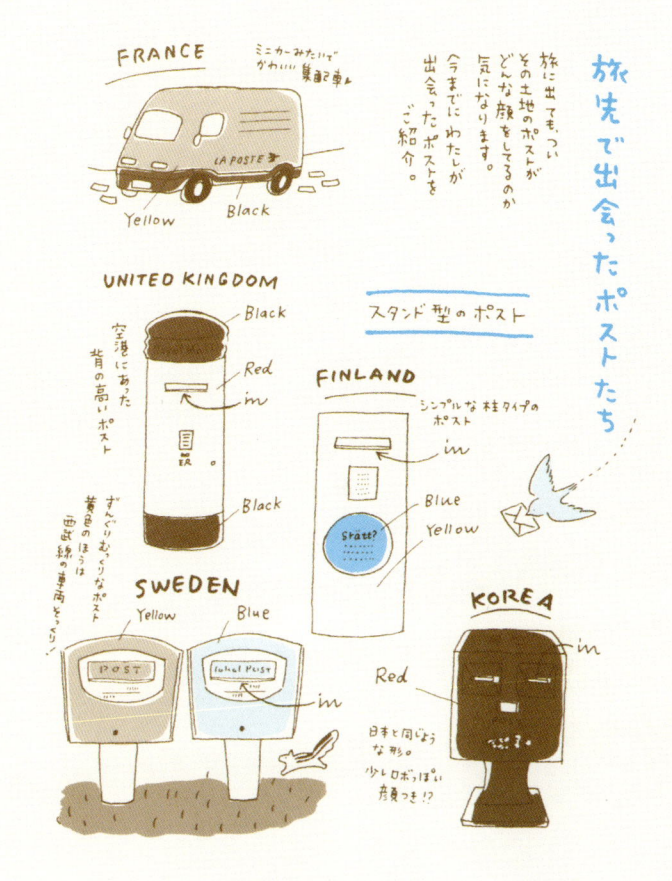

壁かけ式のポスト

旅先で出会ったポストたち

スタンド型のポスト

83

82

鳩と三郎

絵・文　木下綾乃

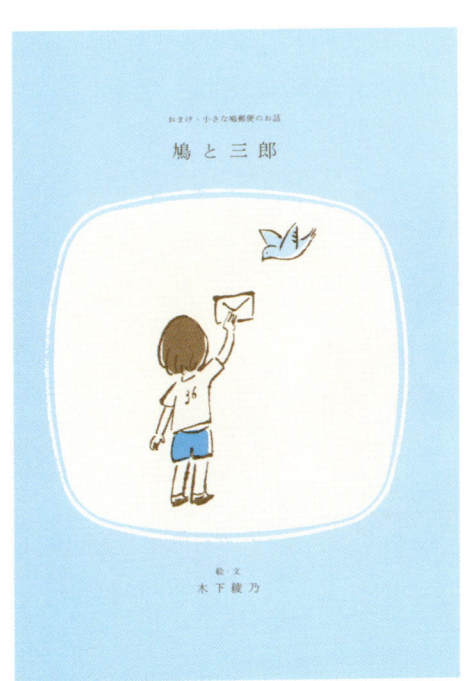

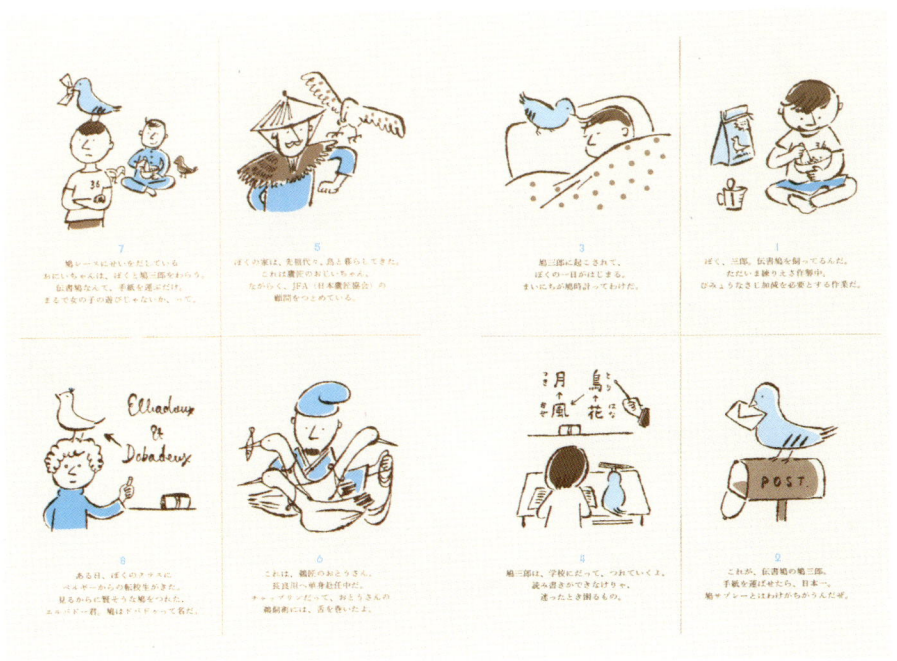

CONTENTS

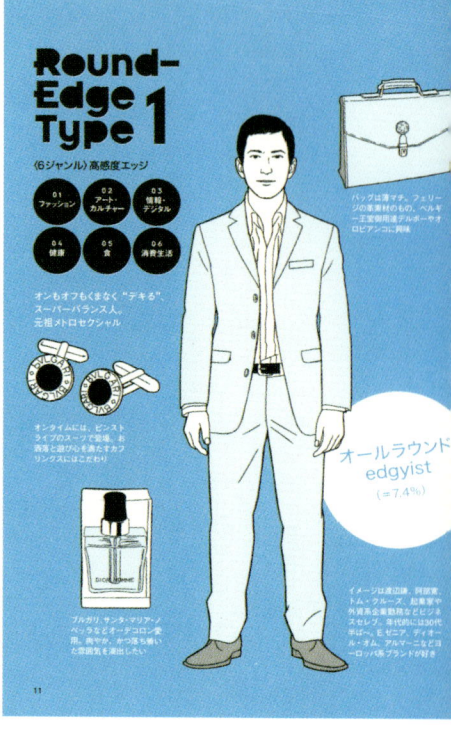

Round-Edge Type 1

〈6ジャンル〉高感度エッジ

01 ファッション　02 アート・カルチャー　03 情報・デジタル
04 健康　05 食　06 消費生活

オンもオフもくまなく“デキる”、
スーパーバランス人、
元祖メトロセクシャル

オールラウンド edgyist（＝7.4%）

11

「オールラウンドedgyist」を特徴づける、語録、モノ・コト

仕事もプライベートも“デキ”る、スーパーバランス人。オンで遊び、オフでも仕事。

サロン、クラブ……仕事から、そして個人的にも人とのネットワークづくりが好き。オンナ抜き（男性）オトコ抜き（女性）で集うのもまた愉し。

優先・効率で自分をマネジメント、時間管理術はそのツールのひとつ。

シンプル＆スタイリッシュな都会派。十自然体でありながら、自分らしいスタイルを表現したい。

今どきをハズさない×自分なりの発想論=キャリアやポジション、マチュアらしさをも意識。自分プレゼンテーションにはお金をかける。

シンプル、上質でありながら、1点だけビビッドなさし色を用いたり裏地の色で選ぶなど色づかいにはうるさい。

目指すイメージはエイジレス、存在感のある個性派。

高感度の王道、いわば元祖高感度人、メトロセクシャルやエクスパット（海外駐在員）な暮らし等、エスタブリッシュメント。

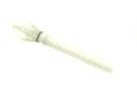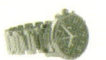

立ち姿ツヤ姿は自信の表れ

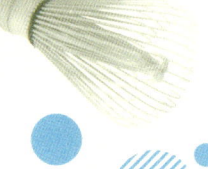

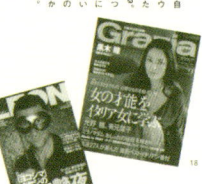

自分が、もうちょっと頑張るために必要なロールモデル設定

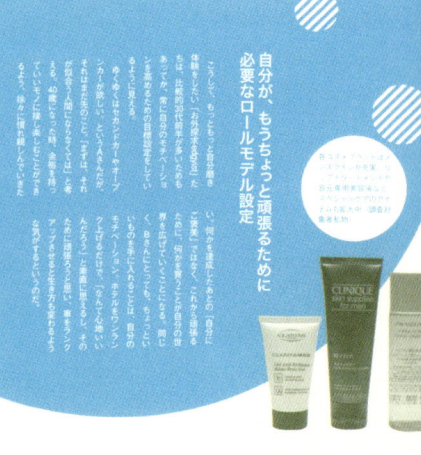

COLOR：● DIC 582，　● DIC 2589，　● DIC 585
PAPER：　オペラクリームマックス

ラウンドエッジ [Round-Edge]　71の高感度指標で見える、バランスのいいエッジィな人々
2C / 2C　210×148mm　2006年

S, PB：宣伝会議　AD, D：蓮尾真沙子　I：村林タカノブ　DF：アレフ・ゼロ　D：青木由季　PH：南條良明／近藤豊　E：守屋知恵　著者：ラウンドエッジ [Round - Edge] 研究会

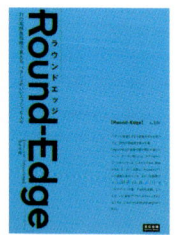

【ラウンドエッジストRound-edgyist】相関図

7つの高感度消費者＝【ラウンドエッジストRound-edgyist】を俯瞰してみたのが、こちら。

■エッジに違いはあれ、元祖メトロセクシャル「オールラウンド」とITセレブ「濃縮電脳」は、パワーが外向き全開な人同士で、同じビジネスセレブな人たちも。ただし、「濃縮電脳」はオタクなみのこだわりを発揮することもあり、コミュニケーション能力の有無がタイプを分けるキーに。

■また、食コンシャスな「お外探求」タイプは、30歳前後の人たちが主流。今後、年齢を重ねるに従い、元祖メトロセクシャル「オールラウンド」化するか、ウーバセクシャルとしてもっと肩の力の抜けた「おうち・お仲間」化するか、は二極化する兆しも。

■自然・環境や食、健康にコンシャスなLOHASという共通項をもつのが、感性ロハス「健康優人」と、バランスロハス「電脳健やか」のタイプ。どちらというと自分との対話力が強く、まだ受け身的な傾向が見られる若者だが、今後は情報発信や社会貢献に参画すると"社会化"する可能性は高い。

■また、06～07型バランス人でもある「電脳健やか」と、デザインやカルチャー感覚に長けている「五感美感」は、ともに、日本版「クリエイティブクラス」としての側面を持ちあわせている。

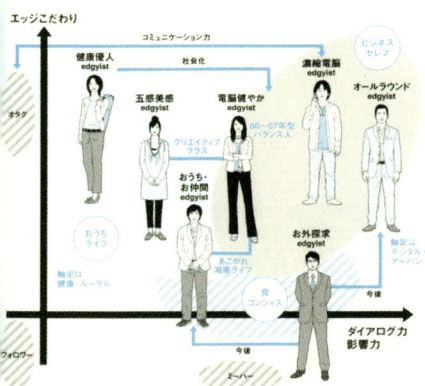

〈仕事をしている自分〉が好き

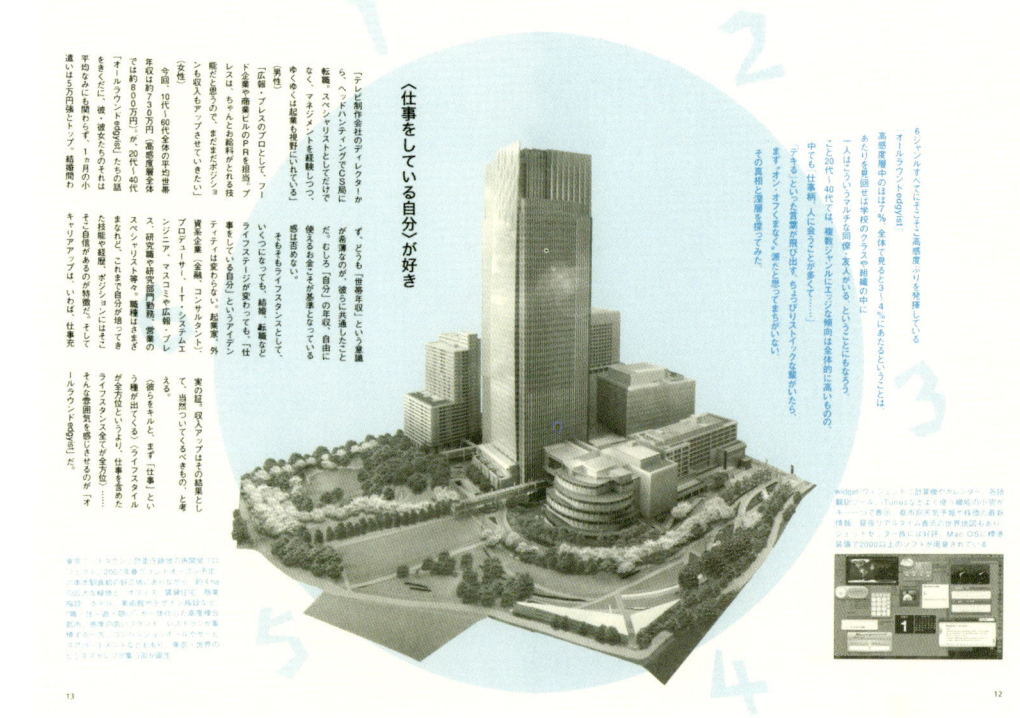

消費生活高感度〈エッジ〉の 行動トピックス

モノのスタイルにこだわりつつ、なりたい自分イメージや欲しい雰囲気をつくるためには、人（ネットワーク）、コト（旅行、エコ等）にもお金を惜しまない

こだわりのおうちスタイルとハイパーだけど心地いいお外ライフを併せ持つ。象徴するのはホテルスタイル

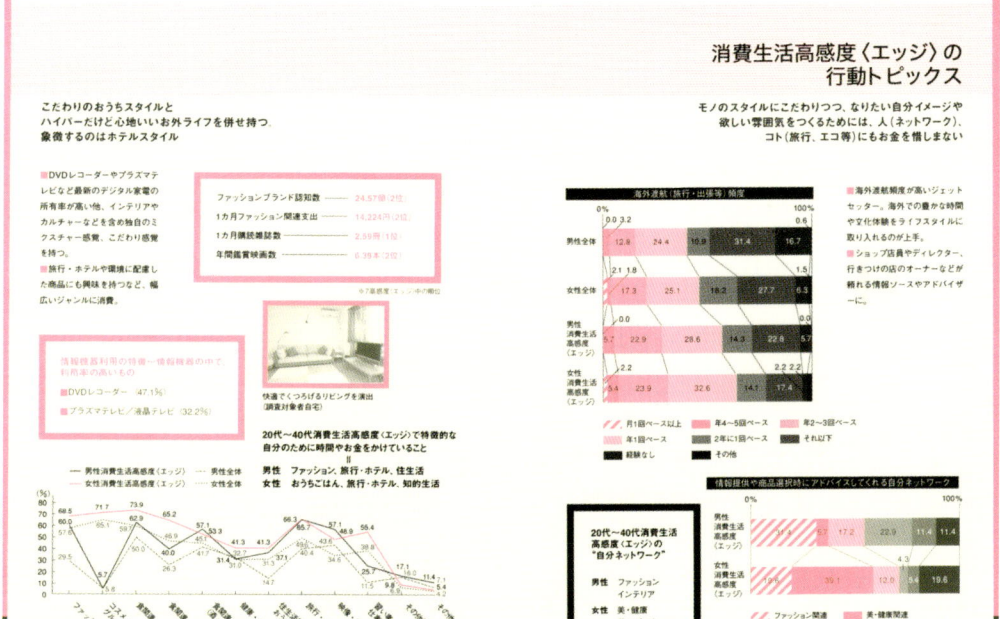

お外探求のためのファッション、美・健康にもこだわりあり。ウーバな人たち

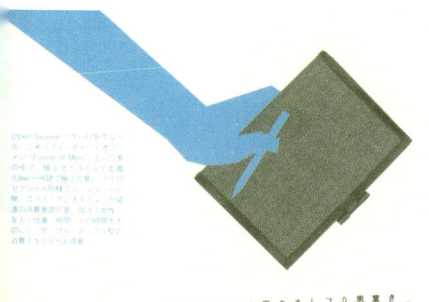

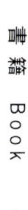

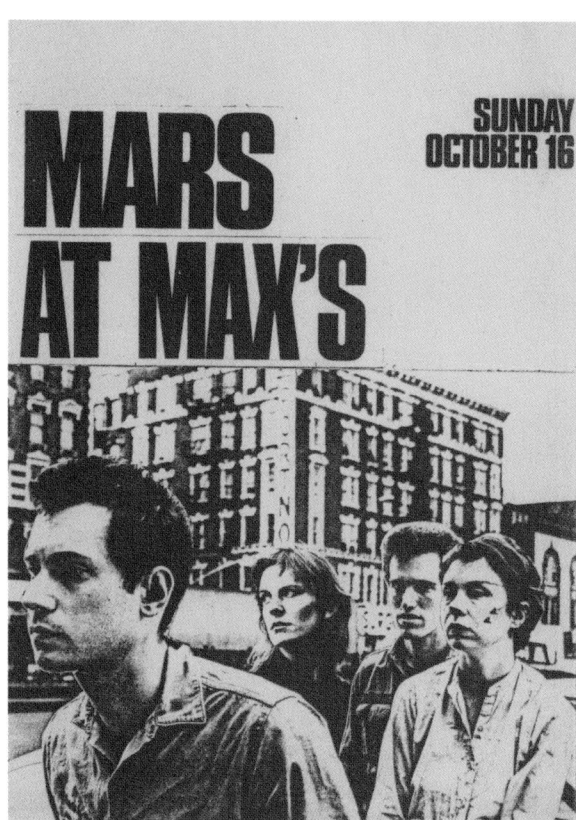

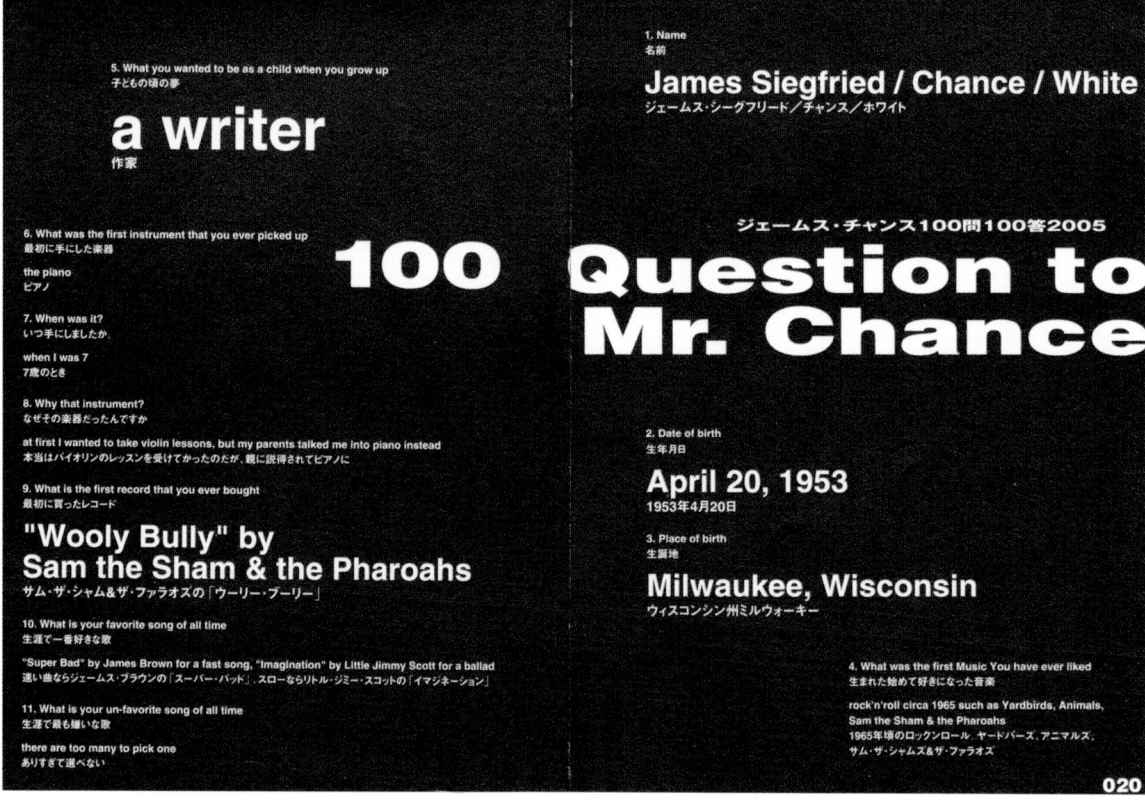

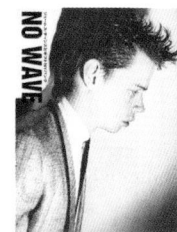

COLOR： ⬤ Process Black
PAPER： カナリヤ大ラフ

NO WAVE ジェームス・チャンスとポストNYパンク
1C　210×148mm　2005年

S, PB：エスクァイア マガジン ジャパン　AD：櫻井 久 / 鈴木香代子　DF：櫻井事務所　E：石坂 元 / 富田和樹 / 畑中章宏 / 若林 恵

索引
INDEX

TITLE INDEX
作品名索引

SUBMITTERS
作品提供社

1&2 COLOR EDITORIAL DESIGN
1・2色でみせるエディトリアルデザイン

Jacket Design

小野大作　Daisaku Ono

Designer

佐藤美穂　Miho Sato

Editor

白倉三紀子　Mikiko Shirakura
諸隈宏明　Hiroaki Morokuma

Photographer

藤本邦治　Kuniharu Fujimoto

Translator

パメラ三木　Pamela Miki

Publisher

三芳 伸吾　Shingo Miyoshi

2007年6月23日　初版第1刷発行

発行所　ピエ・ブックス

〒170-0005　東京都豊島区南大塚2-32-4
編集 Tel: 03-5395-4820 Fax: 03-5395-4821
e-mail: editor@piebooks.com
営業 Tel: 03-5395-4811 Fax: 03-5395-4812
e-mail: sales@piebooks.com
http://www.piebooks.com

印刷・製本　図書印刷株式会社

HOUSING FLYER
ハウジングフライヤー

Page: 288 (256 in Color)　¥14,000+Tax

全国主要都市から集めた一戸建、分譲マンション、複合住宅などの不動産案内チラシを厳選し約700点を一挙掲載。見る人に物件の完成、住み心地、ライフスタイルを想像させるイメージ写真やイラスト、間取り図、その他情報などを、わかりやすくデザインしたチラシを多数収録します。また物件を紹介したWeb、チラシ制作に役立つCGの事例、制作現場からみたチラシの最前線、不動産案内のキャッチコピー集などを加えた盛りだくさんの内容でお届けします。

Some 700 real estate flyers advertising houses, condominium apartments and housing complex collected from major cities throughout Japan brought together in one volume.

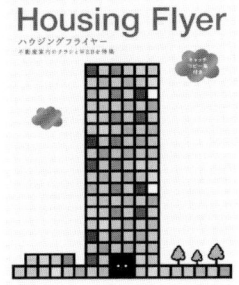

SALES STRATEGY AND DESIGN
販売戦略とデザイン

Page: 224 (Full Color)　¥15,000+Tax

様々な業種の商品発売（サービス業の商品も含む）に伴う告知プロモーションを商品ごとに紹介。思わず手に取るネーミングや、店頭で目を引くパッケージ、消費者の心をくすぐるノベルティなど、各々のアイテムを巧みに利用した例を多数収録。

Unique and outstanding graphic tools in new product/service launching. Here are packages, novelties and the naming of product offering the newest communication styles to consumers!! With explanation of concept and motive for product / promotional tools.

販売戦略とデザインは、切っても切れない関係というのが、この本のあらすじです。

Sales Strategy and Design

HAND-LETTERING UNBOUND
書き文字・装飾文字 グラフィックス

Page: 192 (Full Color)　¥9,800+Tax

普段使われるフォントではなく、手書きや装飾された個性的な文字を使用したグラフィック作品を紹介。筆文字は力強く和のイメージを、ペン文字はラフでやさしいイメージを感じさせます。文字選びは作品のイメージを左右する重要なポイントです。

A massive collection of free-minded lettering, highlighting eye-catchy handwritings and ornamental writings. All selected works are full of handmade originality, like writings with pen or brush, needlework writings and stitch wrings and more.

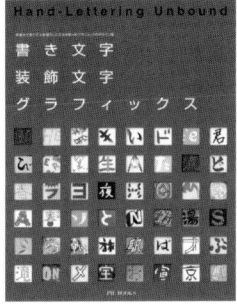

2 kilo of KesselsKramer
ケッセルスクライマーの2キロ

Page: 880 (Full Color)　¥9,800+Tax

ヨーロッパで大評判のケッセルスクライマーの作品とその秘訣を大公開！ よろめくほど重い2キロのコンテンツ。 これを読めば、アムステルダムの小さなクリエイティブ集団がコミュニケーションの世界でヘビー級になった理由がわかる。

2 kilo of KesselsKramer. Brick or Book? Weighing in at a staggering two kilograms the contents include: - Everything the renowned agency has made. Go to the gym, then try and lift 2 kilo of KesselsKramer. It's the best way to see how this small agency from Amsterdam became a heavyweight in the world of communication.

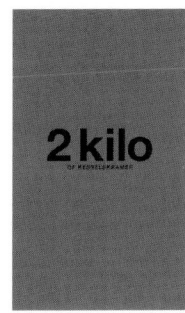

URBAN SIGN DESIGN
最新 看板・サイン大全集 （CD-ROM付）

Page: 256 (Full Color)　¥15,000+Tax

街を彩るさまざまな看板を飲食・製造・販売・サービスなど業種別にまとめて紹介。256ページのボリュームに加え、掲載写真の収録CD-ROMも付いた看板デザイン集の決定版。サイン業界のプロから、あらゆるクリエイターにお薦めしたい1冊です。

From among the many signs that flood city streetscapes, we've selected only the most striking, the most beautiful, the most tasteful, and present them here categorized by industry: restaurant, manufacturing, retail, and service. A whopping 256 pages of signs ranging from world-renowned brands to local restaurants, this single volume is sure to provide a source of ideas with a CD-ROM.

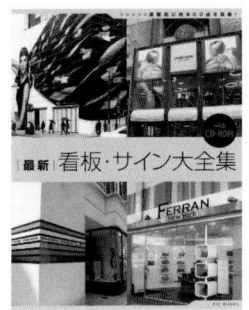

NEW SHOP IMAGE GRAPHICS 2
ニュー ショップイメージ グラフィックス 2

Page: 224 (Full Color)　¥15,000+Tax

お店の個性を強く打ち出すためには、販売戦略と明確なコンセプトに基づいた、ショップのイメージ作りが重要です。本書は様々な業種からデザイン性の高いショップアイデンティティ展開を、グラフィックツールと店舗写真、コンセプト文を交え紹介。

Second volume of the best seller titls in overseas. New Shop Image Graphics released in 2002. This book covers the latest, unique and impressive graphics in interiors and exteriors of various shops as well as their supporting materials.

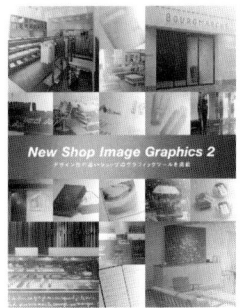

WORLD BUSINESS CARDS TODAY
世界発 最新名刺のデザイン

Page: 208 (Full Color)　¥5,800+Tax

世界中から厳選された、デザイン性に優れた名刺・ショップカードを特集。海外のデザイナーをはじめ、サービス業や製造業、ブティックや飲食店など幅広い職種の名刺を多数掲載。ひと目見たら忘れない、印象に残る名刺が詰まった1冊です。

Humdrum business cards, good-bye! Feast your eyes on the numerous unforgettable examples of business cards that transcend language and nationality to convey the character of the individuals they represent and the spirit of their businesses. The definitive source book of design making optimal use of limited space.

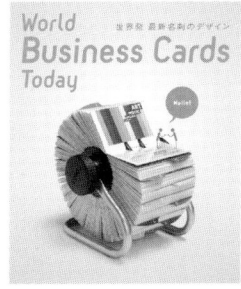

PROGRESSIVE DIRECT MAIL
ワールド DM エキスポ

Page: 160 (Full Color)　¥7,800+Tax

世界各地から届いた個性あふれるすばらしい作品が集結！ページをめくるごとに感動の作品に出会える。シャープでクール・ユニークでおもしろい・思わず微笑んでしまう愛らしい作品など、多種多様な作品があなたに刺激を与えます。

A collection of distinctive and wonder-filled direct-mail pieces from all corners of the world; each turn of the page packs a surprise! The variety of works - from the sharp and cool to the unique, funny, and even charming, which inadvertently bring smiles to your face - tickle the intellect and the emotions in a multitude of ways. This must-have single volume is a treasure trove of inspiration.

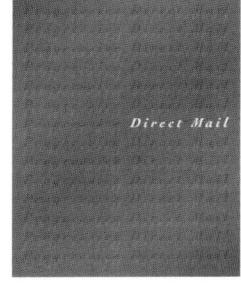

NEW MAIL ORDER GRAPHICS

最新 通販グラフィックス

Page: 208 (Full Color)　¥14,000+Tax

最新の通販カタログと通販WEBの特集です。デザインが機能的で秀逸なもの、コンテンツがユニークなものなど、多様なアプローチを見せる通販ツールの現在形を、衣料品・食品・美容・健康などにコンテンツわけし、紹介しています。

The latest catalog and website designs for mail ordering services, featuring not only the pages for products/services but also those for ordering forms. Well-designed pages must inspire your new images for original creativities.

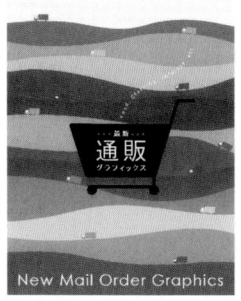

ADVERTISING PHOTOGRAPHY IN JAPAN 2006

年鑑 日本の広告写真2006

Page: 240 (Full Color)　¥14,500+Tax

気鋭の広告写真をそろえた（社）日本広告写真家協会（APA）の監修による本年鑑は、日本の広告界における最新のトレンドと、その証言者たる作品を一堂に見られる貴重な資料として、国内外の広告に携わる方にとって欠かせない存在です。

A spirited collection of works compiled under the editorial supervision of the Japan Advertising Photographers' Association (APA) as its 11th issue. Presenting the latest works by freshest talent in Japanese advertising world.

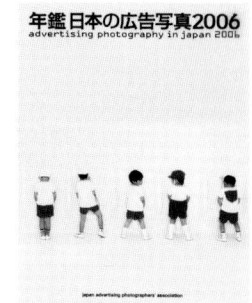

COSMETICS PACKAGE DESIGN

コスメパッケージ＆ボトル デザイン

Page: 160 (Full Color)　¥7,800+Tax

化粧品、ヘルスケア用品（シャンプー・石鹸・入浴剤・整髪剤）のパッケージ、ボトルやチューブのデザインを中心に紹介。また、それらの商品しおり、ディスプレイ写真もあわせて掲載。「今、女性にウケるデザインとは？」がわかる1冊です。

Cosmetics and personal care products and their packaging represent the state of the art in design sensitive to the tastes of contemporary women. This collection presents a wide range of flowery, elegant, charming, and unique packages for makeup, skincare, body, bath, and hair-care products and fragrances selected from all over the world.

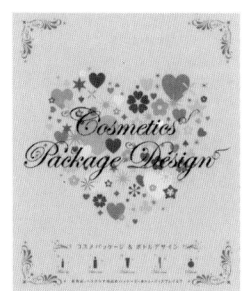

PRINT & WEB CATALOG

プリント＆Web カタログ

Page: 288 (Full Color)　¥14,000+Tax

商品を魅力的に見せる、紙カタログとWebの商品案内ページを紹介します。図を使いわかりやすく表現した作品、ひときわ楽しく工夫された作品、商品の一覧が見やすい作品など、消費者の購買意欲を刺激するカタログを多数掲載しています。

A collection introducing printed catalogs and Web pages that show products off to their advantage in attractive and interesting ways. Works that use illustrations to make product characteristics readily understood, works that use devices to make them above all fun, works with products lists that are easy on the eye...the many catalogs presented within have one feature in common: they excite and stimulate consumer interest.

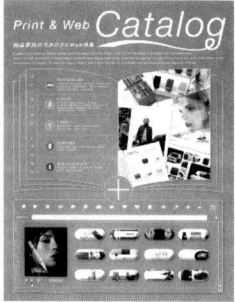

365 DAYS OF NEWSPAPER INSERTS　Autumn / Winter Edition

365日の折込チラシ大百科 秋冬編

Page: 240 (Full Color)　¥13,000+Tax

紅葉の行楽・運動会・お月見・ハロウィン・クリスマス・御歳暮・忘年会など、生活に密着した季節のセール案内を多数収録！デザイン性の高さはもちろんのこと、斬新な企画やアイデア、優れたキャッチコピーの作品を厳選して紹介しています。

A collection of latest newspaper inserts in Japan of various retailers. The works include sales promotional inserts for the seasonal occasions such as Halloween, Viewing Scarlet maple leaves, Sports festival, Christmas, and so on. Well-designed works with eye-catching copies are inspirational resources for all designers and advertising creators.

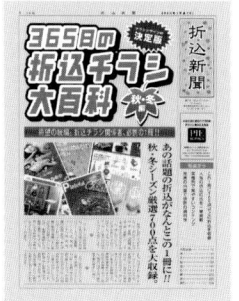

365 DAYS OF NEWSPAPER INSERTS　Spring / Summer Edition

365日の折込チラシ大百科 春夏編

Page: 240 (Full Color)　¥13,000+Tax

全国の主要6都市から厳選された春夏の新聞折込チラシを一挙に掲載。優れたデザインや配色、目を引くキャッチコピーの作品が満載。お正月、成人の日、バレンタイン、お雛様、子供の日、母の日、父の日などの作品を含む季節感溢れる1冊です。

Volume 3 of our popular series! Eye-catching newspaper inserts — outstanding in design, color and copywriting — selected from 6 major Japanese cities between January and June. Brimming with the spirit and events of spring: New Year's, Valentine's Day, Girls'/Boys' Days, Mother's/Father's Days, and more.

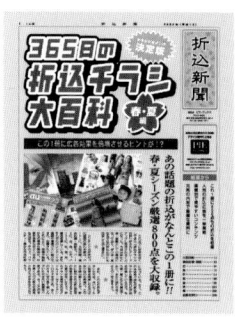

LOCAL COLOR GRAPHICS

地方色豊かなローカルグラフィックス

Page: 224 (Full Color)　¥14,000+Tax

タウン誌や広報誌、土産物・飲食店・観光案内のパンフレット・ポスター、美術館や各自治体のイベントポスター、特産品のパッケージなど、地方で頒布されているデザインの優れたグラフィックスを、全国9地方に分類し紹介しています。

Well-designed graphic works for promoting local foods & goods, events, tourism in leaflets and magazines for towns, pamphlets and posters for souvenirs, restaurants or sightseeing. More than 250 works are layouted by legion in Japan.

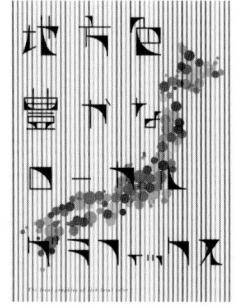

NEW TYPOGRAPHICS WITH FONT SAMPLES

ニュー タイポグラフィックス 書体見本付

Page: 168 (128 in Color)　¥7,800+Tax

近年開発されてきたデジタリックなフォントを使用したグラフィック作品の特集です。日本だけでなくヨーロッパやアメリカなど世界中から、クオリティが高く、ビジュアルアピールの強い作品を厳選して収録。巻末にフォントの書体見本を掲載しています。

Newest and exciting collection of typography from all over the world featuring graphic design with brand-new digital fonts. You can also easily refer to the samples of the fonts used in the works at the end of the book. Including commercial font, custom font, free font and more.

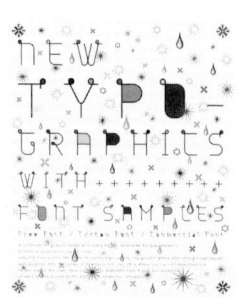

THE BEST INFORMATIONAL DIAGRAMS 2

ベスト インフォメーショナル ダイアグラム 2

Page: 232 (Full Color)　￥14,000+Tax

グラフ・チャート・地図など、複雑な情報をわかりやすく視覚化して人々に伝達することを目的として制作されたビジュアル・グラフィックスを多数収録。海外クリエイターの作品を中心に、最新の秀作を一挙に紹介しています。

Graphs, charts, maps, schematics... a collection of the latest in graphics that visualize complex information thus making it easy to comprehend. This wide range of diagram masterpieces from around the world documents the state of the art.

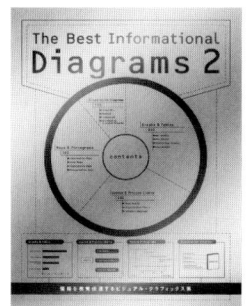

HOUSE ADVERTISING GRAPHICS

ハウス アドバタイジング グラフィックス

Page: 240 (Full Color)　￥15,000+Tax

不動産広告を中心に、建材などの広告や、キッチンやバスなどの室内設備に関する広告など、「住まい」にまつわるグラフィックスを一挙掲載。デザイン性が高いパンフレット・折り込みチラシ・DMなどの販促ツールを一望できます。

A collection of advertising related to real estate – unique building materials, kitchen/bath equipment, architectural features – centered around 'the home'. This single volume of well-designed pamphlets, newspaper inserts, direct-mail and more provides an overview of state-of-the-art sales promotional tools associated with housing.

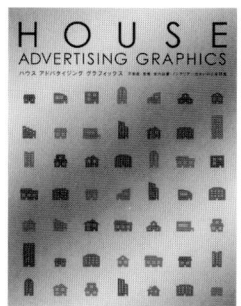

OUTSTANDING SMALL PAMPHLET GRAPHICS

街で目立つ小型パンフレット

Pages: 240 (Full Color)　￥14,000+Tax

街やショップの店頭で手に入る無料の小型パンフ。50ヶ所以上の街で集めた約1,000点から、販売促進ツールとして効果的に機能している作品を厳選。衣・食・住・遊の業種別に分類し機能的で美しい小型パンフレットを約250点紹介します。

250 small-scale pamphlets selected for their beauty and function as effective sales promotional tools from roughly 1000 pieces available to customers at more than 50 locations. Grouped for valuable reference by type of business type under the categories: Food, Clothing, Shelter, and Entertainment.

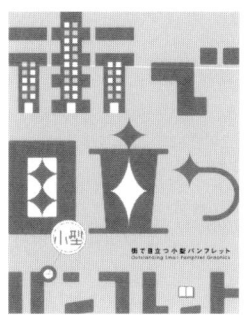

FOOD SHOP GRAPHICS

フード ショップ グラフィックス

Page: 224 (Full Color)　￥14,000+Tax

レストラン・カフェ・菓子店など、国内外のオリジナリティ溢れる飲食店のショップアイデンティティ特集です。メニューやリーフレットなどのグラフィックと、内装・外装の店舗写真、コンセプト文を交え、約120店を紹介。

Restaurants, cafes, sweet shops... 120 of the world's most original food-related store identities. Together with graphic applications ranging from menus to matches, each presentation features exterior and interior photos of the shops and brief descriptions of the concepts behind them.

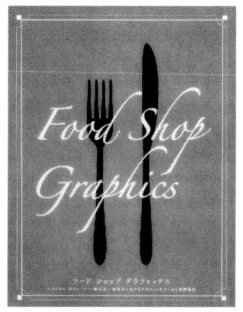

WORLD CATALOG EXPO

ワールド カタログ エキスポ

Page: 192 (Full Color)　￥5,800+Tax

一目でわかるように、衣食住のコンテンツは色分けされています。高級感あるスマートな作品、楽しくカラフルな作品、斬新なアイデアの作品など、ページをめくるごとに様々な作品の個性が広がる、国際色豊かな1冊です。

A survey of outstanding catalogs from around the world: simple and refined, colorful and playful, full of novel ideas. Color-coded for easy identification under the categories: Fashion, Food, and Living. Highly original works, international in flavor, spill out with each turn of the page.

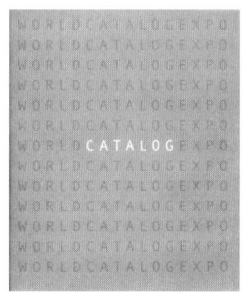

GRAND OPENING GRAPHICS

オープン ツール グラフィックス

Pages: 216 (Full Color)　￥14,000+Tax

ショップや施設をオープンする際に制作するグラフィックツールは、新しい「空間」のイメージを消費者へ伝える大切な役割を果たします。本書ではオープン時に制作された案内状やショップツール、店舗写真などを業種ごとに多数収録。

The graphic applications created for the openings of new stores and facilities play a critical role in conveying store image to customers. Categorized by line of business, this book presents the wide range of graphics — from invitations to in-store collateral – that form the first impressions in building strategic store identity.

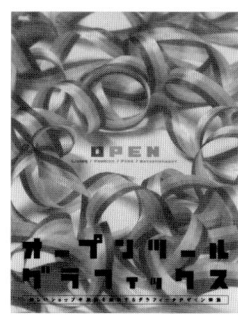

WORLD CORPORATE PROFILE GRAPHICS

ニュー世界の会社案内グラフィックス

Page: 256 (Full Color)　￥14,000+Tax

世界から集めた最新の会社案内・学校・施設案内とアニュアルレポートを業種別に紹介。作品を大きく見せながらも形態、デザイン制作コンセプト、コンテンツ内容を簡潔に掲載しています。世界のデザイナーの動向を掴む上でも貴重な1冊です。

The latest exemplary company, school and institution guides and annual reports collected from diversified industries worldwide and grouped by line of business. Shown large scale, the pieces are accompanied by brief descriptions of their content and the concepts behind their design. Valuable for gleaning the latest trends in corporate communications.

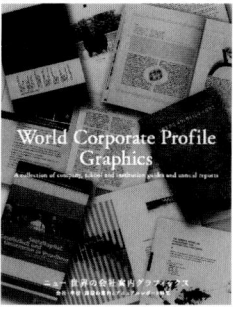

DESIGN IDEAS WITH LIMITED COLOR

限られた色のデザインアイデア

Page: 208 (192 in Color)　￥13,000+Tax

限られた刷り色で効果的にデザインされた作品を、使用された刷り色の色見本・パントーン（DIC含む）ナンバーと併せて紹介。色の掛け合わせと濃度変化がわかるカラーチャートを併載。無限大のアイデアを探し出すときに必要となる1冊。

A collection of the latest graphic works effectively reproduced using limited ink colors. Presented with color swatches and the Pantone/DIC numbers of the ink colors used, gradation and duotone works also feature simple color charts indicating screen and density changes. A reference of limitless ideas for anyone specifying color.

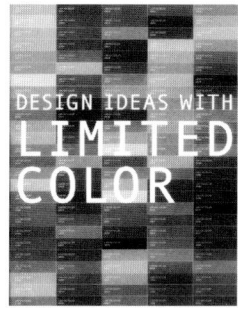

ENVIRONMENTAL COMMUNICATION GRAPHICS

環境コミュニケーションツール グラフィックス

Page: 224 (Full Color)　¥14,000+Tax

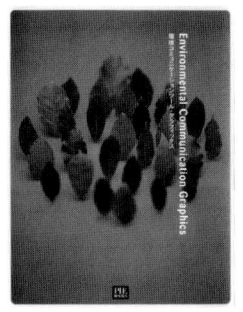

環境リポートや、環境をテーマとしたリーフレット、チラシ、ポスターなど、環境コミュニケーション・ツールを一堂に会し、業種別に紹介します。本書は、会社案内や各種パンフレット制作などあらゆるクリエイティブのアイデアソースとしても、利用価値の高い1冊です。

This book provides an overview of environmental communications tools, including leaflets, handbills and posters that focus on the topic of the environment, classifying them by type of business. This book is indeed a valuable source of creative ideas that graphic artists can use in creating company brochures and many other brochures.

ENVIRONMENT/WELFARE-RELATED GRAPHICS

環境・福祉 グラフィックス

Pages: 240 (Full Color)　¥15,000+Tax

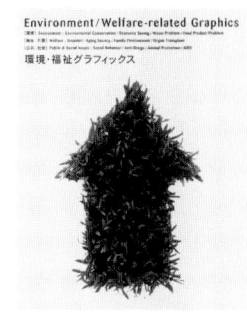

環境保全への配慮が世界的な常識となりつつある今日、企業も積極的に環境・福祉など社会的テーマを中心にした広告キャンペーンを展開しています。国内外の優れた環境・福祉広告を紹介した本書は今後の広告を考えるために必携の1冊となるでしょう。

Environmental conservation is now a worldwide concern, and corporate advertising campaigns based on environmental and social themes are on the rise. This collection of noteworthy local and international environment/welfare-related publicity is an essential reference for anyone involved in the planning and development of future advertising.

SCHOOL & FACILITY PROSPECTUS GRAPHICS

学校・施設案内 グラフィックス

Pages: 224 (Full Color)　¥15,000+Tax

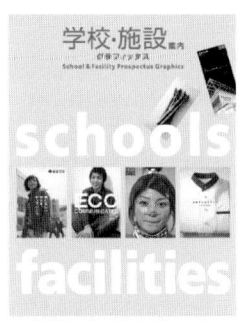

「学校」「施設」という2つの大きなコンテンツを軸に、デザイン、企画、コンセプトに優れたカタログ、リーフレットなどの案内ツールを収録。表紙、中ページのレイアウト、構成からキャッチコピーまで見やすく紹介しています。

A collection presenting examples of well-designed and conceptually outstanding guides (catalogs, pamphlets, leaflets, etc) focusing on two broad categories: schools and service facilities. Documentation includes cover and inside pages, highlighting layout, composition, and catch copy.

PACKAGE & WRAPPING GRAPHICS

パッケージ & ラッピングツール グラフィックス

Page: 224 (Full Color)　¥14,000+Tax

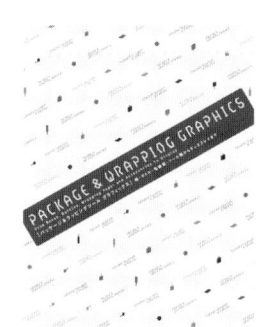

様々な商品パッケージには、販売対象やブランドイメージに沿ったデザイン戦略がなされており、商品イメージを決定する重要な役割を担っています。本書は世界中からデザイン性の高いパッケージとラッピングツールを多数ピックアップし、食・美容・住にコンテンツわけして紹介しています。

Package is based on carefully developed design strategies to appeal to target customers and to build brand and protect image. This collection presents a wide variety of packages and wrapping materials from around the world reflecting the state of the art. It is grouped loosely under the categories food, beauty and living.

ENCYCLOPEDIA OF PAPER-FOLDING DESIGN

DM・カードの折り方デザイン集

Page: 256 (B/W)　¥5,800+Tax

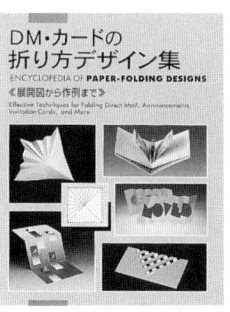

1枚の紙を折ることにより平面とは違う表情が生まれ、新しい機能を備えることが出来ます。DMやカードの折り方デザイン250点の作例と展開図とともに、その折りを効果的に生かした実際の作品も参考例として紹介。永久保存版の1冊です。

Folding a single sheet of paper imbues it with another dimension, and can change it in function. More than 250 printed materials shown as they are effected by folding, together with flat diagrams of their prefolded forms. The very reference material designers collect, permanently preserved in a single volume.

NEW ENCYCLOPEDIA OF PAPER-FOLDING DESIGNS

折り方大全集　カタログ・DM編（CD-ROM付）

Page: 240 (160 in Color)　¥7,800+Tax

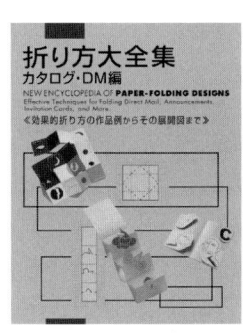

デザインの表現方法の1つとして使われている『折り』。日頃何げなく目にしているDMやカード、企業のプロモーション用カタログなど身近なデザイン中に表現されている『折り』から、たたむ機能やせり出す、たわめる機能まで、約200点の作品を展開図で示し、『折り』を効果的に生かした実際の作品を掲載しています。

More than 200 examples of direct mail, cards, and other familiar printed materials featuring simple / multiple folds, folding up, and insertion shown as they are effected by folding along with flat diagrams of their prefolded forms. With CD-ROM.

カタログ・新刊のご案内について

総合カタログ、新刊案内をご希望の方は、はさみ込みのアンケートはがきをご返送いただくか、下記ピエ・ブックスへご連絡下さい。

CATALOGS and INFORMATION ON NEW PUBLICATIONS

If you would like to receive a free copy of our general catalog or details of our new publications, please fill out the enclosed postcard and return it to us by mail or fax.

CATALOGUES ET INFORMATIONS SUR LES NOUVELLES PUBLICATIONS

Si vous désirez recevoir un exemplaire qratuit de notre catalogue généralou des détails sur nos nouvelles publication. veuillez compléter la carte réponse incluse et nous la retourner par courrierou par fax.

CATALOGE und INFORMATIONEN ÜBER NEUE TITLE

Wenn Sie unseren Gesamtkatalog oder Detailinformationen über unsere neuen Titel wünschen.fullen Sie bitte die beigefügte Postkarte aus und schicken Sie sie uns per Post oder Fax.

ピエ・ブックス

〒170-0005　東京都豊島区南大塚2-32-4
TEL: 03-5395-4811　FAX: 03-5395-4812
www.piebooks.com

PIE BOOKS

2-32-4 Minami-Otsuka Toshima-ku Tokyo 170-0005 JAPAN
TEL：+81-3-5395-4811　FAX：+81-3-5395-4812
www.piebooks.com